Buch

Es ist die längste Busreise der Welt, quer über den südamerikanischen Kontinent von Rio de Janeiro bis Lima. Für Will, André, James, Mike, Ignacio, Toshi und Pablo ist es aber auch eine Lebensreise. Jeder von ihnen hat seine eigene, besondere Geschichte und sehr persönliche Gründe für diese Reise. Doch ebenso wie ihre bisherigen Leben ungeahnte Wendungen genommen haben, verläuft auch die Busfahrt nicht wie geplant.
Obwohl jeder von ihnen auf dieser Reise lieber für sich bleiben wollte, müssen sie sich nun einander offenbaren, ihre Stärken bündeln und gegenseitig vertrauen, um zu überleben.

Autor

Christian Knoche, geboren 1980 in Mecklenburg, schreibt seit seiner Kindheit hobbymäßig Kurzgeschichten und Artikel. Der gelernte Industriemechaniker und Diplom-Wirtschaftsingenieur arbeitet seit über zwanzig Jahren in der Automobilindustrie. Verschiedene Stationen als Key Account Manager, Produktmanager und Verantwortlicher für Open Innovation führten zu längeren Auslandsaufenthalten in Frankreich und Brasilien.

Christian lebt und arbeitet in Mainz.

Christian Knoche

WENDE PUNKTE

Es gibt immer einen anderen Weg

Thriller

© 2020 Christian Knoche

Autor: Christian Knoche
https://christian-knoche.de

Umschlaggestaltung: Crowdspring
Lektorat, Korrektorat: Jasmin Schneider, Katrin Biedebach

Verlag & Druck:
    tredition GmbH
    Halenreie 40-44
    22359 Hamburg

ISBN: 978-3-347-17101-5 (Paperback)
       978-3-347-17102-2 (Hardcover)

Das Werk, einschließlich seiner Teile, ist urheberrechtlich geschützt. Jede Verwertung ist ohne Zustimmung des Verlages und des Autors unzulässig. Dies gilt insbesondere für die elektronische oder sonstige Vervielfältigung, Übersetzung, Verbreitung und öffentliche Zugänglichmachung.

Bibliografische Information der Deutschen Nationalbibliothek:
Die Deutsche Nationalbibliothek verzeichnet diese Publikation in der Deutschen Nationalbibliografie; detaillierte bibliografische Daten sind im Internet über http://dnb.d- nb.de abrufbar.

Wendepunkte

Es gibt immer einen anderen Weg

1.

André – 2011

Es war ein seltsames Gefühl, nicht mehr zurückzukönnen. Er hatte keine Ahnung, was vor ihm lag, aber der riesige Kontinent war für ihn jetzt Freiheit und Gefängnis zugleich. André wurde schwindelig bei dem Gedanken, und Übelkeit stieg in ihm auf. Die letzten Nächte hatte er kaum geschlafen. Irgendwann am Morgen war er ungeduscht und ziemlich bedröhnt an den Busbahnhof gelaufen und hatte dort zwei Stunden auf einer Bank gelegen, bis der Bus kam. Sein Sitzplatz war direkt vorne rechts. Er schob seinen Rucksack in ein Fach und ließ sich in die Polster fallen. Der Bus füllte sich mit Leuten, war aber höchstens zu einem Drittel besetzt, als er aus dem Terminal rollte. Die Fahrt von Rio de Janeiro nach São Paulo war mit acht Stunden angesetzt, ohne Zwischenstopp. Aber das hatte nichts zu heißen. Nach seinen bisherigen Erfahrungen waren Zeitangaben hier eher für Touristen und Hektiker. Niemand der Einheimischen nahm das ernst. Auch er würde lernen müssen, sich in seiner neuen Heimat damit abzufinden. Die Alte war für eine lange Zeit, vielleicht für immer, unerreichbar. Wo genau er sich niederlassen würde, was er tun würde, um zu überleben – André wusste es nicht. Er hatte sich etwas Zeit gegeben, um das für sich herauszufinden. Der Bus war ein günstiges und bequemes Transportmittel, gemacht für Leute, die viel Zeit, aber wenig Geld hatten. Und das traf hier auf die Meisten zu. Auf Pünktlichkeit legte fast niemand wert, auch André nicht.

Er hatte es sich auf seinem Sitz einigermaßen bequem gemacht und versuchte zu schlafen. Sie waren kaum zwanzig Kilometer gefahren, als sich der Verkehr staute. Jetzt standen sie seit einer Stunde auf einer Brücke, ohne sich auch nur einen Millimeter zu bewegen. André schlief unruhig, schreckte immer wieder hoch, hatte Nackenschmerzen und konnte nicht richtig durchatmen. Er hätte gerne geraucht, aber im Bus war das verboten, und aussteigen ließ ihn der Fahrer nicht. Vielleicht war es ein Fehler, sich zuerst Hals über Kopf in Partys zu stürzen. Aber er brauchte diesen Kontrast, und Rio war genau die Stadt dafür. Das Leben, das hinter ihm lag, war sehr geregelt und diszipliniert verlaufen. Nur so hatte er es geschafft, so lange keinen Fehler zu machen.

Er war schon einmal in Rio gewesen, als Tourist, vor einigen Jahren. Damals nur für wenige Tage, das Rückflugticket im Hotelsafe. Er hatte sich nicht mit Partys beschäftigt, sondern war durch das Land gereist, um für den Fall der Fälle zu sondieren. Jetzt war dieser Fall eingetreten, und alles war ganz anders. Diesmal wartete kein Rückflugticket im Hotel auf ihn. Dafür hatte er jetzt die richtigen Partys gefunden. Fernab der Touristenscharen und der surreal teuren Hotels hatte er mit den richtigen Brasilianern – und vor allem Brasilianerinnen - gefeiert. Er war allein losgezogen, mit seinem gebrochenen Portugiesisch aus dem Volkshochschulkurs. Das war nicht ungefährlich, da er sich als Ausländer in Gegenden der Stadt wagte, die man normalerweise mied. Nicht deshalb, weil bei ihm irgendetwas zu holen gewesen wäre. Sein Äußeres ließ nicht darauf schließen, dass er in einem unscheinbaren Hotelzimmer über zwanzigtausend Euro versteckt hatte. Aber er sah nicht schlecht aus, und die Mädchen hier mochten die Deutschen. Man konnte leicht in Eifersüchteleien hineingeraten. Mit den lokalen Gangs und Straßenkindern war nicht zu spaßen. Aber sie brachten auch nicht einfach so Ausländer um, nicht aus solch geringen Anlässen. Verletzte, entführte oder gar getötete Touristen waren schlecht fürs Geschäft. Die Polizei führte dann Sonderaktionen durch, vor allem in den Armenvierteln. Auch wenn es nur pro forma war, so wurde es doch immer unangenehm, wenn politischer Druck die Staatsgewalt entfesselte. Für die meisten war es lediglich ein Gefühl, das auf Zeitungsartikeln oder Fernsehberichten basierte, aber für viele war es bittere Realität. In den Städten tobte seit Jahrzehnten ein Schattenkrieg. An die Öffentlichkeit brach er nur selten durch, hielt sich fern von Copacabana, Ipanema, Parks und Restaurants. Gelegentlich, wenn ein heruntergekommener Mensch tot am Strand lag, las man darüber, schüttelte den Kopf und ging zur Normalität über. Niemand kümmerte sich darum. Die Leiche wurde weggeräumt, anonym bestattet und nur wenige Minuten später ging das Leben weiter wie gewohnt.

In den Favelas, den Armenvierteln von Rio de Janeiro, die wie die gleichnamige Pflanze die vielen Hügel der Stadt emporwucherten, herrschten eigene Gesetze und Regeln. Die meist illegal errichteten Siedlungen waren ein Tummelplatz für alle Arten von Gangs. Drogenhandel, Prostitution, illegale Waffen, gefälschte Dokumente – hier gab es alles. Die Polizei wurde dort nur als eine weitere Gang wahrgenommen, da sich über die Zeit die Fronten sehr verhärtet hatten. Schießereien, Racheaktionen und Morde standen auf der Schuldliste aller Parteien. Die Pufferzone zwischen den Favelas und den Touristenzentren war das normale Rio de Janeiro, wo all die besser situierten Arbeiter, Büroangestellten und Beamten lebten. Nicht reich genug für eines der Condominios, in denen sich die Geldelite vor der Wirklichkeit abschottete, aber auch nicht so arm, dass sie in den Favelas Zuflucht suchen mussten. Nicht so streng bewacht, dass man an jeder Ecke Polizisten sah, aber auch nicht der völligen Gesetzlosigkeit überlassen. Man musste sich trotzdem gut überlegen, ob es einem die Partys wert waren. Die Stimmung konnte schnell kippen, und dann war man in großer Gefahr.

André war es das wert. Er hatte in den letzten Nächten, wie man so schön sagt, krachen lassen. Für ihn war es eine völlig neue Erfahrung, sich auf diese Weise mit Frauen zu amüsieren. Beinahe schon normal, dachte er. Vielleicht hätte er viel früher hierherkommen sollen, vielleicht wäre dann alles anders verlaufen.

Mit der nachlassenden Wirkung von Drogen und Alkohol setzte eine Nüchternheit ein, die ihm die Umstände wieder klar vor Augen führte. Sein Geld würde eine Weile reichen, aber nicht ewig. Er musste einen Job finden. Ansonsten wäre er bald ohne finanzielle Mittel, obdachlos und kurze Zeit später vermutlich tot. Zwar besaß er einen brasilianischen Pass, aber nicht die anderen notwendigen Dokumente. Er würde eine Sozialversicherungsnummer brauchen, eine Krankenversicherung, und so weiter. Er konnte nicht einfach auf ein Amt gehen und die nötigen Anträge stellen. Niemand würde in den Datenbanken einen Roberto Jorge Maurer finden, und dann ginge die Fragerei los. Sein schlechtes Portugiesisch, sein deutsches Aussehen - spätestens dann würde auch jemand seinen Pass sehr gründlich unter die Lupe nehmen, und er würde auffliegen. Er konnte versuchen, irgendwo schwarz zu arbeiten, aber auch das war schwierig. Der brüchige Schutz, den er als Tourist in Rio genossen hatte, würde nicht lange halten. Irgendwer würde herausfinden, dass er etwas verheimlichte. Die Dinge kamen immer irgendwie ans Tageslicht. Allein, illegal im Land und ohne irgendwelche Verbindungen, war er vogelfrei, das wurde ihm plötzlich klar. Sollte er jemandem unliebsam werden, er wäre einfach nur irgendeine unbekannte Leiche von vielen. Wenn man ihn überhaupt fände. Vielleicht würde dann jemand die Datenbanken mit gesuchten Verbrechern aus Deutschland abgleichen, vielleicht würde jemand sein Bild erkennen, vielleicht würde er irgendwann identifiziert werden. Aber das alles würde ihm nichts mehr helfen. Niemand müsste mit Strafverfolgung rechnen, wenn er André einfach beseitigte. Das war definitiv eine Gefahr, und umso mehr ein Grund, nicht aufzufallen und sich vor allem nicht mit den falschen Leuten einzulassen.

André wischte sich kalten Schweiß von der Stirn und streckte seine rechte Hand flach vor sich aus. Sie zitterte so sehr, dass er es kaum schaffte, den Code auf seinem iPad einzugeben. Er konnte sich damit jetzt nicht beschäftigen. Es war einfach zu viel. Morgen. Nicht jetzt. Einen Schritt nach dem anderen. Er öffnete einen der Filme, die er sich heruntergeladen hatte, stöpselte die Kopfhörer in seine Ohren und schlief bald darauf ein.

Als er aufwachte, fuhren sie wieder. Sein Kopfschmerz hatte sich zu einem Hämmern gesteigert, das an- und wieder abschwoll. Mund und Hals waren so trocken, als hätte ihm im Schlaf jemand eine Schaufel Sand hineingeschüttet. Er musste geschnarcht haben und konnte zuerst kaum atmen. Auf seiner Shorts zeichnete sich eine Beule ab. Er hatte einen Ständer und musste auf die Toilette, was sich leider gegenseitig ausschloss. André trank einen Schluck lauwarmes Wasser aus der Plastikflasche, die er letzte Nacht irgendwo mitgenommen hatte. Es schmeckte leicht bitter, nach Kunststoff und noch irgendetwas Undefinierbarem, leicht Säuerlichem. Benommen stand er auf, streckte sich und stolperte den Mittelgang hinunter in Richtung der Toilette. Sie war eng, schmutzig und roch komisch. Er musste aufstoßen und spürte wieder den säuerlichen Geschmack im Hals. Das Innere seines Mundes zog sich zusammen, er würgte und übergab sich in das Klobecken und den Rest des winzigen Raumes. Vorsichtig quetschte er sich durch die schmale Tür und ging zurück auf seinen Platz. Er hoffte, dass niemand ihn beobachtet hatte und die Schweinerei nicht auf ihn zurückzuführen war.

„Que horas?", fragte er den Fahrer.

„Que horas são.", sagte der in belehrendem Ton und deutete auf die Uhr neben dem Armaturenbrett. Es war kurz nach vier am Nachmittag. Sie hätten eigentlich schon vor einer Stunde ankommen sollen.

„Onde somos?", fragte er wieder, „Wo sind wir?"

„Mais um hora!"

Also noch eine Stunde. Sie würden mitten in der Rush Hour ankommen. André hatte ein Ticket bis Lima gekauft, die gesamte Strecke der Transoceanica. Nächster Stopp war São Paulo, der geplante Aufenthalt dort zwei Stunden. Er war auch dort kurz gewesen, mochte die Stadt aber nicht besonders. Die Leute waren nur halbe Brasilianer, arbeiteten relativ viel und hatten die Nase hoch oben im Wind. Die Einheimischen generell waren schon arrogant für ihren geringen Bildungsstand, aber die Paulistas, wie man die Einwohner São Paulos nannte, setzten noch mal eine Schippe drauf. Es begann schon damit, dass sie jeden automatisch für dumm hielten, der ihre Sprache nicht richtig konnte. Und entsprechend behandelten, nach der Logik: Das können doch hier schon Kinder, wer es als Erwachsener nicht beherrscht, der muss wohl etwas unterbelichtet sein. So gut wie niemand sprach allerdings irgendeine Fremdsprache, noch nicht mal Spanisch, ganz zu schweigen von Englisch. Die Leute hatten keine Vorstellung von der Welt. Ihr Kosmos war klein und sehr überschaubar.

„Ihr Deutschen habt die Uhr, und wir haben die Zeit.", hatte mal irgendjemand zu ihm gesagt. Auch daran würde er sich wohl gewöhnen müssen. Es waren die Dinge, die ihn Deutschland jetzt schon vermissen ließen.

Sie passierten gerade den internationalen Flughafen von São Paulo in dem Vorort Guarulhos und schoben sich in einer zähen Blechlawine auf die Stadt zu. Er musste lang geschlafen haben. Beton kam in Sicht, Hochhäuser, noch mehr Beton, Autos, Lärm, Flugzeuge, Hubschrauber. Über allem hing eine Glocke aus schwefligem Siff, der den wolkenlosen Himmel in ein schmutzig-bräunliches Ocker färbte. André fror. Die Klimaanlage war sicher auf volle Leistung gestellt, wie meistens hier. Der Fahrer trug einen dunklen Anzug aus Schurwolle, dazu ein weißes Hemd und Krawatte. Auf seinem kahlen, braunen Schädel war nicht eine Schweißperle zu sehen. André überlegte kurz, ob er darum bitten sollte, die Lüftung etwas wärmer zu drehen. Aber er wusste, was das bringen würde, und ließ es bleiben. Er begnügte sich damit, die Auslassdüsen über seinem und dem leeren Sitz neben ihm abzudrehen, um so zumindest nicht mehr dem direkten Luftstrom ausgesetzt zu sein. Trotzdem hatte er die Befürchtung, dass es bereits zu spät war, und er eine dieser Tropenerkältungen bekommen würde. Die Luft wurde zunehmend schlechter. Die Klimaanlage konnte zwar kühlen, aber die Filter, falls überhaupt noch welche vorhanden waren, wurden mit der Luft nicht fertig. Sie saugten die schweflige Mischung mitten aus der Autoschlange an und bliesen sie ins Innere des Busses.

Langsam wälzte sich der Verkehr tiefer in die Stadt. Anfahren, bremsen, anfahren, bremsen, anfahren, bremsen, immer wieder und wieder. Das beklemmende Gefühl nahm zu. Sie kamen nicht von der Stelle. Sechs Fahrstreifen in jede Richtung, und nichts ging voran. Trotz des Stillstands war der Verkehr auf eine seltsame Art hektisch. Alle wechselten dauernd die Spuren, ohne dadurch schneller voranzukommen. Dabei kamen sie den Motoboys ins Gehege, wilden Asphaltcowboys, die Honda-Mopeds fuhren und alles Mögliche transportierten. Sie nutzten die schmalen Streifen zwischen den Autos, machten durch lautes Hupen auf sich aufmerksam und nahmen keinerlei Rücksicht. André schaute aus dem Fenster hinunter auf die Straße. Direkt vor ihnen wechselte ein Auto die Spur, ohne zu blinken, und hätte dabei fast einen der Motoboys gerammt, der mit viel zu hoher Geschwindigkeit irgendwo aus dem Durcheinander von Blech und Beton auftauchte. Er hupte, schrie etwas, fuhr aber mit unverminderter Geschwindigkeit weiter. Die Motoboys waren eine solidarische Gemeinschaft. Ein inoffizielles Gerücht besagte, dass in diesem Moloch mit zwanzig Millionen Menschen täglich drei bis vier von ihnen ihr Leben auf der Straße ließen. Das schweißte zusammen. Die nachfolgenden Fahrer hatten das Geschehen beobachtet und maßregelten den vermeintlichen Verkehrssünder auf ihre Weise. Einer stoppte ab, hämmerte gegen das Fenster des Autos und brüllte irgendetwas. Der nächste rief so laut, dass André den ziemlich derben Fluch verstand. Der dritte beschleunigte, hob den Fuß und trat mit gekonntem Schwung den Spiegel ab. Der vierte trat eine Beule in die Tür, und ein weiterer erledigte den Spiegel auf der rechten Seite. Bußgeld auf São Paulo-Art, von Leuten, die sich selbst verkehrswidrig verhalten, für jemanden, der kurz nicht aufgepasst hat. André war es egal. Der Bus wirkte ziemlich stabil, und was sich draußen abspielte, war nicht seine Angelegenheit. Er war noch nicht lange in Brasilien, und dennoch hatte er solche Szenen schon öfter beobachtet. Daher wunderte es ihn kaum, als der Autofahrer plötzlich die verbeulte Tür aufriss, aus dem Wagen sprang und einen Revolver hochriss. Scheinbar ergebnislos feuerte er hinter den Motoboys her. Man konnte von Glück reden, dass nicht irgendwer weiter vorn in dem Durcheinander verletzt wurde. Er brüllte noch etwas, stieg wieder in sein Auto und fuhr ruckelnd in die Lücke, die sich mittlerweile vor dem Bus gebildet hatte. Die Autofahrer ringsum schauten angestrengt geradeaus und versuchten krampfhaft, das Geschehen zu ignorieren. Der

Busfahrer griff zum Handy und telefonierte. André schloss aus den Wortfetzen, die er auffangen konnte, dass er mit seiner Frau sprach und ihr das Geschehen schilderte. Es passierte weiter nichts Nennenswertes im Verkehr, und kurze Zeit später war es, als hätte das alles nie stattgefunden. Die Autos hupten und wechselten unkoordiniert die Spuren, die Motoboys hupten und rasten durch die Zwischenräume, und ab und zu hupte auch der Busfahrer, wahrscheinlich einfach, um dazuzugehören oder um seiner Lebensfreude Ausdruck zu verleihen.

André nickte wieder ein. Wenig später wurde er erneut geweckt, diesmal von Sirenengeheul und noch lauterem Hupen. Schlaftrunken stütze er sich im Sitz hoch und versuchte, die Lärmquelle zu identifizieren. Es waren mehrere graue Toyota Hilux mit Blaulicht und Bemalung im Stil amerikanischer Spezialeinheiten, die sich ihren Weg durch den Stau bahnten. Ein militärisches Emblem und die Aufschrift ROTA auf der Seite kennzeichneten die Autos als Teil einer berüchtigten Polizeitruppe. André hatte davon gehört. Es war eine Spezialeinheit der Polizei von São Paulo, die nicht für zimperliches Vorgehen bekannt war. Die äußerst blutige Niederschlagung einer Gefängnisrevolte vor vielen Jahren hatte den Ruf der Einheit zementiert, keine Gefangenen zu machen. Die Polizisten schufen sich mit roher Gewalt und aggressivem Fahrstil einen Weg durch die Autos, rammten mit den Bullenfängern an ihren Hilux einige Motoboys und Autos einfach weg und fuhren weiter. Die Fenster waren heruntergelassen und aus jedem Auto schauten drei grau uniformierte Polizisten mit Barrett auf dem Kopf und Waffe im Anschlag. Einer der Wagen schrammte am Bus vorbei und der Polizist hinten links konnte sich gerade noch rechtzeitig wieder ins Auto werfen, sonst wäre er zerquetscht worden. Die vier Fahrzeuge drängten etwa zehn oder elf Autos vor dem Bus einen schwarzen VW von der Straße, verkeilten das Auto in der Leitplanke und sprangen aus den Fahrzeugen. Ein Schuss, noch einer, einige Feuerstöße aus Maschinenpistolen, dazwischen das dumpfe Knallen von Schrotflinten. Es war eine Szene wie aus einem Kriegsgebiet. Aus dem eingeklemmten VW spritzten Glassplitter, und André konnte erkennen, wie der Mann am Lenkrad zusammensackte. André ging unwillkürlich in Deckung, wohl wissend, dass nichts in diesem Bus auch nur einem einzigen Geschoss aus einer normalen Pistole standhalten würde. Aber er konnte trotzdem versuchen, kein allzu großes Ziel abzugeben. Die anderen Fahrgäste drängten sich nach vorn, um besser sehen zu können. Draußen sprang jemand aus dem geborstenen Heckfenster des eingeklemmten Autos und rannte auf den Bus zu. Erneut knallten Schüsse, der Mann brach zusammen und blieb liegen. Die Straße unter ihm färbte sich rot. André wurde schlecht.

„Ist das normal hier in São Paulo?", hörte er einen der Fahrgäste den Busfahrer fragen.

„Der Stau schon.", antwortete der Fahrer trocken.

Seltsamerweise dauerte es nicht sehr lang, bis die Aufräumarbeiten vor ihnen abgeschlossen waren und sich der Verkehr wieder in Bewegung setzte. Die Polizisten kippten den zerschossenen und verbeulten VW mit vereinten Kräften über die Leitplanke, warfen die zwei Toten auf die Ladeflächen ihrer Autos und fuhren weiter, wie sie gekommen waren. André konnte jetzt definitiv nicht mehr schlafen und schaute aus dem Fenster in die Betonwüste. Riesige Werbetafeln thronten über einfachen Hütten aus Brettern und Wellblech, die teilweise mehrere Stockwerke hoch waren und über die Straße ragten. Dazwischen immer wieder Tankstellen, Werkstätten, kleine Geschäfte, einfache Häuser, Bananenpalmen und Menschen, die irgendetwas verkauften. São Paulo war überhaupt nicht mit Rio zu vergleichen. Rio, die Stadt mit den vielen Hügeln, war aufgelockert und sehr grün. Meeresluft und Wind bliesen die Abgase einfach weg, und auch der Verkehr war wesentlich entspannter. São Paulo lag siebenhundert Meter höher, hatte keinen direkten Zugang zum Meer, und war grau und stickig. Innerhalb weniger Minuten wurde es dunkel, fast nachtschwarz, und dicke Wolken hingen über ihnen. Einige Tropfen klatschten an die Scheiben, glitten ab und liefen am Glas herunter. Sie fielen dichter und mit größerer Wucht, dann regnete es sintflutartig, man sah kaum das nächste Auto vor sich. Die riesigen Scheibenwischer arbeiteten verzweifelt gegen die Wassermassen an, hatten aber dieser Naturgewalt nichts entgegenzusetzen. Der zubetonierte Untergrund konnte die Wassermassen nicht aufnehmen und der Verkehr kam erneut zum Erliegen. Das Wasser stieg, erst einige Zentimeter, dann stand es den Autos schon bis zur Mitte der Räder. André sah, wie die Leute fluchten, gestikulierten und noch mehr hupten. Der Lärm überforderte ihn. Er setzte sich seine Kopfhörer auf und schlief wieder ein. Irgendwann wurde er etwas unsanft vom Fahrer geweckt.

„Chegamos!", kam die knarzende Durchsage.

Sie waren angekommen am Terminal Barra Funda, einem der großen Knotenpunkte für Busse und Bahnen in Brasilien. Mit fast fünf Stunden Verspätung. Der Aufenthalt wurde auf eine halbe Stunde verkürzt, um die Verzögerung zumindest etwas auszugleichen. André streckte sich, griff seinen Rucksack und stand langsam auf. Vorsichtig kletterte er die Stufen hinunter und sprang aus dem Bus. Es war schwül und wurde langsam dunkel. Die Straßenlaternen schalteten sich ein. In ihrem gelblichen Licht waberten Schwaden von Wasserdampf, den der aufgeheizte Asphalt aufsteigen ließ. André schaute sich um, fand einen kleinen Imbiss und kaufte sich zwei Dosen Cola, zwei Flaschen Wasser, einen gegrillten Käse und zwei in Folie verpackte, dick mit Mortadella belegte Brötchen. Alles war frisch und sah lecker aus. Der Mann holte die Getränke und Sandwiches aus Styroporboxen. Die Kisten waren mit Aluminiumfolie umwickelt und die Eiswürfel darin kaum geschmolzen. Der Verkäufer hatte eine Art Grill, gebaut aus einem kleinen Blecheimer, den er an einer langen Kette gekonnt umherschwenkte, so dass die Holzkohle zu glühen begann, die rechteckigen Käsestangen mit Holzstiel aber nicht herunterfielen. André kannte dieses Prinzip vom Strand und genoss den knusprigen und mit Oregano gewürzten Käse. Er hatte fast vierundzwanzig Stunden nichts gegessen. Es wurde Zeit, dass sein angeschlagener Magen wieder etwas zu tun bekam.

An einem anderen Stand kaufte er sich eine gekühlte Kokosnuss. Die Verkäuferin, eine Schwarze von etwa siebzig Jahren und ohne Zähne, hackte sie gekonnt mit drei

Schlägen einer Machete auf. Sie musste das hunderttausende Mal gemacht haben, dachte André. Jeder Handgriff saß perfekt. Dann fiel sein Blick auf ihre linke Hand, und er sah, dass der Daumen fehlte. Er kaufte sich noch zwei Büchsen Bier, verstaute seine Einkäufe im Rucksack und ging zurück zum Bus. Der Fahrer hatte gewechselt, und es waren noch zwei weitere hinzugekommen. Sie standen vor der Tür und begrüßten die Fahrgäste freundlich. Ein älterer Mann im Anzug kontrollierte die Tickets. Diesmal war der Bus zumindest im unteren Bereich voll bis auf den letzten Platz. Langsam setzten sie sich in Bewegung und fuhren aus der riesigen Stadt. Mit dem Chaos und Lärm wich langsam auch seine Verwirrtheit. Hier auf dem Land würde er genug Zeit haben, um sein neues Leben zu planen.

2.

William – 2011

„Nein, danke", sagte Will auf Spanisch, „Ich schaffe das allein."

Ein kleiner, dicker Mann mit einem Hemd, von dem die Knöpfe wegzufliegen drohten, wollte ihm bei Verstauen seines Gepäcks helfen. Es war einer der Fahrer, Will hatte ihn vorhin draußen vor dem Bus mit zwei anderen Männern beobachtet, die alle die gleiche Kleidung trugen. Schwarze Hosen, weiße Hemden, eine Krawatte und darüber ein Jackett mit dem Emblem der Busfirma auf der Brust.

„Sicher?", fragte der Mann.

„Ja, sicher. Danke!"

Der kleine Dicke zuckte die Schultern, warf die Handflächen in die Luft und ging zum nächsten Sitzplatz, um dem Fahrgast dort mit seinem Gepäck zu helfen.

Will hob seinen Koffer in das Fach und nahm in dem bequemen Sitz Platz. Er atmete durch und wartete, bis sich sein Puls beruhigt und sein Blut wieder mit genug Sauerstoff gesättigt hatte. Der Weg vom Bus aus Buenos Aires über das riesige Terminal bis zu seinem Platz, Koffer und Tasche hinter sich herschleppend, hatte ihn erschöpft. Es war heiß, und er konnte noch nie gut mit Hitze umgehen. Früher hatte er einfach so viel geraucht und getrunken, bis er es nicht mehr spürte. Aber diese Zeiten waren vorbei. Langsam beugte er sich vor, zog den Riemen der großen Ledertasche über seinen Kopf und stellte das Gepäckstück auf den leeren Sitz neben sich. Der Platz war, wie auch die meisten anderen im Oberdeck, nicht besetzt. Seine rechte Hand suchte das Panel mit den Schaltern und drückte daran herum, bis der Sitz mit einem summenden Geräusch in eine bequemere Position gefahren war. Will ließ sich tiefer in die

Polster sinken, entspannte Kopf und Nacken auf dem bequemen Kissen und ließ den Blick schweifen. Es war im Prinzip unsinnvoll, mit dem Bus zu reisen. Das Ticket für einen Sitz auf dem Luxusdeck war teurer als ein Flugticket, und die Reise dauerte Tage statt Stunden. Aber Will mochte es bequem, und er mochte die modernen Flugzeuge nicht. Früher hatte er auch dort Bequemlichkeit und Service genossen, wenn er zivile Maschinen benutzte. Es gab selbst auf Inlandsflügen immer eine Business Class mit großen, angenehm gepolsterten Sitzen und ausgezeichnetem Essen. Heute waren die Flugzeuge bis auf den letzten Zentimeter mit engen, harten Sitzen vollgestopft und zu essen bekam man bestenfalls ein pappiges Brötchen, für das auch noch ein Aufpreis verlangt wurde. Nein, er wollte sich das nicht antun. Außerdem hatte er Zeit. Viele Menschen in seinem Alter hätten das sicherlich anders gesehen. Mit fünfundachtzig wusste man nie, wann es einen erwischte. Will war es egal. Er hatte mit Mitte siebzig aufgehört, seine Geburtstage zu zählen. Zeit war jedenfalls nicht sein Problem. Außerdem bot der Bus ihm einen Vorteil, den kein ziviles Flugzeug hatte, und zwar Privatsphäre. Niemand kontrollierte allzu genau die Reisepässe. An den drei Landesgrenzen, die er auf seiner Reise zu überqueren hatte, würde auch niemand nach dem fragen, was er in seiner Tasche mitführte. Und er war schon immer vorsichtig. Vorsicht war die Mutter der Porzellankiste und sorgfältige Planung ihre Großmutter. Will neigte dazu, die Rolle des Glücks in seinem Leben herunterzuspielen. Es passte nicht zu seinem Selbstbild, sich auf Glück zu verlassen. Wenn er sich fragte, warum er so lange überlebt hatte, dann kam ihm immer wieder die Vorsicht als Antwort in den Sinn.

Der Busfahrer löste die Bremsen. Das Gefährt setzte sich in Bewegung und glitt sanft aus dem Terminal hinaus auf die vielspurige Straße, die aus der Stadt führte. Der Fahrer war ein Könner, das spürte er sofort. Die Bewegungen waren fließend, entspannt, fast wie ein Tanz mit dem unebenen Asphalt voller Schlaglöcher. Wie ein Riese durch eine hektische Menschenmenge glitt der Bus durch die Unruhe des Verkehrs, scheinbar immun gegen das allgegenwärtige Gewusel zu seinen Füßen. Wills Blick richtete sich in die Weite und fokussierte sich auf das noch unsichtbare Ziel: Lima. In zwei Tagen würde dort ein Flugzeug aus New Jersey landen, und sie würde an Bord sein. Ihre Rückkehr in ein südamerikanisches Land war auch nach über dreißig Jahren noch riskant. Vielleicht hatte man sie vergessen, ziemlich sicher sogar. Aber es konnte eben auch sein, dass dem nicht so war. Fernandes war kein Dummkopf, und er war noch immer sehr mächtig. Die heute allgegenwärtige elektronische Überwachung konnte wahre Wunder vollbringen, wenn man wirklich nach jemandem suchte. Nicht zuletzt deswegen fühlte Will sich sicherer, wenn er die Strecke vorher getestet hatte. Auf dem Rückweg würde sie neben ihm sitzen, er würde ihre Hand halten, und sie würde bekommen, wonach sie sich so lange gesehnt hatte.

3.

William – 1943

„Willyboy! Du hast Besuch!", hallte die Stimme von unten die Treppe hinauf.

„Mom!", rief er zurück, peinlich berührt, kam sofort hinuntergehastet und begrüßte seinen Gast. Lisa stand im Türrahmen, die Nachmittagssonne im Rücken.

„Sorry.", sagte er und grinste verlegen.

„Mütter, was?"

Sie lachte.

„Ja. Mütter."

„Wie geht's Dir, Will?"

„Gut, tatsächlich. Laufen wir ein Stück?"

„Klar."

Sie verließen das Haus, und er zog die Tür hinter sich zu. Über die Schulter sah er seine Mutter, die mit ernster Miene am Fenster stand und ihnen nachschaute. Wie schon so oft gingen sie gemeinsam den langen Weg zur Straße entlang. In der Ferne konnte man über die Äcker hinweg das nächste Haus erkennen. Eine Weile schwiegen sie. Irgendwann hielt sie es nicht mehr aus.

„Nun sag schon, Will, wie war es?"

„Hart. Anstrengend. Aber es macht auch Spaß."

„Du siehst gut aus in Uniform."

„Danke. Und Du in Deinem Kleid!"

Sie lächelten sich an wie die verlegenen Teenager, die sie waren.

„Wie war es für Dich?", fragte er nach einer Weile.

„Es war lang. Drei Monate!"

„Es war lang, ja. Für mich ging die Zeit trotzdem schnell vorbei. Sie lassen Dir keine Ruhe, weißt Du?"

„Nein, weiß ich nicht."

„Hast Du meine Briefe bekommen?"

„Ich habe sie bekommen. Ich habe sie auch gelesen. Aber ich weiß immer noch nicht, wie es ist."

„Sie bringen einem alles bei, was man wissen muss als Soldat. Morgens geht es so früh raus, dass man in der ersten Stunde gar nicht weiß, wie einem eigentlich geschieht. Und abends ist man so müde und erschöpft, dass man schläft wie ein Stein. Die Ausbilder sind nicht gerade freundlich, und zimperlich sind sie auch nicht. Wir haben sie gehasst. Aber ich glaube, das versteht man wohl nur, wenn man dabei war."

„Vielleicht, ja. Und wie ging es weiter? Komm schon, Will, warum lässt Du Dir heute alles aus der Nase ziehen?"

„Es hat mich verletzt, dass Du nicht auf meine Briefe geantwortet hast.", sagte er und starrte in die Ferne, „Ich kann es verstehen, aber es hat mich verletzt."

„Tut mir leid."

„Bist Du noch wütend?", fragte er und schaute sie an.

„Ich bin wahnsinnig froh, Dich zu sehen. Aber irgendwie auch wütend, ja."

„Warum?"

„Du fragst mich warum? Ich frage Dich, Will! Warum? Warum machst Du das?"

„Ich weiß nicht. Ich kann nicht anders."

„Ist es wegen Deinem Vater?"

„Vielleicht, ja."

„Was bist Du ihm schuldig? Er war doch nie da! Das hast Du selbst gesagt."

„Er macht das ja nicht für sich, verstehst Du? Er macht es für sein Land, für uns alle. Genauso wie ich jetzt."

„Das ist nicht wahr. Ich glaube, am Ende macht doch jeder alles für sich selbst."

„Ich weiß nicht, was Du damit meinst."

„Ich glaube, Du willst einfach, dass Dein Vater irgendwann zu Dir sagt: gut gemacht. Du möchtest, dass er Dir auf die Schulter klopft, vielleicht noch einen Orden an die Brust hängt, und stolz auf Dich ist. Aber eigentlich willst Du das nicht für ihn, sondern damit Du Dich endlich gut fühlst. Du brauchst die Anerkennung des großen Major Colby."

„Colonel."

„Was auch immer."

Sie liefen eine Zeitlang schweigend nebeneinander her.

„Wie geht es jetzt mit uns weiter?", fragte er schließlich. Sie antwortete nicht. Die Straße unter ihren Füßen war trocken. Staub wirbelte bei jedem Schritt auf und färbte ihre Schuhe grau. Sie waren jetzt mitten in den Maisfeldern, in einem Meer von hellem Grün. Vor und hinter ihnen lag die Straße, ansonsten waren da nur die großen Pflanzen. Ein sanfter Wind ließ die Blätter leise rascheln.

„Kennst Du noch Mrs. Ellis, unsere alte Nachbarin in Wilmington?", fragte sie.

„Ja."

„Vor ein paar Wochen kam ein Auto vorgefahren und zwei Männer in Uniform stiegen aus und brachten ihr einen Brief. Sie hat so laut geschrien, dass man es die ganze Straße entlang hören konnte. Er war ein Jahr älter als wir, Will. Dann, eine Woche später, kamen sie wieder. Diesmal war es der Bruder. Überall in der Nachbarschaft sind diese Briefe angekommen, und es werden immer mehr."

Sie blieb stehen, fasste ihn um die Hüften und drehte ihn zu sich.

„Ich habe lange nachgedacht. Ich liebe Dich, William Colby. Ich weiß, viele wie wir heiraten kurz vorher. Er verspricht, heil zurückzukommen. Sie verspricht, auf ihn zu warten. Aber ich kann das nicht. Ich kann nicht in Angst leben davor, dass ich auch so einen Brief bekomme."

„Mir wird nichts passieren, Lisa! Glaub mir."

Sie drehte den Kopf weg, schaute neben sich in den Staub. Ihre weißen Pumps waren von einer grauen Schicht bedeckt. Sanft trat sie gegen einen kleinen Stein. Die Kiesel rollte ein Stück den Weg entlang, wurde langsamer und blieb auf dem Weg liegen.

„Ich arbeite nachmittags freiwillig im Hospital. Wir bekommen viele Verwundete dort, wegen des Hafens. Die Schiffe aus Europa legen hier an. Neulich habe ich Arthur Banks dort gesehen. Erinnerst Du Dich noch an Arthur?"

„Ja klar, von der Schule."

„Er ging vor einem Jahr rüber", fuhr sie fort, „Seine Augen, Will! Er hat durch alles hindurchgeschaut, als würde er in die Ferne starren. Sie schauen fast alle so, aber ich habe es bis dahin nicht bemerkt. Ihn kannte ich vorher. Innerhalb von einem Jahr ist er ein alter Mann geworden. Er ist in Frankreich in einem Wald auf eine Mine getreten. Seine Beine sind weg. Und sein ..."

Sie schaute an ihm herunter, drehte ihren schwarzen Lockenkopf weg und starrte über den Staub der Straße in die Ferne.

„Er war mit Jane Willerslow verlobt. Sie arbeitet mit mir zusammen in der Klinik. Zwei Tage, bevor er sich eingeschifft hat, haben sie geheiratet. Weißt Du, was er zu ihr gesagt hat, bevor er ging?"

Will schüttelte den Kopf.

„Er hat ihr versprochen, dass er heil zurückkommt. Und was ist mit ihm passiert? Sie können keine Babys haben. Kein Leben als Eheleute."

„Er hat eben nicht gut genug aufgepasst. Und ja, so etwas kommt schon vor. Aber das ist kolossales Pech. Man kann auch hier einen Autounfall haben, oder beim Baden im Meer ertrinken. Das passiert auch jedes Jahr. Aber ich werde aufpassen!"

Sie schaute ihn geradeheraus an.

„Janes Vater arbeitet für die Army. Er ist Mathematiker. Er darf nicht darüber reden, tut es aber trotzdem. Sie nennen es Operations Research. Welche Einheiten wohin geschickt werden müssen, welches Material wo, in welcher Menge benötigt wird, genau zur richtigen Zeit, und so weiter. Kompliziertes Zeug. Jedenfalls rechnen sie alles Mögliche aus. Weißt Du, wie hoch die Chance ist, getötet oder schwer verwundet zu werden?"

„Nein."

„Er hat auch das ausgerechnet. Nach drei Monaten Kampfeinsatz ist die Chance einhundert Prozent. Verstehst Du das? Kapierst Du, was das heißt? Das sagen sie euch natürlich nicht, bei eurer Ausbildung und eurem Training. Aber wenn der Krieg noch ein Jahr dauert, dann wirst Du zu einhundert Prozent sicher getötet oder verwundet. Und das denke ich mir nicht aus."

„Unsinn."

„Eben nicht! Und die ganzen Jungs im Hospital, wenn sie sich nachts unterhalten? Ich habe genug der Geschichten mitbekommen. Es heißt immer, alles wäre geplant und organisiert, aber dann geht es doch drunter und drüber. Die Offiziere wissen nicht, wo die Deutschen sind, die Artillerie schießt daneben. Die Fallschirmspringer werden sonst wo abgesetzt und irren wochenlang umher, bis sie ihre Einheiten wiederfinden. Feindliche Panzer tauchen auf, wo sie nicht sein sollten, und dann sind einige hundert Soldaten tot oder schwer verwundet, bis überhaupt jemand mitbekommt, was passiert ist. Ich wollte Dir das eigentlich nicht sagen. Jetzt habe ich es trotzdem getan. Aber es ändert ja doch nichts."

„Das sind alles Kriegsgeschichten. Soldaten übertreiben, genau wie Angler oder Jäger. Lass uns heiraten, Lisa. Ich komme wieder, an einem Stück, und dann ziehen wir hier raus aufs Land, haben Kinder und alles wird gut."

Sie fasste ihn bei den Händen und sah ihn geradeheraus an.

„Nur mal angenommen – und ich bete zu Gott, dass es so kommt – es passiert Dir nichts Schlimmes und Du kommst zurück. Was wird dann sein? Wirst Du in irgendeiner Fabrik arbeiten? Die Farm übernehmen?"

„Ja. Zum Beispiel. Irgendetwas wird sich schon ergeben."

„Ich kenne Dich, so lange ich denken kann, William Colby. Du bist wie Dein Vater. Du wirst niemals irgendwo Ruhe finden. Und ich will dieses Leben nicht. Ich will nicht allein zu Hause sein und Kinder großziehen, Dich nie sehen und Angst davor haben, dass Du nie zurückkommst. Ich kann das nicht."

Er befreite sich vom Griff ihrer Hände und ging weiter.

„Es gibt jemanden, oder?"

Sie schwieg.

„Sei einfach ehrlich zu mir, Lisa."

„Ja. Es gibt jemanden."

Er drehte sich um, wendete ihr den Rücken zu, zog seine Mütze vom Kopf und schaute in den Himmel. Sein Brustkorb weitete sich, ließ die Luft entweichen, dann drehte er sich langsam wieder um.

„Liebst Du ihn?"

„Ja. Ich denke schon, ja."

„Du denkst schon?"

Er lachte bitter.

„Ja, Will, ich liebe ihn. Aber nicht so wie Dich. Ich werde in meinem ganzen Leben niemals jemanden wieder so lieben wie Dich."

Er drehte um und ging langsam zurück zum Farmhaus. Sie folgte ihm, ohne ein Wort zu sagen, nach oben.

„Ist das wirklich wahr?", fragte er.

„Was denn?"

„Das Du niemanden so lieben wirst wie mich?"

„Natürlich. Du weißt, dass es so ist."

„Und warum können wir dann nicht zusammen sein?"

„Weil Du es nicht kannst. Du kannst nicht an einem Ort bleiben. Du wirst die Gefahr suchen. Bis es Dich eines Tages umbringt."

„Ich könnte weglaufen, untertauchen. Sie haben noch nie jemanden erschossen wegen Fahnenflucht."

„Nein. Das bist nicht Du. Gerade weil ich Dich liebe, könnte ich das niemals zulassen. Du musst tun, was Du tun musst. Und ich muss tun, was ich tun muss."

Sie fasste ihn wieder um die Hüften, zog ihn zu sich heran und küsste ihn leidenschaftlich auf den Mund. Eine Stunde später richtete sie sich erschöpft auf und setzte sich auf die Bettkante. Er setzte sich ebenfalls, rutschte zu ihr hinüber und umarmte sie von hinten. Sie drehte sich um und lachte ihn an. Er strich ihr durch die tiefschwarzen Locken. Spielerisch schubste sie ihn nach hinten um und setzte sich auf ihn. Als draußen die Dämmerung hereinbrach, zog sie sich an.

„Ich muss jetzt gehen, Will. Leb wohl!"

Er war aus seinem erschöpften Schlummer hochgeschreckt und noch nicht bereit, die Realität wieder an sich heranzulassen.

„Ich fahre Dich!", sagte er und richtete sich auf.

„Nein!", sagte sie entschieden, „Ich nehme den Bus. Man muss uns in Wilmington nicht zusammen sehen."

„Dann wenigstens bis an den Stadtrand."

„Es ist okay, wirklich."

Sie lächelte ihm sanft zu. Dieses Lächeln, der Gedanke daran, dass sie es einem anderen schenkte, dass sie diesem Mann so nahe war wie sie sich gerade, all diese Gedanken rasten durch seinen Kopf. Er wollte diese Frau nicht verlieren und hatte es doch bereits getan. Und jetzt tat er, was junge Männer so oft taten, wenn ihre Liebe zerbrach. Er zog in den Krieg. Aber noch wollte er sie nicht gehen lassen.

„Ich will Dich fahren, Lisa", sagte er, „Bitte. Wenn nicht für Dich, dann für mich."

„Es wird dadurch nicht leichter werden."

„Ich weiß. Gerade deswegen. Ich möchte nur noch ein paar Minuten mehr mit Dir. Nur noch diese eine Stunde Fahrt."

„Wie Du magst, Will. Aber dann werde ich gehen und mich nicht umdrehen."

Im Auto schwiegen sie. Er ließ sich Zeit, ließ den Wagen langsam laufen. Sie schien nichts dagegen zu haben, hielt die Hand aus dem Fenster und spielte mit dem Fahrtwind. Am Stadtrand hielt er an. Von hier aus würde sie den Bus nehmen.

Ihr Lockenkopf wandte sich von ihm ab, als sie die Tür öffnete. In die Öffnung hinein sagte sie:

„Leb wohl, William Colby. Und pass auf Dich auf."

Dann stieg sie aus und ging zu den Lichtkegeln der Lampen an der Haltestelle. Wie versprochen, ohne sich noch einmal umzudrehen. Will wendete den Wagen und fuhr davon. Ein reißendes Gefühl in seinem Brustkorb verhinderte, dass er durchatmen konnte. Eine Faust legte sich um seine Kehle und drückte zu. Er kämpfte kurz dagegen an, dann ließ er es geschehen. Seine Mundwinkel verkrampften sich zu einer Grimasse. Er stoppte den Wagen in einem Feldweg, legte Kopf und Hände auf das Lenkrad und weinte hemmungslos. Er hatte keine Ahnung, wie lange, aber irgendwann war alles aus ihm heraus. Er fühlte sich leer, aber auf eine gewisse Weise auch befreit. Morgen würde er auf ein Schiff steigen und große Abenteuer vollbringen. Und dann würde er zurückkommen, lebendig und unversehrt, und er würde sie zurückgewinnen.

Vierzehn Monate später stand First Lieutenant William Colby an Deck der USS McCawley, genoss die Meeresluft und die Sonne, die bereits etwas über dem Zenit wieder in Richtung Westen drehte. Seit einer Stunde waren die Hafenanlagen von Wilmington in Sicht. Neben ihm tauchte Whitmore auf.

„Na, Lieutenant, was macht der Arm?"

„Was soll er machen? Tut weh.", lachte Will.

„Ich habe was für Dich."

Will nahm die Zigarette aus dem Mund. Vorsichtig klemmte er sie in der linken Hand fest, die in einer Schlinge hing und bis zu den mittleren Fingergelenken in einem Gips steckte. Er griff nach dem Becher, den Whitmore ihm hinhielt und roch daran. Es war eindeutig eine gehörige Portion Schnaps darin, und vermutlich etwas Codein.

„Danke, Sarge."

Sie stießen an.

„Auf die Heimat!", sagte Whitmore.

„Auf die Heimat."

„Was wirst Du jetzt machen, Lieutenant Colby? Als hochdekorierter Veteran?"

Will zuckte die Schultern.

„Weiß nicht. Du?"

„Du meinst, abgesehen davon, dass ich heimfahre zu meiner Mary, und es ihr stecken werde, bis mir der Schwanz abfällt?"

Will schüttelte grinsend den Kopf. Die Zigarette war abgebrannt und seine Finger wurden heiß. Er wedelte mit dem Gips und verschüttet dabei etwas von dem Getränk in seiner Tasse.

„Ja. Abgesehen davon."

„Ich such mir nen Job, verdiene Geld, kauf ein Auto und ein Haus und denke niemals wieder an diesen scheiß Krieg oder an einen einzigen von euch verdammten Hurensöhnen."

Er lachte und prostete Will zu.

„Aber in einem Jahr sehen wir uns wieder, was?"

„Be hell or high water, Lieutenant!"

Sie schauten still an den Horizont, über den sich langsam die Silhouette der Stadt schob.

„Glaubst Du, sie hat wirklich gewartet?", fragte Whitmore.

„Deine Mary? Klar!"

„Ich hoffe es auch."

„Ich weiß es, Sarge. Ich habe sie noch nie gesehen, aber ich kenne Dich besser als irgendwen. Und nach allem, was Du erzählt hast, habe ich keinen Zweifel."

„Danke, Will."

Sie tranken schweigend die Spezialmischung, als Whitmore plötzlich laut zu lachen begann.

„Weißt Du noch, Will, nach dem Clusterfuck im Hurtgen-Wald?"

Auch Will musste lachen. Er wusste genau, was Whitmore meinte.

Es war das größte Desaster, von dem sie im ganzen Krieg gehört hatten. Und sie waren mittendrin. Die Schlacht vom Hürtgenwald sollte später in die Militärgeschichte eingehen als ein Beispiel dafür, was alles schieflaufen konnte. Ein wochenlanges Gemetzel in Kälte und Frost, in einem unheimlichen Wald voller Minen, Sprengfallen, Scharfschützen und Mörsergranaten, geführt mit äußerster Brutalität. Splitter von getroffenen Bäumen und Klumpen aus dem steinhart gefrorenen Boden wurden genauso gefährlich, wie die Geschosse selbst. Nach einem heftigen Gefecht, bei denen große Teile ihrer Kompanie inklusiver der fähigsten Offiziere ihr Leben ließen, hatte man ihnen einige Tage Ruhe hinter der Front zugestanden. Als Ersatz für ihren Kompanieführer schickte man ihnen einen dieser Schreibstubencaptains, der ihnen als erste Amtshandlung ein Himmelfahrtskommando zuteilte.

„Dieser Auftrag ist ebenso gefährlich wie sinnlos, Captain.", hatte Will gesagt, „Wir werden alle dabei draufgehen, und zwar ohne irgendeinen militärischen Nutzen."

„Sie haben Ihre Befehle, Lieutenant", hatte der Mann geantwortet, und Will hatte eine Linie überschritten. Er sagte es ohne Aufregung, aber er nannte den Captain einen aufpolierten Schreibtischhengst ohne Eier und hätte sich beinahe ein Militärgerichtsverfahren eingehandelt. Die Rettung tauchte dann in Form eines Colonels auf.

„Ich finde, der Mann hat einen Punkt, Captain.", sagte dieser nüchtern und ließ den verdatterten Offizier wegtreten. Die gesamte Truppe hatte applaudiert. Will musste zweimal hinschauen, bis er das Namensschild auf der Uniform erkannte. Colonel Arthur J. Colby. Der Einsatz wurde abgebrochen, der Captain zurück an den Schreibtisch verbannt. Später in dieser Woche hatte ihn sein Vater ins Hauptquartier zitiert.

„Aus Dir ist ja ein richtiger Soldat geworden, William!"
„Danke, Colonel."
„Wie geht es so zu Hause?"
„Ich weiß es nicht, Colonel. Ich war fast ein Jahr nicht dort."
„Hm. Und hier, wie ist es hier?"
„Es ist ... Es ist ein großes Abenteuer, Sir."
„Freut mich, dass Du es so siehst, Sohn."
„Danke, Sir.", sagte Will, salutierte und wartete auf das Kommando zum Wegtreten.
„Ach, und Lieutenant Colby?"
„Ja, Sir?"
„Seien Sie in Zukunft etwas vorsichtiger mit öffentlicher Kritik an Offizieren, ja? Sowas kann auch anders ausgehen."
„Jawohl, Sir.", sagte er, salutierte und trat in militärisch zügigem Schritt aus dem Zelt.

„Das war tatsächlich ein glücklicher Zufall", sagte Will, „Obwohl mir hinterher von einigen Stellen Nepotismus vorgeworfen wurde."
„Scheiß auf Nepo-fucking-tismus. Du und Dein alter Herr, ihr habt uns an dem Tag den Arsch gerettet. Keiner von uns wäre noch am Leben, wenn wir diesen idiotischen Befehl ausgeführt hätten."
„Da hast Du wahrscheinlich Recht."

„Aber mal ernsthaft. Der Krieg ist vorbei. Wir haben überlebt. Es ist alles in Butter. Was machst Du jetzt?"

„Ja. Der Krieg ist vorbei. Aber irgendwas sagt mir, dass es nicht lange dauern wird bis zum Nächsten. Tut es doch nie."

„Woran denkst Du?", fragte Whitmore und klang dabei etwas besorgt.

„Keine Ahnung. Wenn Du Dir die Geschichte anschaust, ist immer irgendwo Krieg. Und wir werden uns nicht mehr raushalten können, so wie früher. Die Zeiten sind vorbei. Die Welt wird eins, und wir sind nicht mehr für uns allein hier in God's own Country. Mit der Besatzung in Deutschland, den Russen überall – es wird noch mehr kommen, glaube mir."

„Du meinst, wir werden gegen die Russen Krieg führen?"

„Kann schon sein. Ich will es nicht hoffen, aber es ist auch nicht unwahrscheinlich."

„Und Du willst wieder dabei sein?"

„Vielleicht, ja."

„Ernsthaft?"

„Ja. Es klingt vielleicht verrückt, aber irgendwie hat es mir gefallen."

Whitmore starrte in die Ferne und nahm einen Schluck von der dampfenden Flüssigkeit aus seinem Becher.

„Ich weiß, was Du meinst. Für mich ist es nichts, aber ich weiß, was Du meinst."

„Glaubst Du, es ist die richtige Entscheidung?"

„Du bist ne andere Type als ich, Will. Du bist ne andere Type als alle, die ich in dem scheiß Krieg getroffen habe. Ich bin kein Feigling, das weißt Du. Hab mich nie gedrückt. Die anderen auch nicht. Trotzdem sind uns allen mal die Nerven durchgegangen. Jeder, der sagt, er hätte keine Angst, lügt. Aber Du ..."

Er machte eine Pause und nahm einen kräftigen Schluck.

„Du hast den richtigen Satz Eier für diese Art von Fickerei. Du kannst im größten Schlamassel noch klar denken. Das hat uns den Arsch gerettet, immer wieder. Klar, es gibt immer noch kolossales Pech. Fog of war. Aber abgesehen davon ..."

Will sah ihn an und zog einen Mundwinkel nach oben.

„Du hast nicht auf meine Frage geantwortet."

„Ob es die richtige Entscheidung ist? Du hast doch die Entscheidung schon längst getroffen. Warum fragst Du ausgerechnet mich? Du bist doch nicht ernsthaft bei irgendwas unsicher, oder?"

„Da ist dieses Mädchen. Vielleicht das Einzige auf der Welt, bei dem ich mir unsicher bin."

„Lisa? Ich dachte, sie sei mit nem anderen zusammen."

„Ja. Sogar verheiratet mittlerweile."

„Ach du Scheiße."

„Na und? Was heißt das schon."

„Auch wahr", brummte Whitmore.

„Also, was denkst Du?", drängte Will ihn erneut.

„Ich bin wie gesagt ne andere Type. Werd nicht in der Army bleiben und befördert werden. Werd auch nicht aufs College und studieren wie dieser Bücherwurm Amos. Ich geh nach Hause zu meiner Mary. Mach ihr Kinder. Such mir nen Job. Wenn es schief geht, such ich mir nen anderen. Ich werd jeden Tag irgendwo hingehen und machen, was mir einer sagt. Bis zum Ruhestand."

„Das könnte ich auch tun. Vielleicht nicht mit Lisa, aber ich würde schon jemanden finden."

„Ich denke, Du kannst alles haben, was Du willst. Aber Du kannst nicht wollen, was Du nicht willst."

„Und Du denkst, ich will das nicht?"

„Ich halte Dich einfach nicht für nen Kerl, der lange an einem Ort bleibt. Versteh mich nicht falsch, aber ich seh Dich auch keine Kinder großziehen. Wenn Du Kinder hast, dann so wie Dschingis Khan. Nicht wie ich oder Amos oder die anderen. Wäre auch Verschwendung."

„Wie meinst Du das?"

„Jeder Volltrottel kann sich ne Frau suchen, ihr Kinder machen und irgendwo arbeiten, bis er stirbt. Was Du kannst, das können nur wenige. Irgendwie denke ich, Du musst das tun."

Will starrte in die Ferne und knetete seine Tasse.

„Wahrscheinlich hast Du Recht."

„Klar hab ich das. Also. Was machst Du jetzt?"

„Erstmal nach Hause. Schaue bei Lisa vorbei, dann bei Mom. Mal sehen, was danach kommt. Wahrscheinlich gehe ich zurück nach Deutschland."

„Was da?"

„Sie haben mir eine Position bei der Army Intelligence angeboten. Wollen mich zum Captain machen."

„Captain, was? Nicht schlecht."

„Ja. Nicht schlecht. Ich soll russisch lernen."

Whitmore lachte.

„Hab keine Ahnung davon. Aber ich würde sagen, Du brauchst noch ne Tasse Whitmore Spezial."

Er nahm Will den Becher ab und verschwand unter Deck.

Es dauerte zwei weitere Tage, bis sie in Wilmington einlaufen konnten. Will stand Whitmore gegenüber am Kai. Der hatte seinen Seesack über der Schulter, die Zigarette halb abgebrannt im Mundwinkel.

„Grüß Mary von mir, okay?", sagte Will.

„Werd ich tun. Pass auf Dich auf."

„Immer. Wir sehen uns in einem Jahr."

„Du wirst immer einen Platz haben in der Whitmore-Residenz, Captain Colby."

„Noch nicht."

„Bald genug. Du verdienst es jedenfalls mehr als irgendwer sonst, den ich kenne. Sag Deinem alten Herrn Danke, wenn Du ihn siehst. Wäre ohne ihn nicht hier."

„Werde ich tun."

„Wir sehen uns, Sarge."

Whitmore ging zu dem Bus, der bereits wartete. Will stieg in einen anderen, der ihn in die Stadt brachte.

Sie öffnete die Tür und ließ beinahe das Kind fallen, dass sie auf dem Arm trug. Für eine Weile starrte sie ihn an wie ein Gespenst, dann drehte sie sich um, ging ins Haus und legte das kleine Wesen in der Wiege ab. Langsam kam sie zurück zur Tür und blieb vor ihm stehen. Ihr Blick hob sich und blieb auf seinem Gesicht haften. Als würde sie aus einem tiefen Schlaf aufschrecken sprang sie hoch, fiel ihm um den Hals und drückte ihn so fest an sich, dass er aufstöhnte und seinen Arm in der Schlinge wand. Sie ließ ein wenig lockerer und legte ihre Wange an seine Brust.

„Ich habe Dir gesagt, ich komme wieder!"

Er spürte, wie sie schluchzte, und fühlte etwas Feuchtigkeit, die durch den Stoff der Uniform den Weg auf seine Haut fand. Es dauerte lange, bis sie sich von ihm löste, ihn ins Haus zog und die Tür schloss. Sie ging zur Wiege und nahm das Kind hoch, das zu quengeln begonnen hatte. Er blieb im Eingangsbereich stehen und schaute ihr zu. Sie drehte sich um, das Kind fest im Arm, und sah ihn schweigend an. Er konnte erkennen, dass ihre Augen feucht waren. Sie machte keinen Versuch, es zu verbergen.

„Ich dachte, Du bist tot.", sagte sie leise.

„Warum sollte ich tot sein?"

„Weil ich nichts von Dir gehört habe! Keine Nachricht, keinen Brief, nichts. Was zum Teufel hast Du Dir dabei gedacht!"

„Ich habe gedacht, dass es Deinen Ehemann sicher nicht erfreuen würde, wenn seine Frau Post von einem alten Freund bekommt."

„Ehemann? Woher weißt Du ...?"

„Ist doch unwichtig. Ich wollte mich jedenfalls nicht aus der Ferne in Deine Ehe einmischen."

„William Colby hätte eine Möglichkeit gefunden, wenn er gewollt hätte. Also war der Grund ein anderer!"

„Mag sein."

„Und welcher?"

Sie war immer noch vollkommen aufgelöst.

„Ich weiß es nicht."

Er spürte, dass sie wusste, dass er log. Sie war schon immer klug genug gewesen, solche Diskussionen mit ihm nicht zu vertiefen. Er sagte ihr die Wahrheit, hatte sie immer gesagt. Nur den Zeitpunkt, den bestimmte er selbst. Bis dahin schwieg er lieber. Nur, wenn sie ihn zu sehr drängte, gab er eine ausweichende Antwort. Das tat er dann auf eine so offensichtliche Weise, dass sie es merken musste.

„Setz Dich. Magst Du etwas trinken?", wechselte sie das

Thema.
Er nahm in einem der Sessel Platz.
„Danke, nein. Ich habe nicht geplant, lang zu bleiben. Wie geht es Dir?"
Sie lächelte etwas gezwungen.
„Es geht mir gut, Will. Ich habe alles, was ich brauche. Der Kleine ist gesund und wächst."
„Und Dein Mann?"
„Er ist ein netter Kerl. Arbeitet im Hafen als Buchhalter. Er ist gut zu uns. Kommt pünktlich nach Hause, jeden Tag um halb sechs. Verpasst keinen Sonntag die Kirche. Er verdient genug, und es mangelt uns an nichts."
„Klingt aufregend.", sagte er, dann sofort „Tut mir leid. Ich freue mich, dass Du es guthast. Ihr."
„Wie ist es denn gewesen, drüben?", fragte sie.
„So, wie alle sagen."
„Ich weiß nicht, was alle sagen."
„Was willst Du hören, Lisa?"
„Wie es für Dich war."
„Es war Krieg. Ich bin hier und am Leben. Schätze, dass es also ziemlich gut für mich war. Besser als für viele andere, die ich kannte."
„Was ist mit Deinem Arm?"
„Ein dummes Missgeschick. Der wird wieder wie neu."
„Du siehst gut aus, Will. Irgendwie erwachsen und kaum älter gleichzeitig."
„Was soll ich sagen? Ich bin früh zu Bett gegangen."
Sie lachte, dann wurde ihr Blick finster.
„Sei ehrlich, Will. Ich habe viele dieser Jungs gesehen, die auf die Schiffe gingen. Und im Hospital habe ich dann gesehen, wie sie als alte Männer zurückkamen. An Dir scheint der Krieg beinahe spurlos vorübergegangen zu sein. Fast so, als ob es Dir nichts ausgemacht hätte."
„Jedem hat es was ausgemacht, Lisa. Wer Dir etwas anderes erzählt, der lügt, oder er war nicht wirklich im Krieg. Aber manchen macht es mehr aus und manchen eben weniger."
„Und wie war es bei Dir?"
„Weniger."

„Und was wirst Du jetzt tun?"
„Rausfahren auf die Farm, meine Mutter besuchen."
„Und danach?"
„Ich weiß es noch nicht. Mir einen Job suchen. Vielleicht als Buchhalter im Hafen. Wie ich höre, verdient man nicht schlecht."
Sie schaute ihn ernst an.
„Mach bitte keine blöden Witze. Was wirst Du tun?"
Er atmete tief durch, lehnte sich vor und stellte sein Getränk auf dem Tisch ab.
„Ich gehe zurück nach Deutschland. Army Intelligence."
„Gut. Ich weiß nicht genau, was sich dahinter verbirgt, aber es klingt wie für Dich gemacht."
Sie saßen eine Weile schweigend da, während sie das Baby stillte. Er schaute ihr zu, und sie ließ ihn gewähren. Als sie fertig waren, stand sie auf, kam zu ihm herüber und reichte ihm das Kind. Ungelenk nahm er den zufrieden schmatzenden Säugling und hielt ihn vorsichtig mit dem gesunden Arm auf seinem Schoß fest.
„Bevor Du gehst, möchte ich, dass Du Deinen Sohn kennenlernst."
Will schaute erst das kleine Wesen auf seinen Beinen an, dann Lisa. Sein Gesichtsausdruck blieb undurchdringlich.
„Bist Du sicher? Ich meine, es war ja nur der eine Tag damals und ..."
„Sieh ihn Dir genau an, Will! Es ist Dein Sohn."
„Er ist ... Er sieht gut aus!", brachte er mühsam hervor.
„Er heißt William."
„Was ist mit Deinem Mann?"
„Er weiß es nicht. Ich glaube, er ahnt es, aber er fragt nicht. Er liebt mich. Er will einfach mit mir zusammen sein. Das ist alles, was für ihn zählt."
„Sei gut zu ihm, Lisa. Versprichst Du mir das? Solange er gut zu euch ist, sei Du gut zu ihm."
„Ich verspreche es. Versprichst Du, mir zu schreiben?"
„Ja. Ich werde Dir schreiben."
Sie saßen noch eine Weile still da, während Will abwechselnd das Kind in seinem Schoß und Lisa anschaute. Der Junge fummelte an den glänzenden Knöpfen seiner Jacke.

Sein Blick fiel auf die Wanduhr. Es war kurz nach fünf.
„Er wird bald zu Hause sein, Lisa."
„Ich weiß."
Sie kam herüber und nahm den Kleinen auf den Arm. Will stand auf und zog sich seine Uniform glatt. Er küsste beide auf die Stirn, ging hinaus und zog die Tür hinter sich zu.

4.

William – 2011

Will schaute durch die riesige Frontscheibe auf die Lichter der Stadt. Der kleine, dicke Mann erschien wieder und bot ihm eine Auswahl an Getränken an. Bei Bier und Rotwein schüttelte er den Kopf, griff eine Cola und ein Wasser und sortierte die Behälter in die dafür vorgesehenen Halterungen zwischen den Sitzen. Auch wieder so eine Sache – Plastikflaschen. Er verstand die Vorteile, hielt es aber trotzdem für eine Unsitte. Nichts schmeckte so gut wie eiskalte Cola aus einer Glasflasche. Der kleine Mann brachte eine Menükarte, und Will entschied sich für Hühnchen mit Bohnen und Reis. Das Essen war tatsächlich nicht übel. Er kaute langsam und bedächtig. Als er aufgegessen hatte, lag die Stadt bereits hinter ihnen. Im Licht der starken Scheinwerfer war die Straße zu sehen. Nur vereinzelt zogen die Rücklichter von überholenden Autos vorbei. Will wartete, bis sein Tablett abgeräumt wurde. Er stellte den Sitz gerade, stand auf und streckte sich. Die Ärmel seines khakifarbenen Hemdes rutschten zurück und gaben die Armbanduhr am linken Handgelenk frei. Es war zehn Uhr abends. Zeit, sich hinzulegen. Aber nicht, ohne vorher noch einen Rundgang zu machen. Er griff seine Tasche, hängte sich den Gurt um die Schulter und ging durch das Oberdeck. Die zwölf Sitze waren in Zweiergruppen montiert und konnten per Knopfdruck in kleine Betten verwandelt werden. Im hinteren Teil gab es eine einfache Küche und eine Toilette exklusiv für die Gäste der Luxusklasse. Sogar eine winzige Duschkabine war neben dem Toilettenbecken montiert. Will stieg die schmale Treppe zum Hauptdeck hinab und wurde prompt von dem kleinen, dicken Mann aufgehalten.

„Kann ich Ihnen helfen, Señor? Suchen Sie etwas?",

fragte er.

„Ich bin mir nicht sicher, aber ich glaube, ich habe vorhin einen alten Bekannten einsteigen sehen", sagte Will, „Ich würde mich gern vergewissern, ob er an Bord ist."

Die kleine Kugel ließ ihn durch. Er lief einmal durch den Bus bis vor zum Fahrer. Ein Magnetschild hing an der Ablage über dem Sitz.

'Hola, mi nombre es Pablo. Soy tu chofer.', stand darauf.

Der Name Pablo war auf ein Schildchen gedruckt, dass man an der entsprechenden Stelle einschieben konnte.

„Hola, Señor Pablo.", sagte Will.

Der Mann nickte ihm zu, ohne den Blick von der Straße zu wenden.

„Störe ich Sie, oder können wir kurz sprechen?", fragte Will. Sein Spanisch war zwar fehlerfrei, aber auch nach über fünfzig Jahren immer noch von einem deutlichen amerikanischen Akzent untermalt.

„Nein, Sie stören nicht. Die Strecke ist gerade nicht sehr anspruchsvoll, und ich mag ein wenig Abwechslung.", sagte der Fahrer in einem langsamen, sehr klaren Spanisch.

„Das freut mich, Señor Pablo. Mein Name ist John."

Sein am häufigsten genutzter Deckname ging Will nach all diesen Jahren leichter über die Lippen als sein eigener.

„Hola, Señor John. Willkommen in meinem Bus! Ich hoffe, Sie haben eine angenehme Reise?"

„Sehr angenehm."

„Kann ich etwas für Sie tun, Señor John?"

„Nein, nichts, vielen Dank. Ich wollte nur wissen, wer den Bus so gekonnt aus der Stadt gesteuert hat. Ohne dass ich selbst jemals so ein Gefährt gelenkt hätte, war mir sofort klar, dass ein Profi am Werk sein muss. Sie haben sehr viel Gefühl für die Straße, Señor Pablo."

„Vielen Dank! Das muss ich auch haben. Ich mache diesen Job schon sehr lange, und ich habe meine Fahrgäste immer unbeschadet an ihr Ziel gebracht. Gibt es sonst noch etwas, das Sie benötigen, Señor John?"

„Nein, vielen Dank! Ich weiß einfach nur gern, wem ich mich im Schlaf anvertraue."

„Sie können unbesorgt sein. Wir Fahrer sind alle Profis

und wechseln uns regelmäßig ab. Unsere Buslinie ist bekannt dafür, dass es noch nie einen Zwischenfall gab. Keine Unfälle, keine Überfälle, keine größeren Pannen."

„Danke. Dann kann ich mich ja beruhigt schlafen legen."
„Das können Sie, Señor John. Gute Nacht!"
„Gute Nacht, Señor Pablo."

Will drehte sich um und besah sich die Fahrgäste. Der Bus war bis auf den letzten Platz besetzt. Zum überwiegenden Teil waren es Einheimische, einfache Leute, die er in seinem Rasterdenken als Indios verbuchte und in die Kategorie ungefährlich einstufte. Einige Fahrgäste jedoch fielen ihm auf. In der ersten Reihe gleich links von ihm saß ein europäisch aussehender junger Mann mit wilder Frisur. Neben ihm schlief eine junge Frau, die ebenfalls nicht von hier zu sein schien. Sie war wie eine Backpackerin gekleidet und sehr hübsch. Entweder die beiden waren kein Paar, oder sie hatten gerade ernsthaften Streit. Er konnte jedenfalls keine Anziehung spüren. Beide hatten sich voneinander abgewandt und schliefen in ihrem Sitzen. Zwei Reihen dahinter saß ein älteres Pärchen, das etwas besser gekleidet war als die Indios im Bus. Sie hatten die Köpfe zusammengesteckt und redeten leise miteinander. Will schätzte sie auf etwa siebzig, aber Sie verhielten sich wie verliebte Teenager. Vielleicht eine späte Liebe. Nichts, was ihm Sorgen bereiten musste. Er ging langsam weiter. In der Mitte bemerkte er einen schlaksigen, ungewöhnlich großen Asiaten. Will hätte jede Wette gehalten, dass er Japaner war.

Schräg dahinter auf der anderen Seite des Ganges saß ein bärtiger Hüne mit Muskeln, die sein T-Shirt fast platzen ließen. Alles an ihm schrie nach USA. Er hatte die kleine Lampe über dem Sitz eingeschaltet und las konzentriert in einem zerfledderten Buch. Will sah im Vorbeigehen den Einband. 'Zen and the Art of Motorcycle Maintenance' stand darauf. Die kleine Frau neben ihm hatte kaum Platz in ihrem Sitz, obwohl sich der Mann bemühte, seinen massigen Oberkörper zur Seite zu lehnen. Irgendetwas an ihm erregte Wills Aufmerksamkeit. Er schaute einen Moment zu lange hin, und der Kerl reagierte sofort. Er sah von seinem Buch auf und begegnete Wills Blick. Jetzt war es zu spät, um einfach weiterzugehen. Es wäre auffällig gewesen. Der Riese schaute ihm direkt in die Augen. Hinter seinem ausufernden Bart deutete sich der Anflug eines Lächelns an. Will glaubte, einen spöttischen Ausdruck darin zu erkennen.

„Irgendwas nicht in Ordnung, Grandpa?", sagte der Typ mit einer tiefen, seltsam sanften Stimme. Er hatte Will sofort richtig als Amerikaner identifiziert und Englisch gesprochen. Will erkannte den Akzent des mittleren Westens und stellte fest, dass er ebenfalls richtig gelegen hatte.

„Wen nennst Du Grandpa, Punk?", sagte er, hob herausfordernd das Kinn und schaute demonstrativ über seine Schulter, als suche er jemanden, der gemeint sein könnte.

„Wen immer ich mag", war die Antwort, „Und jetzt geh weiter, Grandpa. Ich werde nicht gerne angestarrt."

Er hob das Buch und vertiefte sich erneut in seine Lektüre. Will ließ betont langsam seinen Blick durch den Bus schweifen und streifte dabei noch mehrmals den Fremden.

„Das hier ist ein freies Land. Ein freier Bus. Es steht niemandem zu, mir irgendwas vorzuschreiben", sagte er sehr ruhig, „Oder siehst Du das vielleicht anders?"

Der Hüne hob wieder den haarigen Kopf und starrte ihn an. Diesmal war kein Lächeln zu erkennen, und in seinen Augen hatte sich ein kalter Blick ausgebreitet. Will kannte diese Augen. Er hatte sie hunderte Male gesehen, tausende. Das letzte Mal heute Morgen im Spiegel, als ihn die Erinnerungen wieder einholten. Es waren die Augen eines Killers.

„Mag sein", sagte der Mann, und die Sanftheit war aus seiner Stimme verschwunden, „Aber das hier ist kein freier Sitzplatz. Ich habe dafür bezahlt, und ich will nicht angestarrt werden. Also geh weiter, Grandpa, oder ich helfe Dir auf die Beine!"

Will fluchte innerlich. Was tat er hier eigentlich? Er wollte unauffällig reisen und ließ sich in ein Wortgefecht mit diesem ungehobelten Fleischklotz verwickeln. Er war zu alt für solchen Blödsinn. Und er war zu nachlässig. Bei wirklicher Gefahr wäre ihm so eine Kinderei nie passiert. Er wäre weitergegangen, und der Kerl hätte ihn einige Sekunden später vergessen. Er bemerkte, dass bereits einige Augenpaare auf ihnen ruhten. Auch der schlaksige Japaner folgte ruhig, aber aufmerksam dem Geschehen. Es war an der Zeit, die Situation zu beenden.

„Du kannst nur darauf hoffen, dass wir uns kein zweites Mal treffen, Jungchen", sagte er, „Sonst werde ich Dir Manieren beibringen."

Ohne es bewusst zu wollen, schaute Will jetzt ebenfalls anders. Er konnte spüren, wie sich der Ausdruck in seinen Augen veränderte. Und er spürte, wie sein Gegenüber ihn als das erkannte, was er war. Ein Killer erkannte den anderen.

„Manieren haben mir noch nie weitergeholfen in meinem Leben.", kam die Antwort, jetzt allerdings etwas respektvoller.

„Gute Manieren sind immer hilfreich", sagte Will, „Mein Angebot steht - ich bringe sie Dir gern bei. Kostenlos."

„Bevor Du anderen kostenlosen Unterricht anbietest, solltest Du vielleicht selbst nochmal zur Schule gehen. Da, wo ich herkomme, zählt es nicht zu guten Manieren, fremde Leute anzustarren."

„Touché", sagte Will, „Ich bin einfach nur ein Mann, der gerne weiß, wer mit ihm reist."

„Das verstehe ich.", sagte der Fremde, „Und ich bin einfach nur ein Mann, der gern anonym bleibt."

„Sieht so aus, als verstünden wir uns.", sagte Will.

Sie nickten sich respektvoll zu. Will ging weiter und schüttelte den Kopf über sich selbst. Wie alt musste er noch werden, bis er lernte, sich nicht provozieren zu lassen?

5.

William – 1956

Der Flug von Guam war wackelig und unruhig. Wenigstens waren die Sitze in der Maschine bequem. Der Colonel neben ihm war äußerst gesprächig und hüllte ihre Köpfe konstant in den Qualm einer dicken, kubanischen Zigarre. Will hustete.
„Kein Freund von Zigarren, was?"
„Nicht wirklich, nein."
„Noch einen Whiskey?"
„Gern."
Will hielt sein Glas hin und der Colonel schenkte reichlich nach.
„Sie haben es ja weit gebracht für einen so jungen Mann."
„Wenn Sie das sagen, Colonel."
„Immer gleich zur Sache! Gefällt mir!"
„Es gibt viel zu tun, Colonel. Und wenig Zeit."
„Da haben Sie Recht! Der Russe schläft nicht, was? Wem sagen sie das. Also gut! Wir planen eine neue Testreihe. Die erste Bombe kommt am vierten Mai, aber das ist nur ein kleiner Knall. Irgendwas wollen diese verrückten Physiker messen, das geht mich alles nichts an. Aber danach wird es interessant. Eine neue Bombe, ein völlig neues Design. Kaboom! Gewaltig!"
Er fuchtelte mit den Armen in der Luft herum und formte zwischen Zigarre und Whiskeyglas einen Explosionspilz. Fett quoll von seinen Oberarmen aus dem kurzärmligen Hemd.
„Über drei Megatonnen. Und das ist dann auch nicht mehr geheim, das soll publiziert werden. Zeitungsberichte, Filmaufnahmen, alles. Damit der Russe weiß, wo der Ham-

mer hängt. Wird ein paar schöne neue Krater geben. Allerdings gibt es dabei auch ein Problem."

Will schwieg und sah den Colonel an.

„Also, für mich wäre es keins, aber für die verdammte Presse und die Öffentlichkeit. Und damit auch für den Präsidenten. Diese beschissenen Mameluken, Kanaken, Indianer, was auch immer. Wollen nicht umziehen. Ist mir absolut unverständlich. Diese scheiß Inseln sehen doch alle gleich aus! Warum ist da so wichtig, unbedingt auf dieser Einen zu bleiben? Die könnten es so guthaben! Unsere Pioniertrupps würden ihnen Häuser bauen, eine Schule, einen Markt, alles! Aber was ist? Sie sind unzufrieden! Wollen in ihren Strohhütten wohnen und Fische fangen. Kein Wunder, wenn man die ganze Zeit auf einer Insel sitzt unter seinesgleichen. Das ist nicht gut fürs Gehirn, sieht man ja bei den Japsen. Jedenfalls, wenn es nach mir ginge, würde ich einfach ein Boot anbinden und eine große Uhr aufstellen mit einem schönen, leuchtend roten Countdown, und wer bis null nicht weg ist, der hat eben Pech gehabt. Sture Bande von Halbwilden, ich würde ihre Ärsche einfach wegbomben. Aber die Pressestelle und die Sesselfurzer im Weißen Haus machen sich ins Hemd. Öffentliche Meinung, internationale Proteste und so weiter. Und wer ist ganz vorn dabei? Ausgerechnet diese scheiß Japsen! Können Sie das glauben, man? Vor zehn Jahren noch waren sie so verdammt irre, dass sie lieber für ihren beschissenen Kaiser krepieren wollten, als aufzugeben. Und jetzt kommen sie uns mit Opfergetue und Protesten."

Er schaute Will an, der aber weiterhin nichts sagte.

„Wussten Sie, dass ich beinahe die Enola Gay geflogen wäre?"

Will schüttelte den Kopf.

„Doch, doch. Ich und meine Jungs, wir waren die A-Crew. Monatelang haben wir jedes Detail trainiert, immer wieder. Aber dann hat es zwei von uns erwischt, kurz bevor es losgehen sollte. Ein scheiß Banzai-Angriff. Sowas wie Kamikaze, aber zu Fuß, wenn sie verstehen. Können Sie das glauben, man? Mitten in der Nacht kommen diese Irren mit Schwertern aus dem Dschungel. Mit Schwertern! Die meisten haben es noch nicht mal ansatzweise in die Nähe unserer Linien geschafft. Ich allein habe mit meinem MG mindestens fünfzig von den Schlitzaugen abgemäht. Aber einige kamen doch durch und haben sich mit Granaten selbst in die Luft gejagt. Falkner und Jones hat es direkt zerlegt, und ich bekam einen Splitter in die Schulter. Sie können sich vorstellen, ich und die Jungs waren motivierter denn je. Aber mit zwei Toten und einem Verletzten wollten sie uns dann nicht fliegen lassen. Und so ist die B-Crew drangekommen. Ich sage Ihnen, es gibt nur zwei Sachen, die ich an dem scheiß Krieg bereue. Dass ich diesen Vogel nicht fliegen durfte, und dass ich nicht mehr Japsen gekillt habe. Ich hätte diesen verfluchten Schlitzaugen gern selbst eingeheizt, das können Sie mir glauben. Für Falkner und Jones und all die anderen. Für jeden einzelnen G. I. auf Guam und Iwo Jima hätte ich zehntausend Japsen verdampfen lassen. Und jede verdammte Nacht danach hätte ich geschlafen wie ein Baby. Aber so ist das im Leben manchmal. Man bekommt nicht immer, was man verdient. Na ja, wenigstens die Japsen haben bekommen, was sie verdient haben. Mir haben sie ein Purple Heart verpasst, und eine Beförderung. Aber was ist das schon? Ich hatte die Chance, in die Geschichte einzugehen. Der Mann, der mit nur einer Bombe auf eine Stadt einen ganzen Krieg beendet hat! Na ja, so war das eben. Wie ich beinahe die Enola Gay geflogen wäre. Dumm gelaufen, die Geschichte. Werde ich den Japsen nie verzeihen, dass sie mir so in die Parade gefahren sind. Ist eine wahre Geschichte!"

„Ich bin sicher, das ist sie.", sagte Will. Der Colonel schaute ihn etwas schief von der Seite an, hüllte sich in Zigarrenqualm, sagte aber nichts. Das Flugzeug kippte langsam in eine Linkskurve, und vor dem Fenster tauchte eine Landschaft wie aus einem Gemälde auf. Tiefblaues Meer umrahmte winzige Perlen von Grün und Gelb, die sich an einer Kette im Kreis um eine noch blauere Lagune legten. Will schaute aus dem Fenster und atmete ein paar Mal tief durch. Der Colonel blies Rauch zu ihm hinüber, und er musste husten.

„Kaum zu glauben, dass man sich wegen so ein paar Inseln derartig Ärger macht. Gibt hier Tausende davon, alle zusammen gleich wertlos. Kein Öl, kein Gas, keine Kohle, kein Eisen, kein Gold, kein Uran. Kein Platz, um irgendwas vernünftig anzubauen. Keine Straßen, keine Supermärkte, noch nicht mal vernünftige Bootsanleger. Von einem Hafen wollen wir mal gar nicht reden. Wir mussten hier erst alles mühsam hinbauen. Docks, Hafenanlagen, Straßen, Häuser. Wir haben schiffsladungsweise Sand hergekarrt, weil man mit dem Sand hier keinen Beton mischen kann. Können Sie sich das vorstellen? Noch nicht mal vernünftigen Sand haben die hier auf diesen scheiß Inseln! War schwer genug, überhaupt eine zu finden, die lang genug ist für eine Landebahn. Vorher hatten wir nur kleine Pisten. Hat sich jedes Mal angefühlt, als würde man auf einem Flugzeugträger landen."

Will sah weiter aus dem Fenster und reagierte nicht auf die Ausführungen des Colonels. Er schien die Worte gar nicht wahrgenommen zu haben. Der Colonel puffte ihm in die Rippen. Will zuckte zusammen, wirbelte herum und der Blick seines Sitznachbarn fiel auf seine geballte Faust. Er starrte dem Colonel in die Augen.

„Lassen Sie das, Colonel.", sagte er.

„Bisschen schreckhaft, was?", sagte der, lachte und blies Rauch aus, „Machen Sie sich nichts draus. Hat viele von uns erwischt im Krieg, diese Nervensache. Vielleicht sollten Sie sich doch einen anderen Job suchen. Irgendwas daheim in einer Fabrik. Ich habe gehört, Detroit soll schön sein um diese Jahreszeit!"

Er lachte schallend über seinen Witz, klemmte sich die Zigarre zwischen die Zähne und schlug Will mit der linken Hand schwungvoll auf die Schulter. Der drehte sich im Sitz, packte den Arm des Colonels und verdrehte ihn mit einer schnellen Bewegung schmerzhaft über den Ellenbogen. Mit der freien Faust drückte er das Gelenk entgegen der natürlichen Richtung durch. Der Colonel schrie auf und ließ sein Glas fallen. Die Zigarre löste sich aus seinem Mund und rollte über den Boden.

„Ich habe Sie gebeten, das sein zu lassen, Colonel. Wenn Sie mich nochmal anfassen, breche ich ihnen diesen verfetteten Zahnstocher, den Sie Arm nennen! Und während Sie sich da unten in ihrem aus amerikanischem Sand gemauerten Lazarett eine Schlinge besorgen, werde ich mich darum kümmern, dass Sie den nächsten Test aus der Nähe miterleben. Haben wir uns verstanden?"

Der Colonel nickte mit großen Augen. Will ließ ihn mit einer ruckartigen Bewegung los und wischte sich die Handflächen an seiner Hose ab.

„Jesus Christus, man, Sie sind vielleicht ein harter Hund. Kein Wunder, dass man Sie in der Army nicht mehr wollte."

Will drehte langsam den Kopf und starrte ihn an.

„Ich war es, der die Army nicht mehr wollte, Colonel. Denn auch wenn ich meinem Land immer gern gedient habe, ich habe zu viel gesehen. Und wenn ich eines nicht wollte, dann in eine Situation geraten, in der ich von Typen wie Ihnen Befehle entgegennehmen muss. Oder schlimmer noch, mich im Kampf auf Typen wie Sie verlassen."

„Jetzt hören Sie mal! Ich bin immer noch Offizier der ..."

„Sie sind eine Schande für diese Uniform, Colonel, das sind Sie!", unterbrach ihn Will, „Und jetzt tun Sie mir und sich selbst einen Gefallen und halten Ihr dämliches Maul, bevor ich meine Manieren vergesse und Sie aus dem Flugzeug werfe."

Der Colonel schaute ihn an, wollte etwas sagen, sah aber in Wills Augen, dass es sich um keine leere Drohung handelte. Er überlegte es sich anders und senkte den Blick. Will verfluchte unterdessen sein Temperament. Er hatte sich völlig unnötig einen hochrangigen Offizier zum Feind gemacht. Es war schwer genug, zu tun, was getan werden musste. Er war froh darum, dass er viele Entscheidungen nicht selbst treffen musste. Aber sich dieses unfassbar dämliche Geschwätz anzuhören, das war einfach zu viel. Der Colonel löste seinen Gurt und stand auf. Wie alle Maulhelden scheute er die direkte Konfrontation. Will war froh, dass er dem Verein nicht mehr verstand. Die Firma würde dafür sorgen, dass der Colonel Ruhe gab, falls er im Hintergrund intrigieren sollte. Jemand wie Will war für diesen Mann nicht greifbar. Der Colonel kannte noch nicht einmal seinen richtigen Namen.

„Werde mal vorne im Cockpit nachsehen, dass alles richtig läuft. Ist nicht ganz einfach hier, der Landeanflug. Besser, jemand mit Erfahrung ist dabei.", sagte der Colonel.

Will drehte den Kopf in Richtung Fenster und schaute hinaus.

„Tun Sie das! Ich fühle mich gleich sehr viel sicherer!"

Der korpulente Mann zog seine Uniform glatt und stapfte in Richtung der Pilotenkanzel davon. Kurze Zeit später landete das Flugzeug sanft und bei bestem Wetter auf der neu asphaltierten Piste. Der Colonel ließ sich nochmal blicken, um ihn jovial zu verabschieden.

„Ach, übrigens, Colonel", sagte Will beim Aussteigen, „Es war keine B-Crew, die die Enola Gay geflogen hat. Und es gab auch niemanden namens Falkner oder Jones, weder an Bord noch in einer Reservecrew. Ist mir nur gerade eingefallen. Ich hatte mir vor einiger Zeit die Einsatzdossiers angefordert. Ich würde Ihnen ja raten, es selbst nochmal nachzulesen, aber die Dokumente sind geheim und würden Ihnen sicher nicht ausgehändigt."

Der massige Mann richtete sich auf und nahm die Zigarre aus dem Mundwinkel. Einer der Piloten im Hintergrund grinste verhalten.

„Was wissen Sie schon, Sie waren doch nicht dabei. Haben damals vermutlich noch in den Windeln gelegen oder sich irgendwo in Deutschland mit ein paar Nutten amüsiert, weil der Krieg dort ja schon lang vorbei war. Suchen Sie sich für den Rückweg besser eine andere Transportmöglichkeit."

Will drehte sich um und ging die Treppe zum Rollfeld hinunter. Ein Jeep erwartete ihn und fuhr ihn zur Generalstabsbaracke.

„Ah! Agent Smith, nehme ich an?", fragte der General.
„Korrekt, General."
„Willkommen im Paradies, Agent."
„Danke."

Der General war höchstens vierzig, hatte einen jugendlichen Charme an sich und gab sich größte Mühe, sich nichts anmerken zu lassen. Er war einer der Wenigen, die Wills richtige Identität kannten. Einige Attachés standen im Raum verteilt.

„Meine Herren, würden Sie uns bitte allein lassen?"

Die Männer salutierten und traten militärisch weg. Der General sah sich um, stellte sicher, dass sie allein waren, dann kam er auf Will zu und fiel ihm um den Hals. Will erwiderte verhalten die überschwängliche Geste. Whitmore nahm Abstand, hielt ihn aber weiter mit beiden Armen an den Schultern gepackt.

„Mensch, Colby! Bin ich froh, Dich zu sehen!"

„Ja, das geht mir auch so. Whitmore! General Whitmore! Ich musste es sehen, um es zu glauben!"

„Na, Colby, wie ist es bei der Firma? Ist ja alles noch recht neu."

„Es ist okay. Viel zu tun. Und es gibt weniger Leute wie Colonel Bolton."

„Ah ja, der gute Colonel. Ich hoffe, er hat Dich nicht zu sehr belästigt mit seinen Kriegsgeschichten?"

Whitmore ließ seine Schultern los und ging zu seinem Schreibtisch.

„Es könnte sein, dass ich ihm gedroht habe, ihm den Arm zu brechen und ihn aus dem Flugzeug zu werfen. Es könnte außerdem sein, dass ich ihm gesagt habe, er sei eine Schande für die Uniform."

„Fuck! Musste das sein?", lachte Whitmore.

„Ich fürchte ja. Wie kannst Du mit so einem Typen arbeiten?"

„Du weißt ja, wie es ist. Du musst nehmen, was Du bekommst. Die Politik sitzt Dir im Nacken, jeder versucht, seine Günstlinge irgendwo unterzubringen, gelegentlich brauchst Du selbst einen Gefallen, und obendrein gibt es noch einen Job zu erledigen. Der Colonel ist tatsächlich ein ausgezeichneter Einsatztaktiker für Bombergeschwader, das muss ich ihm lassen."

„Und Du? Kommst gut voran, wie ich sehe."

„Du aber auch!"

Whitmore kam zurück um den Tisch gelaufen.

„Sag mal, Colby", fragte er, „Du weißt, warum Du hier bist?"

„Man hat mir nichts Genaues gesagt. Nur, dass ich herkommen soll und den General vor Ort unterstützen. Ich war nicht unerfreut, als ich Deinen Namen gelesen habe."

„Ja. Klar. Aber Du wärst ja nicht Du, wenn Du nicht trotzdem längst wüsstest, worum es geht, oder?"

„Ihr wollt noch mehr von den Inseln hier in die Luft jagen, und so langsam werden die Eingeborenen zu einem Problem, weil die Presse von der Geschichte Wind bekommen hat."

„Ganz genau. Dein Auftrag ist, dafür zu sorgen, dass diese Leute in die Umsiedlung einwilligen."

„Ich wüsste nicht, wie ich das anstellen soll. Das hier ist ihre Heimat."

„Ich weiß. Und mir gefällt es auch nicht. Nicht ein Stück. Aber mir sind die Hände gebunden. Washington sitzt mir im Genick wegen des Zeitplans, dazu diese ganzen verdammten Wissenschaftler, denen nichts heiliger ist als die Kernspaltung und ihre Höllenmaschinen. Der Russe rückt uns überall auf die Pelle, und die Lamettaträger wollen ein Zeichen setzen. Noch eins. Als wenn das etwas ändern würde. Aber ich bin nicht hier, um das zu beurteilen. Wir machen uns bei Teilen der Öffentlichkeit nicht gerade beliebt mit diesen Tests. Das Letzte, was wir brauchen, ist noch mehr negative Presse. Diese Leute müssen weg, Colby, und es muss ohne Tamtam ablaufen. Bekommst Du das hin?"

„Wie viel Zeit habe ich?"

„Eine Woche. Zehn Tage höchstens. In zehn Tagen kommt der große Knall."

Will lachte.

„Du warst immer schon der Klügere von uns beiden, Whitmore. Zehn Tage, das ist nicht möglich. Nicht im Guten."

„Ich weiß."

„Und wie hast Du Dir das vorgestellt?"

„Ehrlich gesagt, gar nicht. Diese Eingeborenensache ist nur eine Randproblematik inmitten von dem ganzen anderen Chaos, das ich hier zu regeln habe. Ich habe einfach gehofft, Dir fällt etwas ein."

„Mal sehen. Vielleicht tut es das."

Will sah ihn lange an.

„Fuck", sagte er dann, „General Whitmore! Hättest Du das gedacht, damals in Wilmington?"

„Niemals."

„Was ist eigentlich aus Deiner Mary geworden? Nach Hause gehen, Kinder machen, Dir einen Job suchen und tun, was Dir irgendjemand sagt, bis zu Deiner Pensionierung?"

Whitmore grinste und schüttelte den Kopf.

„Wie das so ist mit Plänen. Erst wollte ich immer nur raus, weg von der Farm, die Welt sehen. Dann war ich in der Welt, und den ganzen Krieg über wollte ich nichts als wieder nach Hause auf die Farm, und zu Mary. Kinder. Einen Job. Ein Auto. Kino. Essen gehen. Ab und zu mal an den Strand. Was soll ich Dir sagen? Es war scheißlangweilig."

Sie schauten sich an, dann prusteten beide los und lachten schließlich aus vollem Hals. Whitmore nahm sich eine Zigarette, reichte auch Will eine und gab ihm Feuer. Er sog den Rauch tief ein, drehte sich um und ging zu einem Regal hinter seinem Schreibtisch. Aus einem der dicken Ordner, der sich als leer entpuppte, zog er eine Flasche besten Scotch. Mit einem Plopp entfernte er den Korken, schenke sich und Will jeweils ein großes Glas ein und kam zu ihm an den Kartentisch.

„Auf den Job in der Fabrik und die Kinder!", sagte er.

„Auf den Job und die Kinder!"

Sie stießen an und tranken. Dann fragte Will:

„Ernsthaft, was ist passiert?"

„Ernsthaft?"

Whitmore setzte sich auf die Tischkante, verschränkte die Arme und nahm einen großen Schluck Whiskey. Er verzog das Gesicht.

„Ich kam nach Hause und musste feststellen, dass Mary auch Kinder wollte. Anscheinend so sehr, dass sie damit nicht mehr auf mich warten konnte. Es war noch nicht lange her, sie konnte den Bauch gut unter ihrem Kleid verstecken. Als wir dann im Schlafzimmer waren, ging das natürlich nicht mehr. Ich muss es Ihr lassen, sie hat wenigstens nicht um den heißen Brei herumgeredet. Sie hat es mir gesagt, wie es ist. Und dass sie trotzdem mich heiraten wolle, und so weiter. Was soll ich Dir sagen? Ich habe es probiert. Bin angekommen, habe meine Sachen ausgepackt und mir einen Job gesucht. Eine Fabrik für Kartons. Ich habe Maschinen eingestellt, die Kartons produzieren, in die später M1 verpackt wurden. Ich habe es probiert, Will. Ich habe es wirklich versucht! Einen Monat lang. Dann wusste ich, entweder ich nehme mir eins von den Gewehren und knalle diesen Idioten von Vorarbeiter ab, und Mary zu Hause gleich mit, oder ich verschwinde. Ich hätte es auch nochmal woanders versuchen können, aber es wäre das Gleiche passiert. Es waren die Vierziger. Auf der einen Seite konntest Du in jede Fabrik reinmarschieren, nach einem Job fragen und hast ihn bekommen. Harte Arbeit, für einen Dollar in der Stunde. Auf der anderen Seite konnten sie dich jederzeit wieder vor die Tür setzen, und haben es auch getan. Jede Menge Leute waren arbeitslos, haben im Kofferraum ihres Autos geschlafen, in schäbigen Pensionen oder gleich auf der Straße. Das war nichts für mich. Ich weiß, es klang wie ein Scherz, aber ich hätte sonst wirklich jemanden umgebracht. Ich musste raus. Ging nicht anders. Nur wusste ich nicht, wohin. Da fiel mir meine alte Familie ein, die Army. Und die hat mich mit offenen Armen empfangen. Wie ich Dich kenne, weißt Du den Rest aus irgendeinem Dossier, das Du Dir besorgt hast."

„Mhm", brummt Will und nickte, „Steile Karriere."

„Du weißt ja, wie das ist. Wenn man sich mal auf festgelegt hat... Na, zumindest ein Teil meiner Prophezeiung ist eingetreten. Ich mache, was mir jemand sagt. Nur nicht mehr am unteren Ende der Nahrungskette. Das hat seine Vorteile."

„Als General hast Du sicher nicht mehr viele Leute, die Dir etwas sagen."

Whitmore schnaubte, trank und schnitt wieder eine Grimasse.

„Macht keinen Unterschied. Es reicht ja, wenn einer Dir was sagt. Ich dachte, je höher ich komme, desto mehr Freiheiten habe ich. Pustekuchen. Ein Haufen Speichellecker und Attachés sagt mir, was ich als Nächstes tun soll, weil ich sonst den Überblick verliere bei all den Terminen. Die Aufträge von oben werden immer unklarer formuliert, und ich muss selbst kreativ werden. Das heißt aber auch, es kann viel mehr schiefgehen, und ich kann auch viel größere Probleme bekommen. Obendrein noch diese ganze verfluchte Politik. Ich sage Dir, es ist ein schlimmeres Minenfeld als alles, das die Deutschen jemals für uns gebaut haben. Ein falsches Wort in den falschen Kreisen, und die Kacke ist am Dampfen. Aber egal. Ich wollte es ja so. Und Du? Wie läuft es bei Dir?"

„Ich habe zu Hause keinen Monat durchgehalten. Ein paar Tage nur. War bei Lisa. Eine Stunde, mehr nicht. Zu Hause kurz Mutter 'Hallo' gesagt, dann habe ich mich wieder eingeschifft. War beim OSS. Ich habe Nazis gejagt, drüben in Deutschland, aber auch in Argentinien, Paraguay und so weiter. Kann nicht sagen, es hätte mir keinen Spaß gemacht. Da war so ein Typ, ein Jude. Der war in allen Lagern, ist richtig rumgekommen. Weiß der Himmel, wie er überlebt hat, aber er stand eines Tages einfach bei uns auf dem Kasernenhof und wollte mit den Kommandanten sprechen. Halb verhungert, in abgerissenen Klamotten, aber höchst motiviert. Er habe Beweise, hat er gesagt, und er wisse, wo er noch mehr auftreiben könne. Es war unglaublich! Du weißt, wovon ich rede, Du hast die Lager gesehen. Kannst Du Dir vorstellen, dass es dort Leute gab, die sich um Beweise gekümmert haben? Aber die gab es. Und sie haben grandiose Arbeit geleistet. Dokumente, Fotos, Namen, alles. Und, wer weiß warum, vielleicht weil ich gerade im Weg stand, hat der Standortkommandant zu mir gesagt: ‚Captain Colby, was machen Sie eigentlich den ganzen Tag? Diese Typen laufen frei rum, da muss man doch was unternehmen. Wäre das nicht was für Sie?' Ich habe ohne Überlegen zugesagt. Viele von diesen verfluchten SS-Typen habe ich tatsächlich gefunden und zurückgebracht. Nürnberg sagt Dir was?"

Whitmore nickte.

„Die Prozesse."

„Ja genau. Ich habe eine richtige Truppe aufgebaut. Was wir gemacht habe, war nicht so prominent wie bei den Großen. Speer, Bormann, Göring und so weiter. Aber im Prinzip funktionierte es genauso. Einige von uns, ich selbst auch, waren unterwegs und haben die Typen einkassiert. Dann kam der Rest. Eine sauber aufbereitete Anklage, ein faires Verfahren, ein Verteidiger, ein ordentliches Gericht. Nichts, was sie ihren Opfern jemals gewährt hätten, und nicht das, was sie verdient hatten, aber eben fair. Es klingt vielleicht komisch, aber nach dem, was wir gesehen haben – ich hatte jedes Mal ein Grinsen auf dem Gesicht, wenn einer von diesen Bastarden mit einer Schlinge um den Hals seine letzten Minuten zappelnd verbracht hat. Das war wahrscheinlich das letzte Anständige, was ich gemacht habe. Wobei auch dabei nicht alles anständig lief."

„Was meinst Du?"

„Wie soll ich es sagen – manche haben wir nicht gefunden. Okay. Es war ein ziemliches Chaos nach dem Krieg. Aber manche sollten wir auch nicht finden. Und wieder andere haben sich unserer Seite angedient. Da waren richtige Schweine dabei, aber man hat sie in Ruhe gelassen, weil sie für uns gearbeitet haben. Einer zum Beispiel, das war ein ganz gerissener Drecksack. Er war in Frankreich einige Zeit dafür verantwortlich, gegen die Résistance vorzugehen. Den *Schlächter von Lyon* haben sie ihn genannt. Juden hat er auch jede Menge deportieren lassen. Ich hatte viel Material gegen ihn, aber man hat ihn trotzdem laufen lassen. Und nicht nur das, sondern sogar noch bezahlt haben wir ihn. Er hat in Deutschland für unsere Seite ein Netzwerk aufgebaut, um kommunistische Strukturen zu unterwandern. Er war gut darin, aber man hätte ihn trotzdem niemals verschonen dürfen. Die Franzosen haben auch nicht locker gelassen, wollten ihn unbedingt haben und vor Gericht stellen. Als der Druck aus Frankreich zu groß wurde, hat man ihn nach Paraguay ausgeflogen, und er hat dort weitergemacht. Es ist ganz und gar nicht sauber, was wir so alles treiben, Whitmore. In Europa nicht, und hier auch nicht."

„Ich weiß ja auch nicht, Colby. Alles ein ganz schöner Schlamassel, kann ich Dir sagen. Damals waren die Dinge irgendwie klarer. Wer der Feind war, und warum. Und heute? Um einen beschissenen Kommunisten zu finden, brauchst Du noch nicht mal zu den Russen zu gehen. Da reicht schon Pittsburgh."

„Du sagst es. Na, jedenfalls zwei Jahre später wurde ich dann vom alten Vandenberg beauftragt, eine Unterabteilung aufzubauen bei der Agency. Leider kann ich Dir nicht mehr erzählen. Du weißt ja, wie es ist. Aber die Dinge haben sich geändert, so viel kann ich Dir sagen. Die Russen sind nicht die Nazis."

Whitmore zündete sich eine neue Zigarette an und nahm einen Schluck Whiskey.

„Und Lisa?"

„Sie hat auch ein Kind. Allerdings ist es tatsächlich von mir. Zumindest hat sie es behauptet."

„Ernsthaft?"

„Ja. Ich denke, er ist ein netter Typ. Ihr Mann. Der Junge muss mittlerweile elf sein."

„Habt ihr noch Kontakt?"

„Nein. Sie hat anfangs ab und zu geschrieben, aber ich habe nicht mehr geantwortet. Ich hatte es zwar versprochen, aber warum an Dingen festhalten, die zu nichts führen? Sie hatte ihre Chance, sie hat ihre Entscheidung getroffen."

„Das ist hart, Colby. Immerhin ist es Dein Sohn. Aber ja, ich habe es kommen sehen."

„Ja, das hast Du. Außerdem, was sollte ich ihr antworten? Sie schreibt mir über ihre Kleinstadtidylle. Und ich? Soll ich ihr schreiben, dass ich ihre heile Welt beschütze, irgendwo da draußen? Ich darf ihr nichts erzählen über das, was ich tue. Ich arbeite noch nicht mal unter meinem richtigen Namen. Bei einem Einsatz war ich zwei Jahre undercover. Ganz tief drin, so viel kann ich sagen. Da kann ich nicht einfach Briefe von einer alten Freundin empfangen."

„Und der Junge?"

„Was ihn betrifft, hat er einen Vater. Ein langweiliger Buchhalter, der jeden Tag pünktlich nach Hause kommt, ihm bei den Schulaufgaben hilft und mit ihm im Garten Football spielt."

„Woher willst Du das wissen?"

Will warf ihm einen vielsagenden Blick zu.

„Glaub mir, ich weiß es. Zumindest das habe ich überprüft. Es geht allen gut. Ich würde nur stören. Wer soll ich denn sein? Ein Onkel, der ab und zu mal zu Besuch kommt?

Du kannst doch einem Elfjährigen nicht aus heiterem Himmel erzählen, Du seist sein richtiger Vater. Es würde die ganze Familie zerstören. Nein, Whitmore, es ist schon besser so, wie es ist. Ich existiere für sie nicht mehr. Hier draußen gibt es für mich genug zu tun. Womit wir wieder beim eigentlichen Thema wären."

Whitmore richtete sich vom Kartentisch auf.

„Ja. Eines wollte ich Dich aber trotzdem noch fragen. Wie geht's Deinem alten Herrn? Ich muss immer mal wieder an ihn denken, wie er uns damals den Arsch gerettet hat."

„Tot."

„*Was*? Was ist passiert?"

„Er wurde in den Ruhestand entlassen, als er sechzig wurde. Er wollte nicht, aber sie hatten keine Verwendung mehr für ihn. Er ist für den Rest seine Karriere Colonel geblieben. Er war ein paar Wochen zu Hause, dann hatte er einen Schlaganfall. Umgefallen, tot. Das war es dann."

„Scheiße. Das tut mir leid, Colby. Er war ein guter Offizier."

„Ja, das war er."

„Prost", sagte Whitmore und hob sein Glas, „Auf Deinen alten Herrn!"

„Prost."

Sie stießen an und tranken.

„Also, Whitmore, was machen wir mit unserem aktuellen Problem?"

„Gute Frage. Hast Du eine Idee?"

„Vielleicht, ja."

Die Menschen waren freundlich und aufgeschlossen. Und das, obwohl sie bereits einige Erfahrungen mit amerikanischen Soldaten gemacht haben dürften, dachte Will. Es war heiß, und er war froh darüber, nicht wie die anderen in einer Uniform stecken zu müssen. Sein Gegenüber trug eine Art bodenlangen Rock aus Schilf, eine Halskette aus Pflanzen und Muscheln, dazu eine ähnlich exotische Kopfbedeckung. Der Mann sprach ein gebrochenes, aber leidliches

Englisch.

„Verstehen Sie denn nicht, dass es um mehr geht als um diese Insel?", fragte Will.

„Ich verstehe sehr wohl, was Sie mir erklären. Aber verstehen Sie auch mich? Warum kommen Sie hierher, um Ihre Bomben zu testen? Was hat mein Volk mit Ihnen und den Russen zu tun? Warum testen Sie ihre Bomben nicht bei sich zu Hause? Es ist eine Lüge, wenn Sie sagen, wir dürften später wieder zurück. Wir wissen, was diese Bomben anrichten. Wir werden nie wieder hierher zurückkönnen! Verstehen Sie? Nie wieder! Nicht meine Generation, nicht unsere Kinder, nicht deren Kinder, und so weiter. Alles wird vergiftet sein und tot. Die Bäume, die Felder, die Tiere auf dem Land, die Fische im Wasser. Und die Menschen."

Will schaute den Mann lange an. Dann schnipste er seine Zigarette weg, legte die Arme vor der Brust übereinander und atmete tief durch. Seine Sonnenbrille rutschte auf einem Schweißfilm tiefer auf seiner Nase und gab die ebenso verschwitzten Augenbrauen frei. Er drehte sich um und schaute auf die bewaffneten Soldaten hinter sich.

„Geben Sie uns etwas Privatsphäre, Sergeant!"

„Mein Auftrag lautet, Sie zu schützen, Agent."

„Ich bin sicher, mir wird nichts passieren, Sergeant."

„Aber trotzdem ist es mein Auftrag ..."

„Ihr Auftrag lautet, verdammt nochmal das zu tun, was ich Ihnen sage! Nehmen Sie ihre Männer und hauen Sie ab! Setzen Sie sich an den Strand, rauchen Sie ein paar Zigaretten, gehen Sie baden oder ficken Sie eine von den hübschen Krankenschwestern! Aber lassen Sie mich und den Mann hier in Ruhe."

„Jawohl, Sir!", sagte der Sergeant, salutierte und trollte sich. Seine Männer trabten hinterher, nicht unerfreut darüber, etwas Freizeit zu bekommen.

Will schaute ihnen nach, bis sie hinter einer kleinen Sanddüne verschwanden. Dann wendete er sich erneut dem Häuptling zu und setzte sich im Schneidersitz vor ihn in den Sand. Der Mann blieb mit verschränkten Armen stehen. Die anderen Dorfbewohner hielten gemessenen Abstand. Will fingerte eine Schachtel Marlboro aus der Brusttasche seines kurzärmligen Hemdes, zog eine Zigarette heraus und zündete sie an. Betont langsam setzte er die Sonnenbrille ab, klappte das Gestell zusammen und hängte sie an einem der Bügel neben der Zigarettenschachtel in die Hemdtasche. Er wartete, bis der Häuptling sich ebenfalls setzte.

„Ich bin auf Ihrer Seite", begann er, „Glauben Sie es mir oder nicht, ich bin es wirklich. Wenn ich könnte, würde ich die ganze Sache abblasen. Warum, fragen Sie sich? Weil es sinnlos ist. Diese Waffen, diese Bomben – sie sind das ultimative Chaos. Jeder, der sie besitzt, ist unantastbar, denn er hat die Macht, die Welt zu vernichten. Man kann die Welt aber nicht ein bisschen vernichten. Es ist immer die totale Vernichtung, das Ende. Trotzdem glauben manche Menschen, man könne es. Diese Bomben tatsächlich einsetzen. Und man bräuchte immer bessere Technik, immer modernere und größere Bomben, immer mehr Explosionskraft und immer stärkere Flugzeuge und U-Boote, um sie zu transportieren. Diese Menschen werden nicht zögern. Es sind Mächte außerhalb meiner und Ihrer Kontrolle. Allein mein Land besitzt tausende Flugzeuge und hunderte dieser Bomben. Sie haben das Potential, die Welt nicht nur einmal, sondern gleich mehrfach zu vernichten. Diese Bombe hier wird in neun Tagen, elf Stunden und ...", Will schaute auf seine Armbanduhr, „...siebenunddreißig Minuten explodieren. Kurz bevor die Sonne untergeht, wird eine neue Sonne entstehen, und sie wird alles mit sich reißen, was ihr im Weg ist. Diese Insel wird nicht mehr hier sein. Egal, was wir tun oder sagen, es wird passieren. Ich bin Ihre einzige Chance."

Der Häuptling schwieg und sah ihn lange an.

„Was für eine Wahl ist das, zwischen dem Tod und dem Teufel?"

Will sagte nichts.

„Sie sind der Teufel.", sagte der Häuptling.

„Ich bin der Teufel?"

Will lachte kurz und trocken.

„Ja. Sie wissen, dass es falsch ist, und tun es trotzdem."

„Na gut, wenn es Ihnen hilft – von mir aus. Ich würde es versuchen, verstehen Sie das? Wenn es eine Chance gäbe, egal wie klein, dass man diesen Test woanders macht, dann würde ich es versuchen. Aber als der Teufel, der ich nun mal bin, muss ich Ihnen leider die Wahrheit sagen. Niemand von den Leuten, die diese Entscheidungen treffen, gibt einen Rattenarsch auf Sie, ihr Volk, oder irgendeine von diesen Inseln. Und auch nicht auf meine Meinung zu der Sache. Sie können sich an die Presse wenden, aber das haben Sie ja bereits getan. Jemand schreibt schon Artikel darüber. Möglicherweise gibt es sogar irgendwo in Paris oder Washington Proteste, aber sehr wahrscheinlich ist das nicht. Vielleicht, aber nur vielleicht, wird sich irgendwann mal irgendein Politiker dafür entschuldigen, was passiert ist. Helfen wird das alles nichts. Dieser Test wird durchgeführt, und es gibt nichts, was Sie oder ich dagegen tun können. Wenn Sie eine große Nation wären und auch Atomwaffen hätten, dann sähe die Sache anders aus. Sind sie aber nicht. Und deswegen scheißt die Evolution auf Sie. Sie haben jetzt nur eine Wahl. Es ist das letzte Mal, dass ich es Ihnen anbiete. Sie haben zwei Möglichkeiten.

Die Erste ist, Sie weigern sich und bleiben hier. Dann werden morgen Soldaten anrücken, das Dorf abfackeln, Sie alle auf ein Schiff stecken, zur Not draufprügeln, auf einer anderen Insel mit etwas Dosenfutter rauswerfen und vergessen. Es wird ihnen egal sein, ob sie dort leben können, ob es genug Fisch gibt und ob sie dort Tiere halten können und ihre Kinder großziehen.

Die zweite Möglichkeit ist, Sie nehmen mein Angebot an. Es ist das beste Angebot, das sie erhalten werden."

„Das ist es, was wir Ihnen wert sind? Zweitausend Dollar pro Person, das ist der Preis dafür, dass Sie Ihre Ruhe haben? Wie viel gibt ihr Land für nur eine dieser Bomben aus?"

„Viele Millionen."

„Und ein ganzer Stamm, ein Volk, sind Ihnen gerade mal dreihunderttausend Dollar wert? Geld, mit dem wir in unserer Welt sowieso nichts anfangen können?"

„Wie ich bereits sagte, es ist alles, was ich tun kann. Ich lasse Sie jetzt allein. Morgen früh brauche ich Ihre Entscheidung."

„Du hast was angeboten?", rief Whitmore, „Bist Du vollkommen wahnsinnig geworden? Woher soll ich dreihunderttausend Dollar nehmen?"

Will zuckte die Schultern.

„Du kannst sie auch immer noch zwangsevakuieren. Nationale Sicherheit auch im Ausland gewährleisten, höhere Gewalt, und so weiter. Aber der Typ bist Du nicht, genau wie ich es auch nicht bin. Für unsere Seite ist es nur ein Stückchen Insel, weit weg von allem. Für diese Leute ist das eine große Sache. Das ist ihre Heimat. Die reden von Dingen, die wir längst vergessen haben oder nie wussten. Die Geister der Ahnen, solches Zeug. Sie ziehen nicht einfach um und leben dann genau so weiter. Etwas Geld ist das Mindeste, wenn wir sonst schon nichts für sie tun können."

Whitmore seufzte und ließ sich in den Sessel fallen.

„Ich weiß, Will. Aber was soll ich machen? Mir sind die Hände gebunden. Ich kann das Geld nicht irgendwoher zaubern."

Will lehnte sich nach vorn, faltete die Hände und legte die Spitzen der Zeigefinger und Daumen aufeinander.

„Wie hoch ist Dein Budget für Treibstoff und die ganzen anderen Verbrauchsgüter?"

„Worauf willst Du hinaus?"

„Auf eine Lösung."

Der Generalstab war versammelt, der Verteidigungsminister war aus Washington zugeschaltet und auch der Präsident, so munkelte man, ließ sich genau über den Stand der Dinge informieren.

„Wie lange noch bis zur Zündung?", kam die Stimme des Verteidigungsministers knackend aus dem Lautsprecher.

„Vierunddreißig Minuten und achtzehn Sekunden."

„Alles nach Plan?"

„Nicht ganz, Sir."

„Was ist das Problem, General Whitmore?"

„Der Wind, Sir. Das Wetter ist umgeschlagen und der Wind hat gedreht."

„Was heißt das?"

„Das heißt, Sir, dass der Fallout nicht aufs offene Meer hinausgeweht wird, sondern über einige der Inseln hinweg."

„Na und?"

„Der Stamm, den wir umgesiedelt haben, Sir. Die neue Insel liegt genau in der Hauptwindrichtung."

„Wie viele?"

„Etwa hundertfünfzig Individuen. Männer, Frauen, Kinder, Alte."

Am anderen Ende der Leitung war nichts zu hören.

„Sir?"

„Ich denke nach, General!"

„Sorry, Sir. Natürlich."

„Bleiben Sie bitte in der Leitung."

„Selbstverständlich, Sir."

Ein Klicken, dann war das andere Ende stumm. Will zog Whitmore zur Seite.

„Du wirst das Ding doch jetzt nicht zünden lassen, oder? Dann war die ganze Aktion umsonst! Alles, was wir in den letzten Tagen auf die Beine gestellt haben. Der Trick mit dem Budget, die ganze Logistik, alles. Da wäre es humaner gewesen, sie einfach auf der Insel zu lassen und ihnen gar nichts zu sagen. Ein Blitz, und alles wäre vorbei. Niemand hätte gewusst, was los ist. Aber so? So bringen wir sie auf Jahre hinweg um, vielleicht Jahrzehnte. Das kannst Du nicht wollen."

„Mir geht es auch gewaltig gegen den Strich! Ganz gewaltig sogar. Aber das ist Washingtons Entscheidung, nicht meine."

Sie warteten, bis sich irgendwann mit einem Knacken in der Leitung der Verteidigungsminister wieder meldete.

„General Whitmore?"

„Ja, Sir?"

„Wir haben die Situation analysiert. Der Präsident hat sein Okay gegeben. Wir lassen laufen wie geplant."

„Aber Sir, wir werden ..."

„General, Sie haben Ihre Befehle. Fahren Sie mit dem Test fort."

„Jawohl, Sir."

„Wie lange noch?"

„Elf Minuten, dreizehn Sekunden."
Will zog seinen alten Freund erneut zur Seite. Er flüsterte, damit der Apparat ihre Konversation nicht nach Washington übermittelte.
„Du lässt den Knopf nicht drücken, man. Scheiß auf Washington. Es ist Deine Entscheidung. Komm schon. Es könnte doch irgendwas anderes dazwischenkommen. Ein technischer Defekt, ein Sicherheitsproblem, was auch immer. Es geht nur um einen Tag, vielleicht nur ein paar Stunden. Bis der verdammte Wind wieder dreht. Tu es einfach nicht. Was soll passieren?"
„Militärgerichtsverfahren. Unehrenhafte Entlassung. Gefängnis."
„Doch nicht wegen eines technischen Defekts! So etwas kommt dauernd vor."
Whitmore sah ihn an. Seine Wangenmuskulatur arbeitete.
„Komm schon, man."
„Lass mich denken, Will."
Whitmore sah sich in dem Unterstand um. Dann stellte er die Leitung nach Washington stumm.
„Major Cunningham?"
„Jawohl, Sir!"
„Welche Position hat die Trägergruppe Alpha gerade?"
„Vierundzwanzig Meilen Nord-Nord-West, Sir."
„Sind Sie da sicher, Major? Könnte es nicht sein, dass einige Begleitboote nach der letzten Kursänderung noch nicht aufgeschlossen haben?"
Der Major sah ihn lange an. Dann griff er zum Telefonhörer.
„Ja, Major Cunningham hier. Geben Sie mir Admiral Jackson."
Eine kurze Pause, dann:
„Ja, Admiral. Es gibt ein Problem."
Der Major verschwand mit dem Telefon in einen Nebenraum und zog das Kabel hinter sich her. Nach zwei Minuten kam er wieder und nickte Whitmore und den anderen zu. Der schaltete das Mikrofon wieder an.
„General Whitmore hier. Es gibt ein Problem."
Er erklärte die Situation kurz.

„Ein Minenboot?", hörten sie die aufgebrachte Stimme des Verteidigungsministers.
„Jawohl, Sir. Sie hatten einen Sonderauftrag. Seismische Sonden verlegen. Sie sind noch zu nah und haben einen Motorschaden, Sir. Bitte um Genehmigung zum Abbruch."
„Wie konnte das passieren?"
„Wir haben damit nicht kalkuliert, Sir. Sie sollten längst außer Reichweite sein. Ich fürchte, wir haben sie ... vergessen, Sir."
„Vergessen?!"
„Jawohl, Sir. Ein unglücklicher Umstand."
„Herrgott, General. Wie viel Mann Besatzung?"
„Zwölf, Sir. Plus einen zivilen Fotografen."
„Wie gefährdet sind sie?"
„Sie würden mit großer Wahrscheinlichkeit nicht überleben. In jedem Fall würden sie eine hohe Strahlendosis abbekommen, Sir."
„Warten Sie, General."
Kurze Zeit später meldete sich die Stimme des Verteidigungsministers wieder.
„Admiral Jackson hat die Position soeben bestätigt. So eine verfluchte Scheiße, General!"
„Ja, Sir."
„Brechen Sie ab."
„Verstanden."
„Wann sind sie sicher außer Reichweite, General?"
„Nach Einschätzung von Admiral Jackson brauchen wir mindestens zwölf Stunden für eine Reparatur und den ausreichenden Sicherheitsabstand. Acht Stunden, wenn wir sie aus der Gefahrenzone schleppen."
„Das ist zu spät. Verdammt nochmal, General, wissen Sie was das bedeutet? Die Presse, die Berichterstattung! Von den Russen will ich gar nicht reden! Verdammt!"
Nach einer Pause sagte er, jetzt etwas ruhiger:
„Verschieben Sie um genau vierundzwanzig Stunden."
„Jawohl, Sir."
„Der Präsident möchte zugeschaltet werden."
„Verstanden, Sir."
Eine kurze Pause.

„Ach, und General? Ich sollte das eigentlich nicht sagen müssen, aber sorgen Sie dafür, dass diesmal alle Boote außer Reichweite sind, in Ordnung? Und auch alles andere, was im Weg sein könnte. Wie zum Beispiel Wind. Der Präsident wird den Test öffentlich ankündigen. Er wird stattfinden. Mit oder ohne Sie. Verstanden?"

„Verstanden, Sir. Vierundzwanzig Stunden."

Die Leitung klickte und war tot.

Dreiundzwanzig Stunden und siebzehn Minuten später lief alles wieder wie geplant. Einzig das Wetter hatte andere Pläne. Der Wind wehte immer noch aus der falschen Richtung und hatte sogar deutlich aufgefrischt.

„So eine Scheiße.", sagte Will leise.

„Wir haben es versucht. Und ein paar Minuten haben wir ja auch noch."

„Ich weiß, Whitmore. Ich weiß. Ich werde Dich nicht nochmal fragen."

„Danke, Will. Das erspart mir ein Nein."

Allen im Unterstand war die Situation klar. Sie schauten auf die Wetterdaten, aber der Wind wehte unerbittlich aus West mit über fünfundzwanzig Knoten. Das würde die radioaktive Wolke wenige Minuten nach der Explosion über einige der Inseln tragen. Auch über die Insel, auf die der Stamm umgesiedelt worden war.

Noch acht Minuten.
Noch Sechs.
Noch drei.
Noch sechzig Sekunden.
Noch zehn.
Neun.
Acht.
Drei.
Zwei.
Eins.

Es war trotz der Schutzbrille mit den dunklen Gläsern so, als hätte jemand die Sonne direkt vor ihnen aufgestellt und mit einem Lichtschalter eingeschaltet. Alles war von einem

Moment auf den anderen von einem unfassbar hellen Licht überflutet, und die Hitze war auch in dieser Entfernung noch zu spüren. Die Helligkeit ließ nur langsam nach, und eine Wolke surrealer Größe breitete sich vor ihnen aus. Wasser schoss in den Himmel und fiel wieder hinab. Sand wirbelte vom Strand auf und peitschte gegen die dicken Scheiben des Bunkers. Ein Sturm rüttelte an den massiven Betonwänden. Kleine Zementklümpchen fielen von der Decke, prasselten auf Boden und Tische. Staub schwebte im Raum. Will musste husten. Er nahm die Brille ab, setzte sich auf einen der Stühle und spürte den Geruch von Zement und Staub in der Nase.

„Kannst Du wenigstens Hilfe schicken?", fragte er Whitmore. Der schüttelte den Kopf.

„Niemand wird unsere Jungs in ein derart kontaminiertes Gebiet schicken. Nicht nach dem, was früher passiert ist. Ich auch nicht."

„Ja. Ja, ich weiß."

Will ging aus dem Unterstand. Er lief die kleine Sanddüne hinauf, die sich neben dem kantigen Betonklotz erhob. Oben blieb er auf einer Fläche aus Sand und dünnem Strandgras stehen und zündete sich eine Zigarette an. Er sog den Rauch ein und starrte auf den riesenhaften Pilz am Horizont, der sich wie ein lebendiges Ungetüm langsam höher schob und ausbreitete. Er merkte kaum, das Whitmore plötzlich neben ihm stand. Er griff Will in die Brusttasche, zog die Schachtel Marlboro heraus und zündete sich auch eine Zigarette an. Dann stopfte er die Packung ungelenk zurück. Will beachtete ihn nicht, rauchte und starrte auf die Wolke.

„Shit.", sagte Whitmore nach einer Weile, „Will, ich ..."

„Ich weiß."

Sie rauchten eine weitere Zigarette. Will schaffte es nicht, seinen Blick von dem Schauspiel abzuwenden. Die Abendsonne tauchte den Himmel und die Wolke in eine unwirkliche Farbe. Irgendwann, immer noch ohne den Blick vom Horizont abzuwenden, sagte er.

„Was machen wir eigentlich?"

„Du meinst wir beide?", fragte Whitmore.

„Auch, ja. Aber ich meine die ganze Welt. Was machen wir eigentlich?"

„Die Welt ist wahnsinnig. Vielmehr, die Menschen sind es."

„Ich weiß. Aber ich dachte, das wird irgendwann mal besser. Erst dieser Nazi-Scheiß, und jetzt das hier. Irgendwann muss das doch mal aufhören. Irgendwann muss doch mal genug sein."

„Ich weiß nicht. Muss es das?"

„Wahrscheinlich nicht.", sagte Will resigniert.

„Meinst Du, das hat noch Sinn hier? Glaubst Du, wenn wir nicht regelmäßig testen, kommt der Russe irgendwann auf die Idee, er könnte einen nuklearen Krieg gewinnen?"

Whitmore blies Rauch und Luft mit einem schnaubenden Geräusch durch die Nase.

„Das hier", er machte mit den beiden Fingern, zwischen denen er die Zigarette hielt, eine Geste über den Horizont, „Das ist nur ein Bordell."

Will schaute ihn an und kniff die Augenbrauen zusammen.

„Ein feuchter Traum von machtgierigen Menschen. Sie laufen dauernd mit einem Ständer rum. So wie die Russen damals in Berlin. Und wenn Du sie lässt, dann vergewaltigen sie alles. Das hier ist ihr Bordell, hier können sie Druck ablassen. Zeigen, wer die dicksten Eier hat. Die größten Bomben. Die meisten Flugzeuge. Darum geht es."

„Also lieber ein paar hundert Eingeborene beißen ins Gras, als die ganze Welt. Ist es das, was Du sagst?"

„Ja. Genau. Oder siehst Du das anders?"

Will starrte in die Ferne, sagte aber nichts.

„Weißt Du, was Curtis LeMay mal gesagt hat?", fragte Whitmore.

„General Eisenarsch?"

„Ja. Er hat gesagt, dass es ihm nichts ausgemacht hat, Japaner zu töten. Und wenn er den Krieg verloren hätte, dann wäre er als Kriegsverbrecher angeklagt worden. Und er hat gesagt:

'Jeder Soldat denkt etwas über die moralischen Aspekte seines Handelns nach. Aber der ganze Krieg ist unmoralisch, und wenn Dir das Sorgen bereitet, bist Du kein guter Soldat.'

Ich bin einfach nur ein Soldat."

„General Eisenarsch hat auch mehrfach vorgeschlagen, die Russen anzugreifen. Damals hatten wir über hundert Bomben, die Russen keine Einzige. Er wollte siebzig Städte in der Sowjetunion bombardieren. Ganz ernsthaft. Wäre er Präsident gewesen, er hätte es getan. Kannst Du Dir das vorstellen?"

„Woher weißt Du das?"

„Ich weiß es nicht. Und ich habe es auch nie gesagt. Aber es war kurz davor, Soldat Whitmore. Siebzig Städte! Du weißt, was das heißt?"

„Jesus! Bist Du sicher?"

Will schaute ihn von der Seite an.

„Okay. Aber das unterstützt nur meinen Punkt. Typen wie er brauchen dieses Bordell, damit sie keinen größeren Schaden anrichten."

„Typen wie er geben sich nicht mit einem Bordell zufrieden. Die gehen früher oder später immer raus und machen irgendwas Drastisches."

„Ich weiß nicht. Säbelrasseln ist mal das Eine, aber es dann wirklich zu tun?"

„Merk Dir meine Worte", sagte Will, „Dieser Typ wird die Welt an den Abgrund führen, wenn nicht einige kluge und starke Männer etwas gegen ihn unternehmen."

„Man braucht auch harte Kerle wie ihn."

„Was soll der Russe denn tun, wenn es solche Typen gibt? Und wenn wir sowas hier machen? Was wir hier tun, beraubt uns jeder moralischen Erhöhung. Wir haben kein Recht mehr, irgendwem etwas Unmoralisches vorzuhalten. Scheiße man, wir waren doch immer die Guten!"

Whitmore machte wieder das schnaubende Geräusch.

„Wir waren noch nie die Guten. Die Nazis waren nur einfach schlimm genug, dass es nicht aufgefallen ist. Du musst die Augen aufmachen, Will. Es ist ein Kampf der Systeme. Nicht Gut gegen Böse, sondern Imperialismus gegen Kommunismus. Es geht nicht um Moral! Es geht darum, zwei Übel gegeneinander abzuwiegen und dann das kleinere zu wählen. Und manchmal stellst Du hinterher fest, dass die Waage falsch tariert war. Oder dass Du Dich einfach geirrt hast. Niemand konnte wissen, dass dieser scheiß Wind dreht. Es ist besser, ein paar hundert von diesen Inselindianern sterben, als die ganze Welt geht unter, weil irgendwer unbedingt diese Bomben ausprobieren wollte. Und es ist besser, wir verstrahlen ein paar Fleckchen Sand mitten im Nirgendwo, als, sagen wir mal, Dayton, Ohio."

„Daran glaubst Du wirklich?"

„Ja. Ich mag es nicht, aber ich glaube daran. Das ist der einzige Weg, wie ich nachts noch schlafen kann."

Will steckte sich noch eine Zigarette an und schaute an den Horizont. Auch Whitmore nahm sich eine. Schweigend rauchten sie nebeneinander und betrachteten den langsam in der untergehenden Sonne verschwindenden Pilz.

„Wann ist es genug?", fragte Will, „Wie groß ist groß genug? Wie viel Megatonnen? Wie viele Bomben?"

„Physik, denke ich. Irgendwo ist immer eine Grenze. Es hört auf, wo es aufhört. Reicht das nicht?"

Will schnippte seine Zigarettenkippe die Düne hinunter. Eine kleine Funkenwolke spritze aus dem Sand hoch.

„Meinetwegen.", sagte er, drehte sich um und lief den Abhang hinunter zurück in den Unterstand. Whitmore folgte ihm in einigem Abstand.

6.

James – 2011

James schaute für einen Moment wieder in sein Buch, ließ es dann aber sinken und starrte aus dem Fenster in das dunkle Nichts. Der alte Mann hatte ihn beeindruckt. Da waren diese Augen. Er hatte solche Augen schon öfter gesehen, aber noch nie bei jemandem, der so alt war. Er hatte den Bus bereits abgescannt, als er eingestiegen war. Bis auf das Oberdeck, man ließ ihn nicht dort hinauf. Beim Einsteigen waren nur zwei Passagiere hochgegangen, die er bemerkt hatte. Dieser alte Mann und ein unauffälliger Typ. Wenn ihm niemand durch die Lappen gegangen war, befanden sich also auf dem Oberdeck nur zwei Passagiere. Hier unten war jeder Platz belegt. Es gab im gesamten Bus niemanden, der ihm hätte gefährlich werden können. Außer diesem alten Mann. Nicht in einem offenen Kampf natürlich, aber grundsätzlich. Er konnte nicht festmachen, woran es lag, aber sein Gefühl täuschte ihn nie. Trotz des Alters, dieser Mann war jemand, den man nicht zum Feind haben wollte. Blieb die Frage, warum er mit dem Bus reiste. Es konnte einen ganz banalen Grund haben, so wie bei ihm selbst. Er hatte nicht geplant, dass sein Auto den Geist aufgab, jedenfalls nicht jetzt schon. Er hatte auch nicht geplant, dass seine Suche hier enden würde. Der Rückweg in die USA war noch lang, und er musste sparsam sein, bis er wieder dort ankam.

7.

James – 2010

Schwere Stiefel hielten vor der Autotür inne. Ein kurzes Klimpern, dann ein metallisches Klacken und die Tür öffnete sich. Eine große Ledertasche flog auf die Mittelkonsole. Der schwere Pick-up wackelte merklich, als sich sein vielleicht zukünftiger Besitzer hineinschob und den Motor anließ.

„Ah.", sagte er, „V8. Ich liebe es."

„Na, dann wollen wir den Wagen mal ausführen, nicht wahr?"

Winestone setzte sich auf den Beifahrersitz. Er hatte ein etwas mulmiges Gefühl. In seinen vielen Jahren als Autoverkäufer in Ohio war er allerlei Typen gewohnt, durchaus auch skurrile Gesellen. Ein gediegener Herr im Anzug, dessen Scheck platzte. Ein junger Kerl in Latzhose und Gummistiefeln, mit Flecken auf der Kleidung und Stallgeruch im Haar, der nach der Probefahrt gleich mehrere Autos bar bezahlte und auf seine Farm liefern ließ. Eine adrette Ärztin in rosa Pumps, der beim Vorlegen der Papiere ein .44 Magnum Revolver aus der Handtasche fiel. Der Typ, der jedes Jahr ein neues Auto kaufte und immer seinen kleinen Sohn entscheiden ließ, welches es sein sollte. Er hatte gelernt, niemals nach dem Äußeren zu urteilen und jeden Kunden gleich zu behandeln. Das bedeutete: zuvorkommend und freundlich. Auch wenn die Leute selbst nichts kauften, wer wusste schon, wen sie wiederum kannten und ihn weiterempfahlen. Das war sein Erfolgsrezept, seit über zwanzig Jahren. Er trichterte es auch seinen Angestellten ein. Bei denen, die es kapierten, funktionierte es ausgezeichnet. Diejenigen, die es nicht kapierten, feuerte er.

Dieser Typ hier war ihm trotzdem unheimlich. Nicht,

dass er direkt Angst gehabt hätte, dass nun nicht. Aber irgendetwas war schräg an diesem Kerl. Es war schwer zu beurteilen, wonach der Mann roch. Es konnte einfach ein Geruch sein, der sich ergab, wenn jemand lange nicht duschte. Oder auch einfach nur lang dieselben Kleider trug. Er musste über zwei Meter groß sein, in dem geräumigen Pick-up jedenfalls rieben seine wirr abstehenden Haare am Kabinendach. Auch der Rest seines Kopfes war umwuchert. Ein seit längerem sich selbst überlassener Bart bedeckte weite Teile des Gesichts und der braungebrannten Brust, die sich unter dem halb geöffneten Hemd abzeichnete.

„Ist Ihnen eigentlich nicht kalt?", wollte Winestone wissen.

Das Haargewirr drehte sich zu ihm. Aus einem Loch im Bart kam eine überraschend sanfte Stimme.

„Sie klingen wie meine Mutter."

Winestone senkte den Blick.

„Na dann mal los! Wollen Sie die Standardroute oder haben Sie was Eigenes im Sinn?"

„Ich kenne mich aus.", lautete die Antwort.

Der Fremde ließ den Motor aufröhren und donnerte, ohne den Querverkehr zu beachten, von dem umzäunten Gelände auf die Hauptstraße des kleinen Ortes hinaus. Der Wagen sprang über den Bordstein, federte durch und verfehlte nur um Haaresbreite einen Hydranten. Der Mann riss das Lenkrad nach links, das Heck des Wagens brach aus und drohte, eine der Parkuhren zu rammen. Mit einer, wie Winestone feststellte, durchaus routinierten Bewegung korrigierte er das Lenkrad, fing das Fahrzeug ab und beschleunigte geradeaus die Straße hinunter.

„Meine Güte!", sagte Winestone, „Was, wenn jetzt jemand gekommen wäre?"

„Unwahrscheinlich. Hier fahren doch nur drei Autos am Tag.", sagte sein potenzieller Kunde mit ruhigem Ernst und sah ihn an. Teile des Gestrüpps hoben sich und ließen vermuten, dass er lächelte. Seine Augen blieben seltsam abwesend und schienen durch Winestone hindurchzuschauen.

„Achtung!", sagte der, „Da vorn kommt ein Fußgängerüberweg. Sie sind viel zu schnell, meine Güte! Was, wenn jetzt jemand da über die Straße läuft?"

„Dann bremse ich.", war die Antwort. Wieder dieser Blick.

„Könnten Sie bitte auf die Straße schauen?"

Winestone mischte sich normalerweise nicht in den Fahrstil seiner Kunden ein. Aber der hier fuhr wie ein Geisteskranker. So etwas war ihm noch nie passiert. Wie hieß dieser Typ noch gleich? James Tiberius Diggensak stand im Führerschein. Ausgestellt in Ohio. Mit der rechten Hand hielt Winestone sich an dem Griff über der Tür fest, mit der linken umklammerte er seine Ledermappe mit den Unterlagen. Sie schossen mit mindestens sechzig Meilen pro Stunde aus der Ortschaft hinaus, als dieser Diggensak plötzlich das Steuer herumriss und den Pick-up in einen der Wirtschaftswege zwischen den Feldern steuerte. Mit unverminderter Geschwindigkeit raste er die holprige Piste entlang.

„Mr. Diggensak, würden Sie bitte kurz anhalten?", sagte Winestone so freundlich wie möglich über den Lärm hinweg.

„Bin gleich fertig.", antwortete der. Der Wagen machte eine Bewegung nach unten, als wolle er ins Erdinnere vorstoßen, hob dann ab und Winestones Mageninhalt war für einen Moment schwerelos, nur um dann wieder wie von einer Faust umklammert nach unten gerissen zu werden. Braunes Wasser aus Pfützen klatschte auf die Scheiben. Winestone entglitt seine Mappe, und ein Regen bunter Prospekte und Vertragsvordrucke segelte durch das Auto. Es reichte. Über zwanzig Jahre Freundlichkeit, zuvorkommendes Lächeln und Gedanken an seine Reputation hatten sich in ihm aufgestaut und bildeten eine gefährliche Mischung.

„Anhalten!", brüllte er, „Sofort! Du vollkommen irrer Hurensohn! Willst Du mich umbringen?"

Gleichzeitig griff er unter seinen dicken Mantel und zog die Glock aus dem Schulterholster hervor. Er war mutig, sich immer wieder zu Fremden in den Wagen zu setzen, aber eben auch nicht wahnsinnig. Sicher war sicher. Der Wagen wurde langsamer und hielt schließlich an. Die Wischautomatik ließ die Gummibänder vergeblich über Matsch und Sandkörner quietschen. Diggensak saß unbeweglich da und starrte durch ihn hindurch in die Ferne. Seine Lederjacke quietschte leicht. Winestone hielt die Glock mit der rechten Hand, mit der linken drehte er den Schlüssel herum und zog ihn heraus. Er riss die Tür auf, sprang aus dem Wagen und versank mitsamt seinen Slippern bis an die Unterschenkel in eisigem Matsch. Er riss sich los. Mit einem schmatzenden Geräusch gab der Schlamm seine Beine frei und behielt seine Schuhe als Faustpfand. Er stapfte los, den Oberkörper weit vorgebeugt, verzweifelt die Beine nachziehend als wären sie von Gewichten gehalten, die Glock in der Faust. Es kam ihm ewig vor, aber er schaffte es um den Wagen herum. Mit links riss er die Tür auf, mit rechts hielt er die Pistole auf die Öffnung gerichtet.

„Aussteigen! Sofort!"

Diggensak gehorchte, hob andeutungsweise die Hände und ließ sich aus dem Wagen gleiten. Er war zwei Köpfe größer als Winestone. Seine riesigen Stiefel funktionierten wie Schneeschuhe und hielten ihn über dem Matsch, was ihn noch größer erscheinen ließ.

„Was zum Teufel ...", keuchte Winestone, „Was zum Teufel haben Sie sich dabei gedacht?"

„Ich dachte, wir machen eine Probefahrt.", sagte der Riese. Es klang etwas beleidigt.

„Sie können doch nicht ...", Winestone war noch immer außer Atem. Ihm wurde schwindelig, und er beugte den Oberkörper vornüber. Mit der Linken stützte er sich auf dem Knie ab, mit der Rechten hielt er die Waffe auf Diggensak gerichtet. In der darauffolgenden unachtsamen Sekunde machte der eine fließende Bewegung nach vorn, griff mit einer Hand die Pistole, mit der anderen Winestones Handgelenk und nahm ihm die Glock weg wie einem Kind ein Spielzeug. Winestones Zeigefinger wurde entgegen dem natürlichen Winkel gebogen und blieb schmerzhaft an dem Bügel hängen, der den Abzug der Pistole schützte. Dann gab das Gelenk ein Knirschen von sich und stechender Schmerz trat anstelle des unangenehmen Gefühls. Winestone umklammerte den zerstörten Zeigefinger und sank vornüber auf die Knie in den Matsch. Für einen Moment wurde ihm schwarz vor Augen, dann schrie er schrill auf und begann zu jammern.

„Was habe ich Ihnen getan, man? Ich will doch nur Autos verkaufen! Ich will doch nur ganz in Ruhe Autos verkaufen. Ich habe Familie! Kinder! Enkel!"

Er blickte auf. Diggensak stand vor ihm und hielt die Pistole auf ihn gerichtet. Winestone dachte daran, was wohl in seiner Todesanzeige stehen würde. Der erfolgreichste Autoverkäufer Ohios, erschossen, im Matsch kniend und ohne Schuhe, mit seiner eigenen Waffe. Aber Diggensak ließ die Pistole sinken, nahm das Magazin heraus und zog den Schlitten zurück.

„Da war ja nicht mal eine Patrone in der Kammer.", stellte er trocken fest und schüttelte den Kopf. Er schob Waffe und Magazin in seine Gesäßtasche, was dazu führte, dass die Hose noch weiter herunterrutschte als sowieso schon. Eiserne Pranken packten Winestone unter den Armen und zogen ihn aus dem Matsch wie ein Kind. Diggensak stellte ihn auf die Beine und schaute im ihn die Augen.

„Tut mir leid, man. Die Reflexe.", sagte er, „Lassen Sie mal sehen."

Er inspizierte Winestones Hand mit dem malträtierten Finger.

„Ist ausgekugelt am Gelenk. Warten Sie kurz."

Der Riese drehte sich um und Winestone starrte auf die obere Hälfte eines haarigen Hinterteils. Darunter hingen Pistole und Magazin halb aus der Gesäßtasche. Diggensak hielt immer noch seine Hand. Den Arm hatte er zwischen den gewaltigen Muskeln seines Oberarms und Torso eingeklemmt. Vorsichtig zog und drückte an Winestones Finger, fühlte nach Knochen und Gelenken, dann ein plötzlicher Ruck und ein Knacken. Winestone schrie auf. Für einen Moment spürte er nichts mehr, dann durchschoss ihn ein Gefühl, als hätte er sich den Musikantenknochen gestoßen. Diggensak gab seinen Arm frei. Winestone hob die Hand und schaute darauf. Alles sah normal aus. Der Zeigefinger hatte kaum Gefühl, ließ sich aber wieder bewegen. Von dem Schmerz und den vorangegangenen Ereignissen halb betäubt, spürte er keine Kraft für Wut mehr in sich.

„Was haben Sie sich dabei gedacht, man", fragte er wieder, „Sie fahren mir den Wagen ja zu Schrott!"

„Wieso denn?", sagte Diggensak mit ehrlicher Unschuld, „Die sind doch dafür gebaut. Hab schon ganz andere Sachen mit so einem Auto gemacht. Außerdem kaufe ich den doch, wenn nichts kaputt ist."

„Das war mir nicht klar.", sagte Winestone, „Und trotzdem – Sie gefährden doch andere Menschen."

„Wen habe ich denn gefährdet?", fragte Diggensak.

„Mich, zum Beispiel!"

„Na ja, wenn Sie mit einer Knarre rumfuchteln, da kommt eben das Training in mir durch."

Wieder dieser beleidigte, fast kindliche Tonfall aus dem bärtigen Gestrüpp eines Riesen. Winestone richtete sich auf.

„Tut mir leid. Das ist mir noch nie passiert, in so vielen Jahren nicht. Wahrscheinlich die Nerven."

„Kenne ich.", sagte Diggensak, „Wollen wir wieder einsteigen?"

Winestone nickte und schaute an sich herunter. Strümpfe und Teile der Hosenbeine waren unter braunem Schlamm nur noch zu erahnen. Diggensak schaute auf seine Füße, dann ging er, ohne ein Wort zu sagen, um den Wagen herum und kam mit zwei Matschklumpen zurück, in denen Winestones Slipper zu Fossilen geworden wären, hätte man sie in diesem Acker gelassen. Winestone kletterte über Fahrersitz und Mittelkonsole hinweg auf den Beifahrersitz zurück. Diggensak stieg ein, schlug die Tür zu, streckte die Hand aus und schaute ihn an. Winestone verstand erst nicht, dann ging ihm ein Licht auf und er fingerte den Schlüssel aus seiner Hosentasche. Diggensak ließ den Motor an, drehte die Heizung voll auf und richtete den Luftstrom in den Fußraum. Dann hob er seine Ledertasche auf, griff hinein und holte zwei Büchsen Bier heraus. Er reichte eine Winestone, die andere verschwand beinahe vollständig in seiner Pranke.

„Vorsichtig. Die könnten etwas garstig sein nach der holprigen Fahrt."

„Nicht nur die Biere!", sagte Winestone und öffnete vorsichtig die Büchse. Etwas Schaum tropfte auf seine Hose. Er stieß mit Diggensak an.

„James.", sagte der.

„Jack.", sagte Winestone.

„Also, James – was treibst Du mit der Kiste auf einer Farm, dass die sowas aushalten muss?"

„Wer sagt, dass ich eine Farm habe?"

„Ich dachte nur, weil Du von hier bist und ein Auto brauchst, dass geländegängig ist ..."

„Ne. Mich hat es hier noch nie lange gehalten. Ich werde ein bisschen auf Tour gehen. Südwärts."

„Du meinst Mexiko?", fragte Winestone, leicht alarmiert.

„Nein. Weiter. Viel weiter."

8.

William – 2011

Will ging langsam weiter den Gang hinunter. Weiter hinten saß neben einem Mann mit Glatze ein erwachsen wirkendes Mädchen im späten Teenageralter. Sie war leger gekleidet. Ihr Hintern schaute halb aus einer sehr kurzen Jeans. Auch ein weiter Kapuzenpullover konnte nicht über den sehr entwickelten Körper der jungen Frau hinwegtäuschen. Der Mann neben ihr war für eine Busreise eher ungewöhnlich gekleidet. Sockenlose Füße steckten in mehrfarbigen Skechers, über denen locker hellbeige Chinos hingen. Sein hellblaues Polohemd mit dem grünen Krokodil auf der Brust hatte er in die Hose gesteckt. Muskulöse Oberarme dehnten die Bündchen an den Ärmeln. Seine ganze Erscheinung hätte wesentlich besser auf einen Golfplatz gepasst als in einen Bus in Südamerika. Seine Haut war tiefschwarz, Will tippte auf Südstaaten. Die Haut des Mädchens war heller, aber sie hatten dieselben Gesichtszüge. Es waren garantiert Vater und Tochter. Wahrscheinlich war die Mutter weiß. Nicht, dass die Hautfarbe an sich eine Rolle für ihn gespielt hätte, aber Details waren wichtig. Man konnte nie wissen, wozu es gut war. Hier im Bus konnte er jedenfalls keine Frau entdecken, die als Mutter des Mädchens in Frage gekommen wäre. Also reisten die zwei allein. Beide trugen teure Kopfhörer und starrten auf Tablets vor sich. Die hektischen Lichtwechsel der Filme spiegelten sich auf ihren Gesichtern. Sehr offensichtlich Touristen, unaufmerksam gegenüber ihrer Umgebung und mit teurer Unterhaltungselektronik ausgestattet – solche Leute liefen immer Gefahr, überfallen zu werden. Er jedenfalls hätte sie sich sofort ausgesucht, wäre er ein Straßenräuber. Langsam ging er weiter. Im restlichen Bus fiel ihm niemand Besonderes mehr auf. Er stieg die Treppe wieder hinauf. Die Luxusklasse war noch immer leer bis auf den Mann, der auf einem Sitz schräg hinter ihm lag und las. Als Will im Aufgang erschien, hob er die Augen und lächelte ihn freundlich an.

„Hola!", sagte er.

Will grüßte zurück.

„Wie geht es Ihnen? Ist alles in Ordnung?", fragte der Mann. Will zog die Augenbrauen zusammen.

„Ja. Warum fragen Sie?"

„Sie atmen etwas schwer."

„Und was geht Sie das an?", fragte er ungewollt schroff.

Der Mann ließ den Sitz aufrecht fahren und nahm die Brille ab. Will stand noch immer im Treppenaufgang und hielt sich mit der rechten Hand am Geländer fest.

„Entschuldigen Sie bitte.", sagte der Mann, „Es ist eine Berufskrankheit. Ich bin Arzt, und so sehe ich überall Kranke. Genauso, wie ein Polizist ..."

„...überall Verbrecher sieht, jaja.", unterbrach ihn Will, „Es geht mir gut, danke. Ich bin nur ein bisschen außer Form vom langen Sitzen."

Er kniff die Augen zusammen und schaute den Mann genau an.

„Sagen Sie", fuhr er fort, „Waren wir nicht schon zusammen im Bus von Buenos Aires nach São Paulo?"

Es war eine rhetorische Frage. Will hatte ihn auf jeden Fall zwischen den anderen Fahrgästen gesehen.

„Ich erinnere mich nicht, Sie gesehen zu haben, aber es kann sein.", sagte der Mann. Er stand auf, ging auf Will zu und streckte ihm die Hand entgegen.

„Dr. Ignácio Fernandes. Sehr erfreut."

„Smith. John Smith.", sagte Will und schüttelte die Hand. Der Mann war einen Kopf größer als er, hager, und jünger, als man auf den ersten Blick vermuten würde.

„Und was führt Sie nach Lima, Dr. Fernandes?"

„Familie. Eine lange Geschichte. Ich will Sie damit nicht langweilen."

Will hatte keine Ahnung warum, aber er mochte den jungen Mann. Es kam nur selten vor, und es war in seinem Beruf eher schädlich, aber manchmal traf er Menschen, die er sofort leiden konnte. Er hatte über die Jahre gelernt, seinem Gefühl zu vertrauen. Durch manche Menschen konnte er hindurchsehen wie durch Glas. An ihnen war nichts Falsches, Unehrliches, Heimliches oder Bösartiges. Dieser Dr. Fernandes war so ein Mensch. Die Fahrt war lang, und er war plötzlich nicht mehr müde.

„Sie erscheinen mir nicht wie ein Mann, der eine langweilige Geschichte erzählen würde, Dr. Fernandes. Und ich brauche nicht viel Schlaf. Also wenn Sie mögen – was treibt Sie hierher, noch dazu in einem so anachronistischen Transportmittel?"

Will deutete mit der flachen Hand auf den Platz neben sich. Tatsächlich nahm der junge Mann Platz, und er setzte sich ebenfalls. Der kleine Dicke brachte ihnen eine Flasche Rotwein, und sie stießen an.

9.

Ignácio – 2010

Dr. Ignácio Fernandes war einer der jüngsten Ärzte, die jemals in Buenos Aires ihren Abschluss gemacht hatten. Irgendetwas in ihm hatte den Drang, Menschen zu helfen. Er konnte schon als Kind sehr gut zuhören und hatte sich oft um die Tiere im Haushalt gekümmert. Als Kind war er eher schwächlicher, zwar hoch gewachsen, aber ohne wirkungsvolle Muskeln. Dafür besaß er einem brillanten Geist. Da er keine Geschwister hatte, war ihm die volle Aufmerksamkeit seiner Mutter und sämtlicher Bediensteter im Haushalt sicher. Das monumentale Wohnhaus mit parkartigem Garten lag im Vorort San Isidoro, direkt an der Pferderennbahn. Vom Obergeschoss des Hauses aus konnte er die Rennen beobachten. Seine Mutter erzählte häufig, der Großvater habe das Geld für diesen Ort selbst erarbeitet. Er war mit Geschäften für handgefertigte Schuhe zu bescheidenem Wohlstand gekommen. Heute war er im Ruhestand und kam ihn ab und zu besuchen. Er tat mit ihm die Dinge, für die sein Vater keine Zeit hatte. Der Vater war Admiral in der Marine und selten zu Hause. Er war ein dekorierter Veteran des Falklandkrieges und fuhr immer noch zur See. An die seltenen Tage, an denen der Vater zu Hause war, erinnerte sich Ignácio kaum.

Einmal brachte er, gekleidet in seine tadellose Uniform, ein neues Auto mit, einen Mercedes. Ignácio war fünf und hätte gern all die Schalter, Hebel und Lämpchen erkundet, die dieser wundersame Apparat in sich trug. Alles roch seltsam neu und nach Leder. Er kletterte gerade auf den Sitz, als der Vater ihn mit strenger Stimme ermahnte, nicht das Leder zu verschmutzen. Ignácio erschrak sehr. Er drehte sich um und stieß sich dabei einen der Hebel ins Auge, die hinter dem Lenkrad in das Auto ragten. Er weinte bitterlich. Der Vater sagte ihm, er solle sich nicht so anstellen. Auch seine Mutter tröstete ihn selten, wenn er traurig war. Sie wirkte immer wie abwesend, irgendwo anders. Ignácio konnte sich nicht erinnern, dass sie ihn jemals direkt angesehen hätte. Sie schaute immer an ihm vorbei, vor allem, wenn sie ihn für Kleinigkeiten tadelte. Auch mit dem Luxusleben hatte er noch nie viel anfangen können. Ihren Lebensstil beobachtete er schon als kleiner Junge mit stillem Befremden. Seine Mutter tat im Grunde nichts Sinnvolles. Morgens kommandierte sie die Hausangestellten herum, verlangte alle möglichen unsinnigen Tätigkeiten von ihnen und mischte sich in Details ein, von denen sie nichts verstand. Vormittags traf sie sich entweder mit anderen Damen aus ihrer Gesellschaftsschicht, suchte den Kontakt zu höheren Schichten oder veranstaltete einen Sektempfang. Mittags war sie meist schon leicht berauscht und legte sich schlafen, nur um sich dann nachmittags vom Fahrer in die Einkaufszentren oder Clubhäuser bringen zu lassen und dort Geld auszugeben. Sie kaufte ständig neue Kleider und Dinge für das Haus, die Ignácio völlig nutzlos fand.

„Das ist Dekoration, Nacho.", sagte sie oft zu ihm. „Innenarchitektur. Wir wollen uns doch zu Hause wohlfühlen, nicht wahr?"

Ignácio nickte still, aber er verstand nicht.

Bei den seltenen Familienausflügen saß er hinten im Auto und schaute aus dem Fenster. Sein Vater fuhr den Wagen, seine Mutter saß auf dem Beifahrersitz und redete ununterbrochen über irgendwelche gesellschaftlichen Zusammenkünfte, und darüber, was sie mit wem besprochen hatte. Ignácio fühlte sich einsam und fremd, seit er denken konnte. Er ertappte sich in solchen Situationen dabei, dass er sich fragte, wer diese Leute eigentlich waren und was er mit ihnen zu tun hatte. Hinten auf dem Rücksitz, mit seinem schweigsamen Vater und der pausenlos über Belanglosigkeiten redenden Mutter, fühlte er sich wie in einer Blase aus Einsamkeit.

„Komm schon, Nacho!", sagte die Mutter dann oft, „Lächle doch mal! Das macht Deine Mama glücklich!"

Als Ignácio acht wurde, besuchte er eine Privatschule. Er fiel seinen Lehrern aber nicht als Sohn reicher Leute auf, sondern als ein stiller Einzelgänger, der sich schnell und effizient Wissen aneignete. Oftmals fand man ihn auch spät abends noch unter einer Lampe in der Bibliothek, während der Fahrer im Hof auf ihn wartete. Er las alles, was er in die Finger bekam, hauptsächlich Bücher über Chemie, Anatomie und Biologie. Zu seinen Mitschülern und ihren für die Oberschicht üblichen Aktivitäten fand er keinen Zugang. Mädchen und Drogen interessierten ihn ebenso wenig wie Golfplätze und Einkaufszentren. Als er vierzehn wurde, sprach der Direktor bei seiner Mutter vor und erklärte ihr, man könne Ignácio auf dieser Schule nichts mehr beibringen. Später holten sie ihn zu dem Gespräch hinzu und fragten ihn, was er denn am liebsten machen wolle. Er musste nicht lange nachdenken, und der Direktor sorgte dafür, dass er an der Universität einen Studienplatz erhielt. Vier Jahre später stellte er sich mit exzellenten Abschlüssen in Chemie und Medizin am Hospital Italiano vor, demselben Krankenhaus, in dem er am 18. November 1977 geboren wurde. Ein Jahr später promovierte er dort und wurde zum Stationsleiter ernannt. Er arbeitete viel. Zu viel, wie seine Kollegen sagten. Er zog in eine unauffällige Wohnung in La Boca, die er sich ausgesucht hatte. Seine Mutter rümpfte nur die Nase, als er ihr davon erzählte. Besuchen kam sie ihn dort nie.

In La Boca war alles anders. Der junge Ignácio fühlte sich wohl in der Mittelschicht. Die Nachbarn behandelten ihn freundlich, und überhaupt herrschte in dem Viertel eine ganz andere Stimmung als in der elitären Umgebung von San Isidoro. Hier gab es Künstler, Arbeiter, Studenten und viele andere Menschen, die sich in ihrem Selbstverständnis als subversiv oder zumindest kritisch und unangepasst sahen. Ignácio gefiel das. Die Leute waren damit beschäftigt, irgendwie ihren Lebensunterhalt zu verdienen. Wenn das erledigt war, wurde viel gefeiert. Reichtümer anhäufen wollte hier niemand. Er entdeckte in dieser Zeit erstmals, dass er ebenfalls gern ausging. Er mochte die Clubhäuser und Einkaufsmeilen nicht, aber er mochte die Bars und die Musik in La Boca. Er begann sogar, gelegentlich Alkohol zu trinken, und genoss den lockeren und entspannten Zustand. So ertappte er sich manchmal dabei, tatsächlich pünktlich Feierabend zu machen.

Im Krankenhaus hatte er es überwiegend mit Privatpatienten zu tun, die wegen Kleinigkeiten kamen und daraus große Dinge machten. Sehr häufig waren die Leiden und Wehwehchen der Oberschicht direkt auf ihren Lebensstil zurückzuführen, und seine Aufgabe bestand darin, diesen Leuten genau das zu erklären. Er war nicht besonders erfolgreich damit, denn noch viel weniger als die sogenannten normalen Menschen waren die Reichen in der Lage, ihre Lebensumstände zu verändern. Menschen, die es gewohnt waren, dass man ihnen für Geld beinahe alles abnahm, was irgendwie unbequem oder lästig war, konnten nicht verstehen, dass nur sie selbst den Schlüssel zu ihrer Gesundheit in den Händen hielten. Und das Krankenhaus hatte ebenfalls kein wirkliches Interesse daran, denn mit den wohlhabenden Dauerkranken ließ sich gutes Geld verdienen. Der Chefarzt der Klinik sagte einmal zu ihm:

„Hör auf, mit denen Deine Zeit zu verschwenden, Ignácio. Du bist ein brillanter Arzt und Diagnostiker. Diagnostiziere doch mal das System! Diese Menschen sind ohnehin schon viel zu oft das Problem. Höre ihnen eine Weile zu, schreibe ein Rezept, dazu eine saftige Rechnung – und dann hilf mir, es denen zurückzugeben, die es wirklich brauchen."

Dr. Roberto Ferreira war kein Sohn reicher Eltern. Er hatte sich hochgearbeitet, aber nie seine Herkunft vergessen. Geboren in einer der Vilas Miserias, nicht unweit von Ignácios früherer Nachbarschaft, kannte er die Armenviertel und ging dahin zurück, wann immer er konnte. Er hatte einen Zweig der Klinik gegründet, der sich um die medizinische Versorgung von Mittellosen kümmerte, und verwandte jede freie Minute darauf. Ignácio wurde neugierig und ging an einem seiner freien Tage mit. Dr. Ferreira hatte sich am Rande der sogenannten *Vila 31* in eines der kleinen Häuschen eingemietet und betrieb darin eine kostenlose Praxis für die Bewohner des Viertels. Neben ihm arbeiteten dort noch fünf weitere Ärzte und einige Krankenschwestern, so dass immer mindestens ein Arzt im Dienst war. Die kleine Klinik war einfach ausgestattet, aber hygienisch einwandfrei, und es gab alles, was man brauchte. Vor dem frisch gestrichenen Gebäude wuchsen auf einem schmalen Streifen an Holzgittern üppige Rosenbüsche. Drinnen verteilten sich mehrere Behandlungszimmer, ein Röntgenapparat und zwei Ultraschallgeräte. Im Obergeschoss gab sogar einen kleinen Operationssaal, in dem einfache Eingriffe durchgeführt werden konnten. Ignácio war sofort begeistert und begann, seine Freizeit zunehmend dort zu verbringen. Die Arbeit machte ihm wesentlich mehr Spaß als die in der Klinik. Die Patienten hier waren dankbar, ohne Ansprüche, stahlen ihm nicht seine Zeit mit Gejammer und behandelten ihn höflich und respektvoll. Für die Reichen im Hospital Italiano war er nur ein weiterer Lakai, der ihnen gegen Geld das Leben leichter machen sollte. Hier war er Arzt. Die Menschen verschwendeten allein schon deswegen seine Zeit nicht, weil sie wussten, dass es auf Kosten derer ging, die nach ihnen kamen. Im Wartezimmer ging es nicht der Reihe nach, sondern die Leute handelten unter sich aus, wer am dringendsten eine Behandlung benötigte, und wer vielleicht etwas länger warten konnte. Ganz ohne Streitereien oder Diskussionen. Er arbeitete auch gern mit den Ärzten und Schwestern zusammen. Sie hatten alle eine ähnliche Einstellung wie er, und es war ein freundschaftliches Miteinander. Alle Ärzte arbeiteten hier pro bono. Die Schwestern wurden in der *Vila 31* rekrutiert und ausgebildet. Besonders mit einer arbeitete Ignácio gern zusammen. Sie war jung und klug, aber vor allem sehr schön. Er gestand es sich selbst eine Weile nicht ein, aber er war bis über beide Ohren verliebt und legte alle seine Dienste möglichst so, dass er mit Isabella zusammenarbeiten konnte. Sie war eine junge Frau ohne Illusionen, aber mit Plänen, die genau wusste, was sie wollte: Ärztin werden. Aufgrund ihrer Herkunft war ihr aber ein Studium nicht vergönnt, und so erlernte sie den Beruf der Krankenschwester und saugte alles Wissen in ihrer Umgebung auf. Auch sie fand den stillen, jungen Arzt attraktiv und durchschaute seine Zurückhaltung sofort als Schüchternheit. Da er nach zwei Monaten, in denen er ganz offensichtlich ihre Nähe suchte, noch immer keinen Annäherungsversuch gemacht hatte, lud sie ihn nach einer gemeinsamen Schicht zu sich nach Hause zum Essen ein. Ihre Eltern, beides einfache Arbeiter, waren geehrt von dem hohen Besuch und tafelten gewaltig auf. Die vier jüngeren Brüder veranstalteten allerhand Unfug, verzogen sich aber bald wieder nach draußen, um im letzten Abendlicht noch etwas Fußball zu spielen. Ignácio bedankte sich höflich für das Essen und den Wein, der ihm merklich zu Kopf gestiegen war. Isabella lachte.

„Ich bringe Dich besser nach Hause, Dr. Ignácio!"

Er protestierte halbherzig, ließ sie dann aber gewähren. Sie stiegen in sein Auto und Isabella fuhr entsprechend seinen Anweisungen durch die Stadt bis zu seiner Wohnung in La Boca. Er versuche umständlich, sich von ihr zu verabschieden. Isabella lachte hell.

„Du bist mir vielleicht ein Kavalier!", sagte sie, „Lässt eine junge Dame an einem Samstagabend einfach vor Deiner Tür stehen? Komm schon, Ignácio! Das ist La Boca! Hier muss es doch irgendwo eine Bar geben!"

Ignácio hatte sich auf der Fahrt wieder etwas erholt und fühlte sich wach und aufgekratzt. Er nahm sie mit in die Bar, die er gelegentlich frequentierte. Trotz seiner langen Beine war er ein ausgezeichneter Tänzer. Einer der wenigen Vorzüge seiner gehobenen Herkunft, wo es zu einem sicheren gesellschaftlichen Auftreten gehörte, zumindest einige Standardtänze zu beherrschen.

Später tranken sie in seinem Wohnzimmer noch ein Glas Fernet con Coca, während Isabella sein ausladendes Bücherregal betrachtete.

„So, Dr. Ignácio, jetzt sag mir mal: Warum genau bist Du Arzt geworden? Mindestens die Hälfte Deiner Bibliothek ist voll mit Chemiebüchern!"

„Tatsächlich bin ich auch Chemiker", sagte Ignácio mit etwas schwerer Zunge. „Aber die Medizin hat mich mehr interessiert."

„Und warum?", ließ Isabella nicht locker.

„Keine Ahnung. Ich hatte immer irgendwie das Gefühl,

Menschen helfen zu wollen. Ein Arzt kann das besser als ein Chemiker. Außerdem ist es interessanter. Der Mensch, die Biologie, die Anatomie, wie alles funktioniert und zusammenarbeitet ..."

„Soso" lachte Isabella, „Du bist also Anatomieexperte?" Sie schaute ihn herausfordernd an.

Am nächsten Morgen fuhren sie gemeinsam in die Klinik. Isabella übernachtete von nun an oft bei ihm. Ihre Eltern protestierten nur moderat und pro forma. Sie hatten es seit Langem aufgegeben, ihrer Tochter eine Lebensart vorzuschreiben. Isabella hatte ihren eigenen Kopf, und sie hatte Ziele. Für die Kirche und einige der von ihr vorgegebenen moralischen Glaubensgrundsätze hatte sie nichts übrig. Bereits mit vierzehn hatte sie eine Diskussion über Enthaltsamkeit vor der Ehe mit ihrer Mutter mit dem Satz beendet:

„Wenn Gott nicht gewollt hätte, dass wir es tun, dann hätte er mir da unten Zähne gegeben."

Die Mutter hatte sich knallrot abgewandt und ihre Tochter nie wieder mit diesem Thema behelligt. So stellten die Auswärtsübernachtungen nur ein geringes Problem dar, dass ihr gelegentlich einen schiefen Blick aus der Nachbarschaft einbrachte, aber nicht mehr. Sie träumte davon, ebenfalls nach La Boca zu ziehen und Medizin zu studieren. Ignácio bot an, es ihr zu finanzieren, aber sie lehnte ab.

„Nacho, wer weiß wie lange das mit uns gut geht! Und dann bin ich von Dir abhängig, nein danke! Das ist keine gute Basis. Dr. Ferreira prüft gerade, ob er mir über die Stiftung des Hospital Italiano ein Stipendium geben kann. Die Wartelisten sind lang, aber er sagt, ich sei bestens qualifiziert und durch meine Arbeit in der Praxis auch schon gut vorbereitet. Da kann ich die Studiengebühren abarbeiten. Das sagt mir mehr zu, als mich von einem Mann aushalten zu lassen."

Ignácio liebte ihre klaren Ansagen. Sie brachte so etwas stets mit einem Glucksen und Kichern vor, halb schelmisch und halb spielerisch, aber es war ihr Ernst damit. Vor allem aber liebte er, ohne dass es ihm richtig bewusst wurde, dass sie das Gegenteil seiner Mutter war. Sie redeten viel miteinander, über tiefgründige Themen und das, was die Zukunft für sie wohl bringen würde und was sie noch mit ihrem Leben machen wollten. Isabella fragte viel nach seiner Familie. Wie es kam, dass er so jung schon Arzt wurde. Woher er das Geld hatte. Wie sein Verhältnis zu seinen Eltern war.

„Weißt Du, Isabella," sagte er eines Morgens im Bett zu ihr, als das Thema wieder auf seine Familie kam, „Ich habe mich niemals richtig heimisch gefühlt dort. Dieses große, kalte, klinisch saubere Haus mit all den Angestellten, die Privatschule, die Golfclubs, die pompösen Einkaufszentren und Nobelrestaurants. Ich fand es fürchterlich. Auch die Gesellschaft meiner Mutter. Sie war eigentlich immer leicht beschwipst und mit irgendwelchen Banalitäten beschäftigt, über die sie die ganze Zeit redete. Meinen Vater kenne ich eigentlich gar nicht. Er war für mich einfach nur irgendein Mann in Uniform, der ab und zu bei uns vorbeikam. Ich hatte eher Angst vor ihm. Als Kind habe ich es nicht gemerkt, weil ich es nicht anders kannte, aber meine Eltern führen gar keine richtige Ehe. Meine Mutter vergnügt sich halboffiziell mit irgendwelchen Poolboys oder Pousseuren und mein Vater treibt auf seinen Reisen Gott weiß was. Ich war immer nur irgendwie so da, wie man vielleicht eine Katze oder einen Hund hat. Erst seit ich hier in La Boca wohne, fühle ich mich wirklich zu Hause. Zum ersten Mal in meinem Leben. Ich gehöre genau hier hin, und ich mache genau das, was ich tun will. Nämlich Menschen helfen. Arzt werden war vielleicht die größte Rebellion, die ich mir leisten konnte. Meine Mutter wollte immer, dass ich Architekt werde und berühmte Gebäude plane. Und sie nach ihr benenne."

„Und Dein Vater?"

„Ich glaube, er wollte, dass ich Offizier werde. Irgendwas im Militär jedenfalls. 'Dir fehlt die Härte für das richtige Leben', hat er oft zu mir gesagt. Ich wollte lieber Arzt werden. Ich wusste, dass meine Eltern es nicht gutheißen, das war definitiv ein Bonus. Ich will mich nicht beschweren, wirklich nicht. Mir hat nie etwas gefehlt. Aber trotzdem mag ich meine Eltern nicht besonders."

„Natürlich hat es Dir an etwas gefehlt, Nacho. Du hattest

kein Liebe! Und das ist es, was wirklich wichtig ist. Schau mich an! Wir hatten niemals Geld. Aber meine Eltern lieben uns, alle fünf, und wir hatten alle Freiheiten, unser Glück zu versuchen. Wir wurden niemals zu irgendetwas gezwungen."

„Ein Arzt ist für meine Eltern und ihre feine Gesellschaft einfach nur jemand, den sie bezahlen, wenn es ihnen schlecht geht oder ihre Brüste und Bäuche hängen. Ein Arzt ist niemand, der reich oder berühmt werden kann. Ein Architekt oder ein Offizier hingegen, vielleicht noch ein berühmter Schauspieler, das hätte ihnen gefallen. Wir wollen ja immer nur die Aufmerksamkeit und Anerkennung unserer Eltern. Viele von meinen sogenannten Schulfreunden haben versucht, das mit Drogen und Partys hinzubekommen. Sie sind völlig ausgeflippt, haben mit Geld nur so um sich geworfen und sich in alle möglichen Exzesse gestürzt. Und als ihre Eltern das als Jugendsünden belächelt haben, sind sie noch mehr ausgerastet. Mehr als einer ist dabei auf der Strecke geblieben. Ich habe eben anders rebelliert."

Als sie an einem Samstagabend mal wieder von einem gemeinsamen Dienst zurückkamen, stand eine Limousine vor dem Haus. Ein Fahrer in Militäruniform saß darin und las in einem kleinen Buch. Ignácio ging mit einem unguten Gefühl die Treppe hinauf zu seiner Wohnung, Isabella dicht hinter ihm. Nervös fingerte er den Schlüssel aus der Tasche, fand die Tür aber unverschlossen vor. Im Wohnzimmer saß, in eine weiße Marineuniform gekleidet, in einem Sessel sein Vater und rauchte eine Zigarre. Er hatte sich einen Cachaça eingeschenkt und stierte aus dem Fenster. Ignácio blieb in der Tür stehen, Isabella halb verdeckt hinter ihm.

Der Vater drehte den Kopf und lächelte ihn an. Es war ein kaltes Lächeln.

„Ignácio!", sagte er, „Wie geht es Dir?"

Isabella spürte, wie Ignácios Herz raste und seine Stimme zitterte.

„Gut", sagte er nur.

„Setzt euch doch!", sagte der Vater und deutete mit der Zigarre auf das Sofa.

Ignácio ging wie in Trance durch den Raum und ließ sich in das Sofa sinken. Isabella folgte ihm.

„Es ist lange her, dass ich etwas von Dir gehört habe, mein Sohn.", sagte sein Vater.

„Ich arbeite viel.", antwortete Ignácio.

„Tun wir das nicht alle? Magst Du mir nicht Deine reizende Freundin vorstellen, die Du da mitgebracht hast?"

„Vater, das ist Isabella. Isabella – das ist mein Vater, General Julio Fernandes."

„Contraalmirante Julio Fernandes de Cordoba.", sagte der und stand auf, um ihr die Hand zu reichen. Isabella ergriff sie widerwillig und lächelte aufgesetzt.

„Darf ich euch etwas zu trinken anbieten?", fragte der Admiral.

„Danke, nein.", antwortete Ignácio. Isabella sagte nichts.

„Bitte. Ich bestehe darauf." Contraalmirante Julio Fernandes de Cordoba ging zu dem Abteil im Bücherregal, in dem Ignácio seine bescheidenen Schnapsvorräte aufbewahrte. Die Lackschuhe klapperten auf dem alten Dielenboden der Wohnung und die Orden an seiner Brust klimperten leise. Er goss zwei Gläser voll Cachaça und reichte sie Isabella und Ignácio. Dann griff er sein eigenes Glas und hob es in die Luft.

„Salut!", sagte er.

Ignácio sah ihn verständnislos an und nippte an dem Getränk. Isabella beugte sich vor und stellte ihr Glas auf dem Tisch ab, ohne davon zu trinken. Almirante Fernandes setzte sich wieder in den Sessel. Die Arme legte er auf den Lehnen ab, in der rechten Hand das Schnapsglas, in der linken die Zigarre. Er paffte, hüllte sich in eine dichte Rauchwolke und ließ die Hand wieder sinken.

„Ich bringe schlechte Nachrichten, Ignácio."

Er hielt inne und schaute die beiden ernst an.

„Deine Mutter ist vorgestern gestorben."

Er sagte es in ruhigem, lapidarem Tonfall. Es klang genauso, als würde er einen Untergebenen darauf hinweisen, dass ihm gerade sein Stift heruntergefallen war. Ignácios Gesicht war wie versteinert. Er hatte seine Mutter zuletzt vor zwei oder drei Monaten besucht, so genau wusste er das nicht mehr. Von Isabella hatte er ihr nichts erzählt, und sie hatte auch nicht gefragt. Sie hatte überhaupt nichts gefragt, sondern ihn leicht sektselig mit allerlei ihrer sogenannten Neuigkeiten aus der höheren Gesellschaft vollgeschwafelt und angeboten, ihm einige heiratswillige Damen vorzustellen, die seinem Alter und Stande entsprächen.

„Du bist zwar nur Arzt geworden, Nacho, aber unsere Familie hat immer noch ihre Vorzüge und exzellenten Beziehungen. Ich könnte mir durchaus vorstellen, dass die eine oder andere junge Dame Interesse hätte. Wir müssen diese ganze Arztgeschichte nur gut verkaufen."

Abgesehen von einer leichten Fahne um elf Uhr vormittags hatte sie normal und gesund gewirkt.

„Wie?", fragte er seinen Vater.

„Wie was?", wollte der wissen.

„Wie ist sie gestorben?"

„Man ist sich nicht sicher. Es sieht nach einem Herzinfarkt aus, sagen die Ärzte. Sie war mit Freundinnen auf dem Golfplatz zum Champagnerbrunch. Dann hat sie sich ins Badezimmer entschuldigt, und von dort kam sie verdächtig lange nicht wieder. Doña Henrietta hat dann irgendwann dem Personal Bescheid gesagt, und die haben sie gefunden. Sie haben sofort die Ambulanz gerufen, aber es war schon zu spät."

„Wie passend. Ein belangloser Tod nach einem belanglosen Leben.", sagte Ignácio so leise, dass noch nicht einmal Isabella ihn richtig verstehen konnte. Der Vater schien es gar nicht wahrzunehmen. Er stierte wieder aus dem Fenster in die Ferne.

„Die Beerdigung ist in zehn Tagen, am Dienstag. Um zwei Uhr. Es braucht noch etwas Planung, aber Hector kümmert sich um alles."

Hector war ihr langjähriger Hausdiener.

„Ich bin noch nicht sicher, aber ich denke, ich werde das Haus verkaufen. Es sei denn Du hast Interesse?"

Ignácio schüttelte den Kopf.

„Dachte ich mir. Für mich allein ist es jedenfalls zu groß, und ich bin ohnehin die meiste Zeit auf See oder in der Kommandantur und bewohne ansonsten mein Loft."

„Dein Loft?", fragte Ignácio.

„Ja. Warst Du nie dort? Es ist in der Nähe der Hafenkommandantur. Der Arbeitsweg ist so kürzer, als wenn ich jedes Mal durch die ganze Stadt hätte fahren müssen."

„Nein, ich war noch nie dort. Du hast ein Loft am Hafen?"

„Ich bin mir sicher, Du hast mich mit Deiner Mutter öfter dort besucht. Als Junge."

Ignácio war sich sicher, dass er niemals dort gewesen war, und wahrscheinlich auch seine Mutter nicht. Er sagte aber nichts mehr dazu.

Contraalmirante Julio Fernandes de Cordoba erhob sich aus dem Sessel, nahm seine Mütze vom Tisch und zog sie am Schirm fest ins Gesicht.

„Ich lasse Dich jetzt besser erstmal allein, um den Schock zu verdauen.", sagte er mit einem Seitenblick auf Isabella, „Wir sehen uns dann nächste Woche Dienstag!"

Er ging aus dem Zimmer. Im Türrahmen blieb er nochmals stehen. Ohne sich umzudrehen, sagte er:

„Ach, und Ignácio? Ich weiß, ich muss es Dir eigentlich nicht sagen, aber: Komm allein! Wenn Du zur Beerdigung Deiner Mutter in Begleitung einer Frau aus den Armenvierteln auftauchst, wird man ernsthaft an Deinem Verstand zweifeln. Und an meinem gleich mit. Der gesellschaftliche Schaden wäre... erheblich."

Die Gestalt in der weißen Uniform verschwand im Treppenhaus, ohne die Tür hinter sich zu schließen. Kurze Zeit später hörten sie, wie unten die Limousine gestartet wurde und sich entfernte.

Ignácio stand auf und schloss die Wohnungstür. Dann drehte er sich um und schaute Isabella an. Sie stand hinter dem Sofa, zitterte am ganzen Leib und hatte Tränen in den Augen.

„Was ist denn los?", wollte er wissen, ging zu ihr und nahm sie in dem Arm, „Man könnte ja fast meinen, Deine Mutter sei gestorben!"

Sie stieß ihn weg. Tränen liefen ihr über die Wangen. Sie streckte den Arm aus und zeigte hinter sich auf den Sessel, in dem der Vater gerade noch gesessen hatte.

„Das ...!", stotterte sie, „Das ist Dein Vater?"
„Ja!", sagte Ignácio, „Warum?"
„Du bist ein Idiot, Dr. Ignácio Fernandes!", rief sie.
Er verstand überhaupt nichts mehr. Isabella griff nach ihrer Tasche, lief aus der Wohnung, vergaß aber ihre Schuhe und kam wieder hineingestürmt.
„Wo willst Du hin?", fragte er.
Sie war noch immer unter Tränen und völlig aufgelöst.
„Ich gehe besser, bevor ich erheblichen gesellschaftlichen Schaden anrichte."
Ignácio hielt sie fest. Sie trommelte mit ihren Fäusten gegen seine Brust, ließ sich in seine Arme fallen und weinte hemmungslos. Er verfrachtete sie vorsichtig ins Schlafzimmer, legte sie auf das Bett und zog ihr die Schuhe wieder aus. Behutsam setzte er sich neben sie. Lange tat er nichts, hielt nur ihre Hand und wartete, bis sie sich beruhigt hatte.
Unvermittelt setzte Isabella sich auf und schaute ihn ernst an.
„Hast Du irgendeine Idee, was Dein Vater beim Militär macht? Oder früher gemacht hat?"
„Ich habe mich nie dafür interessiert, und er hat auch nie darüber gesprochen. Irgendetwas bei der Marine. Was Offiziere eben so tun. Er hat im Falklandkrieg gekämpft, weiter weiß ich eigentlich nichts darüber."
„Und was damals während der Militärdiktatur passiert ist, darüber weißt Du auch nichts?"
„Ich habe einige Dinge gelesen, aber es hat mich nicht wirklich interessiert. Es sind so viele Lügen dabei, und so viele seltsame Geschichten. Niemand weiß doch genau, was da wirklich los war. Ich mag die Wissenschaft. Da sind die Dinge klarer."
„Du bist ein seltsamer Mann, Dr. Ignácio Fernandes. Aber das war mir schon immer klar.", sagte sie und stand auf. Stolpernd schlüpfte sie in ihre Schuhe und ging durch das Wohnzimmer in Richtung Tür. Ignácio saß auf dem Bett und schaute ihr etwas verdattert nach. Sie drehte den Kopf nach hinten und sah ihn an.
„Na komm schon!", sagte sie, „Ich zeige Dir mal, was man genau weiß. Über das, was damals wirklich los war."

Sie fuhren in die *Vila 31*. Isabella saß am Steuer, er hockte schweigend neben ihr und sah aus wie der sprichwörtliche begossene Pudel. Vor der Praxis hielt sie an.
„Von hier gehen wir zu Fuß weiter.", sagte sie.
Während er hinter ihr durch die schmalen, verwinkelten Gassen lief, wirkte sie sehr nervös und schaute sich häufig um. Sie blieben vor einem unscheinbaren Haus stehen, und Isabella klopfte an die Tür, von der blaue Farbe abblätterte.
„Wer ist da?", fragte eine Stimme von drinnen.
„Isabella."
Ein Mann öffnete vorsichtig die Tür. Sein grauer, wilder Haarschopf schob sich nach draußen und schaute links und rechts die Gasse herunter. Dann ließ er die beiden ein. Sie folgten ihm durch einen langen Flur und einen leeren Raum mit seltsam kahlen Wänden. Eine alte Holztreppe führte nach oben in den ersten Stock. Staub hatte sich zwischen den Stäben des Geländers abgelagert. Die krummen und in der Mitte abgenutzten Stufen knarzten unter ihrem Gewicht. Oben eröffnete sich vor ihren Augen ein erstaunlich geräumiges Wohnzimmer mit einer Terrasse. Der Mann bedeutete ihnen, Platz zu nehmen. Ignácio war aufgefallen, dass er das rechte Bein nachzog. Seine Augen waren wach, aber seine Bewegungen wirkten, als hätte er Schmerzen. Sie waren zu schwerfällig und steif für einen Mann seines Alters. Ignácio schätzte ihn auf etwa sechzig. Zu jung, um sich wie ein Greis zu bewegen. Er tippte auf eine Verletzung, einen Unfall vielleicht.
„Was kann ich für Dich tun, Isabella?", wollte der Alte wissen.
„Ignácio, das hier ist Don Antonio. Don Antonio, darf ich Ihnen Dr. Ignácio Fernandes vorstellen."
„Einer der Ärzte aus Deiner Praxis, ich weiß. Ich habe ihn dort schon getroffen. Es freut mich.", sagte er, trat auf Ignácio zu und streckte ihm die Hand entgegen, „Was verschafft mir die Ehre Ihres Besuches, Dr. Fernandes?"
Ignácio erinnerte sich wieder an den Mann. Er hatte ihn routinemäßig untersucht. So etwas lief wie am Fließband,

und er konnte sich unmöglich jeden Patienten merken. Etwas aber war ihm damals schon aufgefallen. Der Mann hatte sein Hemd ausgezogen, und Ignácio hatte auf dem Rücken und der Brust seltsame Narben entdeckt, die von Verbrennungen zu stammen schienen. Er hatte den Mann darauf angesprochen, aber der hatte nur ausweichend geantwortet, und er hatte nicht weiter nachgebohrt. Bei Kindern oder Jugendlichen ließ er nicht so schnell locker, aber bei einem Erwachsenen – ab einem gewissen Alter musste man selbst wissen, was man tut. Jetzt stand er da und schaute sie beide an.

„Sein Vater ist Julio Fernandes de Cordoba.", sagte Isabella.

„Das tut mir leid, Dr. Fernandes.", sagte Don Antonio.

Ignácio war verwirrt.

„Was weiß er, Isabella?",

„Er weiß überhaupt nichts."

Don Antonio seufzte.

„Kommt mit mir!", sagte er und stand auf.

Sie folgten ihm über die Terrasse und eine Treppe hinunter in den Hof. Es war ein kleiner Platz, ringsum eingesäumt von Baracken, von außen uneinsehbar und voll mit allerlei Gerümpel. Don Antonio öffnete umständlich eine Tür, die in das gegenüberliegende Haus führte. Von dort gingen sie durch zwei weitere Räume und standen plötzlich in einem komplett eingerichteten Wohnzimmer mit Kochecke. Auf dem Sofa saß eine alte Frau und nickte ihnen zu.

„Wir müssen ins Archiv, Doña Magdalena."

Don Antonio hob den Teppich hoch und öffnete eine Falltür, die darunter lag. Sie stiegen die Treppe hinab. Hinter ihnen schloss sich die Luke und Ignácio hörte das Schaben des Teppichs, der wieder an Ort und Stelle gerückt wurde. Leuchtstoffröhren brummten, flackerten, tauchten schließlich die Umgebung in ein dumpfes Licht, das von den Betonwänden geschluckt wurde. Der Kellerraum stand voll mit schwer beladenen Regalen, überquellend von Kartons und verstaubten Aktenordnern. In der hinteren Ecke befand sich ein Schreibtisch mit allerlei Gerätschaften, die Ignácio als Fotografenwerkzeug erkannte. Don Antonio verschwand zwischen den Regalreihen und kramte in einer der zahllosen Kisten. Ignácio sah sich in dem riesigen Raum um.

„Warst Du schon mal hier unten?", fragte er Isabella.

Sie nickte.

Nach einigen Minuten erschien Don Antonio mit einer dicken, braunen Mappe in der Hand und setzte sich an den Schreibtisch. Er öffnete den Knoten der Schnüre, von denen die Ordnerdeckel zusammengehalten wurden. Ein wenig Staub rieselte heraus. Die Mappe roch nach trockenem Keller, altem Papier und Beton. Don Antonio knipste die alte Schreibtischlampe an und schob sie so, dass der Lichtkegel auf die Papiere fiel. Die Federn zwischen den Metallarmen der Lampe gaben ein metallisches Geräusch von sich, als sie sich spannten und entspannten. Winzige Staubpartikel schwebten in der Luft und reflektierten den Schein der Lampe. Don Antonio holte einen Stapel Papiere heraus und kramte darin herum. Endlich fand er, wonach er suchte.

„Ah ja", sagte er, „Hier ist er doch.", und hielt Ignácio eine alte Fotografie hin. Er nahm das Bild und schaute darauf. Es war alt, mit weißem Rand und ringsum mit einem Wellenschnitt ausgeschnitten, wie man es früher eine Zeitlang gemacht hatte. Auf dem Bild war ein junger Mann zu sehen, der in die Kamera lächelte. Er trug ein Hemd und lehnte lässig an einer Hauswand. Er erkannte den Mann sofort. Es war eindeutig sein Vater.

„Sie erkennen ihn?", fragte Don Antonio.

Ignácio nickte.

„Drehen Sie es um!"

Er drehte das Bild zwischen zwei Fingern und schaute auf die Rückseite. Jemand hatte mit Tinte und in gestochen scharfer, schnörkeliger Handschrift etwas darauf notiert.

'Gustavo Hernandez alias Capitán Julio Fernandes de Cordoba' las er. Ignácio sah ihn verständnislos an. Der Alte kramte in einer der Schubladen, dann zog er einen Zeitungsausschnitt hervor. Es war eine Seite, die auf einem Bild einen Mann in Uniform zeigte. Darunter stand ein Zitat:

"Wir werden 50.000 Mensch töten müssen. 25.000 Subversive, 20.000 Sympathisanten und wir werden 5.000 Fehler machen."

General Luciano Benjamin Menéndez

Buenos Aires, 1976.

Ignácio schaute Antonio an.
„Hast Du eine Ahnung, wer das ist?", fragte der.
Ignácio hob leicht den Kopf und schaute an die Decke.
„Das war doch dieser General aus der Militärdiktatur", sagte er dann, „Der wurde angeklagt, das war vor ein paar Jahren. Dann haben sie ihn irgendwann freigesprochen."
„Natürlich haben sie das", sagte Don Antonio, „Genau wie alle anderen. Aber die allermeisten wurden niemals angeklagt. Im Gegenteil, sie haben sogar noch steile Karrieren hingelegt. So wie zum Beispiel Ihr Vater. Aber lasst uns wieder nach oben gehen!"
Don Antonio verstaute die Papiere und das Bild wieder zwischen den Aktendeckeln, knotete die Bänder zusammen und verschwand damit zwischen den Regalen. Sie hörten das Schaben von Karton über grobe Zementkrümel und Blech, dann kam er aus einer anderen Richtung wieder herangehumpelt. Er knipste die Schreibtischlampe aus und sie gingen zurück zu der schmalen Treppe. Don Antonio klopfte mehrmals, und schon bald öffnete ihnen die alte Frau die Falltür und ließ sie hinaus. Sie gingen den Weg zurück und ließen sich auf der Terrasse vor dem Wohnzimmer nieder.
„Mögt ihr etwas trinken?", wollte Antonio wissen. Ignácio nickte. Der Alte verschwand in der Kochecke und kam kurze Zeit später mit warmem Mate und einem Glas Schnaps für jeden wieder. Sie stießen an und kippten das Getränk herunter. Entspannung machte sich in Ignácios Beinen breit, und er ließ sich noch tiefer in die Kissen des Sofas sinken, das draußen unter der Überdachung stand.
„Don Antonio hat seine Geschichte schon oft erzählt, und es gibt viele, denen es ähnlich ging wie ihm", sagte Isabella, „Die meisten davon sind nicht mehr hier, um ihre Ge-

schichte zu erzählen."

„Du meinst die Desaparecidos, die Verschwundenen?", wollte Ignácio wissen.

„Genau. Ich dachte, Du wüsstest nichts über diese Dinge?"

„Weiß ich auch nicht. Ich lese kaum Zeitung und kümmere mich nicht um Politik. Aber um das nicht mitzubekommen, müsste ich schon blind und taub gewesen sein."

„Was wissen Sie über die Madres de Plaza de Mayo, Dr. Fernandes?"

„Um ehrlich zu sein, nicht viel. Mütter, die demonstrieren. Mehr eigentlich nicht."

„Genau", sagte Don Antonio, „Doña Magdalena, die wir eben getroffen haben, ist eines der Gründungsmitglieder dieser Organisation. Die Madres haben sich zusammengetan, um Druck auf die Regierung auszuüben und endlich etwas über das Schicksal ihrer Kinder und Männer zu erfahren. All jene, die einfach irgendwann weg waren und für immer verschwunden blieben. Sie tun das jeden Donnerstag, seit 1977. Sie fordern Aufklärung, Gerechtigkeit, und dass man die Verantwortlichen zur Rechenschaft zieht. Einige von ihnen sind ebenfalls 'verschwunden', meist noch während der Diktatur, aber eben auch danach. Trotzdem machen die Madres weiter, auch heute noch. Aber diese Leute aus den Zeiten der Diktatur sind immer noch da, und sie sind gefährlich. Man muss aufpassen. Es gab mittlerweile einige Prozesse, aber die Angeklagten wurden fast alle freigesprochen oder zu lächerlichen Strafen verurteilt. Es gibt auch einige offizielle Gedenkstätten, aber sie sind eher geduldet als wirklich erwünscht. Meine Arbeit wäre an so einem Ort nicht möglich. Ich habe es versucht. Dokumente verschwanden. Seltsame Gestalten tauchten auf, verfolgten mich bis nach Hause, bedrohten mich."

Don Antonio machte eine Pause und schaute vor sich auf den Boden. Schließlich holte er tief Luft und begann.

„Ich bin Fotograf und Drucker. Vermutlich bin ich deshalb noch am Leben. Schon früh in den Siebzigern habe ich einer Bewegung angehört, die sich für Gerechtigkeit und

Sozialismus eingesetzt hat. Ich habe dort nach Feierabend mitgeholfen. Es wurde viel diskutiert, danach habe ich Bilder aufbereitet, Flugblätter gedruckt, solche Dinge. Es war harmloses Zeug, aus heutiger Sicht betrachtet. Wir haben niemals jemanden angegriffen. Aber für die Militärs war es gefährlich, denn wir wollten die Wahrheit und Gerechtigkeit. Ich war einer der Ersten, die sie holten. Eines Abends, als ich von einer Sitzung spät nach Hause kam, kurz vor meiner Haustür, hielt ein Auto neben mir. Ich war abgelenkt, dachte, vielleicht will jemand nach dem Weg fragen. Dann sah ich sie. Zwei Männer sprangen heraus, stülpten mir eine Kapuze über den Kopf und zerrten mich in das Auto. Ich strampelte und schrie, erhielt einen Schlag auf den Kopf und wurde ohnmächtig. Das Nächste, woran ich mich erinnere, ist eine Art Sarg. Es fühlte sich an wie eine Holzkiste, sehen konnte ich wegen dem stinkenden Sack über meinem Kopf noch immer nichts. Ein beißender Gestank lag in der Luft von Erbrochenem, getrocknetem Blut und Fäkalien. Überall um mich herum husteten, stöhnten und jammerten Menschen.

Sie kamen regelmäßig, ich denke einmal täglich. Ich wurde aus meiner Kiste gezogen und in einen anderen Raum geschleift. Gehen konnte ich schon nach wenigen Tagen nicht mehr. Sie wollten, dass ich Namen nenne aus meiner Organisation. Ich habe mich stur gestellt. Ich wusste, irgendwann würde ich es nicht mehr durchhalten, aber ich wollte meinen Compañeros so viel Zeit wie möglich verschaffen. Abgesehen von den Schlägen benutzten sie meist ein Bettgestell aus Eisen, an das sie Stromkabel angeschlossen hatten. Es war immer ein Arzt anwesend, der mich in regelmäßigen Abständen abhörte und den Puls maß. Er sagte meist nur etwas wie 'noch in Ordnung' oder 'genug für heute'. Ich erspare Dir die Einzelheiten, und mir selbst auch.

Als sie mich holten, war meine Frau im siebten Monat schwanger. Irgendwann brachten sie ein Baby in den Raum. Sie sagten, es sei mein drei Monate alter Sohn. Das hieß, dass ich schon fünf Monate dort war. Ich hatte keine Ahnung, wie viel Zeit vergangen war. Heute weiß ich, dass es zu diesem Zeitpunkt erst drei Wochen waren. Hätten sie gesagt, es wäre ein Jahr, ich hätte es auch geglaubt. Sie hatten eines der Kinder genommen, das... dazu später. Sie drohten, mir den Jungen auf den Bauch zu legen und dann mit den Stromstößen weiterzumachen. Das war der Tag, an dem ich aufgegeben habe. Ich habe viele verraten. Viele sind verschwunden und nie wieder aufgetaucht. Die Folterungen wurden danach weniger, aber sie hörten nie ganz auf. Nachts versuchten wir, in unseren Holzkisten miteinander zu sprechen. Ich habe mir so viele Namen wir möglich eingeprägt, sie immer aufs Neue wiederholt, Namen, Geburtsdaten, Familienangehörige. Aber es waren viele, viel zu viele, und fast jeden Tag verschwanden Leute für immer und es kamen neue hinzu. Niemand wusste wirklich, wo wir waren, was dieser Ort war, aber es wurde gemunkelt, wir befänden uns in der Escuela de Mecánica de la Armada, der Militärakademie direkt an der Avenida del Libertador. Später fand ich heraus, dass es stimmte. Kaum zu glauben, diese Scheußlichkeiten spielten sich mitten in der Stadt ab, an einer der Hauptverkehrsstraßen. Irgendwann, als ich einmal mehr halb bewusstlos im Keller auf dem Eisengestell hing, hörte ich einen der Folterer sagen, dass es für mich jetzt an der Zeit sei, eine Runde im Rio de la Plata zu schwimmen. Ich hatte natürlich keine Ahnung, was genau er damit meinte, aber ich konnte mir denken, dass es mein Todesurteil bedeutete. Zwei Tage später wurde ich aus meinem Sarg in eine Zelle geholt. Ein Offizier sagte mir, man würde mich entlassen, allerdings seien vorher noch einige Untersuchungen notwendig. Ich musste mich ausziehen und waschen, dann kam ich in ein Behandlungszimmer, wo der Gefängnisarzt auf mich wartete. Er untersuchte mich schnell und routiniert, dann sagte er, man würde mir vorsorglich eine Impfung spritzen. Ich war misstrauisch, wehrte mich aber auch nicht. Direkt nach der Injektion merkte ich, wie meine Arme und Beine schlapp wurden. Ich sackte auf der Liege zusammen, konnte keinen Muskel mehr rühren, aber ich spürte noch alles. Und ich blieb bei Bewusstsein, konnte sehen und hören, was mit mir geschah. Der Arzt drückte einen Knopf. Durch eine Hintertür kamen zwei Soldaten und trugen mich hinaus in den Innenhof. Sie brachten mich zu einem Flugzeug und warfen mich einfach hinein. Andere Gefangene lagen dort dicht an dicht, ebenfalls nackt und bewegungsunfähig. Es war sehr seltsam, so, also würde ich einen Film mit wackeliger Kameraführung anschauen. Ich konnte nichts an den Bildern ändern, die vor meinen Augen vorbeizogen. Den dumpfen Widerstand der weichen Körper neben mir und den kalten Stahlboden unter mir spürte ich hingegen sehr deutlich. Mit dem Gesicht kam ich genau gegenüber einer Frau zu liegen. Sie bewegte verzweifelt den Mund, versuchte, etwas zu sagen, aber es kam nur ein Krächzen heraus. Ich wollte antworten, aber es ging mir genauso wie ihr. Ihre Augen werde ich nie vergessen. Diese unfassbare Angst, dieser flehende Blick. Sie schrie mit den Augen um Hilfe, aber ich konnte ihr nicht helfen, konnte nichts tun. Ich konnte ja schon für mich selbst nichts tun. Die Soldaten machten Witze, während sie unsanft einen nach dem anderen in das Flugzeug warfen. Ein anderer Körper landete auf mir, der eines jungen Mannes, und sein Arm rutschte zwischen mich und die Frau, so dass ich ihr Gesicht nicht mehr erkennen konnte. Dann starteten die Motoren. Über den Krach hinweg hörte ich die laute Stimme von einem der Offiziere. Er war einer der schlimmsten Folterknechte. Er rief meinen Namen. Immer wieder. Der Mann auf mir wurde zur Seite gerollt, ein Gesicht erschien über mir, hielt ein Foto hoch, schaute mich an.

„Ja, der hier ist es.', sagte er.

Ich spürte, wie jemand meine Knöchel packte, und mich wie ein Stück Holz aus einem Stapel zog. Ich rutschte aus der Ladeluke, mein Kopf schlug auf den Asphalt, schleifte darüber. Dann hörte ich wieder die Stimme des Offiziers.

'Pass doch auf, Du Idiot!', schnauzte er den Soldaten an.

Ich weiß noch ganz genau, was er gesagt hat. Jedes Wort.

'Pass doch auf, Du Idiot! Mach den nicht kaputt, den brauchen wir noch!'

Den brauchen wir noch! Das hat er gesagt. Sie haben mich auf eine Krankentrage geladen und ich blieb darauf liegen, immer noch nackt und unfähig, mich zu bewegen. Ich hörte, wie die Motoren des Flugzeugs aufheulten und die Maschine abhob.

Kurz danach brachten sie mich zurück auf die Krankenstation. Der Arzt, der mir vorher das Betäubungsmittel injiziert hatte, gab mir eine weitere Spritze und ich schlief ein. Am nächsten Tag, zumindest glaube ich das, wachte ich auf einem Bett auf. Es war ein richtiges Bett, mit weißen Laken. Der Raum war sauber und roch nach Desinfektionsmitteln. Als man bemerkte, dass ich wach war, wurde ich in einen gefliesten Raum geführt, bekam ein Stück Seife und durfte mich duschen. Ich hatte seit Monaten nicht geduscht! Mein Körper war zerschlagen, verbrannt, voller Wunden und Schwielen. Manche hatten sich infiziert, eiterten und stanken. Nachdem ich geduscht hatte, desinfizierte und versorgte ein anderer Arzt die Verletzungen. Sie gaben mir frische Kleider und führten mich in ein Büro tief unten im Keller. Wir gingen mindestens drei Stockwerke hinab. Dort empfing mich ein Mann in Uniform, der ungewöhnlich freundlich zu mir war. Er bot mir Tee an, und auf dem Tisch stand Gebäck. Ich hatte seit meiner Entführung keine richtige Nahrung bekommen. Man gab uns nur gelegentlich zu einer Art Brei verkochte Abfälle. Während ich aß, fragte er mich nach meinem Beruf und blätterte dabei beiläufig in einer Akte. Es hatte keinen Zweck, zu lügen. Sie wussten sowieso alles. Er wollte wissen, was ich als Fotograf und Drucker denn für Fähigkeiten habe. Ob ich schon mit Dokumenten gearbeitet hätte. Dann brachte er mich einige Räume weiter in ein Fotolabor. Es war hervorragend ausgestattet, und meine Aufgabe sollte darin bestehen, ein neues Ausweisdokument zu erstellen, einen Reisepass. Anscheinend war er zufrieden mit meiner Arbeit, denn am nächsten Tag holte er mich wieder. So wurde ich zum Dokumentenfälscher wider Willen. Ich habe mich oft gefragt, warum sie mich dafür brauchten. Später fand ich heraus, dass die Militärjunta nicht so frei und unkontrolliert war, wie es erscheinen mochte. Sie hatten ständig Angst. Vor der Bevölkerung, die sie terrorisierten, vor den Behörden und Strukturen des alten Argentiniens, vor sich gegenseitig, aber hauptsächlich vor der internationalen Öffentlichkeit. Argentinien war wirtschaftlich sehr abhängig von anderen Staaten, ist es immer noch, allen voran von den USA. Es sollte nicht allzu viel nach außen dringen, und vor allem wollten sie ihre Spuren verwischen. Jedenfalls hatte ich Zugang zu allen möglichen Bildern, Akten, Dokumenten. Irgendwann ließen sie mich im Fotolabor schlafen, und ich musste nicht mehr zurück in die stinkende Holzkiste. Mir war klar, dass spätestens mit diesem Wissen mein Todesurteil gesprochen war. Sie würden mich in dem Keller arbeiten lassen, solange es ihnen nützte, und dann würde ich genau wie alle anderen verschwinden. In dieser Zeit lernte ich viel über ihre Methoden. Die Gefangenen wurden gefoltert, um Geständnisse und Namen zu erpressen. Oft musste ich dabei sein, um Bilder zu machen. Es war brutal, unglaublich brutal. Es ging über Monate, teilweise über Jahre. Es war ihnen egal, wie lange sie einen Menschen quälen mussten. Hauptsache, man nannte Namen. Sie müssen gewusst haben, dass die Gefangenen sich irgendwann nur noch Geschichten ausdachten, um so von weiterer Folter verschont zu bleiben. Aber es war ihnen gleichgültig. Im Gegenteil, ich bin mir sicher, dass viele dieser Unmenschen ihre sogenannte Arbeit mochten. Es hat ihnen Spaß gemacht, Menschen zu quälen und zu ermorden. Wer schnell aufgab, für den war es in der Regel auch schneller vorbei. Aber manche behielten sie auch länger, wenn sie ihnen von Nutzen waren. Manche Frauen zum Beispiel. Es gab hübsche, junge Frauen, die gefoltert und über Monate hinweg immer und immer wieder vergewaltigt wurden, unzählige Male. Was passierte, wenn aus einem Menschen nichts mehr herauszuholen war, hatte ich selbst erlebt. Zumindest den Anfang davon. Sie sagten, man würde freigelassen. Der Arzt führte eine vorgetäuschte Untersuchung durch, spritze ein starkes Betäubungsmittel, man wurde ausgezogen und in ein Flugzeug verfrachtet. Sie flogen aus der Stadt und warfen die bewegungsunfähigen Opfer aus großer Höhe in den Rio de la Plata. Ich denke nicht, dass irgendjemand den Sturz überlebte. Falls aber doch, ertrank man wegen des Betäubungsmittels. So kam es, dass die Leichen nie gefunden wurden. Sie wurden von der Strömung ins offene Meer gespült, und dort erledigten die Fische den Rest. Es gibt über dreißigtausend Verschwundene, wahrscheinlich sogar noch viel mehr. Nur einige hundert von denen, die entführt wurden, haben überlebt. Und ich bin einer von ihnen."

Don Antonio machte eine Pause und verschwand für einen Moment in der Wohnung. Er kam mit einer Flasche Rum zurück, goss ihre Gläser voll, setzte sich und fuhr fort.

„Der Raum, in dem ich von jetzt an arbeitete, wurde täglich kontrolliert. Bei meiner Arbeit stand die ganze Zeit jemand neben mir und schaute auf jeden Handgriff. Irgendwann fiel mir auf, dass sie an einem Ort nicht nachschauten, nämlich in der Kiste mit dem unbelichteten Fotopapier. Ich begann, absichtlich Fehler zu machen. Ich belichtete Fotos falsch oder baute kleine Artefakte in die Bilder ein, sodass sie für Dokumente unbrauchbar wurden. Nachts, wenn ich allein war, fischte ich die Bilder wieder aus dem Abfall, beschriftete sie und versteckte sie in der Kiste mit dem Fotopapier. Ich war mir sicher, dass ich irgendwann erwischt würde, aber ich hatte ohnehin nichts mehr zu verlieren. Einer der Offiziere, er hieß Emilio Viola, kam mich regelmäßig besuchen. Er riss die Tür auf, ohne jede Vorwarnung, stürmte in den Raum, brüllte mich an und schlug mich. Ein anderer, Reynaldo Garcia, schlenderte wie beiläufig durch mein Verlies und schaute in jede Ecke. Oft zog er dann seine Pistole, hielt sie mir an die Stirn und sagte etwas wie: 'Diesmal habe ich Dich erwischt!', oder 'Jetzt hast Du einen Fehler gemacht!'. Jedes Mal klickte der Hahn, aber ich wusste niemals, ob die Pistole nicht vielleicht doch geladen war und er mich tatsächlich erwischt hatte. Ich war zwar froh um die Annehmlichkeiten, aber mein Hass auf diese Kerle wuchs mit jedem Tag, an dem ich in ihre Schweinereien hineingezogen wurde.

Ich sammelte in dieser Zeit viel Material. Fotos von den Verschwundenen, aber auch von den Tätern, mit ihren richtigen und falschen Namen. Eines Tages kamen sie und machten mir ein Angebot. Sie wollten mein Haus und meine Werkstatt. Im Gegenzug boten sie mir an, dass ich meine Frau und mein Kind besuchen dürfe. Sie hatten einen Kaufvertrag vorbereitet, zu einem lächerlichen Preis. Ich hatte schon hunderte dieser sogenannten Verträge gesehen. Sie waren gierig, und die Opfer unterschrieben alles, wenn sie dadurch der Folter entgehen konnten. Ich habe es auch unterschrieben. Was hätte ich sonst tun sollen? Ich durfte mein Kind sehen! Und sie hielten Wort. Ich durfte tatsächlich in unregelmäßigen Abständen meine Frau und meinen Sohn besuchen. Diese Verbrecher haben natürlich das Haus genommen, und meine Frau musste mit unserem Kind in eine winzige Wohnung ziehen. Aber ich durfte sie besuchen. Sie fuhren mich, warteten vor der Tür, und nach ein paar Stunden musste ich wieder gehen. Es war eine wunderschöne Zeit. Warum das alles mit mir geschah, weiß ich nicht. Ich nutzte die Tage, um Bilder und Negative in meiner Kleidung herauszuschmuggeln. Die versteckte ich dann in der kleinen Wohnung, in einer Wandspalte hinter der Toilettenspülung. Gleichzeitig wunderte ich mich, dass es so einfach war. Sie kontrollierten meine Kleidung nicht beim Herausgehen. Nur bei der Rückkehr wurde ich abgetastet, um sicherzustellen, dass ich nichts mit hineinschmuggelte. Dass ich Dokumente stehlen könnte, daran haben sie nicht gedacht. Es war ein enormes Risiko. Hätte irgendjemand etwas gefunden, sie hätten uns alle umgebracht. Trotzdem, ich konnte einfach nicht anders, ich musste die Gelegenheit nutzen. Heute bin ich immer noch damit beschäftigt, das Material auszuwerten. Es werden ständig mehr Akten, Dokumente und Beweise, die irgendwo auftauchen. Entweder sind es Aussagen von anderen Überlebenden oder es ist Material, dass der Vernichtung entgangen ist und auf geheimnisvollen Wegen zu mir findet. Ich dokumentiere alles, setze die Einzelteile zusammen, führe Listen mit Namen und Decknamen, Berufen, forsche den Tätern nach. Was sie heute tun, wo sie sich aufhalten, mit wem sie verkehren. Es ist eine mühselige Arbeit, aber ich habe Hilfe. Wir konnten so schon über hundert Mörder und Folterknechte von damals identifizieren. Sie werden immer wieder freigesprochen, aber irgendwann wird sie ihre gerechte Strafe ereilen, da bin ich sicher. Und auch den Familien vieler Opfer konnten wir zumindest über den Verbleib ihrer Angehörigen Gewissheit verschaffen. Es ist nicht viel, aber so können sie wenigstens abschließen und in Ruhe trauern. Dennoch, auch heute müssen wir vorsichtig sein. Alle paar Wochen kommen Leute zu meinem Haus und drohen mir. Dass man mich umbringen wird, wenn ich irgendetwas sage, und dass ich das bloß nicht vergessen soll."

„Wie sind sie wieder herausgekommen?", fragte Ignácio.

„Das weiß ich bis heute nicht genau. Also, das Wie natürlich schon. Man hat mich irgendwann einfach freigelassen. Sie drohten mir, was sie mit meiner Frau und meinem Sohn machen würden, von mir selbst ganz zu schweigen, sollte ich jemals über die Sache reden. Und ich glaubte ihnen. Aber warum sie mich gehen ließen, anstatt mich wie all die anderen in den Rio de la Plata zu werfen, das habe ich nie erfahren. Ich habe einen Verdacht. Eher eine leise Vermutung. Ich glaube, irgendjemand hat etwas geahnt von meinen Aktivitäten. Und ich glaube, sie hatten Angst, ich könnte draußen irgendetwas veranlasst haben für den Fall meines Ablebens. Das ich Informationen an irgendwelche Menschenrechtsorganisationen schicken könnte, über einen Notar oder andere Kontakte. Sie haben wahrscheinlich geglaubt, lebendig hätten sie mich besser unter Kontrolle. Glauben es immer noch. Nur so kann ich mir das Ganze erklären. Es ist schwer, wissen Sie? Zu überleben. Sowas zu überleben, weiterzuleben, wo all die anderen tot sind. Ich habe jahrelang gesoffen und alle Menschen mies behandelt. Ich habe mir Vorwürfe gemacht, warum ich noch am Leben bin. Ich habe mir gewünscht, ich wäre tot. Erst, als ich irgendwann darüber sprechen konnte, ist es besser geworden. Jetzt, wo ich wieder eine Aufgabe habe und etwas tun kann, geht es mir besser."

Don Antonio starrte in die Ferne. Er schien müde, erschöpft, war in sich zusammengesackt.

„Wissen Sie, Dr. Fernandes, jedes Mal, wenn ich diese Geschichte erzähle, durchlebe ich alles wieder von vorn. Es ist nicht einfach. Aber das war trotzdem noch nicht alles."

„Danke, Don Antonio. Ich sehe Ihnen an, wie schwer es für Sie ist. Aber eine Frage habe ich dennoch."

„Ich weiß", sagte Don Antonio, „Was hat jetzt ihr Vater mit der ganzen Geschichte zu tun?"

„Ja. Bitte, Don Antonio, wenn es Ihnen nicht zu viele Umstände macht."

„Wann sind Sie geboren, und wo, Dr. Fernandes?"

„Ich bin am 18. November 1977 im Hospital Italiano zur Welt gekommen, wo ich jetzt auch arbeite."

„Haben Sie das jemals überprüft?"

„Nein. Warum sollte ich? Ich habe die Unterlagen mitgenommen, als ich zu Hause ausgezogen bin. Meine Geburtsurkunde, Schulzeugnisse, alles ist dabei."

„Können Sie mir die Geburtsurkunde mitbringen? Ich würde sie gern sehen."

„Natürlich. Aber warum?"

Don Antonio seufzte. Er stand auf, schenkte für alle nochmal Schnaps nach und setzte sich schwerfällig wieder.

„Ihr Vater, Dr. Fernandes, war unter seinem Decknamen Gustavo Hernandez ein wichtiger Funktionär der Alianza Anticomunista Argentina. Das war eine der gefürchtetsten Terrorgruppen, eine Todesschwadron, die vom Militär beauftragt wurde. Julio Fernandes de Cordoba alias Gustavo Hernandez, damals noch ein junger Leutnant, war Experte für die Infiltration und Unterwanderung von Widerstandsgruppen wie meiner. Er hatte noch viele andere falsche Identitäten und schloss sich den Bewegungen an, um dann von innen Informationen zu liefern. Schon bald leitete er diese Einheit und bildete neue Agenten aus. Parallel dazu stieg er im Militär schnell auf und beauftragte von dort aus die AAA mit immer neuen Missionen. Sein Geschäft war aber nicht nur Terror, Folter und Mord. Menschen wie Ihr Vater fanden auch Möglichkeiten, sich daran zu bereichern. Viele Millionen haben sie sich gegenseitig zugeschoben und sind heute erfolgreiche Unternehmer geworden mit diesem Startkapital. Ein Geschäftszweig damals war die Enteignung, so wie bei mir durch Erpressung und Folter, aber eben auch durch Mord und Urkundenfälschung. Ein anderer war der Handel mit Kindern. Genauer gesagt, mit Säuglingen."

Don Antonio machte eine Pause.

„Gerade in der neuen Oberschicht gab es viele Familien, die aus irgendwelchen Gründen keine Kinder bekommen konnten oder wollten. Unfruchtbarkeit war wohl der häufigste Grund, aber es gab auch einige Frauen, die sich einfach nicht durch die Strapazen einer Schwangerschaft quälen wollten. So hat die AAA oft schwangere Frauen entführt.

Viele Frauen wurden auch durch die andauernden Vergewaltigungen schwanger. Nach der Entbindung wurden sie ermordet. Die Babys hat man dann an reiche Familien verkauft. Es war ein einträgliches Geschäft. In meiner Zeit im Gefängnis habe ich selbst über fünfhundert Geburtsurkunden gefälscht. Einige Kopien davon, längst nicht alle, konnte ich retten. Aber was ich tun konnte, war, ein Merkmal zu hinterlassen. Beim Fälschen der Wasserzeichen muss man sehr präzise und vorsichtig vorgehen. Dort hat mein Bewacher nicht allzu genau zugeschaut, weil er wusste, dass ich hier nichts verschwinden lassen kann, und weil er ohnehin nichts davon verstand. Ich habe ein mikroskopisch kleines Merkmal in das Siegel eingebaut, dass die Urkunde sicher als Fälschung aus meiner Hand ausweist. Und dort, wo ich es wusste, habe ich in Mikroschrift den Namen der Mutter und das Geburtsdatum des Kindes hinzugefügt. Niemand kann diese Markierungen erkennen, der nicht genau weiß, wonach er suchen muss."

Ignácio saß wie gelähmt auf dem Sofa. Isabella legte sanft ihren Arm um seine Schulter.

„Es war mir nur unbewusst klar", sagte sie, „aber als Du mir von Deiner Familie erzählt hast, und dass Du Dich immer irgendwie fremd fühltest, da habe ich an die Geschichte von Don Antonio denken müssen."

Ignácio nickte langsam.

„Ich muss zum Krankenhaus."

„Ich komme mit Dir!", sagte Isabella.

„Nein. Ich muss das allein tun. Don Antonio, vielen Dank für alles."

Antonio nickte langsam.

„Kommen Sie mich gern wieder besuchen, wenn Sie Ihre Urkunde gefunden haben, Dr. Fernandes."

Ignácio fuhr in die Klinik wie in Trance. Dort fragte er nach dem Archiv, und der etwas verwunderte Portier schickte ihn in den Keller. Ignácio fragte sich zum Geburtenregister durch.

„Wann sagten Sie, Dr. Fernandes? 1977? Diese Dokumente gibt es nur noch auf Mikrofilm."

Der Archivar erklärte ihm die Funktion des Gerätes und

Ignácio suchte sich durch die Listen von Namen und Daten. Im Hospital Italiano gab es keine Eintragung über die Geburt eines Ignácio Fernandes, im gesamten Jahr 1977 nicht. Er schaute auch das vorherige und folgende Jahr durch. Niemand dieses Namens war in dem Register zu finden. Ignácio raste nach Hause und durchwühlte seinen Aktenschrank. In einem verstaubten Ordner fand er schließlich seine Geburtsurkunde. Er klemmte den Ordner unter den Arm und fuhr zurück zu Don Antonios Haus. Isabella war bereits gegangen, aber der Alte machte ihm auf. Gemeinsam gingen sie wieder über den Hof und stiegen in den Keller hinab. Don Antonio legte die Urkunde unter eines der Geräte, das einem Mikroskop ähnelte und schaute lange durch das Okular. Ab und zu verschob er vorsichtig das Papier. Zwischendurch kritzelte er, ohne das Auge von dem Gerät zu nehmen, etwas auf einen Zettel neben sich. Dann, nach einer quälend langen Zeit, sah er Ignácio an.

„Es tut mir leid, Dr. Fernandes. Aber diese Urkunde stammt tatsächlich von mir. Ich habe sie am 16. November 1977 ausgestellt. Ob sie genau an diesem Tag geboren wurden, weiß ich nicht. Aber sie hatten es damals eilig damit, die Papiere in Ordnung zu bringen. Das Geschäft rief. Deswegen kann es höchstens zwei oder drei Tage früher gewesen sein. Den Namen Ihrer Mutter kann ich nicht mehr lesen. Es sieht aus, als wäre ich bei der Arbeit gestört worden. Es sind nur noch einige Buchstaben zu erkennen."

Don Antonio reichte ihm den Zettel. Darauf stand:

Geburtsdatum: *16. November 1977*
Name der Mutter: *--ucen- M--i- -e -i—alo-o-*

„Mehr kann ich anhand der Geburtsurkunde nicht herausfinden. Vielleicht finde ich aber im Archiv noch etwas. Aussagen von Mitgefangenen vielleicht. Aber das wird einige Tage dauern. Es ist sehr viel Arbeit, die Einzelteile zusammenzusuchen."

„Kann ich Ihnen helfen?", wollte Ignácio wissen.

„Nein. Diese Arbeit muss ich alleine machen. Niemand versteht das Archiv so wie ich, niemand sonst findet sich hier zurecht. Ich werde Sie über Isabella kontaktieren. Vielleicht finden wir ja heraus, wer sie wirklich sind, Dr. Fernandes."

Ignácio fuhr wieder zurück in die Klinik. Er verbrachte die nächsten Arbeitstage geistig abwesend und unkonzentriert. Abends erwartete Isabella ihn zu Hause. Sie führten lange Gespräche, und meist schlief er in ihren Armen ein. Nach einer unendlich langen Woche überbrachte sie ihm die Nachricht von Don Antonio. Er solle am Abend zu ihm kommen. Isabella begleitete ihn.

„Der Name Ihrer Mutter im Wasserzeichen ist wie gesagt verwaschen und beschädigt. Wir haben nur die wenigen Buchstaben. Bilder, die dazu passen, habe ich in meinem Archiv auch keine gefunden. Aber es gibt ein Register von Menschen, die verschwunden sind. Dort gibt es auch eine junge Frau, auf die unsere Daten passen würden. Ihr Name war Azucena Maria de Villalobos. Laut meinen Unterlagen verschwand sie am 10. April 1977. Da war sie gerade zwanzig Jahre alt geworden. Was uns zu Ihrem Vater führt…"
„Was ist mit ihm?"
„Nun ja, sie wurde ziemlich genau acht Monate vor Ihrer Geburt entführt, Dr. Fernandes. Es könnte also sein, dass…"
„…sie bereits schwanger war, als man sie geholt hat.", vollendet Ignácio tonlos den Satz.
„Genau. Laut meinen Aufzeichnungen von den Gesprächen mit der Familie Ihrer leiblichen Mutter hatte sie zum damaligen Zeitpunkt keinen festen Freund oder Mann. Nun hat das nicht unbedingt etwas zu heißen, es macht uns die Sache aber auch nicht leichter. So wie ich es sehe, gibt es drei Möglichkeiten.
Erstens, Ihre Mutter hatte einen Partner oder eine Affäre, bevor sie entführt wurde. Dann wäre Ihr Vater irgendwo da draußen, wenn er denn noch lebt. Wahrscheinlich weiß er noch nicht mal etwas davon, dass er einen Sohn hat.
Zweitens, Ihr Vater ist wirklich ihr Vater. Also Julio Fer-

nandes de Cordoba.
Drittens, es ist irgendjemand aus dem Gefängnis. Von den Insassen sehr wahrscheinlich nicht, aber es könnte jemand vom sogenannten Personal sein."

Ignácio schwieg und starrte vor sich auf den Boden.

„Was ist dann mit meiner Mutter passiert?", wollte er wissen.

„Ich habe meine alten Bilder und Notizen durchforstet. Es war noch sehr früh in meiner Gefangenschaft, also habe ich übervorsichtig agiert. Es hat eine Weile gedauert, aber ich habe einen Zettel mit handschriftlichen Notizen gefunden."

Ignácio starrte ihn an.

„Laut den Aufzeichnungen, die ich nachts in meinem Keller abgeschrieben habe, ist Ihre Mutter am 29. November 1977 einem der Flüge zugeteilt worden."

„Was meinen Sie, einem der Flüge zugeteilt?"

„Man hat meist sichergestellt, dass die Säuglinge gut durch die ersten Tage kamen. Zehn bis vierzehn Tage danach brauchte man die Mütter nicht mehr."

Er räusperte sich, aber Ignácio konnte hören, wie sehr er versuchte, sich seine Trauer nicht anmerken zu lassen.

„Was ich meine, Dr. Fernandes, ist Folgendes: Nachdem Ihre Mutter Sie entbunden hatte, hat man sie noch einige Tage gefangen gehalten. Wären Sie gestorben, hätte man vermutlich eine erneute Schwangerschaft eingeleitet. Wenn Sie verstehen. Als klar war, dass es dem Baby gut geht, hat man Ihrer Mutter am 29. November 1977 zusammen mit anderen Gefangenen gesagt, sie würde entlassen. Davor seien noch einige Impfungen notwendig. Der Gefängnisarzt hat Ihr dann das Betäubungsmittel injiziert. Sie wurde in ein Flugzeug getragen und nackt mit all den anderen Todeskandidaten des Tages über dem Rio de la Plata aus der Kabine geworfen. Ich kann nicht sagen, ob das Mittel nur bei mir so gewirkt hat, aber ich glaube es nicht. Vermutlich haben die Ermordeten den kompletten Ablauf mitbekommen, unfähig, sich zu bewegen oder irgendetwas zu unternehmen. Aus großer Höhe ist der Aufschlag auf das Wasser tödlich. Dann wurden die Leichen durch die Strömung ins offene Meer gespült und, wie gesagt, nie gefunden oder bestattet."

Ignácio konnte lange nichts sagen. Irgendwann schreckte er wie aus einem Albtraum hoch.

„Leben ihre Eltern noch? Ich meine, die Eltern meiner Mutter?"

„Ich weiß es nicht. In meiner Aktennotiz steht, dass ich vor etwas mehr als acht Jahren mit ihnen gesprochen habe. Ich musste ihnen mitteilen, dass ihre Tochter höchstwahrscheinlich umgebracht wurde. Davon, dass sie vielleicht ein Kind hatte, habe ich nichts gewusst. Es ist nicht einfach, die ganzen Bruchstücke zusammenzuhalten. Ich weiß nicht, wo sie sich jetzt aufhalten, und habe auch nicht nachgeforscht. Ich dachte, vielleicht wollen Sie das selbst tun, Dr. Fernandes."

„Danke, Don Antonio. Das will ich. Haben Sie ...?"

Don Antonio reichte ihm einen Zettel.

Großeltern:
Alberto und Maria Aparícion de Villalobos

Letzte bekannte Anschrift:
302 Salcedo, Monte Chingolo, Buenos Aires

Ignácio bedankte sich und stieg mit Isabella ins Auto. Don Antonio sah ihnen von oben aus dem Fenster nach. An der angegebenen Adresse fanden sie eine kleine Bäckerei vor. Sie gingen hinein und fragten nach. Der Verkäufer an der Kasse wusste nichts, rief aber nach dem Eigentümer.

„Don Alberto und Doña Maria? Ja, sie haben mir das Haus und den Laden verkauft und sind weggezogen. Sie wurden zu alt und wollten raus aus der Stadt, haben sie gesagt. Das war vor fünf Jahren, ungefähr. Wo sie hingezogen sind, weiß ich allerdings nicht."

„Gibt es noch andere Verwandte?", wollte Isabella wissen.

„Die beiden haben einen Sohn, der wohnte noch lange hier in der Gegend und kam öfter auf einen Kaffee vorbei. Er ist aber irgendwann auch weggezogen, das war vor einem Jahr vielleicht? Vielleicht auch vor zwei Jahren. Ich weiß es nicht so genau, wir hatten keinen engen Kontakt."

„Wissen Sie, wo er gewohnt hat?", fragte Ignácio nach.

„Ja, gleich dort in dem roten Haus, schräg gegenüber."

Isabella und Ignácio bedankten sich und gingen über die Straße. Eine alte Frau öffnete vorsichtig die Tür und schaute sie missmutig an.

„Entschuldigen Sie die Störung, Señora", sagte Ignácio, „Nur eine Frage. Hat hier vielleicht früher ein Alberto de Villalobos gewohnt?"

„Warum wollen Sie das wissen?", fragte die Alte barsch.

„Es ist vielleicht mein Onkel.", sagte Ignácio.

„Vielleicht? Was soll das heißen?"

„Das ist eine lange Geschichte.", sprang Isabella ein. Sie redete leise mit der Frau, dann öffnete die Alte ihnen die Tür. Nachdem sie ihr erzählt hatten, worum es ging, war die Frau mehr als bereit, ihnen zu helfen. Sie stellte sich als Doña Goncalvez vor.

„Alberto und Maria hatten die Bäckerei gegenüber. Sie haben lange hier gewohnt. Es müssen fast fünfzig Jahre gewesen sein. Ich bin in dieser Straße geboren. Don Alberto Junior ist ihr Sohn. Ein guter Junge. Als er hier ausgezogen ist, hat er mir das Haus zu einem günstigen Preis vermietet. Er hat ein gutes Herz, alle drei haben das. Don Alberto Junior ist zu seinen Eltern aufs Land gezogen. Sie sind alt und brauchen jemanden, der ihnen hilft. Er ist wirklich ein guter Junge, dieser kleine Alberto. Er war als Kind schon immer so höflich."

„Doña Goncalvez, hätten Sie vielleicht die Adresse?", fragte Ignácio.

„Natürlich habe ich die Adresse von meinem Vermieter!", sagte die Alte und schrieb etwas auf einen Zettel. Isabella und Ignácio verabschiedeten sich und fuhren los. Laut Auskunft der alten Frau wohnten seine Großeltern und sein Onkel jetzt in Coronel Belisle, einem winzigen Ort weit im Landesinneren. Ignácio setzte sich ans Steuer.

„Kommst Du mit?", fragte er Isabella.

„Natürlich. Aber ist nicht morgen die Beerdigung Deiner ..."

Sie unterbrach sich.

„Ist mir egal", sagte Ignácio, „Ich hatte dieser Frau im Leben nicht viel zu sagen. Jetzt, wo sie tot ist, muss ich nicht so tun, als wäre es anders gewesen."

Er rief in der Praxis an und verlangte nach Dr. Ferreira. Nachdem er ihm die Situation kurz erklärt hatte, ohne allerdings die Hintergründe genauer zu erläutern, gab Dr. Ferreira ihnen einige Tage frei. Er schien irritiert, gab sich aber damit zufrieden, dass später weitere Erklärungen folgen würden. Er schob es auf den Umstand des Todes von Ignácios Mutter.

Es lagen gute tausend Kilometer vor ihnen, und die Straßen waren nicht immer im besten Zustand. Unterwegs hielten sie an einem kleinen Markt und kauften sich das Nötigste: Zahnpasta, Zahnbürsten, Deo, Unterwäsche. Sie wechselten sich mit dem Fahren ab und erreichten um drei Uhr nachts den winzigen Ort. Das Haus lag isoliert etwas außerhalb auf einem kleinen Hügel. Alles war dunkel. Sie parkten am Beginn der Auffahrt.

„Jetzt können wir nicht hingehen", sagte Isabella, „Dort schläft sicher alles."

„Ein Hotel finden wir hier auch nicht.", meinte Ignácio.

Sie klappten die Sitze nach hinten und schliefen sofort ein.

Ignácio erwachte von einem klopfenden Geräusch am Fenster. Es klang metallisch und gereizt. Vorsichtig öffnete er die Augen und war sofort geblendet von der grellen Morgensonne. Langsam gewöhnte er sich an das Licht und richtete schwerfällig den Oberkörper auf. Außerhalb der Scheibe starrten ihn die beiden schwarzen Mündungen einer Schrotflinte an, die mit Nachdruck gegen das Glas klopften. Er langte hastig nach dem Türgriff.

„Langsam!", rief von draußen eine energische Männerstimme, „Ganz langsam!"

Er hob die Hände mit den Handflächen nach außen, dann packte er vorsichtig den Griff und zog daran. Dir Tür wurde von außen aufgerissen, und die Schrotflinte näherte sich bis auf wenige Zentimeter seinem Gesicht.

„Was wollt ihr?", fragte die Stimme.

Isabella war neben ihm wach geworden und klammerte sich ängstlich an seinen Arm. Hinter der Flinte konnte Ignácio ein unrasiertes Männergesicht erkennen. Er schätzte es auf etwa sechzig.

„Don Alberto Junior?", fragte er.

„Wer will das wissen?"

„Ich bin der Sohn Ihrer Schwester, Don Alberto. Azucena Maria de Villalobos. Sie sind mein Onkel."

Der Mann ließ die Waffe sinken und starrte ihn an.

Don Alberto und Doña Maria waren seit der Morgendämmerung wach. Sie hatten den Wagen in der Einfahrt entdeckt und ihren Sohn gerufen, der sich der Sache annahm.

„Entschuldigt bitte", sagte er jetzt, „Wir sind in Buenos Aires oft von Militärs und Schergen der AAA bedroht worden, da nicht nur meiner Schwester, sondern auch mir Verbindungen zum Widerstand unterstellt wurden. Hier draußen auf dem Land herrschen etwas andere Gesetze. Der lange Arm der Militärs reicht nicht in jeden Winkel des Landes."

„Würden Agenten oder Spitzel ihr Auto in der Einfahrt parken und darin einschlafen?", fragte Isabella, die sich von der Begrüßung noch nicht wieder ganz erholt hatte.

„Nein, sicher nicht", sagte Alberto Junior, „Aber den Gedanken hatte ich erst später. Es ist noch früh am Morgen, und ich habe nicht klar gedacht."

Ignácio und Isabella erzählten abwechselnd die Geschichte. Don Alberto und Alberto Junior lauschten mit versteinerten Gesichtern, Doña Maria weinte leise. Als sie geendet hatten, stand Alberto Junior auf und holte trotz der frühen Stunde für alle Schnaps in großen Gläsern. Das Getränk war selbstgebrannt und höllisch stark. Ignácio wurden nach der strapaziösen Fahrt und dem unbequemen Schlaf sofort Zunge und Augenlider schwer. Alberto Junior führte Isabella und ihn zu einem Zimmer im Dachgeschoss, in dem es ein Bett und ein kleines Bad mit Dusche gab. Er brachte ihnen auch frische Kleidung, die er irgendwo aufgetrieben hatte. Sie duschten heiß, putzten sich die Zähne und schliefen sofort ein.

Später am Nachmittag erwachte Ignácio. Das Bett neben ihm war leer. Von unten drangen gedämpfte Stimmen durch die Tür. Er zog sich an. Die Kleidung gehörte offensichtlich Alberto Junior und war ihm um einiges zu weit um die Hüften und zu kurz an den Armen. Auf wackeligen Beinen ging er hinab in die Küche und fand seine Großeltern und seinen Onkel mit Isabella am Tisch sitzend vor, jeder eine Tasse dampfenden Mates in der Hand. Ignácio setzte sich zu ihnen. Doña Maria stand langsam auf und ging mühsam um den Tisch herum, stützte sich dabei auf der Platte ab, blieb dann vor Ignácio stehen. Er saß aufrecht. Die alte Frau überragte ihn selbst im Stehen nur um wenige Zentimeter. Sie sah ihm ins Gesicht, strich ihm über das Haar. Ihre faltige Haut war dünn und sehr weich. Sie roch nach Seife und dem undefinierbaren Geruch alter Menschen. Er ließ es geschehen. Sie nahm die Brille ab und wischte sich eine Träne aus dem Augenwinkel.

„Du bist es, Ignácio. Du bist ihr Sohn. Ohne Zweifel. Du hast ihre Augen. Ihr Gesicht. Ihre Haare. Eine Mutter und Großmutter weiß so etwas."

Langsam setzte sie sich wieder hin. Alberto Junior brachte auch ihm eine Tasse Mate.

„Ich habe mich aus allem herausgehalten, was die Politik betraf, und was meine Schwester so trieb", begann er, „Auch das Bäckerhandwerk war nichts für mich. Ich habe am Fließband gearbeitet, bei Mercedes. Ein guter Job. Die Deutschen waren nett, freundlicher als unsere Landsleute, und auch als die Amerikaner. Die Arbeitszeiten waren in Ordnung und das Gehalt anständig. Ich hatte keine Klagen. Zu meiner Schwester hatte ich wenig Kontakt und wir hatten auch nicht viele Gemeinsamkeiten. Ich arbeitete und lebte genügsam vor mich hin. Sie studierte Philosophie und Geschichte, war rebellisch, legte sich mit allen an. Auch mit unseren Eltern. Ich versuchte oft, zu schlichten, aber das machte sie nur noch zorniger. Einmal hat sie mich eine Kapitalistenmarionette genannt."

Er lachte, schüttelte den Kopf und trank von seinem Tee, dann schaute er wieder traurig vor sich hin.

„Sie war so. Impulsiv. Aufbrausend konnte sie sein, und sehr leidenschaftlich, wenn es um etwas ging, das ihr wichtig war. Dann vergaß sie sich manchmal etwas. Hinterher tat es ihr meist leid, zumindest was mich betraf. Aber sich oft mit mir anlegen wollen, weil ich so ein Leben führte. Was hat sie immer gesagt, Mama?"

Die alte Frau lächelte.

„Angepasst."

„Ja genau. Dass ich so ein angepasstes Leben führe, das hat sie gestört. Für sie war jeder, der nicht dagegen war, dafür. Es gab kein dazwischen. Sie hat immer gesagt, wenn alle mitmachen würden, dann würde sich auch etwas ändern im Land. Aber solange es so viele angepasste Menschen gäbe, hätten die Militärs leichtes Spiel. Ich wusste nicht so genau, was sie treibt, aber ich konnte es mir denken. Jedenfalls das bisschen, was ich denken konnte. Ich hatte keine Ahnung von Politik, von den ganzen Strömungen, den Linken, den Sozialisten, Kommunisten und so weiter. Bei mir in der Firma wurde gemunkelt, es würden ehemalige deutsche Offiziere dort arbeiten, alte Nazis, wie sie sagten. Auch das war mir egal. Es hat mich einfach nicht interessiert. Ich war jung, verdiente gutes Geld, traf Frauen, ging aus. Es ging mir gut, sehr gut. Maria ist auch bald zu Hause ausgezogen und hat dann mit zwei anderen Frauen in einer kleinen Wohnung in La Boca gewohnt. Ich habe sie manchmal dort besucht, aber eigentlich nur, wenn ich ausging und einen Schlafplatz brauchte. Man konnte dort damals gut ausgehen, es gab Musik und Alkohol und Frauen. Nur die Leute waren manchmal komisch. Man wusste nie, mit wem man es zu tun hatte. Und es gab dauernd politische Diskussionen. Da habe ich einmal auch diesen Amerikaner getroffen, mit dem sie ausging. Er war älter als sie, und sehr charmant. Maria mochte das. Mit den argentinischen Machos konnte sie wenig anfangen. Trotzdem war er eigentlich gar nicht ihr Typ. Er trug ein Tweedjackett und arbeitete an der Universität. Ich glaube, er war Gastprofessor, und er hatte diese lockere, amerikanisch unverbindliche Art an sich. Ich weiß nicht, warum Maria sich ausgerechnet mit ihm eingelassen hat. Er war zu alt für sie, und er schien ein oberflächlicher Typ zu sein. Andererseits war er auch sehr gebildet und konnte sich gut ausdrücken, sogar auf Spanisch. So ein typischer Linksintellektueller, habe ich damals gedacht. Ich hatte aber sonst nichts zu tun mit den Kreisen, in denen sie verkehrte.

Trotzdem kamen sie mich eines Tages holen. Sie waren zu viert und trugen Anzüge. Es ging sehr schnell. Ich war gerade auf dem Weg zur Nachtschicht und wollte die Wohnungstür zuschließen. Ich weiß es noch wie heute. Sie standen vor mir, hinter mir, fragten nach meinem Namen, zogen mir einen Sack über den Kopf und fesselten meine Hände. Ich wurde in ein Auto geworfen und sie nahmen mich mit. Ich weiß bis heute nicht, wohin. Es war ein dunkler Keller. Das Einzige, woran ich mich erinnern kann, waren die Geräusche von Zügen. In ganz regelmäßigen Abständen fuhren irgendwo über uns Züge. Es polterte dumpf, wenn die Räder über die Schwellen rollten. Es waren schwere Züge, keine leichten Straßenbahnen. Sie spielten dauernd laute Musik, aber ich konnte trotzdem die Schreie von den anderen hören. Ich werde nicht darüber sprechen, was sie mit mir gemacht haben, Ignácio. Aber ich war schwach. Ich habe sie verraten. Das bisschen, was ich über sie wusste, habe ich am dritten Tag verraten."

„Das tut mir sehr leid, Don Alberto.", sagte Ignácio.

„Es ist schrecklich, Ignácio.", sagte Doña Maria, „Einfach schrecklich. Wir wissen nicht, was mit ihr passiert ist. Wir wissen gar nichts. Kannst Du Dir vorstellen, wie das ist? Wenn von einem Tag auf den anderen plötzlich Dein Kind einfach verschwindet? Niemand sagt Dir etwas. Niemand weiß etwas. Niemand hilft. Die Polizei nicht, die Behörden nicht, niemand. Und Du denkst, die Leute müssten doch Fragen stellen. Zumindest am Anfang. Aber das taten sie nicht. Ich habe gedacht, zumindest die Nachbarn oder Freunde würden einmal fragen. Sie hatten Maria doch so lange nicht gesehen, da dachte ich, sie würden doch wissen wollen, was mit ihr ist. Aber niemand hat gefragt. Die Leute wussten genau, was passiert war, es passierte andauernd. Sie wollten einfach nichts mehr mit uns zu tun haben, weil sie Angst hatten. Nachbarn, Freunde, treue Kunden – alle blieben weg. Diese elenden Feiglinge. Und ich wusste, dass Maria Recht hatte. Wer angepasst lebt, wer einfach die Menschen vergisst, die verschwunden sind, der ist schon einer von denen, diesen Tieren in Uniform. Irgendwann habe ich es nicht mehr ausgehalten. Ich war bei den Madres de Plaza de Mayo. Viele Jahre lang. Jeden Donnerstag sind wir marschiert. Ich wollte nicht mehr schweigen, ich wollte laut sein und Fragen stellen. Es hat alles nichts gebracht.

Ich wusste nicht, dass sie tot ist. Ich konnte es nicht wissen. Man sagt immer, eine Mutter spürt so etwas. Aber irgendwann wusste ich nicht mehr, was ich spüre, welchem Gefühl ich trauen soll. Manchmal dachte ich, sie sei tot. Manchmal hatte ich die Hoffnung, sie hat es vielleicht doch irgendwie geschafft. Sie hat gelitten, Ignácio, sehr gelitten. Soviel weiß ich. Es hat mich beinahe wahnsinnig gemacht. Zu wissen, dass Dein Kind leidet und nichts tun zu können – das ist das Schlimmste. Dann kam ein Tag, an dem es plötzlich anders wurde. Der Schmerz ließ nach. Ich spürte, dass sie auf dem Weg war in eine bessere Welt. Sie wollte in Ruhe gelassen werden. Ihre Seele kam zu mir, um sich zu verabschieden. Sie wollte Frieden, und sie hat ihn bekommen. Wir nichts von ihr, gar nichts, außer ein paar alten Bildern. Es gibt keinen Ort, an dem wir trauern können. Kein Grab. Keinen Platz zum Gedenken. Keine Beerdigung."

„Eigentlich wissen wir noch nicht einmal, ob sie wirklich tot ist.", sagte Don Alberto Senior.

„Sei still, Alberto!", herrschte die alte Dame ihn an. Sie sprach mit unerwarteter Heftigkeit und ihre Augen funkelten plötzlich voller Wut und Energie. „Was weißt Du schon von diesen Dingen! Eine Mutter weiß, was mit ihrem Kind passiert ist."

„Ich glaube, wir brauchen noch mehr Tee!", sagte Alberto Junior und stand auf.

„Ich helfe Dir!", sagte Ignácio und folgte ihm in die Küche.

Sein neu entdeckter Onkel setzte den Wasserkocher auf den Herd und drehte sich zu ihm um.

„Sie meint es nicht so, Ignácio. Es ist schwer zu beschreiben. Das ist jetzt schon so viele Jahre her. Über fünfunddreißig! Meine Güte. Fünfunddreißig Jahre. Ein halbes Leben, für manchen. Sie wurde noch nicht einmal annähernd so alt. Und trotzdem denken wir alle an sie. Jeden Tag! Kannst Du Dir das vorstellen? Jeden Tag an jemanden zu denken, fünfunddreißig Jahre lang, und nicht zu wissen, was mit diesem Menschen passiert ist? Ich hatte kein besonders enges Verhältnis zu meiner Schwester. Ich hatte niemals diese Kraft, diesen Antrieb wie sie. Und auch nicht ihren Grips. Und trotzdem hatten wir diese Verbindung, die nur Geschwister haben. Ich habe immer auf sie aufgepasst, als sie klein war. Und ich habe sie geliebt! Natürlich habe ich das. Sie war wunderbar, so voller Energie und Ideale! Unsere Mutter war früher genauso. Als Maria verschwunden ist, wurde sie in wenigen Tage zu einer alten Frau. Sie hat plötzlich graue Haare bekommen und lief gebückt. Ich glaube, es war wirklich so, wie sie sagte. Sie hat gespürt, dass ihre Tochter leidet. Dann, irgendwann, kam ihre Kraft wieder und sie ist raus auf die Straße, mit all den anderen. Aber Antworten hat sie nie bekommen. Irgendwie mussten wir alle unseren Frieden machen, sonst wären wir verrückt geworden. Aber so richtig ging es nie. Wie willst Du mit dem Tod eines Menschen abschließen, von dem Du nicht weißt, ob er wirklich tot ist? Eines Tages kamen wir in Kontakt mit Don Antonio, und so hatten wir dann Gewissheit. Aber dass sie ein Kind hatte, darauf sind wir nicht gekommen. Wie auch? Jedenfalls konnten wir so abschließen.

Mein Vater hat trotzdem immer wieder heimlich versucht, etwas herauszufinden. Ich glaube, er denkt immer noch, sie ist am Leben. Sogar jetzt noch, nachdem Don Antonio uns seine Akten gezeigt hat, denkt er das. Er hat einfach diese Hoffnung, dass sie irgendwann durch die Tür kommt. Er hat sie niemals aufgegeben. Deshalb hat er es auch so lange in Buenos Aires ausgehalten, in diesem Haus. Er dachte immer, sie kommt irgendwann wieder und es war alles nur ein großes Missverständnis. Dass sie untertauchen musste, und sich nicht sehen lassen darf. Seine Geschichten wurden immer verrückter, Ignácio. Er hat darüber nur manchmal gesprochen, wenn er zu viel getrunken hatte. Sie sei eine der größten Widerstandskämpferinnen gewesen, die Argentinien jemals gesehen hat. Und sie lebt und arbeitet im Untergrund weiter. Solche verrückten Dinge.

Irgendwann hat er angefangen, alle möglichen Zeichen zu sehen. Er hat behauptet, jemand sei nachts im Laden gewesen und hätte Gegenstände verschoben. Manchmal hat seine Teigrolle auf das Bild von ihr gezeigt. Das hat er dann als Zeichen gedeutet, dass sie nachts dort war und ihm signalisieren wollte, dass es ihr gut geht. Dann hat er plötzlich alle möglichen Zeitungen angeschleppt, die linken und verbotenen, aber auch die Regierungsblätter. Tagelang hat er im Keller gesessen mit einer Lupe und alle möglichen Botschaften aus den Artikeln entschlüsselt. Mal waren es die Anfangsbuchstaben jeder Zeile, dann jedes dritte Wort und so weiter. Er hat sich ein ganzes System zusammengebaut aus Verschlüsselungscodes, so lange, bis er das gelesen hat, was er lesen wollte. Es war völlig verrückt, Ignácio. Meine Mutter behauptete dabei ständig das Gegenteil. Sie wisse, dass Maria tot sei und ihren Frieden habe. Das hat die beiden jeden Tag ein bisschen mehr voneinander entfernt. Sie wohnten zusammen, sie existierten nebeneinander. Aber seit Maria verschwunden ist, haben sie aufgehört, ein Paar zu sein. Jeder lebte vor sich hin und versuchte, den Schmerz zu verarbeiten. Ich bin dann in das Haus gegenüber gezogen und habe versucht, mich um die beiden zu kümmern, so gut ich konnte. Bis sie endlich bereit waren, aus dieser grauenhaften Stadt zu verschwinden. Ich glaube, das war das erste Mal seit vielen Jahren, dass sie sich wieder über etwas einig waren. Hier draußen ist es besser geworden. Sie sprechen wieder mehr miteinander, und es geht nicht immer nur um Maria."

„Und Du, Antonio? Wie ging es Dir?"

„Trauer ist etwas Seltsames, Ignácio. Sie verbindet diejenigen, die den Menschen gekannt haben und entzweit sie doch. Es ist das große Nichtwissen. Schon, wenn ein Mensch ganz normal stirbt, weil er alt ist, zum Beispiel. Und ganz normal beerdigt wird. Der eine glaubt dies, der andere das. War man gut miteinander im Leben, glauben die einen an den Himmel. Die anderen wünschen ihn vielleicht in die Hölle. Aber auch sie trauern, und sei es nur, weil sie einen Feind verloren haben. Man kann gemeinsam trauern, aber dennoch muss es jeder für sich und auf seine Weise tun. Was aber tust Du, wenn Du gar nicht die Gewissheit hast, überhaupt trauern zu dürfen? Weil es keinen Leichnam gibt, kein Grab, keinen Ort, keinen Abschied? Lange gab es gar nichts, nur Lügen oder Schweigen. Und dann tauchte dieser seltsame Mann auf, Don Alberto, mit seiner Geschichte. Ich habe sie ihm geglaubt, ich habe ja selbst erlebt, wie sie vorgegangen sind. Meine Mutter fand darin Bestätigung. Mein Vater genau das Gegenteil. Es war auch hier eine Frage von glauben oder nicht glauben. Wirklich wissen konnten wir es nicht. Du wirst paranoid über alle die Lügen und das Schweigen. Du beginnst, Dir Fragen zu stellen. Wer ist dieser Antonio? Ist er einer von denen? Ist er einer von den anderen? Stimmen seine Geschichten, oder ist er nur ein weiterer Irrer mit einem Keller voller alter Papiere, so wie mein Vater? Sind die Papiere vielleiht doch gefälscht? Und so weiter. Es bleibt dabei, ich habe nie die Leiche meiner Schwester gesehen, ich bin nicht an ihrem Sarg gewesen, nicht an ihrem Grab. Es gibt nur Möglichkeiten, keine Gewissheit.

Mein Vater klammert sich an ein Hirngespinst. Er kann nicht anders. Ich bin mir sicher, er tut es auch jetzt noch. Er will es nicht wahrhaben."

„Warum, denkst Du, ist es für ihn so schwierig?"

Alberto Junior drehte sich um und begann, die Küchenablage zu reinigen. Es war eine Verlegenheitsgeste.

„Er sagt, er hat einen Brief bekommen. Vor vielen Jahren. Er war von Maria. Sie schrieb, dass sie am Leben sei und dass es ihr gut gehe. Dass sie sich keine Sorgen machen sollten. Das stand darin. Meine Mutter glaubt es nicht. Sie sagt, es sei nicht ihre Handschrift. Aber diesen Brief hütet er wie einen Schatz."

„Und wie ist es heute für Dich? Was glaubst Du?"

Der Wasserkocher auf dem Herd begann zu pfeifen. Alberto drehte der Herdplatte das Gas ab, und die Flamme erlosch mit einem flackernden Geräusch. Langsam goss er das heiße Wasser in die Teekanne und streute etwas Mate darüber.

„Weißt Du, Ignácio, Du bist der einzige Mensch, der mich das seit vielen Jahren gefragt hat. Sicher, als Maria verschwand, waren wir beide schon erwachsen. Aber Du weißt, wie es ist. Man bleibt Kind. Du bist über dreißig und willst trotzdem unbedingt wissen, woher Du kommst und wer Deine Eltern waren. Ich hatte meine Schwester verloren. Obwohl ich erwachsen war, hätte ich auch ab und zu mal meine Eltern gebraucht. Oder Freunde. Aber für die war nie Platz. Ich kümmere mich seitdem um die beiden. Fast jeden Tag fällt irgendwo ihr Name. Wir alle denken jeden Tag an sie. Mutter und Vater sind jeden Tag damit beschäftigt, auf ihre Weise an sie zu denken. Ich versuche, sie zu unterstützen, so gut es geht. Aber wie es mir geht, das haben sie nie gefragt. Mein Leben ist an mir vorbeigezogen. Sie haben nicht nur Maria das Leben genommen. Sie haben es uns allen genommen. Keiner von uns war jemals wieder richtig am Leben, seit sie verschwunden ist. Mutter kämpft für Gerechtigkeit, die es nie geben wird. Vater wird jeden Tag ein bisschen wahnsinniger. Ich bin als ewiger Junggeselle alt geworden. Du hast ein Leben voller Selbstzweifel und unpassender Gefühle hinter Dir. Aber es ist, wie es ist, Ignácio. Wir können nichts mehr tun. Wenigstens ich habe jetzt Gewissheit. Ich glaube, es stimmt, was Du herausgefunden hast. Aber der Rest bleibt."

Er drehte sich wieder um.

„Ich denke, der Tee ist jetzt durchgezogen", sagte er, „Lass uns wieder ins Wohnzimmer gehen."

Sie redeten noch lange an diesem Tag. Spät am Abend lagen Isabella und Ignácio in dem Bett im oberen Stockwerk.

„Kannst Du auch nicht schlafen?", fragte er.

„Nein."

„Was glaubst Du, lebt sie noch?"

Isabella starrte an die Decke.

„Ich weiß nicht. Der Brief ... könnte doch sein?"

Der alte Don Alberto hatte ihnen den Brief gezeigt, den angeblich seine Tochter geschickt hatte. Es war kein Absender oder irgendeine Adresse angegeben. Der Poststempel war aus Lima, das war der einzige Hinweis auf die Herkunft, und das Absendedatum lag über dreißig Jahre zurück.

Ignácio schwieg.

„Was wirst Du jetzt tun?", fragte sie ihn nach einer Weile.

„Ich weiß es nicht. Ich denke, ich werde mir einige Wochen freinehmen. Nach Lima reisen. Vielleicht kann ich irgendetwas herausfinden."

Er drehte sich auf die Seite, richtete den Oberkörper auf und stützte den Kopf in die Handfläche. Mit der anderen Hand fuhr er ihre nackten Formen ab.

„Wirst Du mich begleiten?"

Er sah, dass sie nachdachte, und ließ ihr die Zeit, die sie brauchte.

„Ich denke nicht", sagte sie, „Ich glaube, Du musst das alleine tun. Wenn Du etwas herausgefunden hast, werde ich nachkommen."

Er nickte.

„In Ordnung. Vielleicht ist es besser so. Ich brauche Zeit zum Nachdenken."

„Sollen wir nach einem Flugticket für Dich schauen?", fragte sie und griff nach ihrem Handy, das auf dem Nachttisch lag.

„Nein", sagte er, „Ich glaube, ich nehme den Bus."

„Den Bus?", fragte sie ungläubig, „Bis nach Lima?"

„Ja. Warum nicht?"

„Weil es mindestens eine Woche dauert, wahrscheinlich länger."

„Ja. Mag sein. Genau das ist gut zum Nachdenken. Etwas Langsamkeit."

„Hm", machte sie, „Wie Du meinst. Ich finde, es passt zu Dir."

„Warum?"

„Weil Du manchmal einfach ein etwas langsamer Typ bist, Dr. Ignácio. Aber es ist auch sehr von Vorteil, wenn man sich Zeit lassen kann."

Sie lachte ihr helles Lachen, knipste das Licht auf dem Nachttisch aus und rollte sich auf ihn.

10.

William – 2011

Will schwieg und starrte aus dem Fenster. Was dieser junge Arzt da gerade erzählt hatte, war völlig verrückt. Es konnte nicht sein. Andererseits, seine Instinkte ließen ihn normalerweise nicht im Stich. Wie oft kam es vor, dass er jemanden mochte, dass er sofort Vertrauen hatte, dass er jemandem überhaupt so lange zuhörte? Gab es wirklich solche Zufälle?

„Jetzt habe ich Sie doch gelangweilt.", sagte Ignácio und riss ihn aus seinen Gedanken.

„Ganz und gar nicht.", sagte Will und schaute aus dem Fenster.

Langsam drehte er den Kopf und schaute Dr. Ignácio Fernandes an.

„Wie, sagten Sie, hieß dieser Mann, der möglicherweise ihr Vater ist?"

„Julio Fernandes de Cordoba."

„Und er war im Militär, sagten Sie?"

„Ja. Almirante. Bei der Marine. Ist es immer noch."

„Hm.", machte Will und schaute aus dem Fenster.

„Kennen Sie ihn?"

Wills Kopf wirbelte zurück.

„Wie bitte? Nein, kennen sicher nicht. Und die Spur Ihrer Mutter verliert sich in Lima?"

„Ja."

„Und wie wollen sie es anstellen, Dr. Fernandes?"

„Was genau?"

„Na ja, die Spur Ihrer Mutter wieder aufnehmen, sie finden."

„Ehrlich gesagt, ich weiß es selbst noch nicht. Archive, Postämter, Melderegister - irgendwo muss sie ja registriert gewesen sein, wenn sie tatsächlich einmal dort gelebt hat. Warum sollte sie sonst einen Brief aus Lima verschickt haben?"

Will nickte nachdenklich.

„Das ist eine ziemlich heftige Geschichte, Dr. Fernandes. Danke, dass Sie sie mit mir geteilt haben!"

„Danke, dass Sie mir zugehört haben. Was denken Sie? Habe ich eine Chance, sie zu finden?"

„Ich glaube, die Chancen stehen oft besser, als wir es für möglich halten."

„Ja, das kann schon sein. Trotzdem, eigentlich ist es aussichtslos."

Will drehte sich schwungvoll in seinem Sitz und sah Ignácio direkt ins Gesicht.

„Die Dinge sind niemals aussichtslos, Dr. Fernandes! Merken Sie sich das! So dürfen Sie noch nicht mal denken!"

Es war schroffer, als er es eigentlich gemeint hatte. Der junge Mann zuckte zurück und sah ihn erschrocken an.

„Entschuldigung", sagte Will, „Ich wollte nur sagen, dass Sie nicht aufgeben dürfen. Niemals! Es sei denn, sie werden dazu gezwungen."

„Ich verstehe.", sagte Ignácio, schenkte etwas Rotwein nach und sie stießen an.

„Sagen Sie, Señor John, was führt Sie eigentlich hierher?"

„Oh ... nichts Besonderes. Ich habe in Buenos Aires einen alten Freund besuchen wollen. Leider habe ich ihn nicht mehr angetroffen. Vielleicht wäre Freund auch zu viel gesagt. Er war eine Art Geschäftspartner, früher. Es ist lange her."

„Was für Geschäfte haben Sie denn gemacht, wenn ich fragen darf?"

„Ich war Unternehmer in der Erdölbranche. Meine Firma plante, baute und betrieb Bohr- und Förderanlagen."

„Oh, das klingt interessant!"

„Es war weniger spektakulär, als Sie es sich vorstellen. Aber es hat die Rechnungen bezahlt."

„Und, wenn Sie mir diese Frage noch gestatten, was genau verschlägt Sie in Gottes Namen ausgerechnet in einen

Bus?"

„Flugangst.", sagte Will knapp.

Der junge Mann sah ihn etwas ungläubig an und wollte gerade etwas sagen, als er von Durchsage unterbrochen wurde. Der Fahrer kündigte einen Halt an, und der Bus bog rechts auf einen Rastplatz ab.

„Ich gehe mir etwas die Beine vertreten", sagte Will, „Es würde mich freuen, wenn wir unser Gespräch fortsetzen könnten."

„Mich auch.", sagte Ignácio.

11.

André – 2011

André war wieder eingeschlafen. Es war bereits dunkel, als er erneut erwachte. Vorsichtig stand er auf und kletterte über die schlafende Person neben sich. Der Bus war seit São Paulo voll besetzt, zumindest hier im Unterdeck. Auf wackeligen Beinen lief er den Gang hinunter zur Toilette und versuchte, die schwankenden Bewegungen auszugleichen. Es gelang ihm, bis er fast zurück an seinem Platz war. Der Fahrer musste irgendetwas auf der Straße ausweichen, machte eine schnelle Lenkbewegung, der Bus schlingerte, und André fiel auf den Sitz links neben sich. Sein Ellenbogen landete hart im Bauch der schlafenden Gestalt.

„Was zum...!", schrie eine weibliche Stimme, „Alter, spinnst Du?"

„Sorry!", sagte André und rappelte sich auf, indem er sich auf der Frau abstütze.

„Alter, was soll das? Nimm Deine Pfoten weg!"

„Sorry!", wiederholte er, kletterte in seinen Sitz und ließ sich fallen. Das Licht neben ihm wurde angeknipst und er sah eine weibliche Silhouette, in bunte Tücher gehüllt und mit lockigen Haaren. Erst jetzt fiel ihm auf, dass sie Deutsch gesprochen hatte.

„Tut mir leid!", sagte er, „Ich bin gestolpert. Da war irgendwas auf der Straße."

„Du hast mir voll Deinen scheiß Ellenbogen in den Bauch gerammt! Weißt Du eigentlich, wie weh das tut? Das ist ein Bus, da muss man sich festhalten!".

Braune Augen funkelten ihn wütend an.

„Ja, ja, mach ich ja. Jetzt reg Dich mal wieder ab. Woher kommst Du eigentlich?"

„Geht Dich einen Scheiß an woher ich komme, man!

Und jetzt verpiss Dich und lass mich schlafen!", sagte sie, dann etwas leiser: „Scheiß Hippiewichser." Sie drehte sich weg, knipste das Licht aus und zog ihr Tuch über den Kopf.

André starrte noch eine Weile ins Dunkel hinter dem Fenster, knuddelte die Jacke unter seinem Nacken zusammen und schlief bald wieder ein.

Er wachte von Stimmengewirr und dem Getrampel vieler Füße auf. Es war gleißend hell und seine Augen brauchten etwas Zeit, um klar sehen zu können. Der Platz neben ihm war leer. Er schaute aus dem Fenster, dann auf die Anzeige vorn. Es war acht Uhr morgens. Er hatte tatsächlich den Rest der Nacht geschlafen und fühlte sich auf eine gewisse Art erholt und munter, aber auch etwas traurig. Er schob es auf die Nachwirkungen des Ecstasy. Alles hatte seinen Preis. Neben ihm im Gang drängten sich die restlichen Passagiere. Der Geruch von Zigarettenrauch drang durch die offene Tür herein und vermischte sich mit der warmen Tropenluft. André stand auf und quetschte sich in die Reihe der Aussteigenden. Draußen standen die Fahrer, rauchten und unterhielten sich in irrsinnig schnellem Spanisch. Er hatte in dem Reiseprospekt gelesen, dass die Fahrer alle vier Stunden tauschten, so das sich immer vier Stunden fahren und acht Stunden Ruhe abwechselten. Es gab zwei kleine Betten und eine winzige Küche im Bereich des Gepäckraumes, unterhalb von Andrés Sitz. Nicht gerade glamourös, aber dennoch bequem und ausreichend, um sich ernsthaft zu entspannen. Gehalten wurde planmäßig nur jeweils zum Frühstück und Abendessen für eine halbe Stunde.

Er stieg aus und schaute sich um. Der Rastplatz schien neu zu sein. Auf einem gerodeten Gelände von rostbrauner Erde standen einfache Gebäude verteilt. Sie waren frisch gestrichen und ohne die üblichen grauen Schmutznasen, die sich in dieser Klimazone ganz unweigerlich bildeten, wenn Regen, Hitze, Luftverschmutzung und Schimmel aufeinandertrafen.

„Darf ich mal bitte?"

André wurde aus seinen Gedanken gerissen und drehte sich um. Er stand direkt vor der Tür stehen geblieben, und hinter ihm stand die junge Frau, auf der er heute Nacht so unsanft gelandet war. Sie war sichtlich genervt von seiner Anwesenheit.

Er stieg wortlos aus und machte ihr Platz. Sie ging an ihm vorbei, dann blieb sie abrupt stehen und drehte sich zu ihm um.

„Tu mir einen Gefallen und geh duschen. Das ist echt eine Zumutung für den ganzen Bus, wie Du riechst."

André hob den rechten Arm und roch an seinen Achseln. Lockenköpfchen hatte einen Punkt. Langsam schlurfte er über den verstaubten, leeren Parkplatz hin zu den Waschräumen. Er ging in eine der Duschzellen, zog sich aus und reinigte sich gründlich. Dann kramte er nach frischer Kleidung, benutzte Deo und putzte sich die Zähne. Vom Parkplatz her ertönte dreimal kurz eine Hupe, das Signal, dass der Bus in fünf Minuten abfahren würde. André beeilte sich, seine Sachen in den Rucksack zu stopfen, rannte zurück und war bereits nass geschwitzt, bis er wieder in seinem Sitz saß. Die Routine aus Fahrerwechseln, kurzen Stopps und laxen Grenzkontrollen ließen die Fahrgäste still über sich ergehen. Vereinzelt entstanden oberflächliche Gespräche, dann kehrte wieder Stille ein. Irgendwann hielten sie auf freier Strecke. Vor Ihnen war in einer langgezogenen Kurve eine Schlange von Autos und LKWs zu erkennen. Nachdem sich über eine Stunde nichts bewegte, sagte der Fahrer etwas auf Spanisch durch. Es hatte einen Erdrutsch gegeben, verstand André, und dass sie eine Umleitung oder Abkürzung fahren würden. Er redete sehr schnell und undeutlich. Wahrscheinlich kannte er sich hier aus. Es war nicht mehr sehr weit bis Lima, vielleicht noch zwölf oder vierzehn Stunden. Sie fuhren von der Küste weg, steile Passstraßen hinauf ins Hochland. Manchmal waren die Kurven so eng, dass der Bus zurücksetzen musste, um sich herumzuquetschen. André fragte sich, ob es nicht besser gewesen wäre, einfach unten an der Küste zu warten, bis die Straße geräumt wurde. Das war eine viel befahrene Route, es gab Rastanlagen, Duschen, Toiletten und Essen. Hier oben gab es nichts außer Bergen, Geröll und etwas dünnem Gras. Öde und mühsam schleppte sich die Landschaft am Fenster vorbei. Ab und zu waren Reste von Mauern zu erkennen, einzelne Gebäude, die irgendwann aufgegeben oder niemals fertiggestellt wurden. Er schlief wieder ein und wurde wach, als der Bus anhielt. Vor ihnen sah er viele andere Fahrzeuge – Lastwagen, Autos, und noch weiter vorn dunklen Rauch. Eine Straßensperre, wurde es durch den Bus auf Spanisch und Englisch weitergegeben. Eine Protestaktion irgendwelcher Bauern. So etwas gab es hier öfter mal, kein Grund zur Sorge lautete die Parole. Allerdings konnte es Tage dauern, und die Situation konnte außer Kontrolle geraten, wenn die Stimmung aus irgendeinem Grund kippte. Der Fahrer beschloss, nicht zu warten und stattdessen lieber einen weiteren Umweg zu riskieren. Umständlich wendete er den Bus in vielen Zügen auf der engen Straße, fuhr einige Kilometer zurück und bog dann links ab auf eine Schotterpiste. Der Bus wackelte, und die Geräusche von wegspritzenden Steinen drangen von draußen herein. André wurde eine wenig übel. Er war noch nie gern Bus gefahren. Seine frühestens Erinnerungen an Busse hingen mit der Schule zusammen. Seine Erinnerungen an die Schule waren nicht positiv, und Busse standen symbolisch für den Weg dorthin.

12.

André – 1992

André stieg in den Bus und sah sich hastig um. Sie schien nicht da zu sein. Jedenfalls war die hintere Reihe leer, wo sie sich meistens aufhielt. Niemand von den Sechstklässlern wagte sich dorthin, dafür wurde gesorgt. Besonders der riesige Typ mit den roten Haaren, der immer hinten in der Mitte saß, machte das unmissverständlich klar. Jetzt beobachtete André, wie jemand aus seiner Klasse sich dorthin setzte. Der Junge war klein, schmächtig und neu an der Schule. Wie ein Braunbär durch eine Gruppe Kaninchen kam der Rothaarige durch den Bus gewalzt und blieb vor seinem Stammsitz stehen.
„Weg da!", sagte er.
Der Neue reagierte nicht sofort, sondern versuchte kleinlaut eine Diskussion.
„Aber ich war doch zuerst ..."
Weiter kam er nicht. Der Rote packte ihn mit seiner riesenhaften Faust am Kragen und schleuderte ihn weg, leicht ärgerlich, wie man einen faulen Apfel wegwirft, in den man versehentlich gegriffen hat. Der kleine Kerl flog mehrere Sitzreihen weit, schlitterte über den Boden und blieb neben Andrés Sitz liegen. Er rappelte sich auf und schaute sich um. Viele Kinderaugen sahen ihn an, und er kämpfte tapfer gegen Wut und Tränen, um sich keine Blöße zu geben. Er hatte seinen rasanten und unfreiwilligen Ortswechsel noch nicht ganz realisiert, als ihn sein eigener Ranzen am Brustkorb traf und mit einem pfeifenden Geräusch die Luft aus ihm herauspresste. Der Aufprall riss ihn erneut von den Beinen und beförderte ihn noch eine Sitzreihe weiter, wo er auf dem Hintern landete. Er umklammerte sein zum Wurfgeschoss umfunktioniertes Gepäckstück und blieb einen Mo-

ment sitzen. Dann verzog sich sein Mund zu einer zitternden Öffnung und ließ ein quäkendes Geräusch hören. Tränen liefen über das verzweifelte Kindergesicht. Das war ein kritischer Moment. André hätte ihm gern geholfen, aber dadurch, dass der kleine Kerl angefangen hatte zu heulen, ging das jetzt nicht mehr. Wer einer Heulsuse hilft, ist selber eine. Es hätte sich rasend schnell herumgesprochen, und spätestens übermorgen, wahrscheinlich schon morgen, oder sogar schon auf dem Heimweg vom Bus hätten sie ausprobiert, wie schnell er zum Heulen zu bringen war. Was er tun konnte, war, dem Kleinen unauffällig zuzunicken. Der registrierte mit hilfesuchendem Blick diese minimalistische Geste, raffte sich mühsam vom Boden auf und stolperte zwei Schritte vorwärts, als der Bus genau in diesem Moment losfuhr. Das Mädchen links vor André auf der anderen Seite des Ganges nutzte die Gelegenheit meisterhaft und stellte dem Kleinen ein Bein. Der hielt seinen Ranzen weiter umklammert, stürzte der Länge nach auf die verschränkten Unterarme und schlug mit den Zähnen an einen der Reflektoren. Er musste sich wohl auf die Lippe gebissen haben, jedenfalls lief Blut aus seinem Mund über das Kinn und tropfte auf den Ranzen und seinen Pullover. Er starrte einige Sekunden darauf, dann plärrte er in doppelter Lautstärke los. André tat das Einzige, was möglich war, als der Junge auf den freien Platz neben ihm schielte und mit verheultem und blutigem Gesicht darauf zeigte. Er machte ihm widerwillig Platz und ließ ihn durchrücken, sagte aber sehr laut und für alle hörbar:

„Blute mich bloß nicht voll, sonst gebe ich Dir den Rest, Du scheiß Heulsuse!"

Der Kleine schluchzte, zwängte sich an ihm vorbei und setzte sich umständlich auf den freien Sitz. Der Bus stoppte abrupt und blieb auf offener Strecke stehen. Hinter dem Knickgelenk, ganz weit vorn, erhob sich die Gestalt des Fahrers aus seinem Sitz. Jeder kannte ihn, und alle hatten eine Heidenangst vor ihm. Er hatte eine Tätowierung auf dem rechten Unterarm, und es wurde gemunkelt, er sei mal im Gefängnis gewesen. Außerdem habe er eine Gaspistole unter dem Sitz, hatte mal jemand behauptet. Seitdem war es ein allgemein bekannter Fakt. Langsam kam der Fahrer nach hinten. Das Geräusch seiner Absätze war deutlich über das Brummen des Motors zu hören. Er hatte lange Haare. Fast bis auf die Schultern, wie bei einer Frau, dachte André. Nur auf seiner Stirn waren keine Haare mehr. Außerdem hingen sie nicht locker herunter, wie zum Beispiel bei seiner Klassenlehrerin, sondern waren wie an den Kopf geklebt, als hätte er sich Schuhcreme hineingeschmiert. Er kam langsam näher. Alle schauten nach unten. Auch André starrte auf den Boden, bis sich die schwarzen Stiefel aus Leder in sein Blickfeld schoben. Sie waren viel zu lang für einen Fuß, und so komisch spitz vorn, mit einer glänzenden Metallkappe darauf. Die Stiefel blieben stehen und drehten sich mit den Metallspitzen auf ihn zu. Langsam hob André den Kopf. Sein Blick blieb auf dem Unterarm des Fahrers hängen, auf dem die Tätowierung zu sehen war. Es war eine nackte Frau. Blut war an ihrem Hals, ein Messer lag daneben. Es sah nicht besonders gut aus, eher so, wie wenn jemand im Kunstunterricht mit Buntstiften zeichnete.

„Warst Du das?", fragte der Busfahrer.

André konnte seinen warmen Atem riechen, wagte es aber nicht, den Blick zu heben.

„Guck mich an!", sagte der Fahrer und packte ihn fest unter dem Kinn, „Warst Du das?"

André schaute in sein weißes Gesicht und sah, dass er auf den Kleinen mit der blutigen Lippe zeigte. Sein Kiefer tat weh von dem Griff, und er spürte in seinem Hintern ein seltsames Gefühl. So, wie wenn er auf Klo musste. Groß. Vorsichtig schüttelte er den Kopf, und die Hand ließ ihn los.

„Wer war das?", fragte der Fahrer den Kleinen, der immer noch schluchzte. Er drehte sich vorsichtig um und sah auf den Rothaarigen, besann sich dann aber und deutete auf das Mädchen schräg vor ihm.

„Stimmt das?", fragte der Fahrer.

André war zu schlau, um etwas zu sagen. Er zuckte nur die Schultern, und versuchte, seine Pobacken zusammenzukneifen. Der Fahrer machte einen Schritt auf das Mädchen zu, packte sie unsanft am Arm und riss sie aus dem Sitz. Sie war in der neunten Klasse und wohnte im Nachbardorf. André kannte sie. Sie war groß und stark und hatte schon Brüste und auch einen Freund mit Moped. Sie wehrte sich und versuchte, die Hand abzuschütteln, aber der Arm mit der Tätowierung darauf gab nicht nach. Mit der anderen Hand griff der Fahrer ihre Schultasche. Sie drehte sich um und starrte den Kleinen wütend an.

„Ich klopp euch zusammen!", rief sie ihm zu, „Euch beide!"

„Ist mir egal", hörte er den Fahrer sagen, „Draußen könnt ihr Mistkröten euch von mir aus gegenseitig abmurksen. Aber nicht in meinem Bus!"

Er drückte auf einen Schalter an dem schwarzen Kasten über der Tür, die sich mit einem Zischen auffaltete. Mit einem Stoß in den Rücken schubste er das Mädchen die Stufen hinunter. Sie verlor das Gleichgewicht, stolperte und fiel vornüber in den Straßengraben. André konnte erkennen, wie sie durch hohes Gras und Brennnesseln rollte, und wie dabei ihr Rock hochrutschte und den Blick auf ihre Unterhose freigab. Der Fahrer lachte höhnisch, warf ihr den Rucksack hinterher und drückte wieder auf den Knopf. Die beiden Türhälften klapperten zusammen. Das Mädchen sprang wütend auf, zog sich den Rock glatt und hämmerte von außen gegen die Tür. Sie rief wüste Flüche, die man aber nicht mehr verstehen konnte. Der Fahrer griff hinter sich, holte einen Kamm aus der Gesäßtasche seiner Jeans und kämmte seine geschuhcremten Haare nach hinten. Dann steckte er den Kamm wieder ein, ging nach vorn und der Bus fuhr weiter. Alle schauten betreten vor sich hin. André registrierte, dass niemand sie beachtete, und flüsterte dem Kleinen zu:

„Das hättest Du nicht tun sollen. Jetzt ist sie hinter Dir her!"

„Ich weiß", jammerte der, „Aber ich hatte solche Angst vor dem Fahrer!"

„Vor dem hat jeder Angst. Der war mal im Gefängnis!", sagte André, als plötzlich ein riesiger, roter Kopf neben ihm auftauchte. Aus kalten Augen starrte der Rote den Kleinen an. Dann zischte seine Faust an André vorbei, packte das Kerlchen wieder am Kragen und riss ihn über seinen Schoß.

„Wenn Du mich verpfeifst, dann bringe ich Dich um, du kleiner Mistkrepel! Ich lauer Dir auf, und dann pack ich Dich ein, nehme Dich mit und bring Dich um! Kapiert?"

„Ich verpfeif Dich nicht, ganz doll ehrlich, mach ich nicht!", rief der Kleine und schluchzte wieder los.

„Das hoffe ich für Dich!"

„Und Du", sagte er zu André, „Hältst gefälligst auch Dein Maul, klar?"

Das riesige, runde Gesicht mit den roten Haaren darüber starrte ihn aus wenigen Zentimetern Entfernung an, während die Faust immer noch den Jungen auf seinen Schoß preßte. André nickte mit zusammengekniffenen Lippen und schaute nach unten. Der Rote ließ den Kleinen los und packte jetzt André am Kragen.

„Ob das klar ist!"

„Ja, ist klar. Ich sag nix, ist okay."

„Gut.", sagte er, ließ ihn los und setzte sich wieder nach hinten. Schweigend saßen sie eine Weile nebeneinander, dann fragte der Neue:

„Du bist André, oder?"

„Ja."

„Ich heiße Rico."

„Schön für Dich. Und jetzt halts Maul!"

„Danke."

„Hä?"

„Na, dass Du mir geholfen hast."

„Jetzt pass mal auf.", sagte André und drehte den Oberkörper zu ihm. Er hob die Stimme, damit es auch alle in der Nähe hören konnten.

„Ich hab Dir nicht geholfen, klar? Und behaupte das auch bloß niemals! Sonst fängst Du von mir auch noch welche!"

Er holte aus und schlug dem Kleinen mit der flachen Hand auf den Hinterkopf, allerdings nicht besonders fest. Rico schaute ihn erschrocken an, drehte den Kopf weg und schluchzte erneut.

„Man, jetzt hör endlich auf zu flennen", sagte André, „Sonst gebe ich Dir einen Grund dazu, Du Heulsuse!"

Er wartete, bis sich die Aufmerksamkeit im Bus auf andere Dinge richtete.

„Die lassen Dich nie in Ruhe, wenn Du dauernd rumflennst!", sagte er leise zu Rico.

Der Junge drehte sich weg und zuckte trotzig mit den Schultern.

„Tut mir leid.", sagte André, „War nicht so gemeint, okay? Ich hab selber Schiss."

„Du? Aber Du hast doch mal den Michael zusammengeschlagen, haben alle erzählt. Und der ist voll groß! Im Unterricht hast Du den zusammengeschlagen, und keiner hat was gemacht, nicht mal die Lehrerin. Bis der fast tot war, und geblutet hat er auch. Er musste sogar ins Krankenhaus."

„Wer hat das erzählt?"

„Ein paar von den Mädchen haben das gesagt."

„Gut."

„Stimmt das denn?", fragte Rico.

„Na klar!"

„Und trotzdem hast Du Angst?"

„Manchmal schon, ja."

„Warum denn?"

„Jetzt pass mal auf, Rico. Du darfst Angst haben, aber es darf niemand merken, okay? Sonst bist Du das Opfer und alle hacken auf Dir rum. Oder Du bist so ein krasses Opfer, dass keiner mehr Bock auf Dich hat. Noch nicht mal, um auf Dir rumzuhacken. Dann hast Du zwar Deine Ruhe, aber Du bist ganz allein."

„Wieso?"

„Wieso was?"

„Ach, weiß ich selbst nicht mehr."

„Hör mal. Auf mir haben auch immer alle rumgehackt, früher. Und meine Mutter hat immer gesagt, ich soll die anderen einfach ignorieren, und dann hören die schon von selber auf. Aber das ist das Dümmste, was Du machen kannst."

„Aber was soll ich dann machen?"

„Du musst einfach irgendwem aufs Maul hauen.", sagte André.

„Aber wem denn, und warum?"

„Total egal. Das nächste Mal, wenn Dich irgendwer ärgert, haust Du ihm mitten in die Fresse. So doll, wie Du kannst."

„Aber ich trau mich nicht! Die sind doch alle viel größer und dann habe ich keine Chance."

„Das ist unwichtig. Du musst Dir einfach was einfallen lassen, wie Du ein oder zwei Mal treffen kannst. Du musst das Ding gar nicht gewinnen. Die müssen nur merken, dass sie es mit Dir nicht machen können. Sei erfinderisch! Werde stinkwütend, okay? So richtig ausrasten musst Du, und dann prügelst Du wie wild um Dich und haust irgendwem voll auf die Nase. Oder denk Dir halt was Anderes aus."

„Okay."

Sie saßen eine Weile schweigend nebeneinander, während der Bus durch Dörfer und über Landstraßen holperte.

„Was hat eigentlich Deine Mutter gesagt, als Du den Michael verprügelt hast?", wollte Rico schließlich wissen.

„Nichts."

„Einfach gar nichts?"

„Ne. Die weiß es noch nicht mal. Meine Mutter interessiert sich nicht so für mich."

„Und Dein Vater?"

„Hab keinen Vater."

„Jeder hat doch einen Vater.", insistierte der Kleine.

„Ne. Ich nicht."

„Und wie bist Du dann auf die Welt gekommen?"

„Na so wie alle anderen auch, aus meiner Mutter."

„Und wie bist Du in Deine Mutter reingekommen?"

„Sie sagt, sie weiß es nicht mehr."

Kurz vor Andrés Haltestelle drückte Rico den Knopf.

„Steigst Du auch hier aus?", fragte er.

„Ja.", sagte André, „Ich wohne in der Kappstraße."

„Das ist nicht weit von da, wo unsere Wohnung ist.", sagte Rico, „Voll cool! Dann können wir ja zusammen laufen!"

„Ne. Hau ab!"

„Warum denn?"

„Weil ich nicht will, dass die mich mit Dir sehen. Dann denken die noch, wir wären Freunde."

„Aber wir können doch Freunde sein!", sagte der Kleine beleidigt.

„Nicht, wenn Du so ein Opfer bist."
Rico stieg nach ihm aus und folgte ihm in einigem Abstand. Er tat André leid, aber es hatte ihn zu viel Zeit und Mühe gekostet, um selbst zumindest in Ruhe gelassen zu werden.

Am nächsten Morgen kam Rico kurz vor Abfahrt an die Haltestelle gelaufen. Der Bus stand schon eine Weile mit laufendem Motor da. Es war die erste Station, dann folgten all die anderen Dörfer. Demonstrativ legte André seinen Rucksack auf den Sitz neben sich. Rico verstand und setzte sich eine Bank hinter ihn. Die Szene wurde von den anderen argwöhnisch beobachtet. Im nächsten Dorf erkannte er sie schon von Weitem. Die schwarzen Haare und die schweren Stiefel. Der Bus hielt, und alle stürmten hinein. Sie kam als letzte durch die Reihe stolziert. Neben André blieb sie kurz stehen, griff ihm in den Schritt, beugte sich zu ihm hinunter und leckte über sein Ohr.
„Große Pause, Geräteraum hinter der Turnhalle. Wehe Du kommst nicht!"
Sie ließ ihn los und ging weiter. André war nicht sicher, ob es jemand gesehen hatte. Der Bus war noch weitestgehend leer, und der Tumult der anderen Kinder lenkte die Meisten ab. Der Kleine hinter ihm musste es bemerkt haben, aber er sagte nichts.
Den ganzen Vormittag über war er unkonzentriert und fahrig. Er schaffte es kaum, seine Hausaufgabe vorzulesen, stotterte und bekam einen Strich. Drei Striche ergaben eine Stunde nachsitzen. Zwei hatte er schon. Während alle anderen auf den Pausenhof rannten, schlich er sich geduckt davon. Die Turnhalle war leer, düster und unheimlich. Es roch nach schwitzigen Kindern, Käsefüßen und Gummi. Schnell durchquerte er den großen Raum, ignorierte das Quietschen seiner Schuhe auf dem glatten Hallenboden. Im Geräteraum warteten sie bereits auf ihn. Sie stand mit ihrer Freundin hinter einem Stapel Matten, rauchte und lachte gehässig, als sie ihn sah. Es musste schnell gehen, die große Pause war nur zwanzig Minuten lang und man durfte nicht zu spät zum

Unterricht kommen. Auch die Mädchen nicht.
Als es vorbei war, rannte er zurück in Richtung Klassenraum. Vor dem Ausgang der Turnhalle rammte er Rico, den es sofort von den Füßen riss.
„Was machst Du denn hier?", keuchte André und hielt sich die Rippe, die mit Ricos Ellenbogen kollidiert war.
„Hab die Toilette gesucht.", sagte der kleinlaut.
„Du solltest doch so langsam wissen, wo die Toiletten sind!"
„Hab mich verlaufen."
„Trottel.", sagte André und rannte weiter, den Kleinen auf den Fersen. Erschöpft und japsend erreichten sie den Klassenraum und ließen sich in ihre Stühle fallen, gerade als die Klingel den Beginn der neuen Stunde anzeigte.

„Na, warste mit Deinem neuen Freund ne Runde knutschen, Du Schwuli?", hörte er Michael zu Rico sagen.
Weit und breit war kein Lehrer zu sehen. Michael war zwar nicht der Größte oder Stärkste in der Klasse, aber er war schnell und gemein. Tatsächlich war André schon seit der Einschulung einen Kopf größer gewesen, und trotzdem hatte es fast sechs Jahre gedauert, bis er sich gegen ihn gewehrt hatte. Der Rest der Hyänen hatte sich so wie immer hinter Michael versammelt. Er war der Rudelführer, auf ihn hörten sie. Solange er Oberwasser hatte, machten alle mit. Fiel er aus, verzogen sie sich in alle Richtungen. Traf man sie einzeln, waren sie kleinlaut und manchmal sogar richtig freundlich. Sie mussten mitspielen, um zur Gruppe gehören zu dürfen. Und wer dazugehören durfte, entschied Michael.
„Ich bin kein Schwuli.", sagte Rico.
„Klar biste, Du Homo.", sagte Michael, dann in die Runde, „Ey Leute, leiht euch bloß nichts von dem aus. Der hat sich gestern Abend wieder alle seine Stifte in den Arsch geschoben!"
Gelächter in der Runde war die Folge.
„Du musst es ja wissen.", sagte der Kleine ziemlich laut. André sah ihm an, dass er sich vor seinem eigenen Mut erschrak.
„Was hast Du gesagt, Du Homo?", brüllte Michael ihn

an.

„Ich habe gesagt, dass eine auffällig zur Schau gestellte Homophobie oft von der eigenen Homosexualität ablenken soll."

„Häh? Willste diskutieren oder was?"

Rico rollte die Augen und atmete tief durch. André sah, wie seine Hand zitternd aber zielstrebig unter dem Tisch in seinen Ranzen glitt.

„Selber Homo!", sagte er dann.

Michael wurde rot im Gesicht, wie immer, kurz bevor er sich prügelte. Er machte einen Schritt auf Rico zu, als dessen Hand aus dem Rucksack schnellte. Kurz bevor Michaels Faust ihn im Gesicht treffen konnte, drehte er sich weg und schwang einen Gegenstand durch die Luft. Er traf Michael damit am Arm, die Bewegung wurde abgelenkt und die Faust streifte Ricos Wange nur leicht. Rico holte wieder aus und schlug mit dem Ding erneut zu. André sah jetzt, was er da hatte. Es war ein Stück dickes Erdkabel, wie es gerade im Dorf verlegt wurde. Die riesigen Kabeltrommeln aus Holz standen überall entlang der Hauptstraße verteilt. Das Stück hier war etwa einen halben Meter lang. An einem Ende hatte Rico mit Klebeband einen Griff gewickelt. Der Schlag traf Michael in die Rippen. Der griff sich mit beiden Händen an die schmerzende Stelle, spreizte die Beine etwas und beugte den Oberkörper nach vorn. Der Kleine hielt kurz inne, als ob er nachdachte. Dann machte er einen schnellen Schritt um den Tisch herum, holte mit dem rechten Fuß aus und trat Michael mit einem derartigen Schwung zwischen die Beine, dass es André nur vom Hinsehen schmerzte. Er hätte schwören können, dass er etwas platzen hörte. Michael sackte zusammen, hielt sich mit einer Hand die Eier und klammerte sich mit der anderen an der Tischkante fest. Es half nichts. Seine Finger kratzten über den Belag, lösten sich und er fiel vornüber auf den Boden. Beide Hände zwischen den Beinen eingeklemmt kauerte er sich in Embrionalstellung zusammen. Er begann zu würgen und erbrach schließlich sein Essen auf das Linoleum vor seinem Gesicht. Seine Truppen und die gesamte Klasse schauten entsetzt auf ihn, dann auf Rico, der dastand wie eine Statue von Siegfried über dem toten Drachen, das Kabelstück in der Hand. Wie eine Schafherde, unter die ein Wolf gefahren ist, zerstreuten sie sich in alle Richtungen. Nur zwei besonders Mutige halfen Michael auf und verfrachteten ihn zurück zu seinem Stuhl. Er konnte nicht allein laufen und heulte hemmungslos. Rico setzte sich zitternd an seinen Platz und verstaute den selbstgebauten Schlagstock im Ranzen. Niemand beachtete Michael, der über den Tisch gebeugt vor sich hin jammerte. Einer aus der Hyänengruppe schaute Rico böse an.

„Alter. Du bist voll der Psycho, man!"

„Was willst Du?", fragte Rico und stand halb von seinem Stuhl auf.

„Nichts!", sagte der andere schnell und drehte sich wieder um. 'Psycho'-Geflüster ging durch die Klasse, und 'Killer'. Sie mussten noch zehn Minuten warten, bis der Lehrer mit einer Entschuldigung den Raum betrat. Michael hatte sich bis dahin einigermaßen erholt und konnte wieder gerade sitzen. Der Lehrer roch das Erbrochene, sah den Fleck auf dem Boden, und stellte Fragen. Niemand erwähnte den Vorfall. Nur Michael war schnell als der Schuldige an der Schweinerei identifiziert, denn keiner wollte jetzt für ihn geradestehen. Der Lehrer schickte ihn zum Hausmeister, von wo er mit einem Eimer und einem alten Lappen zurückkam und vor den Augen aller sein Erbrochenes aufwischen musste.

Die Geschichte sprach sich rasend schnell herum und wurde wie üblich aufgebauscht. 'Psycho'–Geflüster folgte Rico auch über den Schulhof. Es war respektvoll, und der kleine Junge trug den Kopf hoch erhoben und wirkte einen halben Meter größer. Auch im Bus schauten ihn alle neugierig an. Kurz vor Abfahrt stieg der Rothaarige ein. Er schwänzte öfter die letzte Stunde und nahm den frühen Bus. Neben Rico blieb er stehen und schaute ihn ernst an. Der Kleine hätte mit keinem Schlagstock der Welt eine Chance gegen diesen Riesen gehabt.

„Na, Psycho?", sagte er, „Zeig mal her das Ding!"

Zögernd, aber mit neuem Selbstbewusstsein, öffnete

Rico seinen Ranzen und ließ den Roten einen Blick hineinwerfen. Der streckte seine Hand aus, aber der Kleine zog den Ranzen zurück.

„Nur gucken!", sagte er sehr bestimmt. Der Rote drückte mit den Handflächen etwas Luft nach unten.

„Ho ho, ruhig, Psycho. Ein Toter pro Tag reicht doch, oder?" Er grinste, dann machte er eine blitzschnelle Bewegung mit der Faust, stoppte kurz vor Ricos Gesicht ab und lachte, als der zurückzuckte.

„Respekt, man.", sagte er und klopfte sich mit der rechten Faust auf die Brust, „Wenn Du mal ein Problem hast mit den Großen, dann kommst Du zu mir, verstanden? Ich regle das dann!"

Rico nickte. Der Rote hatte es laut genug gesagt, so dass es jeder in der Nähe hören konnte. Es würde sich rumsprechen. Der kleine Rico stand jetzt unter dem Protektorat vom roten Herry. Er hieß eigentlich Heribert, nach seinem Vater, aber Herry gefiel ihm besser. Auch die Lehrer sprachen ihn so an.

Auf dem Heimweg von der Bushaltestelle gingen André und Rico nebeneinander her.

„Der Homo-Mike hält jetzt das Maul, da kannst Du sicher sein.", sagte André.

„Homo-Mike?"

„Ja. Michaels neuer Spitzname. Die anderen haben Deinen Spruch da schon kapiert mit der eigenen Homosexualität. Nur der Hohlkopp nicht."

André lachte.

„Du hast ihn voll zu Deiner Schlampe gemacht, man."

„Ich will einfach nur meine Ruhe haben.", sagte Rico.

„Na, die hast Du jetzt! Erstrecht, nachdem Herry Dir öffentlich Schutz angeboten hat. Das macht er nicht oft, und vor dem hat wirklich jeder Angst. Wahrscheinlich sogar der Busfahrer."

„Und Du?"

„Was meinst Du?"

„Na, hast Du Deine Ruhe?"

„Klar!"

„Was war denn da heute Morgen im Bus? Und in der Turnhalle später?"
„Weiß nicht was Du meinst.", sagte André und drehte sich um.
„Ich habe euch gesehen. Im Geräteraum. Ich bin klein und leise. Niemand hat mich bemerkt. Erst als Du mich umgerannt hast ..."
„Geht Dich nichts an!", sagte André laut und ging schneller. Der Kleine folgte ihm, und André begann zu rennen, rannte, so schnell er konnte, nach Hause.

Nachmittags saß er in seinem Zimmer in der Souterrainwohnung und spielte Computer, als es an sein Fenster klopfte. Er schaute auf und sah Ricos Gesicht vor der Scheibe. Es klopfte nochmal. André drückte auf Pause, stand auf und öffnete das Fenster. Der Kleine rutschte hindurch, blieb etwas unsicher im Zimmer stehen und schaute sich um. André nahm wieder in seinem Sessel Platz und spielte weiter.
„Lemmings?", sagte Rico.
André brummte.
„Habe ich auch, aber läuft bei mir nicht so gut. Zu wenig RAM."
„Musste Dir halt welchen nachkaufen."
„Hab keinen Steckplatz frei. Dann müsste ich den alten wegschmeißen."
„Was haste denn drin?"
„Vier Megabyte."
„Kauf Dir einen achter, gib den Vierer mir. Ich hab noch einen Steckplatz. Dann hätte ich zwölf."
„Ein achter Ramchip kostet dreihundert Mark!"
„Na und? Hast Du nichts gespart?", wollte André wissen.
„Na, sicher mal nicht so viel!"
„Meine Alte kauft mir das, muss ich nur fragen."
„Einfach so?", fragte Rico.
„Ja. Meistens jedenfalls, wenn sie grad gute Laune hat."
„Woher hat Deine Mutter denn so viel Geld?"
„Keine Ahnung. Vom Arbeiten denke ich mal."
„Was macht die denn?"

„Was weiß ich. Irgendwas mit Buchhaltung, in der Stadt. Die hat da sogar noch eine kleine Wohnung. Da war ich aber noch nie. Die kommt voll oft auch gar nicht nach Hause."

„Und Dein Vater?"

André zuckte die Schultern.

„Hab ich doch schon gesagt, hab keinen Vater!"

„Ach komm schon!"

„Ich kenn´ ihn nicht. Meine Mutter hat mal gesagt, er sei abgehauen, als ich zwei war. Ich kann mich nicht an ihn erinnern. Er hat wohl gesagt, er hat keine Lust auf Familie und Kinder sind ein Klotz am Bein und das ich ein Unfall war und er frei sein will, und dann ist er abgehauen."

„Und Du glaubst, das stimmt?"

„Was weiß denn ich. Ja, denke schon."

„Und Du bist dann hier allein die ganze Zeit?"

„Ja, meistens schon. Montag und Dienstag ist sie meistens da. Am Wochenende muss sie immer arbeiten, sagt sie. Aber meine Mutter macht alles, Schulbrote und so, Essen ist auch immer vorbereitet und genug da."

„Hä?", machte Rico, „Wieso arbeitet man denn als Buchhalterin am Wochenende?"

„Keine Ahnung.", sagte André und zuckte mit den Schultern, ohne von seinem Spiel aufzusehen. Auf dem Bildschirm war gerade die Zeit abgelaufen, und die Lemminge explodierten in bunten Pixeln.

„Kacke", sagte er, „Ich habe Hunger. Willst Du auch was essen?"

„Klar", sagte Rico, „Was gibt's denn?"

André ging mit ihm in die Küche und deckte den Tisch.

„Sandwiches", sagte er, „Wie in Amerika."

„Wie geht das?"

„Eine Scheibe Toast, eine Scheibe Cervelatwurst, eine Scheibe Käse, dann ordentlich Ketchup drauf und das Ganze von vorn. Kannste so hoch stapeln, wie Du es in den Mund bekommst."

„Muss man das Brot nicht vorher toasten? Ist doch Toastbrot."

„Ne. Nicht für Sandwich."

Er machte es vor und Rico nach. Sie verputzten die gesamte Packung Toast und auch die Wurst und den Käse. Dann saßen sie eine Weile schweigend am Tisch.

„Hör mal", sagte Rico dann, „Wegen der Mädels ..."

„Will ich nicht drüber reden."

„Wie lang geht das schon?"

André schaute auf die Tischplatte vor sich und kaute sein Brot zu Ende.

„Weiß nicht", sagte er dann.

„Komm schon, man. Wann ging das los?"

„Ist doch egal. So seit letztem Schuljahr. Paar Monate. Also ein Jahr, fast."

„Hast Du das mal jemandem erzählt?"

„Ja. Meiner Mutter."

„Und was hat die gesagt?"

„Dass Mädchen sowas nicht machen, nur Männer. Und dass die bestimmt nur meine Freundin sein will, und ich froh sein soll."

„Echt jetzt? Das hat sie gesagt?"

„Ja."

„Und in der Schule hast Du es niemandem gesagt?"

„Frau Jankowski."

„Der Vertrauenslehrerin?"

„Ja."

„Und was hat die gemeint?"

„Das Gleiche."

„Du weißt schon, dass es nicht in Ordnung ist? Ich meine, die dürfen das nicht mit Dir machen, wenn Du das nicht willst. Außerdem sind die viel älter!"

„Weiß nicht. Vielleicht hat meine Mutter ja Recht."

„Ne. Hat sie nicht! In meiner alten Schule hatten wir mal so eine Aufklärung. Ich habe sogar noch eine Broschüre, die kann ich Dir mal mitbringen. Niemand darf Dich so anfassen oder solche Sachen mit Dir machen, wenn Du das nicht willst, haben die gesagt. Und dass man es immer den Lehrern sagen soll, und wenn das nicht hilft, soll man zur Polizei gehen."

„Hör zu!", schrie André ihn fast an, „Ich habe Dir gesagt, das geht Dich nichts an! Und ich werde auf gar keinen Fall zur Polizei gehen, klar?"

„Okay, okay", sagte Rico beschwichtigend, „Musst Du selbst wissen. Ich sag Dir nur, die dürfen das nicht."

13.

Bus – 2011

Sie kamen auf der schlecht befestigten Piste nur noch langsam voran, aber immerhin ging es weiter vorwärts. Irgendwann kam die Nacht, und mit ihr die Dunkelheit. Seit sie die Hauptstraße verlassen hatten, war ihnen kein anderes Fahrzeug mehr begegnet. An einer kleinen Haltebucht stoppten sie und legten eine kurze Pause ein. Die Toilette war mittlerweile übervoll, und viele der Passagiere verrichteten ihre Notdurft draußen im Schutz der umgebenden Schwärze. André stieg ebenfalls aus und ging einige Meter, bis er sich allein wähnte. Er legte den Kopf in den Nacken und erleichterte sich. Ein faszinierendes Bild von einem klaren und unverfälschten Sternenhimmel bot sich über ihm dar, und ihm wurde für einen Moment schwindlig. Nach etwa zehn Minuten hatten sich alle wieder im Bus eingefunden. Der Fahrer zählte kurz durch, und sie setzten die Fahrt fort. André schaute aus dem Fenster und betrachtete den Sternenhimmel. Er war kurz davor, wieder einzunicken, als ihn ein Ruck nach vorn schleuderte. Er stieß sich den Kopf und fluchte. Sein Blick fiel nach draußen auf die Straße vor ihnen, und plötzlich war er hellwach.

Vor dem Bus sah André im Licht der Scheinwerfer eine Brücke, blockiert von Holzstämmen, Steinen und zwei Pickups. Davor standen maskierte Menschen in schwarzen Uniformen mit Sturmgewehren in den Händen. Zwei davon waren auf den Fahrer gerichtet, der schon die Hände gehoben hatte und reglos dasaß. Jetzt senkte er langsam den Finger auf eine Reihe von Knöpfen und die Türen öffneten sich mit dem vertrauten Zischen. Vorn und hinten drangen Maskierte in den Bus ein. Sie verhielten sich seltsam ruhig, während sie aufmerksam durch den Mittelgang gingen. Eine der Gestalten blieb direkt neben André stehen und schaute ihn und seine Nachbarin mit durchdringenden Augen an. André schaute für einen kurzen Moment zurück, senkte aber schnell wieder den Blick. Die funkelnden Augen und die sichtbaren Augenbrauen darüber, außerdem die Haarsträhne unter der Mütze – zumindest das hier war eine Frau, da war er sich sicher. Er spürte ihren eindringlichen Blick auf sich ruhen. Sein Herz raste, kam aus dem Tritt, fing sich wieder. Endlich ging sie langsam weiter. Einige Reihen hinter sich hörte er plötzlich ein Flehen, das lauter wurde, dann Schreie. André spürte das unangenehme Gefühl aus Kindertagen, so, wie wenn er auf die Toilette musste und es schwer einhalten konnte. Die maskierten Gestalten bugsierten brutal zwei Passagiere an ihm vorbei aus dem Bus. Es waren ein Mann und eine Frau, beide schon im Rentenalter. Sie sahen aus wie aus der oberen Mittelschicht. Der Mann schützte mit den Armen seinen Kopf, der von einem der Maskierten mit dem Schaft seines Gewehrs traktiert wurde. Der andere zog die Frau einfach an den Haaren hinter sich her. Von draußen hörte er Schreie, dann wurde es auf der rechten Seite des Busses plötzlich hell. Wer auch immer diese Leute waren, sie hatten starke Scheinwerfer auf ihren Pick-ups eingeschaltet, die jetzt eine unheimliche Szenerie beleuchteten. Die Maskierten im Bus sorgten dafür, dass alle Passagiere hinsahen. Das Paar kniete mit den Händen im Nacken am Boden. Davor hatte sich einer der Bewaffneten aufgebaut und hielt ein Blatt Papier vor sich aufgespannt. Er trug eine rote Armbinde mit einer Art Flagge darauf, André konnte es nicht genau erkennen. Mit lauter Stimme hielt er eine Ansprache.

„Ihr seid Gefangene des Sendero Luminoso! Ihr werdet durch eure Arbeit die Revolution unterstützen dürfen. Diese beiden", er deutete auf die am Boden Knienden, „wurden für schuldig befunden, die Revolution behindert und Widerstand gegen den Sendero Luminoso geleistet zu haben. Ihr Urteil wird mit sofortiger Wirkung vollstreckt!"

Die Frau am Boden kreischte und begann zu betteln. Der Sprecher ließ das Papier sinken und schaute in Richtung der Dunkelheit, aus der sich eine maskierte Gestalt löste und hinter den beiden positionierte. André glaubte, die Frau von eben zu erkennen. Sie hob ohne weitere Verzögerung eine Pistole und schoss erst dem Mann, dann der Frau von hinten in den Kopf. Blut und graue Masse spritze ringsum in den Staub. Die beiden Körper kippten um und sackten zusammen wie Plastikfiguren, aus denen man die Luft abließ. Im Bus herrschte Totenstille. Die Henkerin verschwand wieder in der Dunkelheit, und der Mann mit dem Papier trat erneut vor.

„Lasst euch ihr Schicksal eine Lehre sein! Jeder Widerstand wird sofort bestraft! Verhaltet euch ruhig und kooperativ und es wird euch nichts geschehen. Viva la Guerra Popular! Viva el Presidente Guzmán!"

Damit rollte er das Papier zusammen und stieg in den Bus.

Er gab den Bewachern einen Befehl, woraufhin sie begannen, den Passagieren Wertsachen, Rucksäcke, Taschen und Mobiltelefone abzunehmen. Sie rissen die Akkus aus den Mobiltelefonen, stopften alles in einige Rucksäcke, beschwerten sie mit Steinen und warfen sie von der Brücke in den Fluss. Auch die beiden Toten wurden von der Brücke geworfen. Alles andere wurde im Gepäckraum verstaut, wie André aus dem Seitenfenster beobachten konnte. Die anderen Entführer räumten währenddessen draußen die Straßensperren und sprangen in die Pick-ups oder auf die Ladeflächen. Der Anführer positionierte sich neben dem Fahrer und gab ihm den Befehl, dem Fahrzeug vorn zu folgen. André hatte seinen Rücken zum Greifen nah vor sich. Die Uniform sah frisch aus und roch leicht nach Waschmittel. Einer der Pick-ups fuhr voraus, der Rest folgte hinter dem Bus mit abgeschalteten Scheinwerfern.

Es folgten Stunden der Angst, in denen die Geiselnehmer die Passagiere wahllos anschrien, schikanierten und schlugen. Am schlimmsten fand André die Scharfrichterin. Sie verlangte, mit 'Compañera Guzmán' angesprochen zu werden, und schien sich an der Panik der hilflosen Passagiere zu ergötzen. Ihre Augen waren weit aufgerissen, während sie immer wieder fanatische Parolen schrie und ihre Opfer schlug, bis sie die Worte fehlerfrei wiederholten. Irgendwann tauchte sie von hinten neben Andrés Sitzreihe auf. Sie packte die junge Frau neben ihm an den Haaren, schleifte sie in den Gang und zwang sie, sich hinzuknien. Der Bus hielt an, und der Anführer ließ den Motor abstellen. Die Frau mit den braunen Augen war Anfang zwanzig und sehr hübsch, das hatte er schon vorher festgestellt. Sie hatten seit dem Rastplatz nicht mehr miteinander geredet.

„Diese Frau wurde für schuldig befunden, die Revolution behindert und Widerstand gegen den Sendero Luminoso geleistet zu haben. Ihr Urteil wird mit sofortiger Wirkung vollstreckt!", rief die Compañera Guzmán.

Sie lud die Pistole durch und setzte sie auf der Stirn ihres Opfers auf. Die Frau zitterte so stark, dass sie kaum auf den Knien bleiben und die Arme hinter dem Kopf halten konnte. Die Compañera Guzmán hielt einen Moment inne, drückte dann den Abzug. Ein lautes, metallisches Klicken war zu hören. Die Frau fiel nach vorn, krampfte sich zusammen und zitterte unkontrolliert. Ein dunkler Fleck breitete sich auf ihrer Jeans aus. Die Compañera lachte laut auf, ein wenig klang es wie wahnsinnig. Dann rief der Anführer:

„Lasst euch das eine Erinnerung sein daran, was mit den Feinden der Revolution passiert, und denen, die dem Sendero Luminoso Widerstand leisten. Wir machen jetzt zehn Minuten Pause! Ihr beginnt von hinten mit dem Aussteigen. Es wird durchgezählt. Für jeden, der nachher fehlt, töten wir zwei andere!"

Die vordere Tür öffnete sich. Alle Passagiere standen zögernd auf und drängten sich vorsichtig in den Gang. Die Bewacher trieben sie mit Schlägen und Tritten an. Die Compañera Guzmán postierte sich vor der Tür, kontrollierte jeden Einzelnen, und schrie eine Zahl. Jeder sollte sich seine Nummer gut merken und in genau zehn Minuten in dieser Reihenfolge wieder einsteigen. Sie hatte Andrés Sitznachbarin aus dem Bus geschleift und hielt sie jetzt an den Haaren neben sich auf dem Boden fest wie einen Hund an einer Leine. André trat als einer der letzten heraus. Er hatte die Nummer siebenundfünfzig. Draußen ging gerade die Sonne über dem spärlich begrünten Bergland auf. Steile Felsen ragten links und rechts des schmalen Weges in den Himmel. Sie befanden sich weit abseits der Straße in scheinbar unbewohntem Gebiet. Die Wachen hatten sich auf beiden Seiten des Busses positioniert. Die Männer mussten sich auf der rechten Seite aufhalten, die Frauen durften sich auf der Linken. Kinder hatten bei ihren Müttern zu bleiben. André erleichterte sich hinter einem Felsbrocken und versuchte, nicht nach links oder rechts zu schauen, als es seitlich von ihm einen Tumult gab, und er doch hinsehen musste. Einer der Passagiere war anscheinend ohnmächtig geworden, jedenfalls war er nach vorn auf das Gesicht gefallen und rührte sich nicht mehr. Die Wachen gingen eilig zu ihm, und einer der Soldaten schrie ihn an, er solle aufstehen. Er trat ihm mehrmals mit dem Stiefel in die Rippen. Der Mann zuckte und versuchte, sich aufzurichten, brach aber immer wieder unter seinem eigenen Gewicht zusammen und fiel mit dem Gesicht in den Staub, was ihm weitere Tritte und Schläge einbrachte. Ein anderer Mann, eine große Gestalt mit wirrem Haar, kam angelaufen.

„Lasst mich zu ihm", sagte er, „Ich bin Arzt! Er hat sicher einen Schwächeanfall und braucht etwas Wasser. Hat jemand Wasser?", rief er und schaute sich um.

Tatsächlich traten die Bewacher zurück und ließen ihn gewähren. Einer reichte ihm eine halbvolle Plastikflasche. André bemerkte aus den Augenwinkeln eine Bewegung. Einer der Passagiere hatte sich weit ab vom Geschehen hinter einen Stein gehockt und nutzte jetzt den Umstand, dass die Bewacher abgelenkt waren, um zu fliehen. André hatte für einen Moment auch mit dem Gedanken gespielt, ihn aber sofort wieder verworfen. Die Drohung, dass zwei andere getötet würden, hielt ihn dabei nicht ab. Er kannte in diesem Bus niemanden, und es war ihm egal, was mit den anderen geschah. Aber an diesem Ort wegzulaufen, war eine wirklich idiotische Idee. Es gab nichts, wohin man laufen konnte. Keine Deckung, kein Wald, und die Felswände ragten so steil auf, dass man schon ein geübter Kletterer sein musste, um dort nicht abzustürzen. Selbst, wenn niemand auf einen schoss. Einzig die Straße blieb, und auf der war man weithin sichtbar und hatte zu Fuß keine Chance gegen die Pick-ups. Wahrscheinlich hatte der Mann einfach Panik bekommen. Wenige Sekunden später bemerkten ihn auch die Bewacher. Er war keine zweihundert Meter weit gekommen.

„Bleib sofort stehen!", rief ihm einer nach, erzielte aber keine Reaktion. Der Mann hob sein Gewehr, zielte und feuerte eine Salve ab. Das Echo der Schüsse hallte zwischen den Felswänden hin und her. Der Flüchtende riss die Arme hoch, fiel vornüber und strampelte mit den Beinen. Einer der Geiselnehmer war sofort bei ihm, packte ihn am Hemdkragen und schleifte ihn zurück. Keine zehn Meter von Andrés Felsbrocken entfernt ließ er den Mann fallen. Die Compañera schritt auf ihn zu und zog die Frau an den Haaren hinter sich her, die auf allen vieren versuchte, mitzuhalten. Der gescheiterte Flüchtling lag stöhnend und blutend am Boden.

„Wie ist Deine Nummer?", rief die Compañera. Als er nicht antwortete, presste sie ihren Stiefel auf eine blutende Wunde in seinem Oberschenkel und trat fest zu. Der Mann heulte auf.

„Wie ist Deine Nummer?", brüllte sie ihn schrill an.

„Siebzehn. Siebzehn!", jammerte er laut.

Die Compañera riss den Mann an den grauen Haaren nach oben. Er war älter, André schätzte vielleicht sechzig, sehr dünn und klein. Er taumelte vor der Compañera umher, die ihn mit eisernem Griff an den Haaren hielt.

Der Anführer ließ alle Passagiere in einem Halbkreis antreten und den Nummern nach sortiert strammstehen. Der alte Mann wurde von zwei Entführern unter den Armen gehalten.

„Nummer siebzehn", rief die Compañera laut, „hat versucht, zu fliehen! Er wird für schuldig befunden, die Revolution behindert und Widerstand gegen den Sendero Luminoso geleistet zu haben. Sein Urteil wird mit sofortiger Wirkung vollstreckt!"

Sie trat seitlich vor den Mann, zog aus ihrem Gürtel ein Messer und hielt es in die Luft. Dann rammte sie ihm die Klinge blitzschnell oberhalb des Gürtels in den Bauch. Der Mann brüllte, während die Compañera Guzmán langsam höher und höher schnitt. Eingeweide und Blut quollen aus der Öffnung. Der Mann weitete die Augen, sein Kopf kippte nach vorn und sein Körper erschlaffte. Die Männer ließen ihn los und er fiel in den Sand, der sich rot färbte. Einer reichte der Compañera ein Stofftuch, an dem sie wie beiläufig das Messer abwischte. Der andere öffnete eine Flasche und schüttet vorsichtig etwas Wasser über ihren Händen aus, die sie sich wusch und abtrocknete. Ihr Kopf hob sich und sie sah in die Runde.

„Unser Comandante hat euch ein Versprechen gegeben. Wisst ihr noch, welches Versprechen es war?"

Sie griff Andrés Sitznachbarin, die sie vorher einer Scheinhinrichtung unterzogen hatte, wieder in die Haare und zog sie hinter sich her. In der rechten Hand hielt sie jetzt ihre Pistole. Langsam ging sie auf die Reihe der Entführten zu und schritt vor ihnen entlang. Vor einer älteren Frau schräg gegenüber von André blieb sie stehen. Sie trug einen Hut, unter dem graue Haare zu sehen waren. An der Hand hielt sie ein vielleicht sieben- oder achtjähriges Mädchen mit dunklen Haaren und großen, braunen Augen.

„Du! Wie ist Deine Nummer?"

Die Frau begann zu zittern und stotterte leise etwas vor sich hin.

„Wie ist Deine Nummer?", brüllte die Compañera sie an.

„Vierzig.", sagte die Frau leise.

„Ich kann Dich nicht hören!", rief die Compañera wieder, „Könnt ihr sie hören?"

Sie schaute nach links und rechts die Reihe hinunter. Einige schüttelten die Köpfe.

„Sie können Dich auch nicht hören. Wie ist Deine Nummer!?"

„Vierzig.", sagte die Frau, jetzt etwas lauter.

„Wie heißt das?", kam die gebrüllte Antwort.

„Nummer vierzig, Compañera Guzmán!", rief die Frau, jetzt deutlich hörbar und laut.

„Nummer vierzig! Weißt Du noch, was unser Comandante euch allen für ein Versprechen gegeben hat?"

Sie schüttelte den Kopf. Die Compañera schlug ihr mit der Faust, in der sie den Griff der Pistole hielt, ins Gesicht.

Die Frau schrie auf, ließ das Kind los, beugte sich nach vorn und griff sich mit beiden Händen an die gebrochene Nase. Ihr Hut fiel von ihrem Kopf. Blut lief über ihre Finger und tropfte auf den Boden.

„Stell Dich gerade hin!", brüllte die Compañera und hieb ihr mit dem Pistolengriff auf die Stirn. Die Haut platzte auf, aber die Frau gehorchte. Das Mädchen weinte los.

„Ruhe!", brüllte die Compañera, und das Kind verstummte. Die Frau hatte sich mühsam wieder aufgerichtet.

„Hast Du etwa unserem Comandante nicht zugehört?", fragte die Compañera.

„Vielleicht hat Nummer siebzehn da", sie zeigte mit der Pistole hinter sich, ohne sich umzudrehen, „auch nicht zugehört? Siehst Du, was mit ihm passiert ist? Nur, weil er dumm war und nicht zugehört hat! Dieser alte Idiot!"

Sie trat ganz nah an die Frau heran und starrte ihr direkt in die Augen.

„Also. Was hat unser Comandante euch versprochen?"

Die Alte senkte die Augen.

„Ich weiße es nicht mehr.", sagte sie, wieder sehr leise.

„Was?", war die gebrüllte Antwort, „Wie heißt das?"

„Ich weiße es nicht mehr, Compañera Guzmán!", sagte die Frau durch das Blut hindurch, das über ihr Gesicht lief.

„Sie weiß es nicht mehr!", rief die Compañera in die Reihe der Entführten. Dann trat sie wieder an die Frau heran.

„Nutzlos bist Du! Dumm und alt und nutzlos! Menschen wie Du halten die Revolution auf! Ihr seid Schädlinge am Kampf des Volkes! Unnütze Fresser und Schmarotzer!"

Sie ließ ihre Lieblingsgeisel los und trat ihr in den Bauch. Die Frau blieb stöhnend liegen. Dann riss sie die Alte am Kragen mit sich und schleuderte sie in den staubigen Halbkreis der Entführten zu Boden. Sie holte aus und schlug wieder mit dem Pistolengriff zu, diesmal auf den Hinterkopf. Die Frau knickte ein, versuchte, sich wieder aufzurichten, bekam einen Tritt in den Magen und brach endgültig zusammen. Mit ihrem Stiefel stieß die Compañera die alte Frau an und drehte sie herum.

„Nummer vierzig wird für schuldig befunden, die Revolution behindert und Widerstand gegen den Sendero Luminoso geleistet zu haben. Ihr Urteil wird mit sofortiger Wirkung vollstreckt!"

Andrés Blick fiel auf die entsetzten Augen des Kindes. Das Mädchen schien wie erstarrt, blinzelte nicht einmal, es stand einfach nur da und hatte Augen und Mund weit aufgerissen. Die Compañera baute sich über der am Boden liegenden Frau auf, trat mit dem Stiefel auf ihren Brustkorb und presste sie in den Staub. Dann hob sie die Hand mit der Pistole, zielte, und schoss der Alten in die Stirn. Grinsend drehte sie sich um und schaute in die Reihe.

„Das Versprechen", rief sie laut, „Das Versprechen, das unser Comandante euch gegeben hat, war: Wenn einer von euch flieht, töten wir zwei andere! Ich hoffe, jetzt wird es niemand mehr vergessen! Fehlt uns nur noch die Nummer zwei!"

Langsam drehte sie sich um ihre eigene Achse und hielt den Kopf starr. Ganz rechts, wo der Halbkreis den Zahlen nach begann, blieb ihr Blick auf einem Mann hängen, welcher der Logik nach die Nummer zwei haben musste. Er starrte angestrengt geradeaus. Sie schüttelte den Kopf und ging raschen Schrittes auf das Kind zu. Das Mädchen stand neben der Lücke, die gerade noch seine vermutliche Großmutter ausgefüllt hatte, und starrte mit seinen großen, braunen Augen auf den Leichnam. Es schien die Compañera gar nicht zu bemerken oder überhaupt zu verstehen, was passiert war. André ging es nicht viel anders. Auch er fühlte sich wie in einem Film. Die gesamte Szenerie erschien ihm unwirklich. Nur die Angst war echt, und das Pfeifen in seinen Ohren, das die Schüsse verursacht hatten.

Die Compañera blieb vor dem Mädchen stehen, hob die Pistole und ließ sie wieder sinken. Dann riss sie die immer noch am Boden liegende Frau wieder an den Locken nach oben und schleifte sie mit sich zu der Leiche der Alten. Sie trat nach ihr, drehte sie ebenfalls mit dem Stiefel auf den Rücken und stellte sich mit einem Fuß auf ihren Brustkorb. Langsam hob die Pistole und zielte. Die junge Frau unter ihr begann zu zittern und wimmern. Betont langsam zog die Compañera den Zeigefinger krumm, dann – ein erneutes, lautes Klicken. Die Frau am Boden bekam einen Weinkrampf und die Compañera lachte wieder ihr wahnsinniges Lachen. Sie packte in die Haare, riss die Frau auf die Knie, beugte sich hinunter und sagte leise, aber doch hörbar etwas in ihr Ohr.

„Du kommst später dran. Mit Dir habe ich was ganz Besonderes vor!", schnappte André die Worte auf.

Sie drehte sich um und schaute in den Halbkreis.

„Der Fluchtversuch von Nummer siebzehn war dumm und nutzlos. Wegen seiner Dummheit musste Nummer vierzig sterben. Aber es war nur ein Versuch. Deswegen soll die Alte da", sie deutete beiläufig mit der Pistole neben sich auf den Leichnam, „für dieses Mal Warnung genug sein. Der Sendero Luminoso kann auch Gnade walten lassen. Aber alles hat seinen Preis! Deswegen gebe ich euch jetzt ein neues Versprechen! Sollte wieder jemand versuchen zu fliehen, werde ich drei von euch töten. Dann werde ich nicht so gnädig sein wie heute! Erinnert euch an meine Worte und unterlasst jede Dummheit! Viva el Sendero Luminoso! Viva la Guerra Popular! Viva el Presidente Guzmán!"

Der gesamte Halbkreis wiederholte den Schlachtruf. André fand, es klang beinahe erleichtert, und so fühlte er sich auch. Die direkte Lebensgefahr war zumindest für die nächsten Minuten gebannt. Als die Rufe zwischen den Felswänden verhallt waren, kam die Compañera auf die Geiseln zu.

„Du!", sie deutete auf den hageren Mann, der vorhin bei dem Schwächeanfall zu Hilfe gekommen war, dann auf einen riesigen Typen mit Bart und gewaltigen Muskeln und auf André, „Du und Du! Mitkommen!"

André folgte ihr mit ungutem Gefühl. Dieser Trupp hier schien so etwas nicht zum ersten Mal zu machen. Alles wirkte stramm organisiert. Sie gingen zu einem der Pickups, wo man jedem von Ihnen einen Spaten in die Hand drückte. Die Compañera blieb vor dem bärtigen Riesen stehen und starrte ihn an. Sehr langsam näherte sie sich, schob ihren Kopf vor und roch an seiner Kleidung. Sie reichte ihm gerade bis kurz unter die Brust.

„Ich kenne Dich irgendwoher.", sagte sie mit schneidender Stimme und starrte ihn an.

Der Kerl stand da wie ein Baum, den Spaten wie ein Spielzeug in der Faust. André sah, wie seine Knöchel weiß wurden. Ein Schlag mit dem Spaten von diesem Typen hätte die Compañera wahrscheinlich auf ganzer Länge halbiert.

„Ich würde mich erinnern", sagte er, „Und Du auch."

André erwartete einen Wutausbruch der Compañera, Schreierei und Schikanen. Aber es passierte nichts. Sie blieb einfach stehen und dachte angestrengt nach.

„Okay", sagte sie dann, drehte sich um und ließ sie mit den Wachen allein.

Sie mussten einige hundert Meter vom Weg entfernt ein Loch ausheben. André konnte sich denken, wofür. Ein gelangweilter Wachposten mit Sturmgewehr blieb zurück. Er setzte sich in einigem Abstand auf einen Felsen, rauchte und beobachtete sie.

„Hey", sagte plötzlich der bärtige Typ mit den Muskeln, sehr leise und in gebrochenem Spanisch, „Woher?"

André hielt kurz inne.

„Hört nicht auf zu graben und seht mich nicht an!", sagte der Riese, „Woher kommt ihr?"

„Deutschland", sagte André.

„Argentinien", sagte der andere Mann.

„Ich aus Amerika. Sprecht ihr Englisch?"

„Ja", antworteten beide.

„Gut. Wie heißt ihr?"

„André."

„Ignácio."

„Ich bin James. Freut mich", sagte er und grinste hinter seinem Bart. Sie gruben weiter. Es war eine anstrengende Arbeit in dem harten, steinigen Boden.

„Wer sind diese Typen?", fragte André.

„Sendero Luminoso. Zumindest behaupten sie es", antwortete James.

„Ja, so viel habe ich gehört. Aber wer ist das?"

„Shining Path. Der leuchtende Pfad. Eine alte kommunistische Guerillatruppe. Eigentlich hatten die sich aufgelöst, es gibt aber noch einige Splittergruppen. Was genau die treiben, weiß niemand so richtig. Sind in alles Mögliche verwickelt. Drogen, Menschenhandel, Entführung, Erpressung, Raub, Mord."

„Maoisten.", schaltete Ignácio sich ein.

„Was?", fragte James, sichtlich irritiert.

„Der Sendero Luminoso waren Maoisten, keine Kommunisten."

„Wie auch immer", sagte James, „Alles dieselbe Scheiße. Wir brauchen keine politische Diskussion, sondern einen Plan, wie wir hier wegkommen!"

Der Posten reckte sich auf seinem Stein und ließ ein Räuspern hören. André zuckte zusammen. Sie gruben etwas schneller weiter, und der Posten schaute wieder in die Weite und zündete sich eine neue Zigarette an.

„Was werden die mit uns machen?", flüsterte André.

„Keine Ahnung.", sagte James, „Lösegeld verlangen, zum Arbeiten zwingen oder erschießen."

André zitterte, ohne dass er es hätte kontrollieren können, und klammerte sich an seinem Spaten fest. Sein Körper stellte ihm Hormone zur Verfügung, die ihn für Kampf oder Flucht vorbereiten sollten, aber er konnte keines von beiden tun. James schien seinen gepressten Atem zu bemerken.

„Einfach weitergraben", sagte er und lächelte André an, „Einfach immer weitergraben. Verwende Deine Energie darauf, denk an nichts Anderes, dann wird es besser." Als ihre Totengräbertätigkeit beendet war, mussten alle wieder einsteigen. Auf dem Weg zum Bus stupste James ihn an und lächelte ihm zu.

„Keine Sorge", sagte er, „Wir kommen hier schon wieder raus."

Die Ruhe, Freundlichkeit und Zuversicht dieses Riesen gaben André Kraft. Es wunderte ihn, woher der Mann seine Gelassenheit Nahem, aber sie wirkte ansteckend. Dieser James musste Nerven wie Drahtseile haben.

14.

James – 2000

James Tiberius Diggensak wurde in Ohio geboren, mitten in den Tiefen des Corn Belt auf einer Farm, die ihre besten Jahre hinter sich hatte. Den Vornamen hatte sein Großvater für ihn ausgesucht, basierend auf einer beinahe religiösen Verehrung des alten Mannes für Captain James Tiberius Kirk der USS Enterprise. Als die Serie 1966 startete, war sie eine Offenbarung für den alten John Patrick Diggensak. Er war ein Farmer, heimatgebunden und ruhig. Abenteuerlustig nur im Geiste, genoss das Leben auf der Farm, die Weite und Monotonie der Landschaft, die endlosen Felder voller Weizen im Sommer und voller Schnee im Winter. Er drehte jeden Morgen seine Runde, zuerst zu Fuß und dann mit dem Wagen, und bemerkte kleinste Veränderungen in der Natur. Sein Grund und Boden verließ er nur sehr ungern. Für längere Zeit am Stück hatte er dies nur ein einziges Mal getan, und zwar, als sein Land ihn rief, um gegen die Japaner zu kämpfen. Seitdem war er vom Reisen kuriert, und nichts konnte ihn dazu bewegen, seine Farm aus einem anderen Grund zu verlassen als für dringende Besorgungen und geschäftliche Angelegenheiten. Als viele der kleineren Farmer aufgaben und in den Norden nach Michigan zogen, um an den Fließbändern der Automobilgiganten zu arbeiten, hatte John P. Diggensak nur Spott für sie übrig. Er kaufte das verlassene Land günstig auf und erweiterte seine Farm, beschaffte Maschinen, beschäftigte Angestellte, verbesserte die Produktivität und tätigte auch Investitionen im 'Downstream', wie er es nannte. Er kaufte eine Mühle, mehrere Bäckereien und eine Schweinemastanlage. Mit der Zeit führte er ein großes landwirtschaftliches Unternehmen. Er war im Großen und Ganzen zufrieden, aber dennoch packten ihn manchmal Fernweh und Langeweile. Er war dann leicht reizbar, trank ein wenig zu viel und ein wenig zu früh am Tag, war aber im Großen und Ganzen ein umgänglicher Mensch. Auch wenn er ein absolutes Gewohnheitstier war und faktisch hinter dem Mond lebte, war er doch auf der Höhe der Zeit. Er pflegte regen Briefwechsel mit Behörden, Universitäten, Chemiefirmen und anderen Farmern, sogar bis Deutschland korrespondierte er in dem rudimentären Deutsch, das er von seinem Vater gelernt hatte. Er hielt sich auf dem Laufenden über neue Pflanzenschutzmittel, Anbaumethoden, Bewässerungstechniken und die allgemeine Situation des Getreidemarktes. Er handelte an der Börse, war finanziell gut situiert und führte ein straffes Regiment. Außerdem hatte er ein Faible für neue Technologie und war, zumindest was dieses Thema anbelangte, alles andere als geizig.

Als 1954 sein Sohn Jack geboren wurde, hatte er in ihm hauptsächlich einen Nachfolger und Erben für die Farm gesehen. Eher feinsinnig und grüblerisch lagen dem Jungen aber lesen und nachdenken weit mehr als handeln. Als Erstgeborenem war es ihm trotzdem vorbehalten, die Farm zu übernehmen. Nicht zuletzt, weil ihm keine weiteren Kinder vergönnt waren, betrachtete der alte John Patrick das nicht als optional. Aber der Junge Jack rebellierte und ging mit nicht ganz zwanzig Jahren auf die Universität. Sein Vater unterstütze ihn trotzdem finanziell, weil Jack ihm zusicherte, Landwirtschaft zu studieren und nach dem Abschluss die Farm zu übernehmen. Er verbrachte weit mehr Zeit als erwartet an der Universität. Allerdings studierte er hauptsächlich eine Frau Namens Ljudmila und die Schriften eines Mannes namens Dr. Timothy Leary. Seine Eltern waren wenig begeistert, als sie die Hintergründe erfuhren. Jack und Ljudmila hatten sich an der Universität kennengelernt. Sie stammte aus Litauen. Der alte John musste das Land erst in einem verstaubten Atlas suchen. Irgendwo bei den verdammten Russen, womöglich noch eine Spionin, dachte er. Aber wie so häufig sagte er nichts. Ljudmila war eigentlich nur auf ein Austauschsemester hergekommen, hatte es aber vermocht, Jack zumindest vorübergehend einzureden, er sei in sie verliebt. Die einzige Möglichkeit, ihre erzwungene Ausreise zu verhindern, war eine Heirat. Nach über fünf Jahren ohne nennenswerte Erfolge hatte der alte John genug und drehte seinem Sohn den Geldhahn zu. Ein Jahr schlug sich Jack als Gelegenheitsarbeiter durch, dann verlor er auch diesen Job und kehrte schließlich pleite und erschöpft auf die Farm zurück. Ljudmila brachte er zum Ärger seines Vaters mit. Langsam jedoch gewöhnte er sich an die junge und lebenslustige Frau, die auf der Farm und im Haushalt half, Traktor fuhr wie ein Mann und ganz allgemein wesentlich tüchtiger war als sein ständig über Büchern brütender Sohn. So war er denn auch äußerst ausgelassener Laune, als 1981 ein Enkelsohn geboren wurde. Für den alten John Patrick war der Knabe neue Hoffnung nach seinem, wie er fand, missratenen eigenen Sohn. So hatte er denn auch dafür gesorgt, dass der Kleine den Vornamen des verehrten Weltraumkapitäns bekam. Den Nachnamen hatte der kleine James Tiberius in der sechsten Generation von seinen deutschen Vorfahren geerbt. Wie die meisten Nachnamen stammte auch dieser aus Spottbezeichnungen des Mittelalters und zielte auf die außergewöhnlich voluminösen Geschlechtsorgane der männlichen Diggensaks ab. Die Schreibweise hatte sich über die Generationen angepasst, aber die Eigenschaft, welche zu diesem Namen führte, waren von Diggensak zu Diggensak weitergegeben worden. Man darf sagen, nicht ohne einen gewissen Stolz. Dies brachte allerdings nicht nur Vorteile mit sich. Zwar war dem weiblichen Geschlecht nicht verborgen geblieben, das die Diggensaks gewisse Vorzüge zu bieten hatten, aber es bedeutete auch, das James T. Diggensak ab Einbruch der Pubertät mit einer überdurchschnittlich hohen Menge an Testosteron zurechtkommen musste, was sich in allerlei halsbrecherischen oder schlichtweg idiotischen und unter seinen Schulkameraden bald legendären Aktionen äußerte. Auch seine Vorfahren waren in jungen Jahren draufgängerisch, aber beim jungen James ging dies über das übliche Maß hinaus. Nach einer besonders herausragenden Aktion in der Schule, die mit einem Schneidbrenner, der Kellertür und einer Gasleitung zu tun hatte, attestierte ihm der Direktor, dass in seinem Hirn „irgendwas falsch verdrahtet" sein müsse. Scheinbar nur durch Glück wurde niemand verletzt, wenngleich der Sachschaden erheblich war. Jedenfalls war diese Aktion eine zu viel, und James wurde von der Schule geworfen.

Er war gerade siebzehn geworden. Ohne die Routine des Schulalltags noch mehr dem pubertären Chaos in seinem Gehirn und den Hormonen ausgeliefert, wurde er zu Hause unerträglich. Eines Tages packte ihn der Großvater in seinen Truck und fuhr mit ihm in die nächste Stadt zu einer Schwimmhalle.

„Du musst Deine Energie in geordnete Bahnen lenken, sonst nimmt es kein gutes Ende mit Dir.", hatte er gesagt.

Bei dem Gedanken an geordnete Bahnen waren dem Großvater anscheinend die Begrenzungen aus Drahtseilen und Styroporbällen in den Sinn gekommen, die in dem großen Becken die einzelnen Bahnen voneinander trennten. James gefiel das Schwimmen, und weil er keine halben Sachen mochte, nahm er sich vor, innerhalb des nächsten Jahres mindestens in seinem County die Schwimmmeisterschaft zu gewinnen. Er trainierte viel, schaffte es ohne große Mühe oder Anstrengung in die State Championship Finals nach Columbus und wurde Zweiter. Ein Ereignis, das er ausgiebig feiern wollte, bevor er bei den Landesmeisterschaften antrat. Zu seinem achtzehnten Geburtstag fuhr er deswegen mit seinen Kumpels Mark, Jim und Adam nach Kanada. Drüben war man großzügiger mit Alkoholkonsum und Stripclubs, außerdem war das Alter für legalen Alkoholkonsum achtzehn, nicht einundzwanzig wie in den USA. Kaum über der Grenze besorgte Adam in einer abgelegenen Ecke stark gestrecktes Kokain zu einem überteuerten Preis. In einem Liquorstore deckten sie sich zusätzlich mit einigen Kartons Bier und ein paar Flaschen billigem kanadischen Whiskey ein und bezogen ihr Motelzimmer. Gegen Abend brachen sie auf. Nachdem sie schwer betrunken und zugekokst in einem Stripclub wesentliche Teile ihres Ersparten verprasst hatten, ließ sich James zu einem Private Dance überreden. In einem engen Raum wurde er von einer Tänzerin namens Pinky unbemerkt um seine gesamten Bargeldbestände sowie seine Papiere gebracht. Ihm wurde das allerdings erst bewusst, als er am nächsten Morgen in der Badewanne des Bades aufwachte, das sich an ihr Motelzimmer anschloss. Nachts hatte es immer wieder an ihre Zimmertür geklopft, und einer von den Jungs hatte wohl diese Frau hereingelassen, die James nun mit glasigem Blick anstarrte, während sie auf der Toilette saß. Die Wirkung des Gemischs aus Kokain, Backpulver und vermutlich Waschmittel war verflogen, aber der Alkohol hatte sich höchstens zur Hälfte abgebaut. Er fühlte sich elend und ihm war sofort klar, dass es keine gute Idee war, diese Lady noch eine Sekunde länger in ihrem Zimmer zu haben. Sie grinste ihn an und ließ schwarze Zahnstümpfe erkennen. Ihre Haut war grau und faltig, obwohl sie wohl kaum älter als dreißig sein konnte. Verkrustete und blutige Schwielen bedeckten ihre Oberarme und Wangen.

„Scheiße man, was machst Du hier?", fragte James.

„Ich bin Sandy. Komm schon, Süßer! Wir haben eine gute Zeit zusammen, okay? Lass uns eine Pfeife rauchen!"

James hievte sich auf durchgestreckten Armen aus der Badewanne und beobachtete, wie Sandy aufstand und ihre spärliche Bekleidung richtete. Sie war die Definition einer Cracknutte. Als sie fertig war, griff er sie am Arm und schob sie unsanft nach draußen.

„Hey, was soll das? Er hier hat mich eingeladen, man." Sie deutete auf Adam, der neben dem Bett in einer Masse an Erbrochenem lag.

„Ja, kann sein. Aber Du siehst ja, er schläft. Und ich lade Dich jetzt wieder aus."

Sie wollte weiter protestieren, aber James schob sie durch die Tür nach draußen, schloss zu und drehte sich um. Seine drei Begleiter waren von dem Krach nicht im mindesten beeindruckt und schnarchten weiter vor sich hin. Er prüfte kurz, ob Adam noch atmete, dann suchte er nach seinen Sachen. Er konnte sie nirgends finden. Weder sein Portemonnaie noch seine Papiere waren irgendwo hier im Zimmer. Ärger überkam ihn, und er versuchte, sich an die Ereignisse des gestrigen Abends zu erinnern. Die anderen schliefen fest. Er rüttelte Adam an der Schulter.

„Ey! Alter! Werd mal wach, man! Wo ist mein Zeug?"

Er versuchte dasselbe bei den anderen beiden. Niemand rührte sich. Alles, was er aus ihnen herausbekam, war ein Grunzen. Er durchsuchte sie und ihre Kleidung, fand aber nichts außer leeren Kondompackungen und etwas Müll. Immerhin lagen in einer Schublade die Ausweise der drei. Seiner war nicht dabei. Er rannte ins Bad, sackte auf die Knie, stützte sich mit den Armen auf das Toilettenbecken und erbrach sich in die Urinpfütze, die Sandy gerade dort hinterlassen hatte. Als er fertig war, nahm er einen Schluck Wasser aus dem Hahn. Es war lauwarm und schmeckte nach Chlor. Im Zimmer ließ es sich auf das zerwühlte Bett voller Dreck und Brandlöcher fallen. Während er überlegte, was er jetzt tun könnte, schlief er wieder ein. Vielleicht wäre ja alles geklärt, wenn er aufwachte. Später am Tag erwachte er, weil er sein Durstgefühl nicht mehr unterdrücken konnte, und ging hinaus. Unter der Überdachung des Red-Roof-Motels führte ein gepflasterter Weg entlang zum Hauptgebäude, wo Automaten mit Getränken und Süßkram standen. Er schaute sich um. Niemand war zu sehen. Keine Kameras. Mit einem Stück Draht machte er sich an den Automaten zu schaffen, bis er den Geräten einige Dosen Cola und eine Tüte mit Nüssen entlockt hatte. Das hatte er schon früher in der Schule öfter getan, wenn sein Taschengeld zur Neige ging oder er einfach nichts ausgeben wollte. Er raffte alles zusammen und ging wieder zurück in Richtung Zimmer.

Als er sich näherte, sah er, dass die Tür offenstand. Sandys Rückseite war im Türrahmen zu erkennen. Von drinnen hörte er Stimmen. Im Halbdunkel des Raumes stand ein muskulöser Typ im Achselshirt, der mit irgendetwas herumfuchtelte. Wortfetzen drangen zu ihm herüber, etwas von Geld und Crack. Das konnte nicht gut sein. Er drehte sich um, ging zum Auto und warf seine Beute auf die Ladefläche. Dann suchte er nach dem Radmutterschlüssel, fand ihn und umklammerte das Eisen. Zügig ging er auf das Zimmer zu und versuchte dabei, auf dem losen Kies des Parkplatzes nicht zu laute Geräusche zu machen. Er näherte sich seitlich hinter der Deckung der Wand.

„Wo ist euer Kumpel?", hörte er den Typen gerade fragen.

James fasste Sandy mit dem linken Arm von hinten um den Hals und hielt ihr den Mund zu.

„Hier bin ich doch!", sagte er, und der Typ wirbelte mit der Waffe in der Hand herum. James sah für einen Moment seine Augen, sie fielen auf das heransausende Eisen, weiteten sich vor Schreck, der Arm mit der Pistole darin zuckte nach oben, erhielt dann aber keine weiteren Befehle mehr vom Gehirn seines Besitzers, der mit einem blutigen Spalt im Schädel zu Boden sackte. Sandy zappelte und wehrte sich, trat nach ihm und versuchte, ihn zu beißen. Viel zu viel Kraft hatte er in seinen Schwimmerarmen mobilisiert für diese von Drogen und Männern ausgezehrte Frau. Irgendetwas knackte, er bemerkte es kaum. Sie sackte zusammen. Er hielt weiter ihren Hals umklammert und schleifte sie mit, zog sie komplett in den Raum, schloss die Tür und ließ sie los. Der ausgezehrte Körper fiel auf den Boden wie ein Sack. James schloss die Tür und sah sich um. Seine drei Kumpanen standen ihm gegenüber an der Wand, die Augen weit aufgerissen in zugedröhnter Verständnislosigkeit.

„Alter!", sagte Adam endlich, dann nochmal, „Alter!"

„Fuck!", sagte Mark, „Ist der tot?"

James bückte sich und tastete am Hals des Mannes nach einem Puls.

„Glaub nicht.", sagte er dann.

„Was ist mit ihr?", fragte Adam und zeigte auf Sandy, die am Boden lag.

„Keine Ahnung, was soll mit ihr sein?", wollte James wissen.

„Na guck mal, wie die daliegt!"

James drehte langsam den Kopf und schaute auf Sandy herunter. Ihre Arme lagen wie ausgerissen vom Körper gestreckt, die Beine in einer letzten obszönen Geste halb gespreizt. Ihr Kopf saß auf dem Rumpf wie der eines gerupften Uhus, der Hals seltsam in sich verdreht, ihre Augen starrten ins Leere. James schaute genau hin, beugte sich hinunter, legte sein Ohr vor ihren halb geöffneten Mund, aus dem die Zunge ein Stück herausragte.

„Scheiße", sagte er, „Sie atmet nicht mehr."

„Was jetzt?", wollte Adam wissen. Die anderen beiden sagten nichts.

James schaute nach oben an die Decke, atmete einmal tief ein und aus.

„Wir rufen die Cops.", sagte Mark.

„Bist Du irre?", sagte Adam, „Wir sind voll mit Alkohol und Koks. Und er hat zwei Menschen umgebracht."

„Sie war ein Unfall, und er ist nicht tot!", protestierte Jim.

„Noch", sagte James.

„Wieso noch?", fragte Mark mit entsetztem Gesicht.

„Wir müssen jetzt erstmal raus aus Kanada!", sagte James.

„Und die beiden?", wollte Adam wissen.

„Nehmen wir mit. Das Zimmer ist auf Deinen Namen gebucht. Wenn wir hier zwei Leichen liegen lassen, dann haben sie uns spätestens morgen."

James ließ sie stehen, ging aus dem Raum und fuhr den Pick-up rückwärts so nah wie möglich an die Tür. Sie warteten einen Moment. Draußen war niemand zu sehen. Dann hievten sie die beiden leblosen Körper auf die Ladefläche und deckten sie mit einer Plane zu. Adam checkte das Zimmer aus und sie fuhren los in Richtung Grenze.

Der Pick-up stand mit laufendem Motor vor der Grube. Die Schädelverletzung von Sandys Zuhälter schien schlimmer zu sein als gedacht. Nach den knapp eineinhalb Stunden Fahrt konnten sie auch bei ihm keine Atmung mehr feststellen.

„Fass mal mit an!", sagte James in Richtung Adam. Er war der Einzige, der sich nicht in einer Schockstarre befand und einigermaßen zu gebrauchen war. Etwas zögerlich kletterte Adam auf die Ladefläche und half, die beiden Leichen hinunterzuwerfen. Die Körper rollten den Hang hinab und verschwanden in dichtem Gestrüpp, das die komplette Grube überwuchert hatte. Adam und er stiegen wieder ein, die beiden anderen saßen still und blass auf dem Rücksitz.

„Ey Adam", sagte Mark, „Sollen wir nicht doch die Cops rufen, man? Das ist doch alles ein Unfall gewesen."

„Zu spät", sagte Adam, „Im Motel wäre das vielleicht noch gegangen. Aber jetzt? Außerdem, willst Du James hier ans Messer liefern, Alter?"

„Er hat die beiden schließlich umgebracht!"

„Du bist echt eine feige Ratte, Mark. Du hast die Alte doch reingelassen, oder? James hat uns gerettet! Wir hängen da alle mit drin."

Sie fuhren über Lehmboden und Wiese bis zur nächsten Straße. James warf vom Beifahrersitz aus einen Blick auf das Armaturenbrett.

„Adam.", sagte er und deutete mit dem Finger auf die Tankanzeige.

„Scheiße!", sagte der und drehte den Kopf nach hinten, „Wenn jemand noch irgendwo Kohle hat, dann wäre genau jetzt der Zeitpunkt, es zu sagen."

Alle drei schüttelten den Kopf. Sie waren sehr gründlich ausgenommen worden.

„Mein Pass ist auch weg.", meinte James.

„Großartig. Und jetzt? Ohne kommst Du nicht über die Grenze."

„Vielleicht doch."

„Wie soll das gehen, man? Die werden auf jeden Fall kontrollieren und Fragen stellen."

„Schwimmen."

„Was?"

„Ja. Schau mal hier", James faltete eine Karte auf, „Hier ist der Fluss nicht sehr breit. Das kann ich schaffen. Wir müssen nur bis nachts warten. Ich schwimme rüber und warte auf euch. Ihr fahrt durch die Grenzkontrolle und holt mich drüben wieder ab."

„Du wirst ersaufen, Alter.", sagte Mark.

„Halts Maul, Mark!", sagte Adam, „Wenn Jimbo hier sagt, er schafft das, dann schafft er das!"

„Das ist der Sankt-Lorenz-Strom, James. Nicht irgendein Flüsschen daheim."

„Glaub mir, ich pack das.", sagte James. „Ihr müsst mich

nur wieder einsammeln."

15.

Bus – 2011

Sie hatten Will und Ignácio nach unten umquartiert. Dort saßen sie auf den Plätzen des alten Paares, die jetzt frei geworden waren. Die meisten der Entführer hatten es sich auf dem Oberdeck bequem gemacht und ließen es sich vermutlich gutgehen. Abwechselnd patrouillierten sie durch den Bus. Will nutzte jede Gelegenheit für einige geflüsterte Worte. Er war bereits unruhig geworden, als der Bus den Umweg nahm. Nicht ängstlich, aber wachsam. Noch bevor Ignácio irgendetwas bemerkte, hatte er die Gefahr geahnt. Seine Instinkte hatten Alarm geschlagen. Irgendetwas war im Gange. Er griff in seine Ledertasche, zog seine Pistole heraus und versteckte sie unter der leichten Jacke. Ignácio schaute ihn mit großen Augen an.

„Machen Sie sich bereit, Herr Doktor. Wahrscheinlich gibt es bald etwas zu tun."

Als die Entführer in den Bus eindrangen und sie zwangen, die Szenerie vor dem Fenster zu betrachten, war Ignácio kreidebleich geworden. Er hatte gezittert und die Todesangst und Verzweiflung des älteren Pärchens gespürt, und die Ohnmacht, nichts tun zu können. Will hingegen wusste, wann es an der Zeit war zu handeln, und wann man die Dinge ertragen musste. Er saß einfach da und sah zu. Als sie umquartiert wurden, folgte er den Anweisungen ruhig und ohne Hektik. Ignácio neben ihm zitterte beinahe unkontrolliert.

„Ich bin zwar kein Arzt, aber Du solltest Dich aufs Atmen fokussieren.", sagte Will und legte ihm die Hand auf den Unterarm.

„Einfach tief einatmen. Und aus. Und wieder ein. Und aus. Genau."

Der junge Mann beruhigte sich etwas, aber seine Augen waren immer noch vor Panik geweitet.

„Wie können Sie so ruhig bleiben, Señor John?"

„Bitte, mein junger Freund. Lassen wir die Formalitäten. Einfach John genügt doch, oder?"

Er hatte schon öfter festgestellt, dass kleine, scheinbar unsinnige Gesten in Situationen der Machtlosigkeit eine große Wirkung hatten. Es musste nicht Bedeutungsvolles sein. Hauptsache, es stand in keinem Zusammenhang mit der Situation, einfach irgendetwas Alltägliches.

„Ja. Natürlich. Sie ... Du hast Recht. John. Ich bin Ignácio."

„Ich weiß", sagte John und lächelte ihn an.

Er griff in seine Jacke und zog eine kleines, weißes Päckchen heraus.

„Kaugummi?"

Ignácio nickte, wickelte die klebrige Masse aus dem Papier und stopfte sie sich in den Mund.

„Danke", sagte er und kaute, „Deine Pistole ..."

„Pssssst!"

„Sorry. Du hast doch eine ..."

Will hob den Finger und sah ihn ernst an.

„Ja. Na und?"

„Könntest Du nicht ...?"

„Nein. Gegen so viele? Keine Chance. Aber wer weiß, vielleicht ist sie uns später noch nützlich."

„Wie kannst ..."

„Pssssst!", machte Will wieder und wartete, bis einer der Bewacher sie passiert hatte.

„Okay.", sagte er dann.

„Wie kannst Du so ruhig bleiben?", fragte Ignácio.

Will schaute aus dem Fenster.

„Übungssache.", sagte er dann so leise, dass er nicht sicher war, ob Ignácio es gehört hatte.

„Warum, glaubst Du, haben sie die beiden erschossen?", flüsterte Ignácio.

„Ich würde auf Alter tippen. Und um ein Exempel zu statuieren. Alte Leute sind eine Last bei solchen Operationen. Ich bin sicher auch nur noch am Leben, weil ich Amerikaner bin."

„Weil sie glauben, bei Dir wäre etwas zu holen?"

„Genau. Das ist eine Standardvorgehensweise. Erstens stelle sicher, dass Du die Kontrolle hast. Die absolute Kontrolle. Dafür kann man ..."

„Psssst.", kam eine Warnung aus der Reihe hinter ihnen. Eine der Wachen war im Anmarsch. Langsam näherte sich der Mann und blieb neben ihrer Sitzreihe stehen, sein Gewehr locker im Arm. Die Maske ließ nur die Augen frei. Sein kalter Blick ruhte auf Will und Ignácio.

„Maul halten!", sagte er, drehte sich um und ging langsam weiter durch den Gang. Sie warteten ab, bis der Mann wieder außer Hörweite war.

„... dafür kann man ...", wollte Will gerade fortfahren, als der Bus abrupt stoppte. Als hätte man in ein Wespennest gestochen, schwärmten die Wachen von oben durch den Gang, allen voran die Compañera.

„Alles hoch und absitzen!", brüllte sie und fuchtelte mit ihrer Pistole.

Will und Ignácio erhoben sich langsam aus ihren Sitzen und stiegen ihren Nummern nach aus dem Bus. Sie mussten draußen antreten, und die Compañera ordnete sie drei LKWs zu, die im Dunkeln bereitstanden. Es waren ältere Modelle mit Pritschen, geländegängig und einfach gebaut. Die Einheimischen wurden auf zwei der Pritschenwagen so zusammengepfercht, dass sie dicht gedrängt stehen mussten. Will, Ignácio und die anderen Ausländer mussten auf den dritten LKW steigen und unter einer Plane Platz nehmen. Auch Pablo, der Busfahrer, den Will vorher getroffen hatte, wurde zu ihnen gebracht.

„Sieht so aus, als bekämen wir jetzt die VIP-Behandlung.", sagte James laut genug, dass es jeder hören konnte.

Einer der Guerilleros stieg mit auf den LKW und fesselte ihnen die Hände auf den Rücken und an das Geländer hinter der Bank aus Holz. Als er fertig war, sprang er wieder herunter und stieg in einen der Pick-ups, der hinter ihnen stand.

„Was, glaubt ihr, wollen die mit uns machen?", fragte der schwarze Amerikaner, als der LKW ruckelnd losfuhr.

„So viel aus uns herausholen, wie sie können.", sagte Will, der ihm gegenüber saß.

„Also werden sie uns nicht umbringen?", fragte der Mann.

„Das habe ich nicht gesagt."

Kurz bevor sie losfahren wollten, erschien die Compañera mit ihrer Lieblingsgeisel. Sie trat und schubste die junge Frau auf die Ladefläche, fesselte auch ihre Hände an das Geländer und sprang wieder herunter.

„Wir sehen uns später.", sagte sie im Weggehen, drehte den Kopf über die Schulter und grinste. Ihre Sturmhaube hatte sie jetzt abgelegt. Der Motor des LKW dröhnte los, und die Fahrt begann.

„Wir müssen uns doch irgendwie wehren", sagte Wills Gegenüber wieder, „Kann nicht jemand die Polizei rufen?"

Will musste unwillkürlich lachen, und auch James stimmte ein.

„Selbst wenn das jemand könnte, und sie auch noch kämen - ich weiß nicht, ob es uns helfen würde.", sagte Will, nachdem er sich wieder etwas beruhigt hatte.

„Und jetzt sollen wir hier warten wie Lämmer auf dem Weg zur Schlachtbank?"

„Eine Schlachtbank sieht anders aus.", sagte Will.

16.

William – 1971

Der Flug war so ruhig wie die See unter ihnen. Will war auf dem unbequemen Sitz mehrfach eingenickt, konnte aber nicht richtig schlafen. Links und rechts von ihm saßen Marines und schauten gelangweilt vor sich hin, spielten Karten oder unterhielten sich über den Lärm der Triebwerke hinweg. Er passte mit seinem legeren Outfit nicht in diese uniformierte Truppe und wurde kritisch, aber respektvoll beäugt. Jetzt senkte die Maschine merklich die Nase. Will drehte sich um und schaute aus einem der winzigen Fenster. Sie würden bald landen. Er löste den Gurt, stand auf und ging nach vorn in die Pilotenkanzel. Der Captain schaute ihn kurz an, drehte sich dann wieder nach vorn und konzentrierte sich auf seine Arbeit.

„Hallo, Agent", sagte er, während er einige Einstellungen an den Instrumenten vornahm, „Zehn Minuten noch, dann sollten wir unten sein."

Will nickte und setzte sich auf den freien Platz hinter den beiden Piloten. Der Sitz war noch enger und unbequemer als die Pritschen im hinteren Teil des Flugzeugs, aber zumindest war hier die Aussicht besser. Die See lag so ruhig und glatt unter ihnen, dass es ein Spiegel hätte sein können. Am Horizont verschmolz sie mit dem Blau des Himmels zu einer schwer zu unterscheidenden Masse. Die Maschine legte sich in eine Linkskurve, und die Silhouette einer Stadt schob sich ins Blickfeld.

„Port-au-Prince", sagte der Pilot, „Größtes Scheißloch in der Karibik."

Will zuckte die Schultern.

„Hab schlimmere Scheißlöcher gesehen."

„Stimmt auch wieder. Hier schießen sie wenigstens nicht

auf uns."

„Amen."

Die Maschine setzte so sanft auf, dass es kaum zu spüren war. Will wartete, bis das Flugzeug gestoppt hatte, stand auf und klopfte dem Piloten freundschaftlich auf die Schulter.

„Saubere Landung. Danke für den Flug! War wirklich eilig."

„Kein Problem. Alles für die Agency, was?"

„Sie sagen es!"

Will kletterte aus der Pilotenkanzel und ging ins Heck des Flugzeugs. Die Marines machten ihm Platz und ließen ihn passieren. Als sich die Heckklappe öffnete, ging er langsam die Rampe hinunter. Hitze stand über dem Rollfeld. Es waren hier mindestens fünfzig Grad, und der Himmel war so blau und glatt, dass sich keinerlei Konturen darin ausmachen ließen. Er schwitzte, und sein kurzärmeliges Tropenhemd klebte am Körper. Die Propeller der Maschine drehten langsamer und blieben schließlich ganz stehen. Will setzte seine Sonnenbrille auf und ging auf die Limousine zu, die bereits auf ihn wartete. Das deutsche Fabrikat stand mit laufendem Motor da. Von der Rückbank aus begrüßte ihn der hiesige Verbindungsoffizier. Er erkannte ihn an dem Bild aus dem Dossier.

„Agent Smith? Assistant Director Smoulders."

Der junge Mann stieg aus, lachte ihn freundlich an und streckte ihm die Hand entgegen. Will griff zu und schüttelte sie.

„Willkommen in Port-au-Prince, der heimlichen Hauptstadt und Blüte der Karibik."

„Ich habe anderes gehört."

Der Fahrer kam über das Rollfeld von der Maschine zurück und trug Wills Reisetasche. Er verstaute das Gepäck im Kofferraum.

„Bitte, steigen sie doch ein", sagte Smoulders und machte eine freundliche Geste, „Drinnen ist es kühler."

Will rückte auf der Sitzbank durch. Smoulders nahm neben ihm Platz. Der Fahrer schloss die Tür hinter ihnen und stieg vorn ein. Die Klimaanlage pustete einen unangenehm kalten Luftstrom auf Will. Er griff mit zwei Fingern an die

Knopfleiste seines Hemdes, zog den schweißnassen Stoff von der Haut und wedelte damit hin und her.

„Würde Sie das bitte runterstellen?", fragte er den Fahrer.

„Selbstverständlich.", sagte der und dreht an dem Regler. Der Luftstrom ließ etwas nach, und Will lehnte sich zurück in den Ledersitz.

„Schön, dass es so schnell geklappt hat", sagte Smoulders, „Wir sind hier ein bisschen knapp mit fähigen Leuten."

„Wie ist die Lage aktuell? Wie ich höre, ist es ruhig und ordentlich?"

„Die Miliz hat alles unter Kontrolle. Aber seit der alte Papa Doc den Löffel abgegeben hat, sind ein paar Änderungen im Gange, die unsere Aktivitäten hier empfindlich stören könnten."

„Und welche Aktivitäten wären das?"

„Hauptsächlich wirtschaftlicher Natur. Die Franzosen sind auch wenig begeistert. Baby Doc wirft zwar nicht direkt alles um, aber es geht schon in eine sozialistischere Richtung als unter seinem Vater."

„Sozialistisch?"

„Ja. Er forciert die Umverteilung von Vermögen noch deutlich stärker. Von unten nach oben, versteht sich. Der Alte war schon gierig, aber er kannte immerhin noch etwas Maß. Baby Doc ist größenwahnsinnig. Er verlangt zu viel. Es könnte sein, dass er auf Dauer nicht tragbar ist und wir etwas unternehmen müssen. Und da kommen Sie ins Spiel."

„Verstehe. Weil das bei Castro so gut funktioniert hat."

Smoulders gab ein verächtliches Grunzen von sich.

„Nicht meine Baustelle. Jedenfalls gibt Baby Doc heute Abend einen Empfang im Palast. Deswegen habe ich so auf Eile bestanden. Alles, was in Haiti Rang und Namen hat, wird da sein. Die wichtigsten Diplomaten ebenso wie Unternehmer und Vertreter der Behörden."

„Klingt anstrengend. Soziale Anlässe und Staatsempfänge sind nicht mein Spezialgebiet."

„Kommen Sie trotzdem! Sie sind ganz offiziell auf der Liste der geladenen Gäste. Zwei Leute sollten Sie heute Abend unbedingt kennen lernen."

„Und wer wäre das?"

„Das wäre zum Ersten Henri Dieudonné, Franzose und Unternehmer im Agrar- und Gesundheitswesen. Hat viel Erfahrung und jede Menge Geschäfte in Afrika abgewickelt, besitzt zig Firmen. Und zum Zweiten Martin Bowers, ein Investor aus Texas. Ölgeld, das neu angelegt werden will. Die beiden kontrollieren einige der wesentlichen Wirtschaftsunternehmen in Haiti und können Ihnen am schnellsten ein gutes Bild von der aktuellen Situation und den Schwierigkeiten vermitteln."

„Ich habe die Dossiers gelesen und bin mit der aktuellen Situation ganz leidlich vertraut. Warum sollte ich auf irgendwelche Unternehmer hören?"

Smoulders lachte, sah Wills Gesicht und wurde ebenfalls wieder ernst.

„Wirtschaftliche Belange sind doch der einzige Grund, warum wir auf dieser Insel sind.", sagte Smoulders.

„Ich dachte, um den sich weltweit ausufernden Kommunismus einzudämmen?", gab Will sich betont naiv.

Smoulders zog die Augenbrauen so weit nach oben, dass Will sicher war, es müsste ihm Schmerzen bereiten.

„Ja, sicher, wir wollen den Russen hier nicht haben, kein zweites Kuba. Aber das könnten wir auch von der See aus regeln. Wenn sich hier nichts rausholen ließe, dann würden wir uns nicht in die Innenpolitik einmischen. Und offen gestanden, zu Zeiten von Papa Doc war das wesentlich einfacher."

Will schaute aus dem Fenster. Sie fuhren durch Straßen voll ärmlicher Hütten. Kinder lungerten am Rand herum und schauten dem teuren Auto nach. Erwachsene verschwanden in den Baracken, als sie die Limousine sahen. Das Misstrauen war deutlich in ihren Gesichtern zu erkennen.

„Wovor haben diese Leute Angst?"

„Vor fast allem. Und vor jedem, der mehr als einen Dollar am Tag verdient", sagte Smoulders, „Hauptsächlich aber vor den Tontons Macoutes. Diese Leute sind mit einer bunten Mischung aus Voodoo, Aberglauben und allen möglichen Schauergeschichten aufgewachsen. Die Tontons Macoutes, Kapuzenonkel, sind sowas wie unser Boogeyman.

Der Mann im Schrank. Nur eben echt. Sie waren die Miliz von Papa Doc, und jetzt arbeiten sie für Baby Doc. Der sie allerdings nicht bezahlt. Sie haben eine andere Art der Übereinkunft. Die Tontons Macoutes schützen den sogenannten Staat, also den Präsidenten in Form von Baby Doc und seine Günstlinge. Dafür können sie tun und lassen, was sie wollen und sich alles, was sie brauchen, von der Bevölkerung beschaffen. Ein Privileg, von dem sie regen Gebrauch machen. Es ist ziemlich chaotisch, das gebe ich zu. Seit sie von den Marines ausgebildet und mit Waffen versorgt werden, ist alles etwas ruhiger und organisierter geworden. Wenn Sie mich fragen, ist es immer noch unnötig brutal, aber was will man machen. Wir sind nicht dafür hier."

Das Stadtbild änderte sich. Die Straßen wurden breiter, waren asphaltiert und hatten weniger Löcher. Palmen wuchsen auf den breiten Mittelstreifen. Große Häuser standen frisch gestrichen hinter gepflegten Vorgärten. Fast hätte man es mit einem der reichen Vororte von Miami verwechseln können. Sie stoppten vor einem mehrstöckigen Gebäude in makellosem Zustand. Der Rasen leuchtete in sattem Grün und wurde von mehreren Sprinklern stetig mit frischem Wasser versorgt. Zwei Marines standen in Paradeuniform und Gewehr bei Fuß reglos im spärlichen Schatten kleiner Wachhäuschen. Auf dem Dach hing an einem Mast die amerikanische Flagge schlaff in der Hitze.

„Ich habe noch ein paar Dinge zu erledigen.", sagte Smoulders, „Der Fahrer wird Sie zum Hotel bringen. Ich hole Sie in einer Stunde dort ab."

Er stieg aus und verschwand mit raschen Schritten in dem Botschaftsgebäude. Die Limousine setzte sich in Bewegung und stoppte wenige Minuten später vor einem Hotel. Will stieg aus, nahm die Sonnenbrille ab und schaute auf das Gemäuer, das bessere Tage gesehen hatte. Im Eingangsbereich wurden die schäbigen Wände von Pflanzen und Ranken mit hellen Blüten verdeckt. Er ging hinein und fand dort entgegen dem äußeren Erscheinungsbild alles in zufriedenstellendem Zustand vor. Dunkle Holzbalken hielten weit oben ein Dach über einem geräumigen, sauberen Areal, in dessen Mitte neben einem kleinen Springbrunnen ein Empfangstresen stand. Ein Page in schlecht sitzender Uniform kam herbeigeeilt, und der Fahrer übergab ihm das Gepäck. Er wurde also bereits erwartet. Langsam folgte er dem Jungen die knarzende Treppe hinauf auf eine Empore im ersten Stock. Will wartete, bis der Page sein Gepäck auf das Zimmer gebracht hatte, gab ihm ein paar Dollar, schloss die Tür und zog sich aus. Er drehte den Wasserhahn in der Dusche auf, öffnete das Fenster und ließ das heiße Wasser laufen. Es war eine einfache Vorsichtsmaßnahme gegen Legionellen, die er in tropischen Ländern immer einhielt. Nackt ging er zurück ins Schlafzimmer, öffnete seine Tasche und verstaute die Sachen hängend in einem der Schränke. Das Zimmer war nicht klimatisiert. In der heißen Feuchtigkeit würde alles innerhalb kürzester Zeit schimmeln, das nicht ordentlich belüftet war. Die Dusche war jetzt ausreichend gespült. Er betrat das dampfende Badezimmer, drehte den Hahn für das heiße Wasser zu und den für das kalte auf und stellte sich darunter.

Im Wohnzimmer standen auf einem Tischchen eine Flasche Rum und zwei Gläser. An der Flasche lehnte ein gefaltetes Kärtchen mit dem Siegel der amerikanischen Botschaft darauf. Will nahm die Karte und las den Willkommensgruß von Smoulders auf der Rückseite. Er schüttelte den Kopf, schleuderte die Karte zwischen zwei Fingern heraus aus dem Fenster und sah dem Papier nach, wie es flatternd nach unten segelte. Nachdem er die Flasche entkorkt hatte, goss er eines der Gläser halbvoll, wischte es mit den Fingern gründlich ab und schüttete den Rum aus dem Fenster. Die Flüssigkeit platschte unten auf die Blätter der Bananenpalmen, die überall im Hof standen. Er füllte das Glas erneut, nahm einen großen Schluck und zog sich an. Es war ihm unbegreiflich, wieso Menschen in dieser Hitze Anzüge trugen. Aber es war ein Staatsempfang, und er wollte nicht auffallen. Einfach nur ein Geschäftsmann auf der Suche nach einem guten Deal.

Smoulders kam pünktlich. Sie fuhren durch die Stadt, bis sie vor einem weißen Gebäude mit drei Kuppeln darauf hielten.

„Kein Land ist zu arm für einen ordentlichen Präsidentenpalast, nicht wahr?", sagte Smoulders.

Er schien Wills Gedanken erraten zu haben und grinste ihn an.

„Hab zumindest noch keins gesehen, wo es anders war.", sagte Will.

Das Tor in dem hohen Zaun wurde geöffnet. Ein Wachsoldat schaute in den Wagen, nickte, dann rollten sie langsam auf das Gebäude zu. Sie wurden in einen Festsaal geführt, der bereits für ein Bankett eingedeckt war. Ein kleines Orchester spielte dezent klassische Musik. Männer in Anzügen standen im Raum verteilt und hielten sich an Drinks fest. Elegante Frauen in Abendkleidern unterhielten sich angeregt, lachten und stießen mit Champagner an. Smoulders schaute sich um, hob grüßend den Kopf und steuerte auf eine kleine Gruppe von Männern zu, die sich unterhielten. Einer von ihnen nickte zurück, löste sich aus der Gruppe und kam auf sie zu.

„Hallo Martin", sagte Smoulders, „Darf ich Dir Frank Harrison vorstellen?"

„Freut mich", sagte er und schüttelte Will die Hand, „Martin Bowers. Nenn mich Martin."

„Frank.", sagte Will.

„So, Frank, was führt Dich in die Perle der Karibik?"

„Geschäfte."

„Neueinsteiger?"

„Nicht direkt. Aber neu in Haiti."

„Ein Land der Möglichkeiten, das kann ich Dir sagen. Was ist Dein Spezialgebiet?"

„Ich habe ein Bauunternehmen. Luxushäuser. Erdbebensicher, orkansicher, schimmeln nicht und halten selbst Beschuss stand."

„Ich mag Deinen Humor, Frank. Klingt nach etwas, dass sie hier gebrauchen können. Zumindest diejenigen, die es sich leisten können."

„So habe ich es auch gehört."

„Entschuldigt mich kurz.", sagte Smoulders, „Martin, vielleicht kannst Du Frank mit ein paar Leuten bekanntmachen."

Er klopfte den beiden auf die Schulter und ging dann durch den Raum auf einen Mann zu, der eine hochrangige Militäruniform trug.

„Das sollten wir hinbekommen. Also, Frank, was weißt Du über Haiti?"

Mehr als Du denkst, dachte Will.

„Ich habe die Zeitungen verfolgt", sagte er, „Viel mehr aber auch nicht. Der alte Präsident hat also abgedankt?"

Bowers lachte.

„So könnte man es sagen, ja. 'Papa Doc' Duvalier ging es gesundheitlich nicht mehr so gut. Er hat es natürlich geahnt und kurz vorher noch das Mindestalter für den Staatspräsidenten heruntergesetzt auf zwanzig Jahre. Damit war dann die Nachfolge auch geklärt. Sein Sohn Baby Doc schlägt ganz nach seinem Alten. Ein Dummkopf ist er nicht. Weiß, wie man sich hält. Aber er übertreibt."

„Inwiefern?"

„Nicht hier. Ich habe schon viel zu viel gesagt. Die Wände haben Ohren, und ich möchte mir meine Beziehungen nicht verderben."

„Okay. Wo dann?"

„Morgen Abend. Ich schicke Dir einen Fahrer zum Hotel. Um sieben. Die haitianische Küche kann sich sehen lassen."

„Gut."

„Wenn Du mich jetzt entschuldigst, Frank, ich muss kurz dort drüben mal Hallo sagen."

„Selbstverständlich!"

Bowers klopfte ihm auf die Schulter und ging zu einer Gruppe von Männern, die sich um einen jungen Mann in Militäruniform scharte. Will wollte sich gerade einen neuen Drink besorgen, als Smoulders sich wieder zu ihm gesellte. Er hatte einen Mann mittleren Alters im Schlepptau.

„Frank", sagte er zu Will, „Darf ich Dir einen guten Freund und Geschäftspartner vorstellen?"

Will stellte sein Glas auf einem Bistrotisch ab und streckte die Hand aus.

„Harrison. Frank Harrison. Sehr erfreut!", sagte er höflich und musterte den Mann.

Er war eher klein als groß, schlank und in auffälligem Gegensatz zu den übrigen Anwesenden nicht in dunkler Abendgarderobe gekleidet. Stattdessen trug er ein Jackett aus blauem Samtstoff, eine passende Hose, die kurz unter den Knien aufhörte und weiße Kniestrümpfe auf Gamaschen. Über sein weißes Rüschenhemd hatte er eine silbrigblaue Seidenfliege geknotet. Sein schulterlanges Haar trug er offen und in der Mitte gescheitelt. Zu allem Überfluss trug er einen Gehstock mit einer goldenen Kugel darauf. Er erinnerte Will an eine Mischung aus Oscar Wilde und Willy Wonka.

„Henri Dieudonné. Die Freude ist ganz auf meiner Seite, Monsieur Frank Harrison.", sagte er mit starkem französischem Akzent.

„Ich lasse euch kurz allein.", sagte Smoulders und verschwand.

Dieudonné legte seinen Arm um Wills Schulter und schob ihn sachte in Richtung der Glasfront, die den Bankettsaal vom Garten trennte. Will sah auf die Hand, riss sich aber zusammen und ließ sich von dem seltsamen Mann nach draußen geleiten. Unterwegs griff Dieudonné nach einem Glas, das gerade auf einem Tablett an ihnen vorbeigetragen wurde, drückte es Will in die Hand und nahm sich selbst auch eines. Sie traten durch die hohe Tür auf eine Terrasse. Vereinzelt standen Männer herum, rauchten und unterhielten sich gedämpft.

„Wollen wir ein Stück lustwandeln, mein Freund?", fragte Dieudonné und ging, ohne eine Antwort abzuwarten, voraus in einen weitläufigen, kunstvoll angelegten Garten. Versteckte Scheinwerfer beleuchten dezent-effektvoll Gruppen von Pflanzen, einige hohe Bäume und Wasserbecken mit Springbrunnen darin. Der Franzose schwang seinen Gehstock und ging federnden Schrittes einen mit feinem Kies bestreuten Weg hinunter. Will folgte ihm. Unter einer rosenbewachsenen Kuppel blieb er stehen.

„Es ist langweilig dort drinnen, finden Sie nicht auch, Mr. Harrison?"

„Etwas, ja."

„Diese Empfänge – ein notwendiges Übel. Sie bereiten kein Pläsier, sind aber eine ausgezeichnete Gelegenheit, einige Kontakte zu pflegen. Der junge Präsident, Jean-Claude Duvalier, er liebt solche Ereignisse. Sie sind eine Bühne für ihn, und er mag es, sich in Szene zu setzen. Er hat weder den Stil noch die Gelehrsamkeit seines Vaters. Dafür ist er umso besessener davon, sich zu profilieren und mit mächtigen Männern zu umgeben. Er lässt streng darauf achten, wer zu seinen Empfängen erscheint, und er nimmt es sehr krumm, wenn jemand fernbleibt, der geladen wurde."

„Ich verstehe.", sagte Will, der nicht so recht wusste, wie er antworten sollte und worauf dieser Mann hinauswollte.

Der Franzose plauderte weiter über Belanglosigkeiten und die Abwesenheit höherer Kultur auf Haiti. Irgendwann gingen sie wieder hinein und mischten sich unter die Leute. Der Abend verlief für Will langweilig, allerdings mit opulentem Essen sowie ausgezeichnetem Wein und Rum. Gegen Mitternacht machte er sich mit Smoulders auf den Weg. Am Ausgang wurden Sie von Dieudonné aufgehalten.

„Monsieur Frank Harrison! Es hat mich gefreut, Ihre Bekanntschaft gemacht zu haben. Ich denke, wir werden exzellente Geschäftsbeziehungen aufbauen! Wären Sie so freundlich, mir Ihr Hotel zu nennen? Ich würde Ihnen gern ein kleines Willkommenspräsent zukommen lassen."

Will nannte ihm die Adresse.

„Wundervoll, Mr. Harrison. Wir sehen uns dann morgen zum – wie sagt ihr Amerikaner? – Zum Lunch! Es hat mich gefreut, Sie getroffen zu haben."

Sie verabschiedeten sich und fuhren zurück zum Hotel.

„Wie war der Abend, Mr. Frank Harrison?", fragte Smoulders grinsend und ahmte mit hörbar schwerer Zunge Dieudonnés Akzent nach.

„Nicht meine Vorstellung von Spaß. Aber das Essen war ausgezeichnet."

„Ja. Ich bin auch immer wieder überrascht."

„Wenn man bedenkt, dass Haiti fast alle Lebensmittel

importieren muss, umso mehr.", sagte Will.

Smoulders sah ihn schräg von der Seite an, dann lachte er laut.

„Sie hätten Politiker werden sollen mit dieser Einstellung. Sozialistischer Politiker."

Die Limousine hielt vor dem Hotel. Will verabschiedete sich, ging auf sein Zimmer und zog den Anzug aus.

Er war gerade unter der Dusche, als es an der Tür klopfte. Will ließ das Wasser laufen, ging zum Schrank und griff nach seinem Colt Government .45. Er stellte sich seitlich an die Wand, griff mit der linken Hand an den Knauf und hielt die Waffe auf die Tür gerichtet.

„Wer ist da?"

Von draußen vernahm er Gekicher. Zwei weibliche Stimmen schnatterten leise etwas auf Kreol, dann sagte eine in gebrochenem Englisch:

„Wir überbringen einen Willkommensgruß von Monsieur Dieudonné."

Will ließ die Waffe sinken, schlang sich ein Handtuch um die Hüften und öffnete.

Er erwachte mit dem Sonnenaufgang. Die beiden Willkommensgrüße waren zwei Stunden nach Mitternacht wieder verschwunden. Sein neuer Freund und Geschäftspartner hatte einen guten Geschmack, das musste man ihm lassen. Ihm war leicht schwindelig. Die Hitze, die kurze Nacht und der Alkohol machten ihm nicht mehr so wenig aus wie früher. Er absolvierte sein Morgenprogramm aus Klimmzügen, Liegestützen und einigen anderen Übungen, zog sich leichte Kleidung an und verließ das Hotel. Draußen war es trotz der frühen Stunde bereits wieder sehr warm. Er ging über die Straße in einen der kleinen Märkte, versorgte sich mit Zigaretten und einigen Flaschen Bier und ging zurück auf sein Zimmer. Dort las er in dem Stapel Dossiers, die Smoulders ihm mitgegeben hatte. Um halb zwölf fuhr ein Wagen vor und brachte ihn zu einem gehobenen Restaurant.

Der Kellner führte ihn zu Henri Dieudonné, der ihn an einem Zweiertisch in einer ruhigen Ecke erwartete. Als er Will kommen sah, stand er auf, straffte seinen Anzug aus rotem Samt und ging mit ausgebreiteten Armen auf ihn zu.

„Monsieur Harrison! Welche Freude, Sie wiederzusehen. Wie erging es Ihnen letzte Nacht? Haben Sie gut geschlafen?"

Er umarmte ihn. Der weiche Stoff rieb an Wills nackten Unterarmen und der Geruch von teurem, schwerem Parfum stieg ihm in die Nase.

„Ausgezeichnet, vielen Dank!"

Dieudonné legte die Hand auf Wills Oberarm und geleitete ihn zum Tisch.

„Bitte, nehmen Sie doch Platz. Sie trinken sicher ein Glas Wein mit mir, Monsieur Harrison?"

Ohne die Antwort abzuwarten reckte er den Arm und schnipste in den Raum.

„Riesling, s'il vous plaît!", rief er dem Kellner zu. Der erschien sofort mit einer Flasche Weißwein in einem silbernen Kühler voll Eis. Er zog mit ausladenden Bewegungen den Korken heraus und schwenkte ihn samt dem Korkenzieher mehrfach unter seiner Nase hindurch, wobei er hörbar die Luft einsog. Er ließ auch Dieudonné schnuppern, goss dann einen kleinen Schluck in sein Glas. Der Franzose hielt die Nase in das Glas, sog den Wein durch die Vorderzähne ein, schlürfte, blähte die Backen, spülte, schluckte endlich und nickte dem Kellner zu. Der füllte jetzt beide Gläser zur Hälfte, stellte die Flasche wieder in den Eiskühler und zog sich zurück. Dieudonné hob das Glas und prostete Will zu. Der stieß mit ihm an und nahm einen Schluck.

„Ahhh", sagte Dieudonné, nachdem er sein Glas vor sich abgestellte hatte, „Wir Franzosen hatten ja bekanntermaßen so unsere Differenzen mit den Deutschen. Aber Schwamm drüber. Ich liebe mein Frankreich! Seinen Käse, seine Weine, seine Frauen! Dennoch, zwei Dinge aus Deutschland sind einfach unübertroffen: ihre Autos, und ihr Riesling. Davon verstehen die Boches etwas. Und wer wäre ich, mich gegen Qualitätsprodukte zu verwehren, wo ich doch selbst nur beste Qualität liefere?"

„Was genau sind denn Ihre Produkte?"

„Ich bin ein bescheidener Bauer, ein Landwirt. Die Einheimischen hier verstehen nichts von Landwirtschaft, und sie erkennen nicht das Potential unserer schönen Insel. Es wächst hier ein Kaffee, Monsieur Harrison, der ist einfach unbeschreiblich. Er muss sich nicht verstecken vor Sumatra oder Brasilien. Ich betreibe in allen drei Ländern Plantagen und kann mit Fug und Recht behaupten, die beste Qualität bekomme ich hier in Haiti. Aber genug von mir. Sie sagten, Ihre Profession ist Bauunternehmer, Monsieur Harrison?"

„Ganz Recht. Unternehmer, Investor, Kulturfreund."

„Wundervoll! Und was führt Sie nach Haiti?"

„Die Nachfrage soll steigen, wird gemunkelt."

„Das ist tatsächlich ein interessanter Punkt, ein sehr interessanter Punkt. Aber bevor wir zum Geschäftlichen kommen, lassen Sie uns erst etwas essen. Quand le vin est tiré, il faut le boire, nicht wahr? Wenn der Wein geöffnet ist, soll man ihn trinken!"

Er hob sein Glas, prostete Will zu und trank es in einem Zug aus. Dann klatschte er in die Hände. Sofort erschien der Kellner hinter dem Vorhang und brachte auf einem Tablett eine gebratene Ente mit Kartoffeln und einer dunklen Sauce, dazu Gemüse und allerlei andere Beilagen. Dieudonné langte herzhaft zu und ermunterte Will immer wieder, es ihm gleich zu tun. Nach einer halben Stunde wischte er sich die Hände an der Serviette ab.

„Wo dies nun vollbracht ist, Monsieur Harrison, sollten wir es uns etwas gemütlicher machen, finden Sie nicht auch?"

Er winkte erneut dem Kellner, der sie in einen separaten Raum im hinteren Teil des Restaurants führte. Dieudonné ließ sich in einen der Sessel fallen und strich langsam mit der Hand über den roten Samtbezug, der exakt dieselbe Farbe seines Anzugs hatte. Will kniff die Augen zusammen. Für einen Moment schien es, als wäre der Franzose mit dem Möbelstück verschmolzen. Der Kellner stand unauffällig an der Seite.

„Nun, nachdem wir ausgiebig gesättigt sind, sollten wir uns dem roten Wein zuwenden. Kann ich Sie für einen Châteauneuf du Pape begeistern?"

„Ich bin sicher, der Wein ist ausgezeichnet, aber er wäre verschwendet an mich. Ich bin eher an Whiskey gewöhnt."

„Ihr Amerikaner habt einfach einen sehr anderen Sinn für Geschmack. Kellner? Bringen Sie mir bitte eine Flasche Châteauneuf. Für meinen Gast hier ein Glas Albert de Montaubert."

Er wandte sich wieder an Will.

„Es ist zwar kein Whiskey, aber Sie werden sehen, es wird Ihnen gefallen. Ein Cognac, einer der besten der Welt. Eine grandiose Farbe, eine Tiefe, ein Geschmack – unvergleichlich."

Sie stießen an und tranken schweigend. Will saß in seinem Sessel und gab sich erwartungsvoll entspannt. Dieudonné machte ein großes Brimborium um den Rotwein, stellte schließlich sein Glas ab und brach das Schweigen.

„Es gibt natürlich einen Grund, warum wir uns treffen, Monsieur Harrison. Ich bin durchaus daran interessiert, zu investieren. Andere Geschäftszweige sind interessant, verstehen Sie? Ich habe schon immer die Maxime vertreten, mehr als ein Standbein zu haben. Was meinen Sie, könnte man nicht Port-au-Prince zu einem zweiten Havanna machen, jetzt, wo es auf Kuba nicht mehr so gut läuft für euch Amerikaner?"

„Woran haben Sie gedacht?"

„Nun, ich denke, es gibt sicher einen hohen Bedarf. Glücksspiel, Drogen, Mädchen, und all das Geld, was damit verdient wird – es muss doch irgendwo hin! Hier ist es warm, es gibt reichlich günstige Arbeitskräfte, die Strände sind traumhaft und die Mädchen schön. Außerdem darf man sich auf Haiti etwas freier ausleben als, sagen wir, in unseren Heimatländern. Es gibt viele Männer mit Bedürfnissen, und für sie ist es eine willkommene Abwechslung, etwas herauszukommen. Ich rede von Hotels, Casinos, Bars, Restaurants. Wir könnten ein Imperium schaffen, Sie und ich!"

„Ich hatte hier zunächst an kleinere Projekte gedacht. Privathäuser, Villen, etwas in der Art. Erdbebensicher und an das tropische Wetter angepasst. Das politische Klima lässt jede größere Investition zum Risiko werden."

„Kommen Sie schon, Monsieur Harrison. Denken Sie groß! La chance sourit aux audacieux, n'est-ce pas? Das Glück ist mit den Unerschrockenen! Ich würde gern über einige meiner Projekte mit Ihnen sprechen."

Er prostete Will zu.

Dieudonné musste Geld haben wie Heu, das stellte er sehr schnell fest. Millioneninvestments waren für ihn eher Spiel als Notwendigkeit. Er hatte Visionen für diese Insel, die Will nicht geteilt hätte, selbst wenn er der Mann gewesen wäre, für den er sich ausgab. Müde und einigermaßen betrunken ließ er sich am späteren Nachmittag wieder in sein Hotel bringen.

Nachdem er zwei Stunden geschlafen hatte, weckte ihn der Fahrer, der an die Zimmertür klopfte. Martin Bowers hatte in ein einfaches haitianisches Restaurant geladen. Will war noch satt von seinem Lunch mit Dieudonné und brachte nur wenig von seinem Essen hinunter.

„Schmeckts Dir nicht, Frank?", fragte Bowers.

„Doch, schon. Ich bin nur noch satt vom Mittag."

„Verstehe. Also, Frank, woher kennst Du Smoulders?"

„Wir kennen uns nicht wirklich gut. Der Kontakt kam über die Botschaft zustande. Sie wollen amerikanisches Investment auf Haiti fördern."

„Ahja. Und in was willst Du investieren, Frank?"

„Ich bin mir noch nicht sicher. Mein Plan war, erstmal die Lage zu sondieren und mit einigen kleineren Bauprojekten zu beginnen. Sozusagen als Testballon."

Bowers nickte und bestellte neues Bier. Die Flasche war groß und mit einer Eisschicht überzogen. Sie hoben die Gläser und stießen an. In der nach vorn gelehnten Haltung verharrend kam er Will mit dem Kopf sehr nah.

„Unter uns", sagte er in gedämpftem Ton, „Ich würde die Finger davon lassen. Ich selbst bin gerade dabei, mich aus Haiti zurückzuziehen. Unauffälliges Divestment, damit niemand nervös wird. Du weißt ja, wie es ist – wenn die Leute Angst bekommen, verkaufen sie ohne Sinn und Verstand. Die Preise purzeln ins Bodenlose, und Du bekommst nie wieder einen Fuß auf den Boden. Im Prinzip genauso, wie wenn die Leute gierig werden, nur andersrum. Das war schon immer meine Regel – früh einsteigen, rechtzeitig aussteigen. Dieses ganze Gerede von Haiti als neuem Kuba, das kannst Du vergessen. Baby Doc ist ein größenwahnsinniger Spinner. Die Sache geht nicht lange gut."

„Danke für die offenen Worte, Martin! Aber warum erzählst Du mir das Alles?"

„Weiß ich selbst nicht. Ich mag Dich! Und mal ehrlich, Du bist Amerikaner. Wir müssen zusammenhalten! Zumindest ein paar anständige Leute braucht die Welt doch noch."

„Wie meinst Du das, anständig?"

„Ich will hier keine Gerüchte in die Welt setzen, aber gerade solche Leute wie Dieudonné – ich mache mit denen keine Geschäfte. Der Kerl ist nicht, wer er zu sein vorgibt."

„Wie kommst Du darauf?"

„Ich habe keine Beweise, wenn Du das meinst. Aber er ist in irgendwelche Schweinereien verstrickt. Es ist so sicher wie das Amen in der Kirche, dass dieser Hund krumme Dinger dreht. Er hat Kaffeeplantagen, ja. Aber er hängt auch in anderen Sachen drin. Meine Vermutung wären Drogen, aber das ist wie gesagt nur eine Vermutung. Ich will keine Gerüchte in die Welt setzen. Vielleicht solltest Du Dir mal einige seiner Liegenschaften genauer ansehen."

„Woran denkst Du da?", fragte Will.

„Zum Beispiel den alten Militärflugplatz, den er vor einiger Zeit gekauft hat. Oder zumindest nutzt. Niemand weiß so ganz genau, wo er ist. Ich vermute, es ist eine der alten Pisten im Dschungel, nordöstlich von Port-au-Prince."

„Und wie kommst Du darauf, dass ich Interesse habe, mir sowas anzusehen? Ich bin Bauunternehmer."

„Nimm es mir nicht übel, Frank, aber wir haben uns am Empfang gestern eine Weile unterhalten. Du bist doch kein Bauunternehmer! Du hast vom Bauen so viel Ahnung wie ich von Kaffeeplantagen. Gerade genug, um unter Laien nicht aufzufallen. Und dann kommst Du in Begleitung von Smoulders, der schmierigsten Ratte in der ganzen Botschaft. Da muss ich kein Experte sein, um zu wissen, was los ist."

„Und was ist Deiner Meinung nach los?", bohrte Will

nach.

„Komm schon, muss ich es wirklich sagen? Politischer Umbruch, unsichere Lage, ein Haufen Marines im Land – Uncle Sam will die Lage unter Kontrolle behalten."

„Ich frage Dich nochmal, Martin. Warum erzählst Du mir das alles? Tut mir leid, aber ich glaube nicht an Altruismus als Motivator. In bin nicht naiv."

„Glaube, was Du willst, das ist nicht meine Sache. Ich kann es Dir nur so sagen, wie es ist. Ich bin Geschäftsmann. Ein Schlitzohr vielleicht, aber ein ehrliches Schlitzohr. Ich bescheiße meine Partner nicht. Ich stehe zu meinem Wort. Ich schütze meine Assets, was auch immer das gerade sein mag. Und ich mache keine Geschäfte mit Verbrechern. Sicher, ich nutze die Vorteile der Länder, in denen ich arbeite. Hier zum Beispiel die niedrigen Lohnkosten. Aber die meisten Menschen in Haiti sind mit einem Dollar am Tag schon gut bedient. Und ich zahle deutlich mehr! Meine Mitarbeiter sind loyal, ehrlich, fleißig – eben weil ich sie gut behandle. Sie haben eine Gesundheitsversorgung, ein Dach über dem Kopf und genug Geld für sich und ihre Familien. Leben und leben lassen, so sehe ich es. Ich habe genug, mehr als genug. Ich muss nicht Abraham Lincolns Erbe beschmutzen, indem ich auf irgendeiner Insel Sklaven für mich arbeiten lasse. Jedenfalls: in letzter Zeit verschwanden immer mehr meiner Leute, oder besser gesagt, sie erschienen nicht mehr zur Arbeit, was ungewöhnlich ist. Ich bin der Sache nachgegangen, aber aus niemandem war etwas herauszubringen. Wenn ich die Leute überhaupt angetroffen habe, bekam ich nur fadenscheinige Ausreden oder sehr offensichtliche Lügen aufgetischt. Auch das ist ungewöhnlich, denn meine Leute wissen, dass sie sich mit ihren Problemen an mich wenden können. Und normalerweise tun sie das auch. Aber jetzt haben sie wahnsinnige Angst vor den Tontons Macoutes, die überall herumlungern. Und gegen die kann ich nichts ausrichten. Wusstest Du, dass wir sie ausbilden? Ich meine, die Tontons Macoutes? Sie werden von den Marines in allen möglichen Dingen geschult. Und sie nutzen es nicht für gute Taten! Wie dem auch sei, hinter all dem Schweigen und der Angst kamen doch immer wieder Andeutungen durch. Meist wurden sie mir anonym zugespielt. Und immer wieder tauchte diese Franzosenschwuchtel auf. Ein Franzose in seltsamer Kleidung, so nannten sie es, glaube ich. Kann niemand anders sein als dieser Dieudonné. Mir wächst die Sache über den Kopf. Ich bin raus. Es stinkt mir gewaltig, und ich schlafe nachts schlecht deswegen, aber was soll ich machen? Ich kann meine Leute nicht schützen, nicht unter diesen Bedingungen, nicht in diesem Land. Ich habe es versucht. Habe Sicherheitspersonal angeheuert. Aber vor Ort lässt sich niemand finden, und die amerikanischen Sicherheitsunternehmen dürfen zwar meine Anlagen schützen, aber sobald sich meine Leute auf öffentlichem Grund bewegen, sind sie Freiwild. Ich bin auch bei der Botschaft vorstellig geworden und habe um Unterstützung gebeten. Und jetzt darfst Du raten, zu wem die mich geschickt haben."

„Smoulders.", sagte Will.

„Genau. Und der hat mich abgespeist, jede Verzögerungstaktik genutzt, leere Versprechen gemacht und Nebelkerzen geworfen. Wenn ich wetten müsste, ich würde mein gesamtes Vermögen darauf setzen, dass er irgendwie in der Sache drinhängt. Ich erzähle Dir das, weil ich hoffe, dass Du etwas tun kannst. Wer auch immer Du bist. Die Agency hat einen langen Arm."

Bowers kippte sein Bier herunter, warf ein Bündel Geldscheine auf den Tisch und stand auf.

„Schau Dir das Flugfeld an. Das wäre mein Tipp. Es ist der Schlüssel zu dem, was hier läuft. Ich sitze morgen im Flieger nach Hause, trinke Champagner und versuche, diese verdammte Insel zu vergessen. Von jetzt an wird es hier nur noch Chaos geben. Machs gut! Viel Glück!", sagte er und drehte sich zum Gehen um. Er hielt kurz inne, kam nochmal zurück und beugte sich zu Will hinunter.

„Ach, noch eine Sache, Frank", sagte er sehr leise, „Ich bin nicht der Einzige, dem Dinge auffallen. Und Dinge sprechen sich hier sehr schnell rum. Es wird also nicht lange ein Geheimnis bleiben, wer Du bist. Vermutlich ist es schon jetzt keines mehr. Und hüte Dich vor Smoulders. Wenn Du ihm querkommst, wird er Dir Probleme bereiten."

Bowers drehte sich um und verließ eiligen Schrittes das

Restaurant. Will blieb sitzen, bestellte sich noch ein Bier und dachte über das nach, was er gehört hatte. Sein Instinkt sagte ihm, dass er Bowers trauen konnte.

Will schaute durch das Spektiv. Er hatte Dieudonné im Sucher, endlich. In seiner flamboyanten Art schritt er auf einen Hangar zu und schwang dabei seinen Spazierstock. Mehrere Tage hatte er hier gewartet, bis der Franzose auftauchte. Auch heute lag er bereits seit zehn Stunden in seinem Versteck. Sein Brustkorb war gedrückt vom Liegen, und das Atmen bereitete ihm Schmerzen. Es hatte nicht lange gedauert, bis er auf das alte Flugfeld gestoßen war. Das Gelände lag versteckt und überwuchert im Dschungel, war aber auf den Militärkarten verzeichnet, zu denen er Zugang hatte. Es war nicht schwer, einen guten Beobachtungsposten zu finden. Die Gebäude waren intakt und die Piste auch für größere Flugzeuge nutzbar. Überall auf dem Gelände verteilt lungerten Milizen herum. Die Tontons Macoutes trugen große Sonnenbrillen und Macheten.

In regelmäßigen Abständen kamen Lastwagen auf das Gelände gefahren. Die Milizen schubsten Menschen von den Ladeflächen, Männer, Frauen und Kinder gleichermaßen. Zuerst mussten sie an einem Milizionär vorbei, der an einem Tisch im Schatten über dicken Büchern saß und Vermerke machte. Anschließend wurden sie in die Hangars getrieben. Manche kamen wieder heraus, kletterten auf die Lastwagen und wurden abtransportiert. Aus den Gebäuden hörte er entfernte Schreie, einige halb erstickt, andere laut und aggressiv. Bowers hatte Recht. Irgendetwas stank hier ganz gewaltig.

Er wusste nur noch nicht, was. Die Nacht kam mit tropischer Geschwindigkeit und hüllte die Szenerie in Finsternis. Es wurde ruhiger. Auf dem Flugfeld und in den Gebäuden liefen die Operationen anscheinend nachts nicht weiter. Dieudonné war am späteren Nachmittag wieder aufgetaucht, in seine Limousine gestiegen und verschwunden. Will schraubte den Schalldämpfer auf die Pistole und machte seine Kamera bereit. Die restlichen Sachen ließ er liegen. Er würde später hierhin zurückkehren. Vorsichtig ließ er sich den Hügel hinabgleiten und schlich von der Rückseite an das Areal heran. Hier waren keine Wachtposten aufgestellt. Man fühlte sich offenbar sehr sicher. Nur am vorderen Tor zum Flugfeld standen in zwei Holzhäuschen einige gelangweilte Posten herum. Will zog die Sturmhaube vor sein Gesicht. Er hakte das kleine Instrument, einem Flaschenzug nicht unähnlich, an dem Zaun ein und hob das Drahtgeflecht einen halben Meter über den Boden. Mit einer gekonnten Bewegung rutschte er hindurch, orientierte sich und lief auf einen der Hangars zu, aus denen er früher am Tag die Schreie gehört hatte. Die Tür an der Rückseite hatte nur ein einfaches Schloss. Will langte nach seinem Satz mit Dietrichen, besann sich und fasste an den Griff. Sie war nicht verschlossen. Er schüttelte den Kopf, schlüpfte in das Gebäude und zog die Tür vorsichtig hinter sich zu. Drinnen brummten leise einige Geräte, ansonsten war alles ruhig. Es klang wie Kühlschränke. In der großen Halle war es heiß und roch nach etwas, dass ihm bekannt vorkam. Der Gestank von Lazarett, einem unsauberen, behelfsmäßigen Krankenhaus, wie er sie im Krieg so oft gesehen hatte. Und nach geronnenem Blut. Er schlich sich vorsichtig weiter. Es war dunkel, nur einige Notleuchten an den Wänden spendeten schwaches Licht. Will setzte das Nachtsichtgerät auf und schaltete den Passivbetrieb ein. Seine Umgebung wurde sofort in einen grünlichen Schimmer gehüllt. Er erkannte Krankenbahren, medizinische Instrumente und Infusionsbeutel. Aus der Mitte des Raumes hörte er leises Stöhnen. In dem grünlichen Schimmer seiner Nachtsichtbrille erkannte er eine Gestalt, die auf einer Bahre lag. Vorsichtig manövrierte er sich durch die Reihen hindurch und blieb vor einem Mann von vielleicht dreißig Jahren stehen, der ihn mit weit aufgerissenen Augen ansah wie ein Gespenst. Will schaltete das Nachtsichtgerät aus, setzte es ab und zog die Haube herunter. Als er das menschliche Gesicht sah, wollte der Mann etwas sagen. Will legte ihm die Handfläche fest über den Mund.

„Schhh!", machte er und der Mann nickte. Will sah, dass seine Arme und Beine mit breiten Lederriemen an die Bahre geschnallt waren. Er nahm die Handfläche wieder vom Mund des Mannes.

„Was geht hier vor sich?", fragte er.

„Blut. Tontons Macoutes sammeln Blut."

„Warum? Wofür?"

„Der weiße Franzose verkauft es!"

Ein Lichtschein von einer der Notleuchten lag auf dem Mann, und Will schaute genauer hin. Er war völlig abgemagert und für einen Schwarzen selbst in dieser Dunkelheit von seltsam gräulicher Farbe. Seine Stirn glühte vor Fieber.

„Warum bist Du noch hier, und die anderen nicht?"

„Mein Blut ist selten. Sie geben mir Saft in meine Adern und holen alle drei Tage Blut heraus. Sehr viel. Ich werde ohnmächtig, wache wieder auf, werde wieder ohnmächtig."

„Wie lange bist Du schon hier?"

„Ich weiß es nicht. Lange. Tage. Wochen. Ich weiß es wirklich nicht. Lass mich raus, bitte! Nimm mich mit!"

„Ich fürchte, das wird nicht möglich sein.", sagte Will und zog die Maske wieder vor sein Gesicht.

„Nein", stöhnte der Mann und begann, mit den Beinen schwach an seinen Fesseln zu reißen, „Bitte. Ich werde schreien! Dann kommt keiner von uns hier raus."

Will legte ihm wieder die Hand über den Mund. Er musste nachdenken. Dieser arme Kerl war halb wahnsinnig. Es war ein Risiko, ihn hier zu lassen, denn er könnte tatsächlich Lärm schlagen. Ihn mitnehmen konnte er aber auch nicht. Wahrscheinlich konnte der arme Trottel in seinem Zustand noch nicht mal laufen. Also blieb ihm nur ein Weg. Aber nicht jetzt, noch nicht. Jemand könnte ihn finden. Andererseits würde sich vermutlich niemand darüber wundern, wenn ein Mann in diesem Zustand nachts starb. Er sah sich um und fand auf der leeren Liege neben sich eines der losen Lederbänder, mit denen man die Menschen fesselte. Damit ginge es leise und unauffällig. Die Würgemale würde allerdings jeder erkennen, auch, wenn er kein Arzt war. Und garantiert gab es hier Ärzte. Es gab immer Ärzte bei solchen Schweinereien, das hatte er schon in Deutschland gelernt. Er beugte sich zu dem armen Teufel hinunter und schaute ihm in die Augen.

„Willst Du leben?", fragte er. Der Mann nickte heftig.
„Gut. Dann hör mir genau zu. Ich muss hier noch was erledigen. Kann etwas dauern. Eine Stunde, vielleicht sogar zwei. Wenn Du still bist, komme ich wieder und hole Dich hier raus. Wenn Du Lärm machst, gehe ich allein weg. Klar?"
Der Mann nickte wieder und schniefte.
„Okay. Also Schhhh!", machte Will und ließ die Hand über dem Mund mit den großen weißen Zähnen locker. Er zog die Sturmhaube über seinem Gesicht glatt und setzte das Nachtsichtgerät auf. Mit schnellen, präzisen Bewegungen schlich er aus der Halle hinaus und über das Gelände zu dem Gebäude, in das er Dieudonné hatte gehen sehen. Es war anscheinend der Verwaltungsbau. Er stieg hinter dem zweistöckigen Haus eine Kellertreppe hinab, die offen stand, und fand innen die Treppe hinauf ins Erdgeschoss. Auch hier gab es keine Wachen und alles schien ruhig. Leichtsinnig, aber gut für ihn. Er durchkämmte leise das untere Stockwerk, fand aber außer einer Küche, einer Abstellkammer mit Putzmitteln und einem Aufenthaltsraum voller Sofas nichts. Im oberen Stockwerk stieß er auf ein Büro mit Aktenschränken, einem Schreibtisch und einem Telefon. Er öffnete einen der Schränke, griff einen Ordner heraus und blätterte ihn durch. Auf dem dünnen Papier fand er Tabellen mit Namen, Adressen, Geburtsdaten, Geschlecht und Blutgruppe. Dahinter standen jeweils eine Reihe Daten und Angaben in Milliliter. Er hielt die Kamera darüber und fotografiert in dem Licht des winzigen Lämpchens etwa zwanzig Seiten. Dann durchsuchte er weiter den Aktenschrank. In einem weiteren Ordner fand einen Stapel mit Luftfrachtbriefen, ausgestellt auf eine von Dieudonnés Firmen. Von unten vernahm er plötzlich die Tür, ein polterndes Geräusch und das Geklapper von Gläsern. Stimmen waren zu hören. Er fotografierte hastig einige der Frachtbriefe, verstaute alles wieder in dem Schrank und schlich in Richtung Ausgang. Schwere Schritte kamen die Treppe hinauf. Hatte dieser armselige Kerl ihn doch verpfiffen? Die Schritte näherten sich der Bürotür. Will schaute sich um, glitt durch die Tür hinter dem Schreibtisch hinaus auf den ge-

räumigen Balkon und schwang sich über das Geländer. Für einen Moment blieb er an der Balustrade hängen und schaute hinunter. Es war nicht besonders hoch. Er ließ sich fallen, federte den Sturz aus den Knien ab, drückte sich an die Hauswand und nahm die Pistole in Anschlag. Oben im Büro wurde das Licht eingeschaltet. Er konnte gedämpfte Stimmen hören. Hier draußen blieb alles ruhig. Er schlich zurück zum Hangar, fand das Bett wieder und öffnete die Lederriemen. Der Mann richtete sich auf.

„Kannst Du laufen?", fragte Will. Der Mann nickte, ließ sich von der Bahre gleiten und knickte sofort mit beiden Beinen ein. Er fiel hin, griff nach der Liege neben sich und klammerte sich daran fest. Scheppernd fiel ein Tablett mit medizinischem Besteck zu Boden. Will hob die Waffe und richtete sie auf den Kopf des Mannes.

„Nononono!", sagte der, hob abwehrend die Handflächen und schaute ihn mit entsetzten Augen an, „Nur eine Minute. Ich kann gehen! Ich kann gehen! Nur eine Minute!"

Will seufzte, duckte sich und wartete. Alles in der Halle blieb ruhig.

„Okay.", sagte er und zog den Mann auf die Beine. Tatsächlich hatte der sich schnell erholt und folgte ihm leise und mit einigermaßen sicheren Bewegungen zur Tür. Will glitt hindurch und lief geduckt auf die Stelle im Zaun zu, die er geöffnet hatte. Er ließ den Mann vor, rutschte selbst hindurch und senkte den Zaun wieder ab. Niemand würde erkennen, dass hier jemand eingedrungen war. Mit etwas Glück würde bis zum Morgen niemand seinen Begleiter vermissen. Bis dahin waren sie über alle Berge. Davor kam aber noch der schwierige Teil – mit diesem völlig ausgezehrten Gespenst im Schlepptau den Hügel hinauf bis zu seinem Lager. Dort oben musste er seine Spuren gründlich verwischen. Er glaubte zwar nicht, dass die Tontons Macoutes das Umland nach versteckten Beobachtungspositionen absuchen würden, aber es war auch nicht auszuschließen. Je weniger Spuren er hinterließ, desto besser. Aber der Mann schaffte es. Oben legte er sich ins Gras und keuchte.

„Wasser.", sagte er.

Will half ihm auf und gab ihm seine Feldflasche. Der

Mann trank gierig, und Will nahm ihm die Flasche wieder weg.

„Nicht zu viel!", sagte er. Will gab ihm einen Beutel Feldration, eine zu Brei verarbeitete Astronautennahrung mit Nähr- und Mineralstoffen. Das Zeug schmeckte scheußlich, enthielt aber alles, was man brauchte. Er riss die Packung auf und verschlang gierig die graue Pampe.

„Fantastisch!", sagte er, nahm noch einen Schluck Wasser und gab Will die Flasche zurück. Der hatte in der Zwischenzeit seine Ausrüstung zusammengepackt.

„Wie heißt Du?", fragte er.

„Antoine. Und Sie?"

„Smith."

„Amerikaner?"

„Unwichtig. Je weniger Du über mich weißt, desto besser. Wo wohnst Du, Antoine?"

„In Port-au-Prince. Ich war Koch. Aber dorthin kann ich nicht zurück. Die Tontons Macoutes würden mich sofort finden."

Er überlegte.

„Vielleicht kann ich mich bei meiner Schwester auf dem Land verstecken."

„An der nächsten Straße steht mein Auto. Wenn Du willst, kannst Du Dich im Kofferraum verstecken und ich bringe Dich, wohin Du möchtest. Wenn Du mir ein paar Fragen beantwortest."

„Natürlich. Was wollen Sie wissen?"

„Später. Jetzt erstmal weg von hier."

Antoine gab ihm eine kurze Wegbeschreibung, legte sich bereitwillig in den Kofferraum und zog die Klappe zu. Will fuhr zu der angegebenen Adresse. Die Straße war holprig und die Fahrt dauerte über zwei Stunden. Kurz vor dem kleinen Dorf hielt er an und ließ Antoine aussteigen. Hier auf dem Land war es weniger gefährlich, aber die Tontons Macoutes waren überall, und man musste vorsichtig sein. Antoine würde den Rest der Strecke zu Fuß gehen.

„Danke. Vielen, vielen Dank.", sagte Antoine und streckte sich.

Er war groß gewachsen und vor seinem Aufenthalt in

dem Hangar sicher ein kräftiger und trainierter Mann.
„Wann wollen wir reden?"
„Morgen. Geh jetzt zu Deiner Schwester und ruhe Dich aus. Ich komme morgen nach Einbruch der Dunkelheit. Wo finde ich Dich?"
„Fahren Sie durch das Dorf. Am Ende geht ein Weg rechts ab und hoch in den Wald. Auf der linken Seite kommt nach etwa einem Kilometer ein kleines Haus. Sie können es nicht verfehlen, es ist rot angestrichen und hat ein blaues Dach. Dort wohnt meine Schwester. Ich werde auf Sie warten."

Will nickte, stieg ein und fuhr den Weg nach Port-au-Prince zurück. An einem Checkpoint wurde er angehalten, aber dann sofort weitergewunken. Die Tontons Macoutes respektierten für den Moment die Kennzeichen des amerikanischen Konsulats und stellten keine Fragen. Will erreichte sein Hotel mit den ersten Sonnenstrahlen. An der Rezeption wurde er nach Frühstück gefragt. Er bestellte sich einige Eier, Brot und Bacon, dazu Obst, Kaffee und eine Flasche Kentucky Bourbon aufs Zimmer. Kurze Zeit später erschien der Page mit dem Servierwagen, der in diesem Hotel wie ein Relikt wirkte. Das Essen war ausgezeichnet. Will gab dem Jungen ein reichliches Trinkgeld und verbat sich jede Störung bis zum Nachmittag. Dann aß er, goss sich ein Glas Whiskey ein und begann mit seiner Arbeit. Im hinteren Teil des Zimmers richtete er sich eine behelfsmäßige Dunkelkammer ein, nahm den Film aus der Kamera und entwickelte die Bilder. Er machte größere Abzüge, so dass er den Text der Dokumente lesen konnte. Als die Bilder fertig waren, setzte er sich mit seinem Glas in den Sessel, zündete sich eine Zigarette an und schaute auf die Details. Bei ersten Dokumenten handelte es sich ganz offensichtlich um Personenlisten. Zuerst kamen die Namen, dann die Geburtsdaten. Will rechnete nach. Es waren Kinder ab zwölf Jahren dabei, niemand jüngeres und niemand über sechzig. In einer weiteren Spalte war die Blutgruppe verzeichnet. Manche Nachnamen tauchten häufiger auf. Anscheinend waren ganze

Familien zu Opfern geworden. Es folgte eine Aneinanderreihung von Daten, vermutlich die Angaben zu den Blutentnahmen. Die Abstände waren regelmäßig, alle sieben bis zehn Tage. Manche waren auch häufiger vermerkt. Hinter sieben Namen war am Ende der Zeile ein Kreuz angefügt, gefolgt von einem Datum.

„Ihr habt es dann wohl nicht geschafft", brummte Will leise vor sich hin.

Er stellte einen Zusammenhang zur Blutgruppe her. Null negativ und AB negativ waren selten und daher wohl mehr gefragt. Auch Antoines Namen fand er auf der Liste, er hatte ebenfalls AB negativ. Also unfreiwillige Blutspender, und zwar in großem Stil. Aber für wen, und warum? Er nahm den zweiten Stapel Fotos, die Bilder der Frachtbriefe, und schaute sich die Daten genauer an. Sie waren alle auf die Firma *Sang Globale S.A.R.L.* ausgestellt, eine der Firmen, die Dieudonné gehörte. Die Abnehmer waren Kliniken in den USA, Deutschland, Frankreich und Schweden. Will ließ die Bilder sinken, schenkte sich ein großes Glas Whiskey ein und schüttete es hinunter. Er drücke seine Zigarette aus, verpackte die Bilder in Umschläge und tippte auf Papier mit CONFIDENTIAL – Wasserzeichen einen kurzen Bericht auf seiner Reiseschreibmaschine. Als er fertig war, verpackte er alles in einen großen Umschlag, adressierte ihn an Deputy Director Purkett in Washington und stempelte einen EILT – Vermerk darauf. Nackt legte er sich unter das dünne Laken, die Pistole neben sich, und schlief sofort ein.

Will wurde wach, weil es ihn fröstelte. Draußen hatte es begonnen zu regnen. Er setzte sich auf die Bettkante, gähnte und zündete sich eine Zigarette an. Verschlafen schlurfte er durch das Zimmer zum Schrank und zog sich frische Kleidung über. Den Umschlag mit den Unterlagen, die Zigaretten und die Whiskeyflasche packte er in seine Reisetasche, die Pistole steckte er in den Hosenbund und zog das Hemd darüber. Es würde eine längere Fahrt werden, jetzt, wo draußen alles nass war. Unterwegs hielt er vor der Botschaft und gab dem Pförtner den Umschlag. Es dauerte über eine Stunde, bis er die Ausläufer der Stadt hinter sich gelassen hatte. Die Straßen außerhalb von Port-au-Prince waren schlecht, rutschig und durchweicht. Der Kontrollposten war noch an derselben Stelle. Er steckte seinen Kopf ins Auto und sah sich um. Als er nichts Verdächtiges sah, winkte er, und Will fuhr weiter. Kurvige Wege voller Schlamm und Schlaglöcher ließen ihn die nächsten zwei Stunden mehr rutschen als fahren. Er war außerdem damit beschäftigt, die Whiskeyflasche zwischen seinen Beinen festzuhalten und nahm ab und zu einen Schluck daraus. Als er in dem Dorf ankam, passierte er die Hauptstraße, fand die Abzweigung und auch das Haus, wie von Antoine beschrieben. Er stellte die Flasche im Fußraum ab, stieg aus und klopfte. Eine alte Frau öffnete die Tür einen Spalt, dann schlug sie ihm das Holz beinahe vor die Nase. Drinnen begann sie, laut zu schimpfen. Er hörte die Stimme von Antoine, der sie beruhigte. Die Tür öffnete sich wieder, und Antoines Gesicht erschien. Er wirkte deutlich erholter und auch wieder etwas kräftiger.

„Mr. Smith! Kommen Sie doch bitte herein."

Will folgte der Aufforderung und betrat den kleinen Raum, der an eine Küche grenzte. Er schaute sich um. Das Haus war einfach eingerichtet, aber sauber. Es roch feucht und ein wenig muffig. Der Regen hämmerte auf das Blechdach. Drei Türen führten von dem Hauptraum ab. Er öffnete alle und sah hinein. Hinter der ersten war ein Bad, hinter der zweiten ein dunkles Zimmer, in dem er schemenhaft ein Bett und einen Schrank erkennen konnte. Er knipste das Licht an, schaute unter das Bett und öffnete den einfachen Wandschrank. Es roch nach feuchtem Holz. Einige Kleider hingen darin. Die Alte kam in das Zimmer und beschimpfte ihn auf Kreol. Antoine folgte ihr und redet leise auf sie ein. Will verließ den Raum und schaltete das Licht wieder aus. Im dritten Zimmer saß eine junge Frau auf einem Bett und schaute ihn mit großen Augen an. Antoine erschien hinter ihm.

„Meine Schwester, Jacinta."

Die Alte polterte und schimpfte in der Küche herum. Will drehte sich um und schaute durch die offene Tür in den kleinen Raum mit dem Kohleherd.

„Unsere Großmutter, Dominica. Also, eigentlich ist sie nicht wirklich unsere Großmutter, aber sie hat uns aufgenommen, nachdem unsere Eltern ... Sie ist ein bisschen verrückt, aber harmlos. Und sie mag keine Weißen, insbesondere keine Franzosen. Amerikaner schon gar nicht."

Antoine zuckte entschuldigend die Schultern.

„Ich verstehe.", sagte Will knapp. „Wo können wir ungestört sprechen?"

„Hier.", sagte Antoine.

Er redete mit Jacinta, die aufstand und das Zimmer verließ. Will ging hinein und setzte sich auf einen wackeligen Stuhl an einem ebenso wackeligen Schreibtisch. Antoine nahm auf dem zerwühlten Bett Platz.

„Also, Antoine. Was kannst Du mir erzählen?"

„Über die Tontons Macoutes?"

„Ja, das auch. Aber auch über den Ort, von dem ich Dich befreit habe. Alles, was Du weißt."

„Die Tontons Macoutes nehmen sich, was sie wollen. Niemand hält sie auf. Sie entführen, foltern und ermorden Leute. Vergewaltigen Frauen. Was mit mir passiert ist, war noch harmlos. Sie haben auch unsere Eltern getötet."

„Das tut mir leid. Aber was machen sie da auf dem Flugfeld?"

„Dieser Franzose war da."

„Dieudonné?", fragte Will.

„Ich weiß nicht. Er trägt so einen roten Anzug und einen Hut. Sie holen die Leute von überall her, nehmen ihnen Blut ab, viel Blut. Dann bringen sie die Leute wieder zurück, zumindest die Meisten, und holen sie nach einer Woche wieder. Wer sich wehrt, den behalten sie da. Manche foltern und ermorden sie auch. Die Leute haben gesagt, der Franzose verkauft das Blut. Nach Amerika, für die Krankenhäuser."

„So viel habe ich auch schon herausgefunden."

„Warum wollten Sie dann noch mit mir reden?"

„Wer weiß. Vielleicht kannst Du doch noch mehr sagen. Was ist mit euren Eltern passiert?"

Antoine erzählte ihm eine lange und traurige Geschichte, wie er sie schon oft gehört hatte. Die Eltern mussten zusehen, als ihre Kinder gefoltert wurden. Dann mussten die Kinder zusehen, wie sie die Erwachsenen ermordeten. Seine Schwester war zwölf, als sie vergewaltigt wurde. Und so weiter. Will kannte es bereits, bevor Antoine nur die Hälfte erzählt hatte.

„Tut mir leid. Danke für Deine Hilfe, Antoine."

Er stand auf und wollte gehen, als die Alte ihm in die Quere kam.

„Amerikanischer Teufel!", rief sie, „Teufel! Ich sehe es an Deinen Augen! Wie die Tontons Macoutes! Sie trinken das Blut! Sie kommen nachts und vergiften Deine Seele mit bösem Vodoo-Zauber. Er macht sie unbesiegbar. Teufel, nichts als Teufel seid ihr! Ihr Amerikaner habt sie den Zauber gelehrt!"

Antoine schob sie sichtlich aufgewühlt zurück in die Küche.

„Tut mir leid.", sagte er. Will stand mit schmalen Augen da und sah die Alte an. Seine Wangenmuskulatur mahlte. Er war aufgewühlt von Antoines Geschichte, und der Whiskey arbeitete in seinem Hirn. Wut stieg in ihm auf. Wut auf die Welt, auf die Tontons Macoutes, auf sich selbst, auf einfach alles, und kanalisierte sich in dieser schimpfenden, alten Frau, die nichts verstand. Am liebsten hätte er sie erwürgt, genau hier und jetzt, bis der letzte Atem aus ihrem runzligen, alten Körper wich und sie endlich ihr verfluchtes Maul hielt.

Will riss sich von dem Gedanken los. Er nickte Antoine zu, verschwand aus der Hütte und stieg ins Auto.

Noch während er den Wagen wendete, griff er nach der Flasche und trank einen großen Schluck. Es würgte ihn, aber er zwang sich, die warme, scharfe Flüssigkeit zu schlucken. Der Boden war mittlerweile völlig durchweicht von dem Dauerregen, und die Rückfahrt dauerte fast doppelt so lang. An dem Kontrollpunkt wurde er diesmal einfach durchgewunken. Er wurde langsamer, ließ den Wagen ausrollen und starrte aus dem Fenster. Kurz überlegte er, legte dann den Rückwärtsgang ein und fuhr die hundert Meter zu dem Kontrollhäuschen zurück. Der Tonton Macoute trug auch nachts noch seine Sonnenbrille. Er kippelte auf einem einfachen Stuhl, hatte die Füße auf den Tisch gelegt und einen knitterigen Playboy vor sich ausgebreitet. Gelangweilt schaute er über die Gläser seiner Sonnenbrille hinweg auf den späten Gast. Will sah sich um. Der Mann war allein. Hier war weit und breit niemand sonst. Langsam öffnete er die Tür und stieg betont schwerfällig aus. Mit der Whiskeyflasche in der Hand ging er schwankend auf das hell erleuchtete Häuschen zu. Der Mann nahm die Füße vom Tisch und setzte sich gerade hin. Will gestikulierte mit der Flasche und kam näher. Der Milizionär stand auf, nahm die Brille ab und straffte seinen Körper. Will blieb stehen, deutete auf das Auto, dann wieder auf sich und den Mann. Der Kerl rief etwas auf Französisch. Will deutete es als Grobheit und als Signal, dass er verschwinden solle. Er gestikulierte und redete weiter, bis der Mann endlich aus dem Wachhäuschen heraustrat und auf ihn zukam. Er wollte etwas sagen, sah zu spät die Pistole in der Hand des Fremden und blieb stehen. Seine Augen weiteten sich, dann ein Plopp, ein Loch in der Stirn und er sackte zusammen. Will ging hinein, stellte die Flasche auf den Tisch und blätterte durch die Unterlagen. Es war eine Liste der Fahrzeuge, Kennzeichen und Personennamen, die den Kontrollpunkt passiert hatten. Er nahm alles mit und verstaute es im Auto. Aus dem Handschuhfach holte er zwei große Müllsäcke und eine Rolle Klebeband und verpackte die Leiche. Schnaufend wuchtete er das sperrige Bündel in den Kofferraum und schaute sich um. Er war komplett durchnässt, aber der Regen würde auch die Spuren verwaschen. Er holte seine Flasche und fuhr weiter. Nach einer Stunde Fahrt warf er die Leiche auf einer Serpentinenstraße einen Abhang hinunter. Grimmig schaute er dem Körper hinterher, wie er den matschigen Waldboden hinabrutschte.

„Unbesiegbar am Arsch", murmelte er, nahm einen Schluck Whiskey, stieg ein und fuhr zurück zum Hotel.

Es war weit nach Mitternacht, als er in seinem Zimmer

ankam. Er war müde, fühlte sich angetrunken und erschöpft. Schwerfällig zog er die nasse Kleidung aus, warf sie in die Duschkabine und stelle sich unter das warme Wasser. Als er sich aufgewärmt hatte, wrang er Hemd und Hose aus, hängte die Sachen auf einen Bügel und ließ sich erschöpft auf das Bett fallen.

Als er erwachte, war es bereits später Vormittag. Langsam machte er sich fertig und fuhr zum Botschaftsgebäude. Man hatte ihm ein eigenes Büro eingerichtet. Die Antwort zu seinem Dossier lag bereits auf seinem Schreibtisch. Er öffnete den Umschlag und nahm das Papier heraus. Die Nachricht war knapp gehalten.

'Aktivitäten von D. bekannt und im Sinne der Vereinigten Staaten u. deren Verbündeten. Keine weitere Aufklärung von D. vornehmen. Auftrag fokussieren auf innere Sicherheit und Umsturzgefahr von neuem Präsidenten. Unterzeichnet, Purkett.'

Will las die Nachricht ein zweites Mal durch, dann verbrannte er das dünne Papier und griff zum Telefon. Es tutete drei Mal, bis jemand abnahm.

„Ja.
Smith hier.
Deputy Director Purkett bitte.
Wie bitte?
Ja, ich warte."

Er legte sich den Hörer auf die Brust und trommelte mit dem Finger auf dem Griffstück herum. Leise vernahm er eine Stimme aus dem Lautsprecher und hob den Apparat an sein Ohr.

„Purkett?
Ja, ich bin´s.
Was?
Jaja, danke.
Wir werden alle nicht jünger.
Ich muss Dich was fragen."

Er schilderte Purkett in knappen Worten, was er über Dieudonné und dessen Geschäfte herausgefunden hatte.

„Verstehe. Und das sehen wir so als in Ordnung an?"
Eine Pause, dann:

„Aha.
Verstanden.
Ja, genau!
Da hast Du verdammt Recht, dass mir das nicht gefällt!"
Pause.
„Purkett, ich habe keine Lust, so ein Arschloch zu stützen. Hast Du den Typen mal getroffen?
Aha. Verstehe.
Golf also. Ist es schon soweit bei Dir?"
Purketts Stimme am anderen Ende der Leitung wurde lauter.
„Brauchst Dich nicht aufzuregen. Du weißt, ich habe meine Ansichten und habe damit auch noch nie hinter den Berg gehalten.
Was zum Teufel hat Whitmore damit zu tun?
Verdammt, das ist fünfzehn Jahre her! Wie lange willst Du mir das noch vorhalten? Außerdem bin ich trotzdem der Meinung, dass ich Recht hatte!"
Purketts Stimme war mittlerweile deutlich im Raum zu hören.
„Es geht doch nicht darum, wer Recht hat, verdammt nochmals! Es geht darum, dass Du einen Auftrag hast!", schallte es aus dem Hörer.
„Ja. Na und? Und wenn schon! Lass mich dieses Arschloch ausknipsen und diese Schweinerei beenden!"
Purkett fluchte so laut, dass Will Sorge hatte, man könne es auf dem Flur hören. Als der Deputy Director fertig war, sagte er:
„Weißt Du was, Purkett? Du kannst Deinen Blutdruck wieder runterregulieren. Wegen mir musst Du Dir jedenfalls keine Sorgen machen. Ich habe bis jetzt noch jeden Auftrag ausgeführt. Wenn irgendwer von den Figuren in Washington meint, das hätte so seine Ordnung, dann müsst ihr damit leben."
Die Stimme am anderen Ende wurde etwas leiser.
„Ja. Okay. Du mich auch."
Will legte den Hörer auf und ging hinaus.

Im oberen Stockwerk blieb er vor dem Büro von Smoulders stehen. Er überlegte kurz, dann öffnete er die Tür und trat ein.

Smoulders war gerade im Gespräch mit einem der Adjutanten und zuckte zusammen, als Will den Raum betrat.

„Meine Güte", sagte er, immer noch leicht erschrocken, „Klopfen Sie eigentlich nie an?"

„Meine Besuche sind selten von Höflichkeitshandlungen geprägt.", sagte Will und blieb mitten im Raum stehen.

„Sie können gehen", sagte Smoulders in Richtung des jungen Mannes im Anzug, „Wir reden später weiter."

Der nickte, warf kurz einen abschätzigen Blick auf Will und ging dann zügig hinaus.

„Wissen Sie, was dieser Franzose so treibt?", fragte Will.

Smoulders schaute ihn lange an.

„Ja.", sagte er dann, „Ja, weiß ich."

„Wie lange?"

„Jahre. Keine Ahnung, was hier vor sich ging, als ich noch nicht im Land war. Wirklich nicht. Aber ich bin jetzt drei Jahre hier, und seitdem läuft das Ganze schon."

„Verstehe.", sagte Will, drehte sich und um wollte gehen, als Smoulders hinter seinem Schreibtisch hervorkam, ihn am Arm packte und festhielt. Will blieb stehen und schaute leicht angewidert auf die Hand, die seinen linken Unterarm umklammerte.

„Jetzt hören Sie mir mal zu, Sie abgehalfterter James Bond!", zischte Smoulders, „Ihr Auftrag lautet, herauszufinden, wie sicher Baby Doc im Sattel sitzt, wie wir ihn einbremsen können und wer bei einem Machtvakuum nachrücken würde. Ihr Auftrag ist ganz sicher nicht, unseren Geschäftspartnern hinterherzuschnüffeln und den Moralapostel zu spielen! Klar?"

Will war stehen geblieben und hatte auf die Hand auf seinem Arm gestarrt. Jetzt drehte er den Kopf über die Schulter und Smoulders traf ein Blick, der ihn sofort den Griff lockern ließ. Will drehte sich langsam um. Smoulders wich einige Schritte zurück und brachte sich hinter seinem Schreibtisch in Sicherheit. Will tat nichts, außer ihn weiter anzuschauen. Für einige Sekunden noch hielt sein Gegenüber dem Blick stand, dann senkte er den Kopf und ließ die

Arme baumeln.

„Hören Sie, Agent", begann er, „Ich wollte nicht ..."

Er kam ins Stottern und brach dann ab.

„Bitte", sagte Will in ruhigem Ton, ohne seinen Blick zu verändern, „Assistant Director Smoulders. Fahren Sie fort. Was wollten Sie nicht?"

Der Mann wurde unruhig, zog eine Schublade auf und holte eine Flasche Rum mit zwei Gläsern heraus.

„Bitte. Lassen Sie uns erstmal was trinken, zur Beruhigung der Gemüter."

„Oh, mein Gemüt ist ruhig. Sehr ruhig sogar."

„Ich ... ich ..."

„Nun machen Sie sich mal keine Sorgen, Assistant Director.", sagte Will, trat auf den Schreibtisch zu und nahm das Glas. Es war ein schwerer Tumbler mit dickem Boden. Er hob das Glas gegen das Licht, schaute hindurch, senkte es auf Augenhöhe und streckte den Arm in Richtung Smoulders aus. Der deutete die Geste als ein Zuprosten und wollte gerade sein Glas erheben, als Will zudrückte. Das Behältnis barst in Scherben. Splitter und Cognac regneten auf Schreibtisch, Papiere und das Telefon. Will öffnete die Hand, und der schwere Glasboden polterte hinterher, gefolgt von einigen Blutstropfen aus seiner Hand.

„Wissen Sie", sagte er und wischte sich die Hand mit einigen Seiten der Dossiers von Smoulders' Schreibtisch ab, „Ich bin selbst nicht immer politisch korrekt, auch nicht zu Vorgesetzten. Sowas kann passieren. Sollte nicht, aber kann."

Er schaute Smoulders an. Der starrte mit offenem Mund abwechselnd auf Will und die Szenerie auf seinem Schreibtisch.

„Aber wissen Sie, was man dabei beachten sollte, hm, Smoulders?"

Der schüttelte mit offenem Mund den Kopf.

Will griff nach hinten in seinen Hosenbund, holte die Pistole heraus und schraubte sehr langsam den Schalldämpfer darauf.

„Sie sollten es nur tun, wenn Sie wirklich, und ich meine wirklich sicher sind, dass Sie die Eier dazu haben. Und sie sollten es niemals gegenüber jemandem tun, der, sagen wir mal, nachts unbemerkt in Ihrem Haus auftauchen und sich revanchieren könnte."

Smoulders' Unterkiefer zitterte.

„Sagen Sie", fuhr Will fort, „Welche Assets haben Sie eigentlich in der ganzen Blutsache?"

„Ich ... Ich ... Ich ...!"

Will hob langsam die Waffe und richtete sie auf Smoulders' Stirn.

„Na was?"

„Ein Fünftel.", sagte der Assistant Director leise.

„Und weiß ihre nächsthöhere Stelle davon?"

Will grinste ihn an. Smoulders senkte den Blick und ließ die Schultern hängen.

„Hören Sie", sagte er, „Wenn Sie nichts sagen ... Es soll zu Ihrem Schaden nicht ..."

„Stop!", unterbrach ihn Will, „Reden Sie nicht weiter! Wagen Sie es nicht, mich mit ihresgleichen in einen Topf zu werfen, Sie schmierige kleine Opportunistenratte!"

„Ich wollte nur ..."

„Maul halten!", sagte Will barsch, „Ich sage Ihnen, was passieren wird. Ich werde meinen Auftrag hier erledigen. Ein Auftrag, der übrigens von meinem Führungsoffizier in Washington kommt, der nur ihm und mir bekannt ist, und über den ich sonst niemandem Rechenschaft schuldig bin. Verstanden?"

Smoulders nickte.

„Und ansonsten stecke ich meine Nase überall hinein, wo es mir gefällt. Klar?"

Der Assistant Director nickte wieder.

„Gut. Schön, dass wir uns verstehen. Machen Sie, was Sie wollen. Es interessiert mich nicht. Aber wagen Sie es noch einmal, sich mir auf mehr als fünf Schritte zu nähern, und ich jage Ihnen eine Kugel in die Stirn. Genau dasselbe wird passieren, wenn sie nochmal mit Ihrem Blutgeld wedeln."

Will trat an ihn heran, setzte ihm die Waffe auf die Stirn und drückte den Abzug. Es klickte. Will hob die Nase und sog die Luft ein. Er nahm einen eindeutigen Geruch wahr, ließ die Pistole sinken und schaute Smoulders mit schiefem Kopf an.

„Für heute nur noch zwei Dinge. Gehen Sie sich eine frische Hose anziehen. Und dann bringen Sie mir einen Wodka Martini in mein Büro. Geschüttelt, nicht gerührt. Mit einer grünen Olive."

Smoulders war knallrot im Gesicht und schluckte verzweifelt. Er nickte. Will schraubte in aller Seelenruhe den Schalldämpfer wieder ab und verstaute die beiden Gegenstände in seinem Hosenbund.

„Und nur, dass wir uns richtig verstehen: Sie bereiten mir mein Getränk zu. Und Sie bringen es mir. Schicken Sie nicht irgendeinen Kellner. Verstanden?"

Smoulders nickte wieder, und Will verließ das Büro.

17.

Bus – 2011

Der LKW rumpelte über eine unebene Urwaldpiste, und sie wurden von den Bewegungen des Fahrzeugs hin- und hergeworfen. Die Handfesseln rissen an den Gelenken, schnitten in die Arme und verursachten allen große Schmerzen.

„Wie heißt Du eigentlich?", fragte Will den schwarzen Amerikaner.

„Ich bin Mike. Das hier ist meine Tochter, Alicia."

„Okay. Mike. Mike und Alicia. Ich bin John. Der Mann hier neben mir heißt Ignácio. Und die anderen?"

„Ich bin James.", sagte der Hüne.

„André."

„Toshi."

„Pablo."

Die junge Frau saß noch immer völlig verängstigt da und schwieg. Es schien, als hätte sie die Sonderbehandlung der Compañera nachhaltig verstört.

„Was ist mit Dir?", fragte Will, aber sie reagiert nicht. James, dem sie schräg gegenüber saß, schob die Hüfte vor und stieß ihr mit seinem Stiefel sanft ans Bein. Als sie noch immer nicht reagierte, trat er etwas fester zu, aber die Frau blieb weiterhin apathisch.

„Was hat sie?", fragte Alicia verängstigt.

„Schock, denke ich.", sagte James.

„Also", fuhr Will fort, „Mike wollte wissen, was sie mit uns machen. Ich habe darüber vorhin bereits mit Ignácio gesprochen. Es scheint sich um eine gut geplante Entführung zu handeln. Das Vorgehen ist straff organisiert. Im Bus waren wir in Phase eins: Die Kontrolle herstellen. Dazu kann man verschiedene Methoden einsetzen. Diese hier ist massive Einschüchterung. Eine Hinrichtung ist dafür ganz hervorragend geeignet. Man sucht sich Opfer aus, die als schwierig eingestuft werden, warum auch immer - Alter, Gesundheitszustand, erwarteter Widerstand – und schlägt zwei Fliegen mit einer Klappe. So kann man entspannter weitermachen und hat den Rest unter Kontrolle. Deswegen haben sie das Paar vorhin erschossen.

Als Nächstes sorgt man jetzt dafür, dass alle sich gut daran erinnern, und verbreitet ständig Angst und Schrecken. Das ist etwas schwierig, weil es anstrengend ist. Ihr merkt ja jetzt schon, dass selbst diese Compañera sich ab und zu ausruhen muss. Der Rest der Truppe ist anscheinend nicht so sadistisch, sie haben eher Angst vor ihr. Auch dieser Comandante. Jedenfalls sorgt man so dafür, dass niemand auf dumme Gedanken kommt. Dass der Mann bei unserem kurzen Halt vorhin versucht hat zu flüchten, war zu einhundert Prozent sicher einkalkuliert. Sie wussten natürlich nicht, wer es versuchen wird und wann, aber dass es jemand versucht, ist so gut wie sicher. Einer versucht es immer. Und damit hat man dann die Gelegenheit, alle nochmal daran zu erinnern, dass man es ernst meint.

Drittens schafft man seine Geiseln an einen sicheren Ort und sieht zu, dass es ihnen nicht zu gut, aber auch nicht zu schlecht geht. Dabei muss man das richtige Maß finden. Ausgehungerte und schwache Geiseln denken nicht an Flucht. Aber man darf auch nicht übertreiben, sonst sterben die Geiseln, oder man bekommt ein Problem bei den Verhandlungen, weil Grausamkeit den Preis senkt.

Viertens braucht man jetzt einen langen Atem und gute Nerven. Bei fast jeder Entführung, allemal bei so einer großen, werden Verhandlungsprofis eingeschaltet. Im Idealfall weigert man sich, mit denen zu sprechen, aber das funktioniert fast nie. Die haben ein großes Repertoire an Tricks, um einen hinzuhalten und mürbe zu machen. Es geht dabei auch oft darum, einen besseren Preis auszuhandeln.

Fünftens muss man dann die Übergabe gut planen und die Geiseln nach Möglichkeit irgendwie freilassen, ohne dass man dabei selbst erwischt wird. Auch dafür gibt es wieder verschiedene Standardvorgehensweisen, aber das ist noch ein langer Weg. Jetzt sitzen wir erstmal hier und sind in Phase drei. Sie schaffen uns irgendwo hin, wo man uns so leicht nicht finden wird."

Bis auf James starrten die anderen ihn an, als hätte er Wasser zu Wein gemacht.

„Woher weißt Du sowas alles?", fragte Mike.

„Ich lese viel."

18.

William – 1976

Will betrat den Raum und schaute in die kleine Runde. Es waren alle sechs Offiziere anwesend, nach denen er gefragt hatte. Für jedes Land einen, das reichte fürs Erste. Nicht zu viel Aufmerksamkeit. Argentinien, Brasilien, Uruguay, Paraguay, Chile und Bolivien. Er schloss die Tür hinter sich und blickte jeden Einzelnen lange an. Dann ging er zum Tisch mit den Papieren darauf, verschränkte die Arme vor der Brust und wippte auf den Zehenspitzen hoch und runter. Alle sechs Augenpaare ruhten aufmerksam und ein wenig angespannt auf ihm.

„Ich bin ab sofort verantwortlich für die Weiterführung der Operation Condor auf amerikanischer Seite. Gelegentlich werden Sie in den Genuss kommen, von mir direkt unterrichtet zu werden."

„Was ist mit Colonel Jameson?", fragte der Verbindungsoffizier für Paraguay, Lieutenant Enrique.

„Kümmert sich jetzt hauptsächlich um die Ausbildung hier. Hat jemand ein Problem damit?"

Schweigen im Raum.

„Wie sollen wir Sie anreden?"

„Smith. Agent John Smith." Ein leises Lachen ging durch den Raum, erstarb aber sofort wieder, als Wills Blick sie traf. Er starrte jedem Einzelnen für mehrere Sekunden in die Augen. Die jungen Männer nahmen militärische Haltung an. Will senkte den Blick auf die Papiere vor sich.

„Gut!", sagte er, „Sehr gut sogar!"

Das war nicht so gelaufen wie erwartet oder befürchtet. Manchmal liefen die Dinge tatsächlich auch überraschend gut.

„Was denn genau?", fragte einer der jungen Offiziere. Es

war Lieutenant Julio Fernandes, Deckname Gustavo Hernandez. Will hatte den Offizier anhand einiger Berichte und seiner Akte ausgesucht. Infiltrationsexperte, fanatischer Antikommunist, und definitiv käuflich. Das war gut, denn sie konnten mit Abstand am meisten zahlen. Will sah ihm in die Augen, bis er den Blick senkte.

„Ihr Außenminister, Admiral Guzetti, hat sich mit meinem Außenminister getroffen. Die Vereinigten Staaten haben ihren Standpunkt sehr deutlich gemacht. Zitat:

> 'Ich hoffe, dass Sie ihr Terrorismusproblem so schnell wie möglich in den Griff bekommen.'

Das verschafft uns Zeit und Handlungsspielraum."
„Und das hat Kissinger wirklich gesagt?", fragte Fernandes.
„So steht es im Bericht. Der US-Botschafter hat zwar etwas protestiert, aber das bekommen wir auch noch in den Griff."
„Was genau hat denn der Botschafter damit zu tun?", wollte Fernandes wissen.
„Das sollten Sie sich selbst und Ihre Kollegen fragen, Lieutenant. Anscheinend wird derzeit in Argentinien wenig subtil vorgegangen. So wenig subtil, dass sogar der Botschafter, ein Opportunist und Bürokrat, sich genötigt sieht, die Zustände anzuprangern. Daran sollten Sie arbeiten, Lieutenant. Aber nach dem Freibrief von Kissinger wird zurückhaltendes Vorgehen wohl keine Priorität haben. Das heißt, ich werde mich um den Botschafter kümmern müssen."
Will seufzte betont genervt.
„Wie wollen Sie das anstellen, Agent?", fragte Enrique.
„Ich wüsste nicht, was Sie das angeht.", sagte Will und sah ihn kalt an.
„Entschuldigung, Agent."
„Wie dem auch sei", fuhr Will fort, „Im Interesse Ihrer Ausbildung werden wir darüber reden, wenn es soweit ist. Es wird sicher vorkommen, dass Sie später auch mit solchen

Problemen zu kämpfen haben. Also. Ausländische Diplomaten genießen Immunität. Weswegen viele glauben, sie seien unantastbar. Aber das ist Unsinn. Der einfachste Weg ist, genau darauf aufmerksam zu machen. Die meisten Diplomaten haben Familie, Kinder. Sie wollen natürlich nicht, dass denen etwas passiert. Meist reicht das schon aus. Ansonsten kann man Diplomaten auch leicht abberufen oder versetzen. Niemand will vier Jahre nach Sibirien, metaphorisch gesprochen. Damit lösen Sie die meisten Probleme auch schon. Das setzt natürlich voraus, dass man gute Verbindungen zu übergeordneten Stellen hat."

„Sie meinen, zum Diplomatischen Korps?", fragte Fernandes.

„Ja, das auch. Allerdings ist es oftmals wirkungsvoller, mit den Interessenvertretern großer Unternehmen oder Wirtschaftsverbände zu reden. Wenn die der Überzeugung sind, dass ein Diplomat den wirtschaftlichen Interessen schadet, ist das immer der schnellste Weg, ihn loszuwerden. Diese Leute regeln dann auch alles Weitere mit den Regierungsstellen. Wie dem auch sei – in diesem Fall hat Kissinger ja schon den Großteil der Arbeit erledigt."

Er warf den gehefteten Papierstapel aus dem Handgelenk über den Tisch. Das Dokument drehte sich in Leserichtung zu den jungen Offizieren und blieb mit einem Klatschen auf der polierten Tischplatte liegen. Die Gruppe ging darauf zu. Fernandes war der Erste, der den Stapel aufnahm und darin herumblätterte.

„Lesen können Sie das später, Lieutenant Fernandes. Jetzt zu wichtigeren Dingen!"

Er ging zu einer Tafel hinüber, nahm ein Stück Kreide von dem schmalen Holzsteg und schrieb:

OPERATION CONDOR

„Ich habe Sie aufgrund von bestimmten Kriterien ausgewählt. Eines der Wichtigsten ist – Verschwiegenheit! Hören Sie gut zu, denn weder ich noch jemand anderes wird Ihnen das hier ein zweites Mal sagen. Sollte irgendetwas von dem hier Gesprochenen nach außen dringen, das nicht autorisiert wurde ..."

Wieder eine Pause, in der er jeden von Ihnen mit stechenden Augen ansah.

„... werden wir die undichte Stelle finden und endgültig schließen. Sie wissen, was das bedeutet?"

Es herrschte Stille im Raum.

„Haben Sie meine Frage nicht verstanden?", sagte er sehr leise.

„Jawohl!", kam es ihm entgegen.

„Gut.", sagte er, „Ausgezeichnet. Dann können wir ja loslegen. Also erstmal ganz grundsätzlich: Operation Condor ist keine amerikanische Operation. Wie Sie sicher wissen, ist der chilenische Geheimdienst hier federführend. Die Vereinigten Staaten und auch Frankreich sind lediglich als Berater und für Ausbildungszwecke hier."

Während er dozierte, lief er vor dem Tisch auf und ab. Jetzt blieb er stehen und blickte in die Runde. Die sechs Schüler nickten.

„Das heißt", fuhr er fort, „Ich bin weder Ihr Vorgesetzter, noch habe ich irgendeine Verantwortung für die Befehle, die Sie ausführen. Ich diene lediglich als Sprachrohr zu Ihren jeweiligen Kommandeuren und stelle mein Wissen und meine Erfahrung zur Verfügung."

Jeder hier wusste, was das bedeutete. Fernandes steckte den Kopf zu seinem Nachbarn und flüsterte etwas.

„Wie bitte, Lieutenant?", fragte Will, wieder in leisem Ton.

Der Angesprochene schüttelte den Kopf.

„Ach, nichts weiter, Agent."

„Na na, jetzt aber mal heraus mit der Sprache. Wir haben doch hier drinnen keine Geheimnisse."

Lieutenant Fernandes nahm Haltung an, straffte seine Uniform und richtete den Blick geradeaus.

„Es war etwas Persönliches, Agent.", sagte er.

„Ah. Etwas Persönliches. Das ist natürlich etwas Anderes."

Er ging auf Fernandes zu, blieb sehr nah vor ihm stehen und verschränkte die Hände auf dem Rücken. Langsam wippte er von den Zehen auf die Hacken und zurück.

„Sagen Sie, Lieutenant, sind meine Akten vielleicht falsch?"

„Wie bitte?"

„Sie haben mich doch sicher verstanden. Sind meine Akten vielleicht falsch?"

„Ich verstehe nicht, Agent Smith."

„Nun, mit Ihrer Erlaubnis würde ich es Ihnen gern erklären. In den Akten, die ich über Sie alle vorliegen habe, steht nichts davon, dass Sie einander kennen. Sollte das etwa ein Fehler sein? Kennen Sie Lieutenant Gonzales hier?"

Er ließ seinen Blick auf dem jungen Mann ruhen.

„Nein, Agent, wir kennen uns nicht."

„Aha. Dann bin ja beruhigt. Ich hatte schon befürchtet, Ihrem Geheimdienst wäre ein Fehler unterlaufen."

„Sicher nicht, Agent."

„Sie haben sich also noch niemals zuvor gesehen?"

„Nein, Agent."

„Gut. Ganz ausgezeichnet! Dann hätte ich aber doch noch eine Frage, wenn Sie gestatten?"

„Bitte sehr, Agent."

„Entzückend. Vielen Dank. Wenn Sie sich nun aber nicht kennen …"

Wieder der Blick in die Runde.

„… was bitte können Sie denn so Persönliches mit Lieutenant Gonzales hier zu besprechen haben? Noch dazu etwas so Wichtiges, dass Sie glauben, mich deswegen unterbrechen zu müssen?"

„Es war nicht wichtig, Agent."

„Sie haben mich also wegen etwas Unwichtigem unterbrochen?"

„Ja, Agent."

„Na, dann hätten wir das ja geklärt. Es war also persönlich – obwohl sie sich nicht kennen – aber unwichtig. Richtig?"

„Korrekt, Agent."

Fernandes schaute auf den Boden und fummelte an dem goldenen Namensschild auf seiner Uniform. Will machte eine Pause und ließ die Stille in dem Raum wirken.

„Achsooo", sagte der schließlich gedehnt, „Jetzt verstehe

ich. Ja natürlich, so muss es sein. Das ist ungünstig, wirklich ungünstig." Er verharrte so lange vor Fernandes, bis der sich dazu durchrang, zu fragen.

„Was ist ungünstig, Agent?"

„Nun, es bedeutet, dass meine Akten doch falsch sind. Oder habe ich mich vielleicht geirrt?"

„Wie meinen?"

„Bitte, nehmen Sie doch Platz."

Er deutete auf eine Reihe Stühle im hinteren Teil des Raumes. Die Gruppe löste sich kurz auf, jeder nahm sich einen Stuhl und sie setzten sich wieder in eine Reihe. Will sah zu und wartete, bis alle saßen. Dann ging er langsam zurück zum Tisch, wandte der Gruppe den Rücken zu und holte eine Akte aus seiner Ledertasche. Er schlug sie auf, blätterte etwas darin herum und drehte sich zackig wieder zurück.

„Doch, doch, hier steht es", sagte er, hielt die Akte ein Stück von sich entfernt in der offenen Hand und zeigte mit dem Finger auf eine Stelle, „Sie sind verlobt, Lieutenant Fernandes. Das stimmt doch?"

„Ja, Agent."

„Und trotzdem haben Sie Lieutenant Gonzales hier gerade gefragt, ob Sie heute Abend ein paar nette Spielchen mit seinem chilenischen Popo treiben dürfen?"

„Wie bitte!?" Fernandes fuhr hoch und machte einen halben Schritt auf Will zu. Der blieb gelassen stehen, hielt weiter die Akte in der Hand und schaute Fernandes über die Papiere hinweg an.

„Bitte, Lieutenant Fernandes. Behalten Sie Platz."

„Ich muss doch sehr bitten!", rief der, setzte sich aber langsam wieder.

„Das ist doch kein Problem, Lieutenant", fuhr Will fort, „Wir brauchen Leute wie Sie! Auch in den Protestbewegungen gibt es eine Menge von Ihrer Sorte. Und Sie wissen ja, das beste Verhör ist immer noch das, was morgens auf dem Kopfkissen stattfindet. Da ist es doch hilfreich, wenn Sie obendrein noch Spaß daran haben!"

Will wusste genau, welche Wirkung solche Anschuldigungen auf Südamerikaner hatten. Das hier war nicht New

York. Seine Worte trafen wie erwartet. Fernandes sprang erneut auf und wollte sich auf ihn stürzen. Mit einer fließenden Bewegung ließ er den Angriff ins Leere laufen und schlug dem taumelnden jungen Heißsporn die Faust ins Genick. Fernandes ging in die Knie und rutsche ein Stück über den Boden. Will packte seinen Arm und verdrehte ihn schmerzhaft nach hinten. Fernandes entfuhr ein Schrei und er verharrte auf dem Boden kniend.

„Jetzt pass mal auf, Du schmierige kleine Argentinierschwuchtel!", zischte Will ihm von hinten ins Ohr, „Entweder Du setzt Dich jetzt wieder auf Deinen Arsch und benimmst Dich wie ein zivilisierter Mensch, oder ich bringe Dich eigenhändig in den Keller und hole mit der Zange aus Deinem schwanzlutschend Maul, was Du gesagt hast. Da haben Deine Kameraden dann gleich mal ein Subjekt zum Üben! Hast Du das kapiert?"

Dabei drehte er den Arm noch weiter. Fernandes stöhnte.

„Also. Wie willst Du es handhaben?"

„Zivilisiert!", kam die gequälte Antwort.

„Wundervoll", sagte Will, jetzt wieder sehr ruhig, „Zivilisiert mag ich es am liebsten. Diese unzivilisierten Methoden sind so gar nicht mein Stil. All das Blut und der Sabber und der Gestank, die Schreie und der Geruch von Elektrizität und verkohltem Fleisch. Unerfreulich, höchst unerfreulich. Aber jetzt, wo wir uns entschieden haben, zivilisiert miteinander umzugehen", Will ließ ihn los und deutete mit der geöffneten Handfläche auf den Stuhl, „Nehmen Sie doch wieder Platz, Lieutenant Fernandes."

Der junge Leutnant stand auf, hielt sich den Arm und setzte sich wieder.

„Nun, Lieutenant Fernandes. Auf die zivilisierte Art. Lag ich mit meiner Vermutung etwa doch falsch?"

„Ja, Agent."

„Dann möchten Sie mir jetzt doch bitte mitteilen, was Sie zu Lieutenant Gonzales so Persönliches und doch Unwichtiges gesagt haben."

Fernandes holte Luft.

„Sie haben gesagt, Sie sind nur Berater hier und nicht verantwortlich. Und da habe ich zu Lieutenant Gonzales gesagt: 'Das heißt, wir machen die Drecksarbeit gegen die Kommunisten und der große Uncle Sam hier will sich die Finger nicht schmutzig machen.'"

„Ach so. Ich verstehe. Doch, doch, ich verstehe sogar sehr gut. Nun, Lieutenant Fernandes, das ist nun wirklich eine Aussage, auf die ich anhand Ihrer Ausführungen nicht kommen konnte. Sehen Sie, persönlich ist es vielleicht tatsächlich, aber eher mir gegenüber, finden Sie nicht? Ich meine, so etwas könnte ich doch wirklich persönlich nehmen, wenn ich ein anderer Mann wäre, als der, der ich nun mal bin. Jemand mit geringem Verstand und einem ganz und gar unprofessionellen Temperament würde da vielleicht sogar von seinem Stuhl aufspringen und sein Gegenüber angreifen, denken Sie nicht?"

Fernandes nickte nur und schaute stumpf vor sich auf den Boden. Will fuhr fort.

„Und unwichtig ist es auch ganz und gar nicht, wirklich überhaupt nicht! Sehen Sie, meine lieben Schüler, das ist ein ganz verbreitetes Missverständnis. Ich stoße in Südamerika immer wieder auf dieses Vorurteil gegen die Vereinigten Staaten. Da sind Sie nun wirklich keine Ausnahme, Lieutenant Fernandes. Es gibt sogar manche linken und kommunistischen Strömungen, die meinen, die Vereinigten Staaten sollten sich überhaupt ganz und gar aus den Angelegenheiten der südamerikanischen Staaten heraushalten. Sind Sie auch dieser Ansicht, Lieutenant Fernandes?"

„Nein, natürlich nicht!"

„Diese Akte ...", Will griff wieder das dicke Papier in dem braunen Einband, schlug es auf und setzte sich auf die Tischkante, „Mir kommen immer wieder Zweifel an dieser Akte. Hier steht, Sie haben eine hervorragende Ausbildung genossen, Lieutenant Fernandes. Hier steht weiter, Sie seien in internationaler Geschichte bewandert, ebenso in aktuellem Zeitgeschehen?"

„Das ist richtig."

„Sie wissen also, dass es einen Ersten Weltkrieg gab?"

„Selbstverständlich, Agent."

„Und auch einen zweiten?"

„Jawohl!"

„Korea und Vietnam sagen Ihnen auch etwas? Stalin? Chruschtschow? Breschnew?"

„Natürlich, Agent."

„Hm. Seltsam. Wirklich seltsam. Dann sollten Sie doch auch wissen, dass Uncle Sam, wie sie ihren wichtigsten Verbündeten so familiär nennen, durchaus keine Angst davor hat, sich die Hände schmutzig zu machen. Glauben Sie, dass Uncle Sam Angst hat, Lieutenant Fernandes?"

„Nein, Agent."

„Ich selbst war in den letzten drei Kriegen, bin viermal verwundet worden. Glauben Sie, ich hätte Angst?"

„Nein, Agent."

„Ich verstehe das einfach nicht, Lieutenant Fernandes. Entweder die Akte ist falsch und Sie sind einfach dumm, oder Sie sind ignorant. Was denn nun?"

„Nichts davon, Agent. Ich habe einfach nur einen Witz gemacht. Es tut mir leid."

„Das verstehe ich, Lieutenant Fernandes. Das verstehe ich sogar sehr gut! Lustig, wirklich lustig. Machen Sie oft Witze, Lieutenant?"

„Nein, Agent."

„Gut. Das beruhigt mich. Sonst würden wir hier vor lauter Lachen gar nicht zu unserer eigentlichen Arbeit kommen. Und das wollen wir doch wirklich nicht, oder? Gerade jetzt, nachdem Mr. Kissinger uns so viel Zeit und Spielraum verschafft hat."

„Nein, Agent.", kam die geschlossene Antwort.

„Entzückend. Lieutenant Fernandes?"

„Ja, Agent?"

„Ich stelle Ihnen morgen eine Stunde meiner wertvollen Unterrichtszeit zur Verfügung. Bereiten Sie doch bitte ein Referat vor über die Bedrohung des weltweiten Kommunismus, die Dominotheorie und die außergewöhnliche Rolle der Vereinigten Staaten als einziges ernstzunehmendes Bollwerk der westlichen Welt. Bei ihrer ausgezeichneten Bildung sollte es Ihnen nicht allzu viel Mühe bereiten. Sie schaffen das doch bis morgen?"

„Natürlich, Agent. Sehr gern."

Am nächsten Morgen fand Will alle vor der verabredeten Zeit im Schulungsraum vor.

„Guten Morgen allerseits.", sagte er, als er den Raum betrat. Die Antwort kam synchron und klang durchaus motiviert.

„Wundervoll. So viel Elan! Ausgezeichnet! Wo wir alle bereits hier sind, fangen wir doch einfach mit Lieutenant Fernandes' Vortrag an, nicht wahr?"

„Jawohl, Agent."

Fernandes stand auf, griff einen Stapel Papiere und ging nach vorn. Will griff sich einen Stuhl aus dem hinteren Teil des Raums, setzte sich rittlings darauf und legte den Kopf auf die verschränkten Arme. Der junge Leutnant ging zur Tafel, nahm ein Stück Kreide und schrieb darauf:

DOMINO - THEORIE

Er holte ein Blatt aus seiner Tasche und heftete es mit einem Magneten an die Tafel. Es zeigte einen schneidigen Mann gehobenen Alters im Anzug und mit stark ausgedünntem Haupthaar. Er lächelte freundlich, hatte aber die Arme vor der Brust verschränkt und seine Augen blickten stechend.

„Das erste Mal wurde der Begriff der Domino-Theorie verwendet von diesem Mann: Präsident Dwight D. Eisenhower. Das war bereits im April 1954, also vor über zweiundzwanzig Jahren. Seitdem hat sich die Theorie natürlich weiterentwickelt, aber nichts an ihrer Gültigkeit hat sich geändert. Sie besagt Folgendes."

Fernandes heftete ein weiteres Blatt an die Tafel, auf dem eine Landkarte von Asien zu sehen war. Die Länder waren unterschiedlich eingefärbt. Die Sowjetunion tiefrot, China ein wenig heller, dann folgten in den Abstufungen Korea, Vietnam, Laos, Kambodscha, Thailand und so weiter.

„Der Kommunismus hat, bei allen offensichtlichen Nachteilen, durchaus eine gewissen Anziehungskraft auf Menschen. In der Domino-Theorie nennt man es 'die populistische Kraft der Ideologie'."

Will sah sich kurz um. Alle hörten aufmerksam zu.

„Wenn erst einmal große Teile der Bevölkerung ideologisch verblendet sind, ist es sehr schwer, die Dinge noch aufzuhalten. Fanatismus und Opferbereitschaft werden in den indoktrinierten Gehirnen eingepflanzt und es entsteht eine Untergrundbewegung, die zu allem bereit ist. Man sieht hier", er deutete mit der flachen Hand auf die Landkarte, „wie zuerst Russland, dann China, gefolgt von Korea und nun auch Vietnam und Laos vom Virus des Kommunismus infiziert wurden und nur unter aufopferungsvollem Einsatz der Vereinigten Staaten und der von ihnen geführten Koalition aufgehalten werden konnte. Diese Gefahr droht auch hier bei uns. Wir wissen alle, mit welchen gefährlichen Strömungen wir in unseren jeweiligen Ländern konfrontiert werden. Wo es hinführt, wenn man nicht hart genug dagegen vorgeht, sehen wir zum Beispiel in Peru. Dort werden Zusammenschlüsse wie die Izquierda Unida oder der Sendero Luminoso immer stärker. Mit der derzeitigen Politik der Regierung besteht die Gefahr, dass diese Terroristengruppen innerhalb von wenigen Jahren die Kontrolle über das ganze Land übernehmen. Haben sie erst einmal Zugriff auf die Ressourcen eines Landes, so ist es ihnen ein Leichtes, Agenten auszubilden und in die Nachbarländer einsickern zu lassen. Vor dort aus wird dann wiederum die Bevölkerung indoktriniert, und so weiter. Vor allem aber ist der Einfluss der Sowjetunion nicht zu vernachlässigen. Spätestens seit der aggressiven Intervention auf Kuba dürfte klar sein, wie weit die kommunistischen Verbrecher zu gehen bereit sind, um vermeintlich verbündete Staaten zu unterstützen. Dazu gehören nicht nur finanzielle Hilfen, sondern auch Waffen, Ausrüstung und der massive Einsatz von Agenten und Militärberatern. Hierbei darf auf keinen Fall vergessen werden, dass es der Sowjetunion nur vordergründig um die Unterstützung der sogenannten 'Bruderstaaten' geht. Vielmehr liegt das Hauptaugenmerk auf wirtschaftlichen Interessen, dem Zugang zu Rohstoffen und der Ausdehnung der eigenen Einflusssphäre."

Er fuhr fort, Beispiele zu nennen und zu erklären, wie und warum die Expansionsbestrebungen des Kommunismus durch die USA gestoppt wurden. Nach etwas über fünfzig Minuten bemerkte Will, dass sich der Vortrag dem Ende näherte.

„Wenn wir diese Aggression nicht stoppen", sagte Fernandes, „werden innerhalb von einem, höchstens zwei Jahrzehnten viele Staaten umfallen, und die kommunistische Bedrohung könnte weltweit zu einer unaufhaltsamen Welle anwachsen, die Freiheit und Zivilisation hinwegspült. Diese Bedrohung ist real, und sie ist ernst zu nehmen. Aber wir haben die Möglichkeit, uns zu wehren. Wir müssen jegliche kommunistischen Aktivitäten mit aller Härte verfolgen und im Keim ersticken."

Fernandes ließ die Arme sinken und schaute auf sein Publikum.

„Danke, Lieutenant Fernandes", sagte Will, „Gute Arbeit. Da sind ja wohl die Angaben in ihrer Akte doch korrekt. Vielen Dank dafür. Die Verfolgung mit aller Härte ist eine gute Überleitung für unsere nächste Unterrichtseinheit."

Wie aufs Stichwort öffnete sich die Tür. Ein unscheinbarer Mann, gekleidet in einer kurzen Tropenuniform, betrat den Raum. Er lächelte Will zu, nickte in die Runde und ging nach vorn zum Tisch. Fernandes sammelte seine Materialien zusammen und setzte sich. Will ging nach vorn und schüttelte dem Mann die Hand. Dann wandte er sich an die kleine Gruppe der Offiziere. Ein Assistent installierte im Hintergrund einen Diaprojektor.

„Meine Herren, darf ich vorstellen – mein alter Freund, Colonel Mathieu Legrand. Für den Rest der Woche wird er Sie an seinem reichhaltigen Erfahrungsschatz teilhaben lassen. Colonel Legrand ist Experte auf dem Gebiet der Aufstandsbekämpfung, Guerillakriegsführung und der Unterwanderung von Untergrundbewegungen. Mathieu, die Bühne gehört Dir."

„Ich danke Dir, John."

Er schaute freundlich lächelnd in die Runde. Will beobachtete die Gruppe. Sie lächelten zurück, aber er spürte, dass sie Freundlichkeit nicht mit Harmlosigkeit verwechselten. Er hatte Legrands Vergangenheit etwas genauer beleuchtet. Der Mann war Sergeant bei den Fallschirmjägertruppen, hatte in Indochina gekämpft, wie durch ein Wunder Dien Bien Phu überlebt. Später dann, im Algerienkrieg, hatte er sich durch persönlichen Einsatz ausgezeichnet. Er war als Kommandant an der Niederschlagung diverser Aufstände beteiligt und hatte maßgeblich an der Entwicklung der sogenannten Französischen Doktrin mitgearbeitet. Das hatte ihm viel Anerkennung in der Heimat, den Rang eines Colonels und nicht unerheblichen finanziellen Gewinn eingebracht. Dieses Geld hatte er mit viel Geschick vermehrt. Legrand war längst ein wohlhabender Mann. Dass er hier Offiziere unterrichtete, war eine Art Hobby von ihm. Es gab viele Militärausbilder aus Frankreich, ehemalige Legionäre, die sich ein Zubrot verdienen mussten. Legrand betrachtete es als Ehrensache. Das Einzige, was ihn neben seiner Gier nach Geld und Macht ideologisch antrieb, war ein glühender Hass auf Kommunisten. Will war noch nicht dahinter gekommen, woran es lag, aber er vermutete einen Zusammenhang zu Indochina und den jüngsten linken Strömungen in seiner Heimat. Legrand hatte einmal abends nach zu viel Rotwein in einem Nebensatz angedeutet, dass er mit den linken Studentenbewegungen in Paris am liebsten genauso verfahren würde wie man es hier tat.

„Hallo zusammen", sagte er mit seinem starken französischen Akzent, „Ich freue mich bereits darauf, Sie in den nächsten Tagen etwas näher kennenzulernen. Meine Ausführungen drehen sich, wie mein Freund John hier bereits gesagt hat, um die Aufstandsbekämpfung und um die Bekämpfung von Terrorismus ganz allgemein. Es ist ein Phänomen, dem sich die freiheitlichen Staaten leider auf der ganzen Welt stellen müssen."

Er fuhr fort, nannte Beispiele und zeigte auf dem Diaprojektor viele Bilder aus seiner eigenen Laufbahn. Es waren Aufnahmen von regelrechten Massakern, von den Auswirkungen der Giftgasangriffe in Algerien, von sogenannten Verhörtechniken und deren Resultaten und so weiter. Auch, wie man es nicht machen sollte und welche negativen Effekte auftreten konnten, sparte Legrand nicht aus. Will beobachtete die Reaktionen in den Gesichtern der Offiziere. Trotz der grausamen Aufnahmen konnte er kaum Gemütsregungen erkennen. Nur manchmal, wenn Legrand eine besonders zynische Bemerkung machte, war ein kurzes Lächeln zu erkennen.

19.

Camp – 2011

„Heute ist Tag zwei.", sagte James.

Die Ausländer hatte man in einer Hütte einquartiert. Es war eigentlich mehr ein Blätterdach mit einer Rückwand, die zur Hauptwetterseite hin Schutz gegen den nächtlichen Regen bot. Hinter ihrem Unterstand befand sich eine größere Fläche voll Gras und Buschland. Hohe Bäume standen dazwischen. Es gab auch einige Bananenpalmen, und vor allem viel Matsch. Sie nutzten selbstgegrabene Löcher auf dem Gebiet als Toilette. Ein Sichtschutz aus in den Boden gesteckten Palmblättern garantierte etwas Privatsphäre. Tagsüber durften sie sich auf dem Areal rings um ihre Hütte frei bewegen. Die Wachen ließen sie in Ruhe und achteten nicht genau darauf, was sie taten. Sie wussten, dass niemand verrückt genug sein würde, einfach in den Dschungel davonzulaufen. Außerdem galt auch weiterhin die Drohung der Compañera, für jeden Geflohenen drei andere Gefangene zu töten. Es rechnete also niemand ernsthaft mit einem Fluchtversuch, und die Wachen schienen sie auch nicht als Gefahr einzustufen. Der Rest des Lagers war Tabu.

„So langsam sollte doch jemand nach uns suchen, oder?", fragte André.

„Wer weiß", sagte Will, „Und selbst wenn jemand sucht, ob sie uns finden, ist fraglich. Wenn sie uns denn überhaupt finden wollen."

„Wie meinst Du das, finden wollen?", fragte Mike.

„Erstens ist es gut möglich, dass bestimmte Stellen eingeweiht sind oder zumindest fürs Wegsehen bezahlt werden. Zweitens ist es nicht sehr wahrscheinlich, dass irgendjemand furchtbar erpicht darauf ist, einen riesigen Einsatz zu starten und den gesamten Dschungel zu durchkämmen. Was so ohne Weiteres auch gar nicht möglich ist."

Nach Wills Worten herrschte Stille in der Runde. Sie lagen unter dem Dach aus Palmblättern und ließen die Hitze des Tages über sich ergehen. André sah sich um. Zwei Wachen gingen gelangweilt in einigem Abstand um die offene Hütte herum, die Sturmgewehre an Riemen locker um den Hals gehängt. Die anderen Passagiere des Busses waren zur Zwangsarbeit rekrutiert worden. Sie konnten sie im hinteren Teil des Lagers beobachten, wie sie Kübel mit Blättern schleppten und über dem Feuer auskochten.

„Was machen die da?", fragte Alicia.

„Kokain.", sagte James.

„Du meinst diese Drogen?"

„Ja."

„Das verstehe ich nicht", sagte Mike, „Ist das nicht ein Milliardengeschäft? Eines, das von Diskretion lebt? Warum machen sie unnötig auf sich aufmerksam, nur um Lösegeld für ein paar Ausländer zu erpressen?"

„In Summe ist es ein Milliardengeschäft, ja", sagte James, „Hauptsächlich verdienen aber die Händler daran, wie in den meisten anderen Geschäftszweigen auch. Die Traficantes leben davon, dass sie günstig einkaufen und teuer verkaufen. Und es gibt viel Drumherum, das finanziert werden muss. Vom Anbau bei den Kokabauern über die Ernte und Produktion – die wir hier sehen – bis hin zum Transport und Vertrieb über diverse Ländergrenzen hinweg. Das sind hohe Kosten. Operative Ausstattung, Bestechungsgelder, Sicherheitsunternehmen und so weiter. Da kommt einiges zusammen, viele halten unterwegs die Hand auf. Und diese Leute hier verdienen gleich nach den Bauern am wenigsten. Eben darum versuchen sie ja auch, ihre Lohnkosten zu drücken, indem sie Zwangsarbeiter rekrutieren. Ich denke nicht, dass wir das Hauptziel der Aktion waren, sondern nur ein willkommener Nebeneffekt sind. Oder was meinst Du?", fragte er und sah Will an.

Der nickte und schaute nachdenklich.

„Ja. Könnte so sein. Die Frage ist, wie wir hier wieder herauskommen. Und wann."

„Wie lange dauert denn sowas? Ich meine, so eine Entführung?", fragte Mike.

Will und James lachten gleichzeitig.

„Du kannst Fragen stellen.", sagte James grinsend.

„Die Zeiten der großen und spektakulären Entführungen sind eigentlich vorbei", antwortete Will, „Die FARC in Kolumbien war unter anderem berühmt dafür. Da gab es Fälle, wo Leute teilweise Jahre durch den Dschungel mitgeschleppt wurden."

„Jahre?", kreischte Mike.

Auch die anderen schauten etwas entsetzt drein. Will hob die Schultern und hielt die Handflächen nach oben.

„Das sind die Fakten. Es heißt aber gar nichts für uns. Hier kann alles ganz anders sein. Vielleicht kommt morgen schon jemand und schießt uns den Weg frei, vielleicht verhandeln sie ein Lösegeld für uns, vielleicht kommen wir niemals hier raus. Und alles dazwischen. Wenn wir passiv bleiben."

„Was meinst Du damit, passiv bleiben?", fragte Mike.

„Er meint abwarten.", sagte James.

„Ja, das habe ich schon verstanden. Aber was bitte sollen wir denn sonst tun?"

Will atmete betont langsam ein und aus.

„Mike", sagte er dann, „Niemand kann Dir alle Deine Fragen beantworten. Ich sage nur, wenn wir passiv bleiben, sind wir dem Schicksal ausgeliefert. Ich schätze die Chancen nicht allzu gut ein. Wenn wir aktiv werden, haben wir bessere Karten."

„Er hat Recht.", sagte James.

„Und wie sollen wir das anstellen? Gegen Dutzende schwer bewaffnete Guerillas, mitten im Dschungel, ohne irgendwelche Ausbildung und Waffen?"

„Es gibt immer einen Weg. Wir müssen nur einen klaren Kopf behalten und Geduld haben.", sagte Will.

„Und was sollen wir tun?", fragte Ignácio.

„Ihr ... Wir alle können beobachten. Versucht, so viel wie möglich herauszufinden, ohne dabei aufzufallen. Aufklärung nennt man es beim Militär. Wie viele Guerilleros gibt es? Wie sind sie bewaffnet? Was sind ihre Routinen? Gibt es irgendwelche Abläufe, die sich wiederholen? Bestimmte

Tageszeiten, zu denen immer das gleiche geschieht? Achtet auf Details! Auch solche, die euch unwichtig erscheinen. Gerade solche Details machen oft den Unterschied. Das ist es, was wir im Moment tun können. Jeden Mittag und Abend setzen wir uns zusammen und besprechen, was wir beobachtet haben. Je öfter, desto besser. So prägt es sich am besten ein."

Er schaute auf die anderen und sah, dass sie nickten.

„Na dann mal los", sagte Will, „Verteilt euch unauffällig und beobachtet so viel, wie ihr könnt. Denkt an die Details! Und versucht, nicht aufzufallen."

Als die anderen beschäftigt waren, nahm James ihn beiseite.

„Hör mal", sagte er, „Wegen der Sache im Bus ..."

„Schwamm drüber", sagte Will, „Für mich war das bereits geklärt. Außerdem haben wir keine Zeit für solchen Firlefanz."

„Gut. So sehe ich es auch. Deshalb: Wer bist Du?"

„Ich bin einfach nur John. John Smith."

„Schluss mit dem Unfug. Du hast definitiv Spezialwissen. Und Leute wie Du heißen niemals John Smith."

„Warum wohl nicht?"

„Hör zu, John, es ist mir egal, wie Du wirklich heißt. Aber wenn wir hier rauswollen, dann müssen wir zusammenarbeiten."

„Tun wir ja. Genügt es nicht, zu wissen, dass ich Dinge weiß?"

„Mir nicht."

„Siehst Du. So geht es mir auch. Fang Du doch einfach an.", sagte Will.

James mahlte mit den Kiefern, schaute in das Blätterdach über sich und dann wieder auf Will.

„Also gut. Ich bin seit einem Jahr raus. Davor Army, neun Jahre. Drei Touren in Afghanistan, zwei davon bei den Rangers. Fernaufklärung. Danach Special Ops, Krieg gegen Drogen. Ich bin nicht zum ersten Mal hier im Dschungel unterwegs. Und ich erkenne einen Agenten, wenn ich ihn sehe."

„Tja", sagte Will, „Dann weißt Du ja Bescheid. Vieles

von dem, was ich gemacht habe, ist immer noch geheim. Aber sagen wir mal so – ich habe Erfahrung mit den Guerillas und ihren Methoden. Unter anderem."

„Ein Mann in Deinem Alter – ich kann mir ungefähr vorstellen, was Du gemacht hast."

„Dabei wird es wohl bleiben müssen.", sagte Will und schaute ihn ernst an.

„Okay.", sagte James und nickte, „Und was machen wir mit den anderen?"

„Was denkst Du?", fragte Will zurück.

„Weitermachen mit dem, was Du angefangen hast. Sie sollen beobachten. Das hält sie beschäftigt, und das ist erstmal das Wichtigste in Gefangenschaft. Eine Aufgabe. Etwas, das von der Situation ablenkt."

„Genau."

20.

James – 2001

James stellte sich vor die Tür und wartete auf den Summer. Das Gitter ratterte zur Seite und gab den Weg auf den Gang frei. Wie alle anderen trat er zwei Schritte hinaus, drehte er sich nach links und lief die Balustrade entlang in Richtung Innenhof. Heute Nachmittag, nach dem Hofrundgang, würde es soweit sein. Die ersten Wochen hier hatte James in stiller Verzweiflung verbracht, sich in eine Ecke zurückgezogen und aus allem herausgehalten. Er war viel mit sich allein gewesen, hatte mit seinem Schicksal gehadert, anderen die Schuld gegeben. Dann hatte er angefangen, zu trainieren. Ein langer Bart verdeckte große Teile seines Gesichts. Die polierte Glatze ließ ihn respekteinflößend erscheinen. Die letzten anderthalb Jahre waren in einem Einheitsbrei aus den immer gleichen Abläufen vergangen. Irgendwann begann er, an den freiwilligen Gruppensitzungen teilzunehmen. Zuerst hatte er fast nichts gesagt und nur zugehört. Dann wurde auch er gesprächiger. Er fand Kontakt zu anderen Mitgefangenen, mit denen er sich austauschen konnte. Seine Eltern besuchten ihn nie. Dafür kam der Großvater einmal im Monat.

„Wie geht es Dir, Junge?", hatte er beim letzten Mal gefragt.

„Es ist immer gleich, Grandpa. Wecken, Frühstück, Training, Mittag, Hofgang, Training, Abendessen, lesen, schlafen."

„Das klingt nicht gut. Du hast immer schon Deine Freiheit geliebt."

„Es ist nicht nur, dass ich nicht raus kann in die Welt. Es gibt überhaupt keine Freiheit mehr. Alles geht nach strengen Abläufen. Ich bin hier niemals mehr allein. Noch nicht mal beim Scheißen. Es klingt vielleicht komisch, aber eigentlich geht es ganz gut. Draußen musste ich immerzu denken. Was mache ich als Nächstes, wohin gehe ich, und so weiter. Die Freiheit, über jeden Schritt entscheiden zu können, sogar zu müssen, hat mich überfordert. Hier drinnen muss ich nicht denken. Das wird alles für mich gemacht. Mein Kopf wird klar. Ich kann schlafen. Ich kann lesen. Alle möglichen Bücher habe ich schon durch, und das Training läuft auch gut."

„Kannst Du schwimmen?"

„Nein, das nicht. Aber fast alles Andere. Es hilft."

Er trainierte draußen an den Hantelbänken, bis der Nachmittag vorbei war. Dann wurde er zur Anhörung gerufen. James hatte keine Ahnung, worum es ging, oder was man von ihm wollte. Aber es war eine Abwechslung von der Routine. Er nahm auf dem Stuhl in der Mitte des Raumes Platz. Vor ihm saßen hinter einem Tisch fünf Leute in Zivilkleidung. Zwei Männer und eine Frau kannte er nicht. Links neben ihnen war der Gefängnisdirektor, rechts eine Sozialarbeiterin, die er aus den Sitzungen kannte. In der Ecke des Raumes saßen zwei Männer in Militäruniform.

„Mr. James Tiberius Diggensak?" Es war der Mann in der Mitte des Komitees.

„Jawohl."

„Sie wissen, warum Sie hier sind?"

„Sie meinen, im Gefängnis, Sir?"

„Genau."

„Ja, Sir."

„Warum sind Sie Ihrer Ansicht nach hier?"

„Weil ich einige große Fehler gemacht habe."

„Welche wären das Ihrer Ansicht nach?"

„Ich habe mich mit den falschen Freunden umgeben. Ich habe Alkohol und Drogen konsumiert. Ich habe eine Frau getötet und einen Mann schwer verletzt. Ich habe versucht, die Tat zu verschleiern."

„Verstehe. Haben Sie außerdem noch Fehler gemacht, Mr. Diggensak?"

„Nein, Sir."

„Sind Sie sich da sicher?"

„Ja, Sir. Jedenfalls keinen gravierenden."

„Mr. Diggensak, in ihren eigenen Worten, würden Sie uns bitte kurz die Ereignisse schildern, die vor eineinhalb Jahren zu Ihrer Verhaftung geführt haben?"

„Ja.", sagte James, machte eine Pause und dachte nach.

„Ich wollte mit drei damaligen Freunden meinen Geburtstag feiern. Wir beschlossen, nach Kanada zu fahren."

„Warum beschlossen Sie, nach Kanada zu fahren, Mr. Diggensak?"

„Weil man dort bereits ab achtzehn Alkohol kaufen und Stripclubs besuchen darf."

„Verstehe. Hatten Sie auch vor, Umgang mit Prostituierten zu haben?"

„Es war nicht direkt der Plan, Sir. Aber ich denke, es war zumindest theoretisch auch eine Möglichkeit, ja."

„Hatten Sie ebenfalls vor, Drogen zu konsumieren?"

„Ja, Sir."

„Ihnen war bereits zum damaligen Zeitpunkt bewusst, dass dies auch in Kanada illegal ist?"

„Ja, Sir."

„Und sie taten es trotzdem?"

„Ja, Sir."

„Warum?"

„Wir dachten, es wäre bestimmt spaßig."

„Sie sollen über sich Auskunft geben, Mr. Diggensak. Treffen Sie bitte keine Annahmen über die Motive Ihrer Freunde."

„Ja, Sir. Ich hielt es für spaßig, Sir."

„War es spaßig, Mr. Diggensak?"

„Zunächst schon, ja."

„Haben Sie bereits zu früheren Zeitpunkten Alkohol oder Drogen konsumiert, Mr. Diggensak?"

„Ja, Sir."

„Welche waren das?"

„Alkohol, Kokain und Marihuana."

„In den Vereinigten Staaten?"

„Ja, Sir."

„Wie oft?"

„Ich weiß es nicht mehr, Sir. Ich denke, vielleicht zwan-

zig oder dreißig Mal."
„Bei welchen Gelegenheiten?"
„Auf Partys, Sir."
„Wie alt waren Sie, als sie zum ersten Mal Alkohol und Drogen konsumiert haben?"
„Ich denke, es war einige Zeit nach meinem sechzehnten Geburtstag. Ganz genau kann ich es nicht mehr sagen."
„Sie haben also in der Zeit nach ihrem sechzehnten bis zu ihrem achtzehnten Geburtstag etwa zwanzig bis dreißig Mal Alkohol, Kokain und Marihuana konsumiert?"
„Ja, Sir."
„Wie würden Sie diese Erfahrungen beschreiben?"
„Es war aufregend und es hat mir Spaß gemacht."
„Würden Sie das heute auch noch so sehen?"
„Nein, Sir."
„Sie waren bereits zum damaligen Zeitpunkt Leistungssportler. Schwimmer, wenn ich mich richtig erinnere?"
„Ja, Sir."
„Sie haben an verschiedenen Meisterschaften teilgenommen und auch einige Siege erzielt?"
„Ja, Sir."
„Wie würden Sie diese Erfahrungen beschreiben?"
„Auch das war aufregend und hat mir Spaß gemacht."
„Würden Sie das heute auch noch so sehen?"
„Ja, Sir."
„Wie würden Sie Gemeinsamkeiten und Unterschiede von Drogenkonsum und Sport beschreiben?"
„Die Gemeinsamkeiten von Sport und Drogen?"
„Ja."
„Nun, Sir, es kann bei beidem zu ähnlichen Effekten auf das Gehirn kommen. Die Ausschüttung von Botenstoffen wie Adrenalin, Noradrenalin, Dopamin und so weiter führt zu angenehmen Empfindungen."
„Und die Unterschiede?"
„Ich denke, Sport ist der schwierigere Weg. Und es kommt auch nicht notwendigerweise zu einem High. Aber Sport, jedenfalls in normalem Maß, ist auch nicht schädlich für den Körper. Drogenkonsum hingegen potenziell schon."
„Was meinen Sie mit 'potenziell'?"

„Ich denke nicht, dass es zu großem Schaden führt, wenn Menschen gelegentlich und in vernünftigem Maße Marihuana konsumieren. Jedenfalls ist es weniger schädlich als Alkoholkonsum."

„Ihnen ist bewusst, dass Alkoholkonsum legal ist und der Konsum von Marihuana illegal?"

„Ja, Sir."

„Was denken Sie darüber?"

„Ich halte es für Unsinn, Sir."

„Möchten Sie das näher ausführen?"

„Das beinahe weltweite Verbot von Marihuana und auch bestimmten anderen Drogen ist meiner Ansicht nach auf eine beinahe skandalöse Kampagne zurückzuführen. Diese wurde nicht zuletzt mit falschen Behauptungen, gefälschten Statistiken und auch Lügen vor dem Kongress durchgedrückt."

„Das ist eine interessante Sichtweise, Mr. Diggensak. Woher nehmen Sie diese Behauptungen?"

„Es sind keine Behauptungen, Sir. Es sind Fakten. Ich lese jeden Abend mehrere Stunden. Die Gefängnisbibliothek ist erstaunlich umfangreich."

„Wann haben Sie zum letzten Mal Drogen konsumiert, Mr. Diggensak?"

„Während der Ereignisse in Kanada."

„Seitdem nicht mehr?"

„Nein, Sir."

„Warum nicht?"

„Ich wurde verhaftet, Sir."

„Und das ist der Grund?"

„Zunächst schon, ja, Sir."

„Wenn Sie die Gelegenheit hätten, würden Sie wieder Drogen konsumieren?"

„Nein, Sir."

„Warum nicht?"

„Der eine Grund ist, dass es illegal ist. Der Andere, dass ich unter Drogeneinfluss einen Menschen getötet und einen anderen schwer verletzt habe. Das wiegt schwer."

„Würden Sie Drogen konsumieren, wenn sie legal wären?"

„Nein, Sir."
„Unter welchen Umständen könnten Sie sich vorstellen, wieder Drogen zu konsumieren?"
„Für mich selbst halte ich es für ratsam, nie wieder Drogen zu konsumieren."
„Aber sie halten es für Unsinn, dass Marihuana verboten ist?"
„Ja, Sir."
„Und darin sehen Sie keinen Widerspruch?"
„Nein, Sir. Was für mich gilt, muss nicht für andere gelten."
„Danke, Mr. Diggensak."
Der Mann sortierte Papiere und Akten auf dem Tisch vor sich.
„Sie haben an den Gruppentherapiesitzungen teilgenommen, Mr. Diggensak", übernahm eine der beiden Frauen das Gespräch, „Wie würden Sie das beschreiben?"
„Wertvoll. Ich würde sagen, es war wertvoll für mich, Ma'am."
„Sie sind noch sehr jung, und erst verhältnismäßig kurze Zeit hier. Trotzdem hat das Komitee den Eindruck, als hätten sie einen ernsthaften Sinneswandel durchgemacht. Würden Sie dem zustimmen?"
„Ja, Ma'am."
„Wie kam es Ihrer Ansicht nach dazu?"
„Ich habe in den Gruppensitzungen zuerst gar nicht viel gesagt. Ich fühlte mich ungerecht behandelt, gab mal anderen die Schuld, mal auch wieder mir selbst. Weil ich so einen Unsinn gemacht hatte, und weil ich so dumm war und mich erwischen ließ. Ich habe ständig darüber gegrübelt, was wohl falsch gelaufen ist, und dass ich nicht erwischt worden wäre, wenn ich nur dies oder jenes auf der Flucht anders gemacht hätte. Irgendwann ist mir aufgefallen, dass ganz viele hier drin genau die gleichen Dinge sagen. Und dann hatte ich diese Erkenntnis: Es war sogar gut so. Ich meine, mal angenommen ich wäre damit durchgekommen und man hätte mich nicht erwischt. Was dann? Ich habe viele Biografien gelesen von Psychopathen, Schwerverbrechern, Drogenbaronen, Serienkillern, Betrügern und so wei-

ter. Da gibt es Parallelen. Diese Leute werden oft sogar von der Gesellschaft bewundert, weil sie angeblich so smart sind und alle so lange täuschen konnten. Aber das ist meist ein Irrglaube. Häufig lag es daran, dass unser System einfach noch nicht modern genug war. Oder auch daran, dass es krasse Missstände gab, in manchen Fällen. Das ist schon sehr seltsam, wie schief manche Dinge sehr lange gehen können. Und irgendwann kam mir so ein Gedanke, den habe ich erst weggeschoben, aber er kam immer wieder. Ich dachte immer, ich hätte Pech gehabt. Aber eigentlich hatte ich Glück."

„Inwiefern?"

„Na ja, wenn ich mit der Nummer durchgekommen wäre, dann hätte ich mich sicherlich in eine ungünstige Richtung entwickelt. Ich bin an sich kein Killer, aber wer weiß. Die Kombination aus falschem Umgang und verantwortungslosem Drogenkonsum hat schon so manchen Menschen zum Killer gemacht. Und vielleicht hätte ich noch mehr Menschen getötet oder verletzt. Hier drin konnte ich keine Entscheidungen mehr treffen, die zu Unheil führten. Das wurde mir alles abgenommen. Und dadurch hatte ich zwei Möglichkeiten, die noch blieben. Entweder ich werde wahnsinnig, oder ich denke über mich selbst nach. Der Knast hat mir das gegeben, was ich selbst nie hatte, nämlich Selbstdisziplin. Deswegen, würde ich sagen, hatte ich Glück im Unglück. Vielleicht musste es erst soweit kommen, ich weiß es nicht. Jedenfalls ist mir klar geworden, dass ich mich nicht so durchs Lebens treiben lassen kann. Dass ich meine eigenen Entscheidungen treffen muss, und dass auch nur ich das tun kann. Und dass ich gut überlegen muss, welche Entscheidungen ich treffe. Weil ich Verantwortung habe. Für mich, aber auch für andere Menschen."

Die drei steckten die Köpfe zusammen und unterhielten sich leise. Dann schauten sie wieder zurück zu James.

„Wir waren bei den Ereignissen in Kanada stehengeblieben. Fahren Sie bitte fort.", sagte jetzt wieder der Mann in der Mitte.

„Wir checkten in ein Motel ein und gingen abends in den Stripclub. Wir tranken dort Alkohol und konsumierten Ko-

kain."
„Woher hatten Sie das Kokain?"
„Gekauft, von einem Straßenverkäufer hinter dem Motel."
„Wer hat das Kokain gekauft?"
„Adam, Sir."
„Fahren Sie fort."
„Wir verbrachten den Abend im Stripclub und ich hatte einen Private Dance. Dabei oder hinterher wurde ich bestohlen. Mein gesamtes Bargeld, Kreditkarten und auch mein Pass und die anderen Papiere waren weg. Ich habe es erst später im Motel bemerkt, stand aber zu sehr unter dem Einfluss von Alkohol und Kokain, als dass ich noch etwas hätte unternehmen können. An den Rest des Abends habe ich keine Erinnerung. Ich bin in der Badewanne aufgewacht."

James schilderte die Ereignisse so, wie er es schon oft getan hatte. In Gesprächen mit der Sozialarbeiterin und den Gefängnispsychologen, aber auch während der freiwilligen Gesprächsrunden. Er wurde für einige Zeit nicht mehr unterbrochen.

„Was war es für ein Gefühl, als sie realisierten, dass sie zwei Menschen getötet hatten? Zu diesem Zeitpunkt nahmen Sie ja an, dass sowohl Mrs. Coots als auch ihr vermeintlicher Zuhälter tot waren."

„Surreal, Sir. Wie in einem schlechten Traum, der nicht endet."

„Hatten Sie keine Angst?"

„Angst direkt nicht. Eher das Bewusstsein, dass es unwahrscheinlich ist, damit durchzukommen. Ich habe dann die Möglichkeit gewählt, von der ich mir die besten Erfolgsaussichten versprochen habe. Aber es war zu viel für meinen Kopf. Ich habe das alles nicht auf einmal realisieren können."

„Was passierte, nachdem Sie die beiden vermeintlichen Leichen in die Grube geworfen hatten?"

„Wir fuhren zum Fluss. Ich zog mich aus, schnürte meine Sachen zu einem Bündel, und begann zu schwimmen."

„Und sie schafften es bis ans andere Ufer?"

„Ja, Sir."

„Wie weit war die Strecke?"

„Ich bin nicht sicher, Sir. Zwischen drei und vier Meilen."

„Was passierte dann?"

„Ich wurde abgetrieben und verlor meine Kleidung. Meine damaligen Freunde fanden mich nicht. Ich habe dann entschieden, nach Hilfe zu fragen. Fast nackt und ohne Geld, wie ich war, landete ich sehr schnell auf einer Polizeistation. Dort habe ich mich dann in Widersprüche verstrickt."

„Sie haben also die Beamten belogen?"

„Zunächst ja, Sir."

„Warum?"

„Weil ich meine damaligen Freunde nicht verraten wollte, und weil ich nicht ins Gefängnis wollte, Sir."

„Sie erwähnten schon öfter ihre 'damaligen' Freunde. Warum verwenden Sie dieses Wort?"

„Weil sie heute nicht mehr meine Freunde sind, Sir."

„Warum nicht?"

„Weil sie mir nicht guttun, Sir."

„Haben Sie einen von Ihnen nochmal getroffen?"

„Ja, Sir. Während der Gerichtsverhandlung."

„Danach nicht mehr?"

„Nein."

„Warum nicht?"

„Es hat sich niemand bei mir gemeldet und ich habe es auch nicht getan."

„Würden Sie sich gern melden?"

„Nein, Sir."

„Warum nicht?"

„Ich habe ihnen nichts zu sagen."

„Warum nicht?"

„Alles, was ich zu sagen hatte, habe ich während der Gerichtsverhandlung gesagt."

„Was genau war das?"

„Das es mir leidtut. Das ich sie um Verzeihung bitte für die Schwierigkeiten, in die ich sie gebracht habe. Und dass ich ihnen verzeihe, was sie getan haben."

„Was haben ihre damaligen Freunde denn Ihrer Meinung nach getan?"

„Sie haben mitgemacht. Und sie haben ausgesagt. Ich weiß, dass sie deswegen ein schlechtes Gewissen hatten, und darum habe ich gesagt, dass ich ihnen verzeihe."
„Tun Sie das denn tatsächlich?"
„Ja, natürlich."
„Aber Ihre damaligen Freunde tragen doch eine Mitschuld an den Ereignissen?"
„Das zu bewerten ist Aufgabe der Justiz. Sie müssen sich für ihren Teil der Schuld verantworten. Meine eigenen Taten steigert oder schmälert das in keiner Weise."
„Wie meinen Sie das, Mr. Diggensak?"
„Ich meine, dass sie keine Verantwortung für mich tragen und ich keine für sie."
„Wissen Sie, was mit Ihren damaligen Freunden passiert ist?"
„Ja, Sir."
„Und das wäre?"
„Sie wurden freigesprochen."
„Finden Sie das gerecht, Mr. Diggensak."
„Auch das ist Aufgabe der Justiz, Sir. Ich möchte mir kein Urteil anmaßen."
„Sie sollen auch nicht urteilen, Mr. Diggensak. Ich möchte von Ihnen wissen, ob Sie das Urteil als gerecht empfinden."
„Nein, Sir."
„Warum nicht?"
„Weil ihr Anteil an den Ereignissen nicht gesühnt wird, meiner hingegen schon. Das empfinde ich als ungerecht. Aber es ändert nichts an meiner Situation und an meiner Schuld. Deswegen denke ich nicht darüber nach."
„Wie sind denn ihre damaligen Freunde erwischt worden, Mr. Diggensak?"
„Ich kenne die Ereignisse nur aus den Schilderungen während der Verhandlung und aus dem Bericht, genau wie Sie."
„Bitte, Mr. Diggensak, in Ihren eigenen Worten."
„Sie haben wohl eine Tankstelle überfallen mit der Waffe von Mr. Tremblay. Der zum Glück nicht tot war, sondern sich irgendwie aus dem Loch befreit hat und zur nächsten

Straße gelaufen ist. Dort hat ihn jemand gefunden und in ein Krankenhaus gebracht."

„Sie sagen 'Mr. Tremblay'. Sie meinen den Zuhälter?"

„Damals war er vermutlich Zuhälter. Was er heute macht, weiß ich nicht."

„Interessiert es Sie?"

„Nur am Rande, Sir."

„Warum?"

„Manche Menschen ändern sich. Vielleicht hat er das getan."

„Wie ist es mit Mrs. Coots? Würden Sie ihr gern etwas sagen?"

„Nein, Sir."

„Warum nicht?"

„Sie ist tot, Sir."

„Nehmen wir an, das spielte keine Rolle. Was dann?"

„Ich würde ihr sagen, dass es mir leidtut."

„Was genau tut ihnen leid?"

„Dass die falschen Entscheidungen, die wir in unseren Leben getroffen haben, an diesen Punkt führten."

„Was meinen Sie damit, die falschen Entscheidungen in unseren Leben? War es nicht allein Ihre Verantwortung?"

„Nein, Sir. Das sehe ich nicht so. Auch das Gericht sah es tatsächlich nicht so."

„Möchten Sie uns das erläutern?"

„Ich habe eine Reihe von falschen Entscheidungen getroffen, die ich bereue. Letztlich hat es dazu geführt, dass ich genau zu dieser Zeit genau an diesem Ort war, in einem Zustand, in dem ich einen Fehler gemacht habe. Mrs. Coots hat sicherlich in ihrem Leben auch eine Reihe von falschen Entscheidungen getroffen. Sonst wäre sie nicht als crackabhängige Prostituierte in einem Red-Roof-Motel in Kanada auf die Idee gekommen, sich mit vier völlig unzurechnungsfähigen jungen Männern einzulassen."

James machte eine Pause.

„Verstehen Sie mich nicht falsch", sagte er dann, „Es war ein großer Fehler, den ich bereue. Aber ich hatte nicht die Absicht, einen der beiden zu töten. Ich wollte meine damaligen Freunde und mich selbst schützen. Das ist für mich ein

Unterschied. Wenn ich zum Beispiel in meinem Zustand ein Kind überfahren hätte, könnte und wollte ich, glaube ich, nicht mehr weiterleben. In diesem Fall war es eine Auseinandersetzung zwischen Menschen, die sich in diesem Moment außerhalb des Gesetzes bewegten. Das war eine andere Situation. Ich bereue es, wirklich. Aber ich schlafe deswegen nicht schlecht. Und trotzdem, wer weiß? Vielleicht hätte Mrs. Coots in ihrem Leben doch noch die Möglichkeit bekommen, sich zu verändern. Und diese Möglichkeit habe ich ihr genommen."

„Haben Sie sich verändert, Mr. Diggensak?"

„Ja, Sir. Das würde ich schon sagen."

„Mr. Diggensak, könnten Sie sich vorstellen, wieder einen Menschen zu töten?"

„Nein, Sir."

„Unter keinen Umständen?"

„Nein, Sir."

„Mr. Diggensak, Sie waren bisher sehr offen. Bleiben Sie doch einfach dabei."

„Nun, Sir, ich denke nicht dauernd darüber nach. Aber in einer Notwehrsituation könnte ich mir schon vorstellen, dass ich nochmals einen Menschen töten könnte. Noch nicht mal unbedingt um meiner selbst wegen, sondern um Andere zu retten. Das ist aber eine eher hypothetische Ausgangslage."

„Wie wäre es, wenn Sie ihr Land verteidigen müssten, Mr. Diggensak?"

„Ich weiß es nicht, Sir. Ich habe darüber nachgedacht, nach ..."

Er schwieg.

„Wonach, Mr. Diggensak?"

„Nach 9/11. Wir alle hier haben darüber gesprochen."

„Und zu welchem Ergebnis sind Sie gekommen, Mr. Diggensak?"

„Ich möchte das nicht als Rechtfertigung verstanden wissen, Sir. Aber das Ergebnis meiner Überlegungen ist, dass es Schlimmeres gibt, als das, was ich getan habe."

Die Runde blickte sich vielsagend an. Die beiden Männer in Militäruniform nickten.

„Mr. Diggensak, das Komitee sieht das genauso. Daher

möchten wir Ihnen heute ein einmaliges Angebot machen. Sie müssen sich sofort entscheiden. Aufgrund der aktuellen Ereignisse hat der Kongress ein inoffizielles Amnestieprogramm für bestimmte Verbrechen beschlossen. Die Aussagen von Mitgefangenen, Anstaltsleitung und psychologisch-sozialer Betreuung sind eindeutig. Sie sind ein mustergültiger und disziplinierter Häftling, der sich strikt an alle Auflagen hält. Ihre Führung ist einwandfrei. Ihre selbstkritische Haltung lässt eine gute Prognose für ein Leben in Freiheit zu. Wenn Sie es möchten, ist dieses Komitee ermächtigt, den Rest Ihrer Haftstrafe in Militärdienst umzuwandeln."

Er schob ihm einen Stapel Papiere zu. Der Kopf des ersten Blattes war bereits mit seinen persönlichen Daten ausgefüllt. James überflog die Seiten.

„Verstehen Sie dieses Angebot?", fragte einer der Männer in Uniform, als er fertig war.

„Es bedeutet, wenn ich mich für fünf Jahre verpflichte, komme ich hier raus? Und darf etwas gegen diese Schweine unternehmen, die uns das angetan haben?"

„Genau das heißt es, Mr. Diggensak."

James blätterte auf die letzte Seite der Vereinbarung, griff sich einen Kugelschreiber vom Tisch und unterschrieb.

21.

Camp – 2011

„Tag drei.", sagte James.

Mike hockte mit Alicia an der Feuerstelle und hatte etwas von dem Fleisch gekocht, das man ihnen zugeworfen hatte.

Es war Mittagszeit, und sie rückten näher zusammen.

„Okay. Analysieren wir zunächst unsere Lage", sagte Will, „Hat jemand eine Idee zu unserem Standort?"

„Ich habe den Sonnenstand verfolgt und die Zeit im Auge behalten.", sagte James, „Wir sind ungefähr vierzig Stunden gefahren. Grob immer Richtung Nordosten. Ich würde schätzen, wir sind irgendwo an der Grenze zu Bolivien, wenn nicht schon darüber hinaus. Die nächste größere Stadt ist dann Cusco, allerdings viel zu weit im Süden, als dass es uns etwas nützen könnte. Ansonsten gibt es hier, zumindest wenn wir da sind, wo ich denke, einfach sehr viel Nichts. Wald, einige Reservate, das war es."

„Das habe ich auch ungefähr so berechnet", sagte Will, „Weiter. Wie viele Bewacher?"

„Ich würde schätzen so etwa zwanzig.", sagte Mike.

„Sechsundzwanzig.", sagte James, „Inklusive der Compañera und dem Comandante."

„Ich komme auch auf sechsundzwanzig.", sagte Will, „Noch jemand?"

„So um die zwanzig müsste hinkommen.", sagte André. Die anderen nickten.

„Gut. Bleiben wir also bei sechsundzwanzig. Bewaffnung?"

„Sie haben alle Gewehre.", sagte André.

„Maschinengewehre, oder?", sagte Alicia.

„Sturmgewehre", korrigierte James, „Galil und AR-15

habe ich gesehen. Dazu einige Pistolen und Revolver, ich denke alles Taurus PT92 oder Model 65."

„Ja, habe ich auch so gesehen.", sagte Will.

„Was seid ihr? Irgendwelche Soldaten oder so?", fragte Mike.

Sie schwiegen.

„Was soll uns sowas denn helfen?", fuhr Mike fort, „Welche Pistolen die genau haben. Sowas ist doch völlig unnütz!"

Will rollte die Augen und schaute James an.

„Willst Du oder soll ich?", fragte er.

James sah Mike ernst an.

„Es gibt zum Beispiel Hinweise darauf, wer diese Leute wirklich sind. Zu wem sie Kontakt haben. Wo sie ihre Waffen kaufen. Die Gewehre sind amerikanische und israelische Fabrikate, die Pistolen hingegen brasilianische. Also eine bunte Mischung. Das heißt, sie machen mit vielen verschiedenen Leuten Geschäfte. Warum? Warum kaufen sie nicht immer beim gleichen Händler?"

Mike schaute ihn ahnungslos an.

„So etwas deutet auf wechselnde Allianzen hin", fuhr James fort, „Das heißt, schlechte Loyalität, Geldmangel, oder sie haben einfach die Händler überfallen. Das bedeutet wiederum, sie haben viele Feinde. Sie sind gestresst, nervös, haben vielleicht sogar selbst Angst. Sowas kann hilfreich sein. Genauso wie weitere Details. Der Taurus Model 65 Revolver zum Beispiel hat das Kaliber .357 Magnum. Du kannst Dich also nicht hinter einer Bretterwand verstecken, wenn jemand damit auf Dich schießt. Oder hinter einer Autotür. Übrigens – so ziemlich jedes Geschoss durchschlägt eine Autotür, aber das ist jetzt nicht wichtig. Wenn Du Deckung suchst, dann nimm möglichst dicke Bäume, Holzstapel oder den Motorblock eines LKW."

„Okay", unterbrach Will den Vortrag, „Ich denke, Mike hat verstanden, warum Details wichtig sind. Fassen wir mal zusammen. Auf der einen Seite sind wir. Das sind sieben Männer, eine Frau und ein Mädchen. Die Frau ist in keinem einsatzfähigen Zustand. Einer der Männer ist ...", er schaute an sich herunter, „... ist alt. Wer von euch hat irgendwelche

Kampferfahrung?"

„Ich.", sagte James.

„Offensichtlich.", sagte Mike.

„Okay. Wer hat schon mal eine Waffe abgefeuert oder weiß, wie man damit umgeht?"

Mike, James und Pablo meldeten sich.

„Ich war bei der Nationalgarde", sagte Mike, „Ist eine Weile her. Ich habe aber keine Einsatzerfahrung. Wochenendsoldaten haben sie uns genannt."

„Das merkt man.", brummte James.

„Immerhin.", sagte Will, „Zwei Soldaten. Und Du?"

Er sah Pablo an.

„Ich war bei der Armee, als junger Mann. Zwei Jahre. Wir mussten durch den Dschungel patrouillieren und irgendeine Basis bewachen. Ich weiß, wie man schießt. Mehr nicht."

„Gut. Wie steht es um unsere Bewaffnung?"

„Ich habe ein Messer.", sagte James. Es war das winzige Taschenmesser, das er benutzte, um täglich eine Kerbe in den Pfosten zu schnitzen.

„Gut. Wir haben also drei Soldaten, die über ein Schnitzmesser mit einer drei Zoll langen Klinge verfügen. Dazu kommen ein paar Teller und Essbesteck, ein Bambusstock, zwei Männer ohne Kampferfahrung, ein Greis und ein Mädchen. Demgegenüber stehen mindestens sechsundzwanzig vermutlich kampferprobte und schwer bewaffnete Guerilleros. Das klingt doch grandios! Die gute Nachricht ist, wenn wir sie alle überwältigt haben, gibt es immerhin einen Lastwagen und zwei Pick-ups. Wir müssten also zumindest nicht laufen, vorausgesetzt, die Wege sind befahrbar. Was gibt es noch für gute Nachrichten?"

Alle schwiegen.

„Es ist unmöglich.", sagte Mike, „Vollkommen ausgeschlossen. Hoffnungslos."

„Hör auf zu heulen, Du Wochenendsoldat!", sagte James, „Was weißt Du schon? Ich war in viel schlimmeren Situationen."

„Okay", sagte Will gedehnt und schnitt Mike die Möglichkeit zu einer Antwort ab, „Die Ausgangslage ist zugegebenermaßen nicht besonders gut. Jetzt schauen wir mal auf unsere Möglichkeiten. Was können wir für uns nutzen?"

„Das Überraschungsmoment.", sagten André und James gleichzeitig.

„Ausgezeichnet. Sehr gut. Was noch?"

„Keine Ahnung. Hat jemand hier irgendwelche Spezialfähigkeiten, außer kämpfen?", fragte Mike.

„Ich bin Arzt.", sagte Ignácio.

„Ich kann fahren.", sagte Pablo.

Es folgte Schweigen. Nach einer Minute sprach Will erneut.

„Hat jemand irgendwelche Ideen? Egal was. Egal wie verrückt."

„Offensichtlich ist eine direkte Konfrontation ausgeschlossen.", sagte Mike, „Wir können ja schlecht unsere beiden Soldaten losschicken, um einige Kämpfer zu entwaffnen und dann den Rest über den Haufen zu schießen. Wir können auch nicht einfach so weglaufen. In diesem Dschungel, ohne Nahrung und Orientierung, würden wir keine zwei Tage durchhalten. Außerdem würde man uns sicher sehr schnell einholen."

„Danke, Mike.", sagte Will, „Aber was wir nicht tun können, wissen wir alle, und es hilft uns nicht weiter. Die Frage ist, was können wir tun?"

„Was weiß denn ich! Warum hast Du eigentlich keine Ideen, alter Mann?"

„Oh, ich habe eine Idee. Aber ich will zuerst eure hören."

„Ablenkung.", sagte André.

„Gut. Wie?", fragte Will.

„Ich weiß es nicht. Es war das Erste, was mir durch den Kopf schoss. Habe noch nicht weiter drüber nachgedacht."

„Macht nichts. Ablenkung wäre vielleicht eine Möglichkeit. Welche Ideen gibt es noch?"

„Vergiften.", sagte Alicia. Will schaute sie überrascht an.

„Warum nicht. Wie?"

Sie zuckte die Schultern.

„Curare.", kam es von Ignácio.

„Was weißt Du darüber?", fragte Will.

„Es ist ein uraltes Gift, das Indios auf ihre Pfeile tun.

Technisch gesehen ist es kein Gift, sondern ein Anästhetikum. Ein Antagonist der Acetylcholinrezeptoren. Es wurde früher auch als Narkotikum eingesetzt. Allerdings muss man es aus Baumrinde kochen. Das könnte schwierig werden."

„Weißt Du, welche Bäume?", fragte Will.

„Bestimmte Arten von Lianen. Wenn ich sie sehe, wüsste ich es."

„Gut. Kompliziert, aber immerhin nicht unmöglich. Was für Gifte gibt es noch, von denen ihr wisst?"

„Pfeilgiftfrösche.", sagte André.

„Stimmt", sagte James, „Die gibt es hier im Dschungel."

„Könntest Du so einen Frosch erkennen?", fragte Mike.

„Das ist nicht schwer. Alles, was giftig aussieht, ist giftig. Je bunter und leuchtender die Farbe, desto besser. Aber man darf sie nicht anfassen. Das Gift wird auch über die Haut aufgenommen und wirkt sehr schnell."

„Und könntest Du so einen Frosch fangen?", wollte Will wissen.

„Ich denke schon, ja.", sagte James, „Mit Blättern zum Beispiel."

„Gut. Gift scheint also tatsächlich eine Option zu sein. Was noch?"

„Entführen.", kam es von Pablo.

„Ausgezeichnet. Wie willst Du das machen?"

„Ich habe keine Ahnung. Aber wenn wir zum Beispiel die Compañera in die Finger bekämen, hätten wir eine Chance, mit ihnen zu verhandeln."

„Warum nicht. Hat noch jemand eine Idee? Egal was, es kann noch so verrückt sein."

Diesmal meldete sich auch nach einigen Minuten noch niemand.

„Macht nichts", sagte Will, „Das ist auf jeden Fall schon mal nicht schlecht. Ich würde sagen, wir schlafen eine Nacht darüber. Dann sehen wir morgen weiter, was uns noch eingefallen ist."

„Tag vier, richtig?", fragte Ignácio, als er James beim Schnitzen der Kerbe beobachtete.

James nickte.

„Und, was habt ihr beobachtet?", fragte Will.

„Immer noch circa dreißig Guerilleros.", sagte Ignácio, „Die Routine ist auch unverändert. Zwei bewachen unsere Hütte, allerdings zunehmend nachlässig. Zwei sind auf den Wachtürmen an der Ost- und Westseite. Vier patrouillieren um das Lager, immer an den Seiten hoch und runter. Sie wechseln dreimal täglich."

„Gut", sagte Will, „Habt ihr das auch so beobachtet?"

Die anderen nickten. James zeichnete mit einem Stock die Beschreibung von Ignácio in den Staub. Für die Wachen benutzte er kleine Steine.

„Wie sieht es mit dem Rest des Lagers aus?", fragte Will weiter.

„Also wir sind hier", sagte André und legte eine leere Konservendose auf die Stelle, wo ihre Hütte war, „Das ist etwas abgetrennt vom Rest des Lagers. Da drüben", fuhr er fort und positionierte weitere der kleinen Dosen auf ihrer Landkarte, „sind fünf Hütten für die Arbeiter. Sie arbeiten in Schichten und dürfen ansonsten nicht raus. Jeweils ein Wachtposten bewacht die Hütten. Dahinter kommen die Überdachungen für die Kokaproduktion."

James stellte für ihn weitere Dosen auf.

„Gut", sagte Will, „Weiter. Die Wege."

André zeichnete mit dem Stock die Wege durch das Lager ein, die zwischen den Hütten hindurch zu den Wachtürmen und dem Ausgang führten. Er legte weitere Dosen und Steine auf die Karte. Sie symbolisierten zwei stabile Hütten für die Guerilleros und die eine beinahe luxuriöse, in der sich die Compañera und der Comandante aufhielten. Dazu gab es noch eine Art Schreibstube, in der ständig ein Posten saß und Buch über alles führte, was in das Lager hinein- und herauskam. Über eine ausgefahrene Piste im Dschungel kam ein Mal am Tag ein LKW, brachte Kokablätter, Lebensmittel und einige andere Artikel des täglichen Bedarfs und transportiert fertiges Produkt wieder ab. Die Prozedur fand immer kurz vor Sonnenaufgang statt und dauerte insgesamt keine zehn Minuten.

„Der LKW ist eine der beiden Fluchtmöglichkeiten.", sagte James, „Eine andere sind die beiden Pick-ups. Keine weiteren Fahrzeuge mehr im Lager."

„Okay.", sagte André, „Kann jemand so einen LKW fahren?"

„Ich.", sagte Pablo, „Wenn es Räder hat und einen Motor, dann kann ich es fahren."

„Auch hier im Dschungel?", fragte James.

„Ja. Auch hier im Dschungel."

22.

Pablo – 2011

Pablo nahm den kleinen Koffer und ging zur Tür.

„Bis bald!", rief er.

„Bis bald!", kam die Stimme aus dem Schlafzimmer, „Ich liebe Dich!"

„Ich Dich auch!"

Er öffnete die Wohnungstür, atmete tief ein und trat hindurch in den Flur. Seine Brust fühlte sich an, als ob gerade jemand eine Packung Soda darin auflöste. Er zog die Tür hinter sich zu und blieb einen Moment in der Stille des Treppenhauses stehen. Von dem langen Gang vor ihm zweigten nach links und rechts Türen zu den anderen Appartements ab. Zehn auf jedem Stockwerk, verteilt über zwanzig Stockwerke. Am Ende gab ein verstaubtes Fenster den Blick frei auf weitere Blöcke. Der Verkehr Limas schickte ein gedämpftes, monotones Dröhnen nach oben. Pablo stellte den Koffer ab, drehte sich um und griff in die Hosentasche. Er holte den Schlüssel heraus, öffnete die Tür und betrat wieder das Appartement. Leise zog er sich die Schuhe aus und ging auf Socken ins Schlafzimmer. Antonella lächelte ihn vom Bett aus an. Ein säuerlicher Geruch setzte sich in seiner Nase fest. Er lächelte zurück, trat neben das Bett und nahm den Eimer.

„Ich habe extra gewartet, bis Du weg bist.", sagte sie und lächelte.

„Ich weiß", sagte er und lächelte sanft zurück.

„Sofia hätte das auch gemacht."

„Ich weiß."

„Sie kommt bestimmt bald. Wahrscheinlich ist irgendwas mit dem Kleinen. Sie wird sicher gleich anrufen."

„Ich weiß."

„Du musst los, Pablo. Der Bus wartet auf Dich! Du wirst Dich verspäten!"

„Ich weiß."

Er ging er mit dem Eimer ins Bad und säuberte ihn gründlich. Als er aus dem Badezimmer heraustrat, hatte Antonella sich aufgesetzt. Ihr Nachthemd war nass geschwitzt und klebte an der Haut. Er stellte den Eimer neben dem Bett ab, ging zum Schrank und nahm ein frisches Nachthemd heraus.

„Wieder die Schweißausbrüche?", fragte er.

„Ja."

„Kannst Du aufstehen?"

Sie schüttelte den Kopf. Wortlos reichte er ihr die Packung mit den feuchten Tüchern vom Nachttisch und sah zu, wie sie ihr Nachthemd über den Kopf zog und sich den Oberkörper abrieb. Als sie fertig war, zog sie das frische Hemd über den Kopf.

„Schau nicht jedes Mal so genau hin!"

„Für mich wirst Du immer die schönste Frau auf der Welt sein."

Er nahm das verschwitzte Kleidungsstück und brachte es ins Bad zur Schmutzwäsche. Vorsichtig setzte er sich zu ihr auf die Bettkante, beugte sich über sie und gab ihr einen Kuss.

„Eigentlich sollte ich das hier machen", sagte er, „Sofia ist erwachsen, sie hat ein eigenes Kind und eine gute Ausbildung. Sie sollte irgendwo in einem Architekturbüro arbeiten, wie es immer ihr Traum war, und sich nicht dauernd um ihre kranke Mutter kümmern."

„Ach, Pablito. Du weißt doch, wie die Lage ist auf dem Arbeitsmarkt. Außerdem verdient Vicente gut, und ihr macht es nichts aus. Und sie kann sich um Ademir kümmern, wenn er aus der Schule kommt. Ich bin in guten Händen, wirklich! Mach Dir keine Gedanken. Das wird schon wieder."

„Sicher, Liebste. Es wird wieder. So wie jedes Mal."

„Du musst jetzt wirklich los, Pablito."

„Ich weiß."

Sie küssten sich lang. Ihre Lippen schmeckten säuerlich,

aber es machte ihm nichts aus. Seine Finger strichen ihr über das schweißnasse, verklebte Haar. Er stand auf und zog sich im Flur die Schuhe an. Diesmal zog er sie nicht wieder aus, als er zurück ins Schlafzimmer ging. Im Türrahmen blieb er stehen.

„Ich habe Angst.", sagte er.

„Ich weiß", sagte sie, „Ich auch."

„Warum tut Gott uns das an, Antonella?"

„Ich weiß es nicht, Pablito. Wir können es nur so hinnehmen. Alles hat irgendwo einen Sinn."

„Was ist, wenn Du nicht mehr hier bist, wenn ich zurückkomme?"

„Ich werde hier sein, Pablito. Ich verspreche es Dir."

„Was ist, wenn ich nicht zurückkomme?"

„Du wirst zurückkommen, Pablito. Du kommst immer zurück."

„Ich liebe Dich so sehr!"

„Ich Dich auch. Wir telefonieren, in Ordnung? Gleich nachher!"

„Ja. Das machen wir."

Halb auf Zehenspitzen ging er in Schuhen durchs Schlafzimmer und gab ihr einen Kuss auf die Stirn. Sie streichelte seine Hand, legte sich hin und drehte sich auf die Seite.

„Ich muss etwas schlafen, Pablito. Bis nachher, ja?"

„In Ordnung."

Er blieb auf der Bettkante sitzen, bis er die ruhigen, regelmäßigen Atemzüge hörte, die er so sehr liebte. Leise stand er auf und ging in den Flur. Aus dem Hausflur klangen eilige Schritte. Er öffnete die Tür und stieß beinahe mit Sofia zusammen, die mit gesenktem Kopf in ihrer Handtasche nach dem Schlüssel kramte.

„Papa! Musst Du nicht schon lang weg sein?"

Er ging auf sie zu und nahm sie fest in die Arme.

„Eigentlich schon, Kind. Es ist nicht einfach."

„Ihr konntet euch noch nie voneinander losreißen. Schon als ich noch ganz klein war nicht."

„So ist es wohl. Sie schläft gerade. Sie musste sich schon wieder übergeben und schwitzt sehr stark. Pass gut auf sie auf, ja? Vielleicht schafft sie es ja heute, zu duschen."

„Vielleicht, ja. Ich koche etwas Leichtes und bringe ihr Tee, dann wird es schon wieder mit der Übelkeit."
„Hoffen wir es."
„Was sonst können wir tun, Papa. Bis bald!"
„Bis bald."
Sie umarmten sich, dann verschwand Sofia in der Wohnung. Pablo nahm seinen Koffer und stieg in den Aufzug. Es war ein wenig leichter, jetzt, wo er wusste, dass sie nicht mehr allein war. Aber die Angst blieb.

Am Busterminal warteten die anderen Fahrer schon ungeduldig auf ihn. Renato kannte er bereits von früheren Fahrten, Javier war neu und sollte die Tour zur Eingewöhnung mit ihnen gemeinsam machen. Pablo schaute auf die Uhr. Sie hatten noch zehn Minuten Zeit bis zur Abfahrt.
„Alles okay mit der Maschine?", fragte er Renato.
„Alles bestens. Ist fast neu, drinnen ist alles sauber und funktioniert. Reifendruck stimmt, Tanks sind, wie sie sein sollen."
Damit meinte er volle Kraftstoff- und Wasserbehälter und einen leeren Abwassertank. Pablo lief einmal langsam um den Bus, kontrollierte die Gepäckfächer und die Reifen, wie er es immer tat. Der Motor brummte leise im Stand.
„Wie viele diesmal?"
„Voll."
„Komplett voll?"
„Ja, bis auf den letzten Platz.", sagte Renato.
„Na dann kann's ja losgehen. Ich mache die erste Tour. Javier, komm Du direkt zu mir, dann erkläre ich Dir ein paar Sachen."
Drinnen war es angenehm kühl. Pablo mochte die frische, gefilterte Luft der Klimaanlage. Er setzte sich auf den Fahrersitz, Javier nahm neben ihm auf dem Notsitz Platz. Renato blieb stehen und machte die übliche Durchsage, während Pablo den Bus in Bewegung setzte.
„Schon mal eine lange Route gefahren?", fragte er Javier, während er den Bus aus dem Terminal manövrierte.
„Ja, dreimal Lima – Medellin und zurück."

„Kurzstrecke", lachte Pablo, „Passt schon. Dann kennst Du ja zumindest den Ablauf. Was hast Du davor gemacht?"

„Stadtbus in Lima, drei Jahre. Dann ein paar kürzere Strecken, bis Nazca und Cusco."

Pablo besah sich den Jungen etwas genauer. Kleiner als er selbst, dunkle Haut, ziemlich kräftig um die Hüften. Mitte dreißig vielleicht. Er selbst hatte immer darauf geachtet, trotz des vielen Sitzens nicht dick zu werden. Javiers weißes Hemd spannte um Bauch und Brust. Die Knöpfe sahen aus, als würden sie gleich wegfliegen. Den Obersten konnte er nicht mehr schließen, weswegen er die schwarze Krawatte so fest zugezogen hatte, dass sich eine große Speckrolle über den Hemdkragen wölbte.

„Pablo ist unser dienstältester Fahrer.", meldete sich Renato zu Wort, „Den beeindruckst Du so schnell nicht. Zweiundvierzig Jahre im Dienst, was?"

Pablo nickte und wandte er sich wieder an Javier.

„Also, pass auf. Unser Bus ist ein Neoplan Skyliner, Baujahr 2010. Er hat einen Langstreckenumbau speziell für unsere Firma. Wir bieten die längsten Routen an. Von Lima nach Rio de Janeiro sind es viertausendfünfhundert Kilometer. Das gilt ganz offiziell als die längste Busroute der Welt. Die Leute aus Rio kommen allerdings mit einem Zubringer. Wir halten in São Paulo schon. Trotzdem sind das fast fünf Tage, mit Pausen. Wir halten zweimal pro Tag für eine halbe Stunde, morgens und abends. Etwas die Beine vertreten, Essen einkaufen und Tanks entleeren. An den Raststätten kann man auch duschen. Im Bus haben wir drei Chemietoiletten. Eine kleine hier vorn nur für uns, eine am Eingang in der Mitte für die Passagiere und eine oben in der Luxusklasse. Wir haben insgesamt sechsundfünfzig Sitzplätze, vierundvierzig unten mit normalen Sitzen und nochmal zwölf oben. Die sind sehr viel bequemer, aber auch teurer. Du kannst gleich mal einen Rundgang machen und die Passagiere fragen, ob alles in Ordnung ist. Das machen wir regelmäßig. Dabei kannst Du Dich dann auch in Ruhe umschauen. Außerdem kontrollieren wir alle vier Stunden die Toiletten, ob noch alles sauber ist und so. Ich fahre die erste Schicht, dann tauschen wir und Du übernimmst die nächste.

Wir schauen mal, wie das klappt. Die Strecke ist noch eine Weile gut ausgebaut und einfach zu fahren. Später, wenn wir über die Anden müssen, wird es kritisch. Da sind steile Passagen dabei und viele Kurven. Vor allem beim Überholen passiert viel. Das ist nichts für einen Neuen. Ich möchte, dass Du dann bei mir oder Renato zusiehst und die Strecke kennenlernst. Alles klar?"

„Alles klar.", sagte Javier.

„Gut. Wenn Du Fragen hast, kommst Du einfach zu mir oder Renato! Dann kannst Du ja jetzt den Bordservice machen. Schau Dich gut um, merke Dir die Notausgänge und so weiter, okay?"

„Mach ich. Bis gleich!"

„Bis gleich."

Pablo setzte sein Headset ins Ohr und drückte auf seinem Telefon die Kurzwahl für Sofia. Das Gerät tutete mehrmals, dann hörte er die Stimme seiner Tochter.

„Ja?"

„Hallo Sofia. Wie geht es daheim, alles in Ordnung?"

„Es geht ihr gut, Papa. Sie ist aufgestanden und wir haben zusammen etwas gegessen."

„Das ist schön zu hören. Verträgt sie es denn?"

„Bis jetzt bekommt ihr alles gut."

„Gibst Du sie mir kurz rüber?"

„Sie hat sich gerade wieder hingelegt und schläft etwas."

„Oh, gut. Dann lass sie schlafen. Ich versuche es später wieder."

„Ja, genau. Wenn sie wach wird, wollen wir sie duschen."

„Das ist gut. Pass auf die Narbe auf, ja?"

„Mach ich. Ich kenne es doch schon."

„Was habt ihr sonst noch vor?"

„Ich will gleich etwas lesen. Nachher hole ich Ademir von der Schule. Später kommt Vincente dazu, und wir essen gemeinsam zu Abend."

„Das klingt schön. Lass sie nicht zu lang allein, ja?"

„Ich fahre mit dem Auto zur Schule, Papa. Eine halbe Stunde, dann bin ich wieder da. Das schafft sie, glaub mir."

„Ja, ich weiß es doch. Danke, Sofia. Ohne Dich wüsste

ich nicht, was ich tun würde."

„Ach Papa, das ist doch selbstverständlich. Wir schaffen das schon! Mach Dir keine Sorgen!"

„Ich versuche es, Kind. Wir hören uns später, in Ordnung?"

„Bis später!"

Ein Klicken in der Leitung, dann war das Gespräch vorbei. Renato kam gerade aus der Schlafkabine und hatte den Rest mitgehört.

„Wie geht's daheim?"

„Es geht ihr nicht gut, Renato. Sie ist tapfer, aber sie darf nicht allein sein. Sie wird öfter ohnmächtig, kommt nicht allein aus dem Bett, muss sich ständig übergeben. Das ist nicht schön, wirklich nicht."

„Was sagen die Ärzte?"

„Nicht sehr viel."

Sie schauten eine Weile schweigend vor sich auf die Straße.

„Ich glaube, sie schafft es diesmal nicht, Renato."

„Pablo! Das darfst Du noch nicht mal denken!"

„Sie ist eine tapfere Kämpferin, sie war es immer. Aber ich sehe es in ihren Augen. Sie ist müde, sie hat keine Kraft mehr. Ich glaube, sie hält noch durch, weil sie mich nicht allein lassen will. Aber manchmal denke ich, sie würde gern gehen. Alles hinter sich lassen. Einfach Frieden haben. Eigentlich wollten wir längst in Rente sein, vielleicht die Wohnung verkaufen und raus aus Lima, irgendwo ans Meer. An den Wochenenden mit unserem Enkelkind spielen. Stattdessen sitze ich hier, und sie liegt zu Hause im Bett. Und Sofia arbeitet nicht und lebt ihre Träume nicht aus."

„Man kann es sich wohl nicht aussuchen. Aber ihr macht es gut."

„Wir machen es so gut, wie wir können. Aber sie wird achtundsechzig in vier Monaten. Da wird man irgendwann auch müde."

„Das ist wohl auch wieder wahr. Wie lange willst Du eigentlich noch arbeiten, Pablo? Du bist doch auch schon ...?"

„Sechsundsechzig. Solange die Firma mich lässt. Wir

brauchen das Geld. Die Versicherung zahlt längst nicht für alles, allein die Chemotherapie kostet jedes Mal ein Vermögen. Wir zahlen jetzt noch den Kredit für die Letzte ab. Ich weiß nicht, woher ich es nehmen soll, Renato. Zum Glück haben wir vor ein paar Jahren die Wohnung abbezahlt, sonst ginge es gar nicht."

„Die Besten trifft es immer am härtesten."

„So sagt man wohl, ja. Ich fahre schon so lange und war so viel weg von daheim. Auch als Sofia klein war, immer war ich irgendwo unterwegs. Und es waren oft keine leichten Zeiten. Aber so ist es eben, ich will mich nicht beklagen. Antonella hat sich auch nie beklagt. Gott hat einen Plan für jeden von uns, nicht wahr?"

„Ich hoffe es, Pablo. Manchmal sind seine Pläne schwer zu verstehen."

„Das ist wohl so."

Er stellte das Radio an als Zeichen, dass er etwas Ruhe brauchte. Pablo war die Strecke schon oft gefahren, aber es faszinierte ihn jedes Mal wieder. Zwischen zwei Ozeanen in nur fünf Tagen einen riesigen Kontinent zu überqueren, brachte seinen Verstand immer aufs Neue zum Glühen. Fast bis zum Ozean, dachte er. Von São Paulo aus war es nicht mehr weit, aber es blieb ihm nie Zeit dafür. Bis jetzt wechselten die Passagiere am Terminal in São Paulo den Bus, weil es günstiger war, für die Kurzstrecke bis Rio lokales Personal einzusetzen. Pablo mochte die anderen Fahrer nicht. Sie waren meist arrogant und unfreundlich, auch zu den Passagieren. Für sie war es einfach nur ein Job, sie waren jeden Abend wieder zu Hause. Für ihn war es immer viel mehr gewesen als das. Die Menschen in seinem Bus hatten meist triftige Gründe, sich auf so eine lagen Reise zu begeben. Oftmals hatte es mit Familie oder Arbeit zu tun, und sie waren auf ein günstiges Transportmittel angewiesen. Er betrachtete jeden einzelnen Passagier als seinen ganz persönlichen Schutzbefohlenen. Und dazu gehört eben mehr, als einfach nur den Bus zu fahren. Er achtete auf die Sicherheit, auf jede Kleinigkeit, auf alle Details. Er unterhielt sich mit den Fahrgästen, verteilte Essen und Getränke, und achtete auch auf sich selbst. Niemals erschien er zu spät, übermüdet oder nachlässig gekleidet zum Dienst. Und trotzdem, in alle den Jahren, hatte er niemals den Atlantik oder den Zuckerhut gesehen. Immer hatte er nur die Berichte der Leute gehört, die von dort kamen. Aber wenn es jemals soweit sein sollte, dann würde er im Atlantik schwimmen gehen. Und zwar an der Copacabana. Das hatte er sich fest vorgenommen. Ihm war klar, dass man die Strecke auch in weniger als vier Stunden mit dem Flugzeug zurücklegen konnte. Er hatte es selbst sogar schon einmal getan, als die Firma dringend einen Fahrer in São Paulo brauchte und ihn mit dem Flieger hinüberschickte. Das war vor sechs Jahren gewesen, kurz vor Antonellas zweiter Diagnose. Er war davor und auch danach nie wieder in ein Flugzeug gestiegen. Alles sah so klein aus von oben, und er mochte es nicht. Das Wackeln, die Kurven, das seltsame Gefühl im Magen und die Hektik an den Flughäfen. Es war einfach zu schnell für einen Menschen. Er hatte sich auf der gesamten Fahrt zurück nach Lima unwohl gefühlt und erst zu Hause wieder zu sich selbst gefunden. Nein, fliegen würde er nicht dorthin. Er würde mit dem Bus fahren. Mit Antonella. Als Passagiere, und zwar in der Luxusklasse. Und sie würde gesund sein, und sie würde staunen über das, was er in all den Jahren gesehen hatte.

23.

Camp – 2011

Es war Tag sechs. Sie hatten mit ihren Beobachtungen und dem ständigen Austausch darüber weitergemacht. Will ließ jeden von ihnen reihum immer wieder die Karte des Lagers aufbauen. Mal größter, mal kleiner, immer in einer anderen Himmelsrichtung. Mit einem Stock zeichneten sie die Linien in den Sand, mit Dosen, Steinen und Blättern markierten sie die Standorte der verschiedenen Hütten und wichtigen Orte. André spürte förmlich, wie sich ein dreidimensionales Abbild des Lagers in seinem Kopf formte. Den anderen ging es genauso. Gerade war Toshi, der Japaner, an der Reihe gewesen, und Will hatte hinterher die Karte wieder verwischt. Jetzt hatte sich jeder in eine Ecke zurückgezogen und war wieder mit Beobachtungen oder den eigenen Gedanken beschäftigt.

Toshi saß im Lotussitz und hatte die Augen geschlossen. Alicia saß neben ihm und versuchte, seine aufrechte Körperhaltung nachzuahmen. André rollte sich zu Toshi hinüber und pikste ihn vorsichtig mit dem Finger in die Rippen. Langsam öffnete er die Augen und lächelte André an.

„Kann ich etwas für Dich tun?", fragte er.

„Ne. Wieso?"

„Es wird doch sicher einen Grund haben, dass Du uns bei der Meditation störtest."

André war ein wenig perplex. Auch Alicia war hochgeschreckt und sah ihn mit ihren großen, braunen Augen an.

„Ja. Ich meine nein. Ich wollte nur ... Sag mal, wie zum Teufel kannst Du so ruhig sein? Wie kannst Du hier mitten im Dschungel sitzen und in aller Seelenruhe meditieren? Genau jetzt, in dieser scheiß Situation?"

„Dieser Ort ist so gut wie jeder andere, und diese Situation ist so gut wie jede andere."

„Hä? Kapier ich nicht."

„Ich weiß.", sagte der Japaner, wandte sich von ihm ab und schloss die Augen. André pikste ihn erneut an. Ohne die Spur irgendeiner Gefühlsregung öffnete Toshi wieder die Augen und schaute André freundlich an.

„Wie bist Du hierhergekommen?", fragte er.

„Genauso wie Du", sagte Toshi, „Mit dem Bus."

„Ja. Das weiß ich ja. Ich meine, wieso bist Du hier?"

„Deine Frage ist nicht präzise."

„Hä?", machte André wieder.

„Du meinst, im Universum? Oder hier auf diesem Planeten? Oder ganz generell, warum ich existiere?"

„Oh man! Nein! Ich meine, warum Du hier im Dschungel bist."

„Weil unser Bus entführt wurde."

„Was zum Teufel stimmt mit Dir nicht? Willst Du nicht mit mir reden und machst das absichtlich, oder bist Du irgendwie blöd?"

„Oh, ich möchte durchaus mit Dir reden. Aber ich kann die Fragen nicht für Dich stellen. Du musst schon selbst wissen, ob Du mich etwas fragen oder mir etwas mitteilen möchtest."

„Okay. Gut. Also: Was hat Dich nach Brasilien geführt? Und jetzt nach Peru? Warum bist Du mit dem Bus gereist?"

„Was ich mich jetzt frage", sagte der Japaner sehr ruhig und schaute ihn an, „Ist, warum Du das wissen möchtest."

„Keine Ahnung. Um das Eis zu brechen. Mir ist langweilig."

„Aha. Jemand, der sich langweilt. Nun, damit kann ich Dir nicht helfen. Ich glaube nicht, dass man mit einer Person, die sich langweilt, eine interessante Konversation führen kann."

„Du bist echt komisch. Bist Du immer so?"

„Du fragst, ob ich immer ich bin?"

„Nein. Ja. Ach, vergiss es. Unterhältst Du Dich nie mit Leuten einfach so, zum Zeitvertreib? Man nennt das Smalltalk! Schon mal davon gehört?"

„Ja, ich weiß, was Smalltalk ist. Und nein, ich pflege

diese Art der Konversation nicht."

„Warum nicht?"

„Ich finde es irrelevant. Oder wie Du vielleicht sagen würdest: Es langweilt mich."

„Worüber redest Du dann so? Und mit wem?"

„Oh, ich spreche mit einer Menge Menschen über alle möglichen Dinge. So wie jetzt zum Beispiel mit Dir. Du hast mir nur bis jetzt keine sinnvolle Frage gestellt."

„Und warum müssen immer andere Dir die Fragen stellen? Warum stellst Du nicht selbst anderen Leuten Fragen?"

„Das ist eine interessante Frage.", sagte Toshi.

„Also, wie auch immer Du die Frage jetzt auffassen willst: Was hat Dich hierhergeführt?"

24.

Toshi – 2008

Toshihiro Awano schlug die Bettdecke zurück und streckte seine Beine. Die Bettkante drückte in die Rückseite seiner Unterschenkel, während seine Füße in der Luft baumelten. Seit er vierzehn war, konnte er in einem normalen japanischen Bett nicht mehr ausgestreckt liegen, ohne das entweder sein Kopf oder seine Füße über die Matratze ragten. Er dehnte die Arme vor sich in der Luft und richtete sich auf. Etwas zog an seinem Kopf, nur um sofort wieder nachzugeben. Mit einem scheppernden Geräusch fiel sein Walkman auf den Boden und beendete seine langsame Aufwachphase.

„Scheiße.", fluchte Toshi leise, rollte den Oberkörper über die Bettkante und suchte den Fußboden ab. Der schwarze Kasten lag aufgesprungen auf den Holzdielen vor dem Bett. Er hob ihn auf und inspizierte ihn von allen Seiten. Eine Ecke war leicht eingedrückt, aber das Plastik war nicht gesprungen. Er zog den Drahtbügel der Kopfhörer über seine Haare, positionierte die Lautsprecher über den Ohren und steckte den Stecker in den Walkman. Dann drückte die Play - Taste. Die Musik war laut und klar. Toshi drückte auf einen der Knöpfe. Die Play-Taste sprang nach oben und machte ein klackendes Geräusch, gleich darauf spulte sich die Kassette zurück. Er setzte vorsichtig die Kopfhörer ab, legte den Walkman auf den kleinen Schreibtisch neben seinem Bett und ließ sich wieder in das Kissen fallen. Von unten im Haus hörte er seine Mutter mit Geschirr klappern. Es roch nach Tee und frisch gekochtem Reis.

„Toshi!", rief sie, „Zeit zum Aufstehen!"

Er setzte sich auf und schwang die Beine aus dem Bett.

Mit auf den Knien abgestützten Ellenbogen setzte er seine kleine, runde Brille auf. Langsam ging er zu dem Spiegel, der über einem kleinen Waschbecken an der Wand hing. Durch leicht beschlagene Brillengläser schaute ihn ein undurchdringliches, dunkles Augenpaar an. Er richtete seine glatten, tiefschwarzen Haare zu einem einigermaßen ordentlichen Mopp und reckte die Arme nach oben. Wie immer stießen seine Fäuste gegen die Zimmerdecke. Er drehte sich und schaute aus dem Fenster direkt neben seinem Bett. Ein Auto fuhr vorbei, dann noch eines und noch eines. Das Haus stand an einem Hang, direkt neben einer Straße. An dieser Seite war das Erdgeschoss fast komplett im Hang eingegraben. Toshis Fenster im Dachgeschoss überblickte eine Leitplanke, eine Straße und eine Stützmauer. Über der Mauer erschien gerade die Sonne. Er ging die zwei Schritte zur Tür und schob den dünnen Rahmen mit dem Pergament darin zur Seite. Als er hindurchtrat, musste er den Kopf einziehen, um sich nicht zu stoßen. Dahinter tat sich ein großer Raum auf. Es war das Atelier seine Mutter. Diese beiden Räume – sein winziges Zimmer und das im Vergleich dazu riesige Atelier – waren die Einzigen im Dachgeschoss des Hauses. Bambusmatten hingen von den Wänden, jede Menge Ton- und Keramikgefäße standen herum. Der Raum hatte zu drei hin Seiten Fenster mit einfachem Glas, das in der Morgenkühle beschlagen war. Dahinter tat sich eine weite Landschaft aus Bergen und Tälern auf, über der die Morgensonne gerade die letzten Nebelschwaden der Nacht vertrieb. Toshi trat vor die Fensterfront, streckte wieder die Arme nach oben und bog den Oberkörper nach hinten. Hier war die Decke höher, und er stieß nirgends an, wenn er sich streckte. Der Kopf seiner Mutter erschien in der Öffnung im Boden, aus welcher die Treppe vom Erdgeschoss her mündete.

„Ah, Du bist wach", sagte sie, „Komm frühstücken!"

„Ich liebe diesen Ausblick. Warum können wir nicht tauschen? Ich wohne hier, und Du kannst mein Zimmer als Atelier haben."

„Das kannst Du vergessen", sagte seine Mutter bestimmt, „Schlimm genug, dass Du überhaupt noch hier wohnst. Du solltest Dir endlich eine richtige Arbeit suchen und in die

Stadt ziehen!"

Toshi sagte nichts. Es ärgerte ihn, wenn sie so etwas sagte. Dann fiel ihm ein, dass sie Recht hatte, und er ärgerte sich noch mehr. Er zog sich an, frühstückte etwas gefüllte Dampfnudeln, Reis und grünen Tee.

„Du musst mehr essen, Junge!", sagte sie, „Deine Beine sind so dünn wie meine Arme! Wenn Du mal krank wirst, hast Du nichts, wovon Du zehren kannst."

Er schaute seine Mutter leicht abwesend an. Ihre muskulösen Unterarme waren tatsächlich dicker als seine Beine, und wirkten zudem sehr viel belastbarer.

„Und kauf Dir endlich mal eine neue Brille, mein Junge. Ich gebe Dir auch Geld dafür! Du siehst aus wie dieser schreckliche Sänger von dieser entsetzlichen Musik, die Du immerzu hörst. Wie heißt er noch?"

Toshi seufzte.

„John Lennon."

„Ja, genau. Auch so ein Tagträumer. Schau, was es ihm gebracht hat!"

„Er wurde reich und berühmt?"

„Er wurde erschossen! Und seine arme Frau ist ganz allein jetzt!"

„Ja, Mutter. Ich verspreche Dir, nicht erschossen zu werden!", sagte er, stand auf und griff seinen Rucksack.

„Wie ist es denn an der Universität?", wollte sie wissen. Toshi zuckte die Schultern.

„Es ist in Ordnung, schätze ich. Nicht so voll wie in Tokyo."

„Und lernst Du auch genug?"

„Ja, Mutter. Ich lerne alles, was ich wissen muss."

„Dein Vater hat gern dort gelehrt. Er kam immer sehr glücklich nach Hause und hat nur Gutes über seine Studenten erzählt."

„Ich weiß, Mutter. Mein Vater war ein Heiliger! Aber ich studiere Philosophie, nicht Kunst. Es ist etwas anstrengender."

„Rede nicht so herablassend über Deinen Vater! Außerdem kannst Du doch gar nicht wissen, ob es für ihn anstrengend war. Dir ist überhaupt nicht klar, was für ein Glück Du hast! Meine Mutter hat mir damals verboten, zu studieren. Ich musste mir alles selbst beibringen! Das Töpfern, die Malerei, alles!"

„Ja, Mutter. Ich weiß. Aber bunte Tongefäße mit Kritzeleien darauf an Touristen zu verkaufen ist doch auch kein Lebensinhalt."

„Wie redest Du bloß mit Deiner Mutter! Diese Kritzeleien, wie Du sie nennst, ernähren Dich nun schon seit siebenundzwanzig Jahren! Du bist ein unverschämter Bengel, Toshi! Ach, wenn Dein Vater noch leben würde! Er würde Dir schon Vernunft beibringen."

„Hm. Bestimmt würde er das, Mutter."

„Mach nicht so ein abwesendes Gesicht! Wenn Du so schaust, findest Du nie ein Mädchen. Es sieht immer so aus, als sei dein Geist nicht bei Dir, sondern flöge irgendwo umher! Du musst mehr im Moment leben!"

„Ja, Mutter. Ich weiß. Ich bemühe mich. Aber jetzt muss ich los!"

„Wann kommst Du heute nach Hause?"

„Ich weiß es nicht. Vielleicht übernachte ich bei Anko. Wir müssen noch für die Prüfung lernen."

„Soso, bei Anko! Hast Du vielleicht doch endlich ein Mädchen kennengelernt? Warum stellst Du sie mir nicht vor? Schämst Du Dich für Deine Mutter?"

„Nein, Mutter. Da ist kein Mädchen. Wir müssen einfach nur lernen."

„Am Ende treibst Du noch Unzucht mit diesem Jungen, Toshi? Du könntest es mir sagen, es wäre auch in Ordnung. So etwas hat es schon immer gegeben."

„Ich bin nicht schwul, Mutter, wenn es das ist, was Du meinst. Und wenn ich es wäre, dann nicht mit Anko. Er hat die Figur eines Sumo-Meisters. Ich würde mir jemand schlankeren suchen."

Toshi grinste sie provozierend an. Sie schüttelte den Kopf, wischte sich die Hände an ihrer Schürze ab und widmete sich wieder dem Fisch, den sie gerade ausnahm.

Er ging hinunter ins Dorf zur Busstation. In Kafuri stieg er aus und lief den Rest des Weges am Strand entlang bis zum Hakoshima-Schrein. Seit mehr als einhundert Jahren brachten Leute kleine Opfergaben hierhin und beteten zu verschiedenen Göttern für Glück, Harmonie in der Liebe, Erfolg im Geschäftsleben oder ersuchten um die Heilung von Krankheiten.

Toshi kletterte die Felsen zu der winzigen Insel entlang, am Schrein vorbei und über die künstliche Mole aus großen Felsbrocken, die in das ruhige Wasser der Bucht ragten. Am äußersten Ende setzte er sich im Lotussitz auf den Boden, nahm den Rucksack ab und verpackte seinen Walkman. Dann holte er seine Thermoskanne mit Tee heraus und goss sich einen Becher ein. So saß er dort fast jeden Morgen mindestens zwei Stunden und meditierte. Es war still um ihn herum, nur die Wellen plätscherten sanft an die Steine und gelegentlich fuhr auf der Uferstraße ein Auto vorbei. Es war kein tieferer Sinn in dem, was er hier tat, aber es war das, was ihm Spaß machte. Die Hektik, der Verkehr und der Lärm in der nahegelegenen Stadt überforderten ihn innerhalb von Minuten. Dabei war Fukuoka nicht mal eine besonders große oder außergewöhnlich hektische Stadt. Kein Vergleich zu Tokyo oder Kanagawa, wo er es nur kurz ausgehalten hatte, bevor er aus der Universität und vor der Hektik wieder nach Hause floh. Toshi wollte Philosoph werden, aber dazu brauchte er Ruhe und Abgeschiedenheit. Und die gab es in den Städten Japans nicht. So fuhr er jeden Tag mit dem Bus zum Hakoshima-Schrein und erkundete danach weiter die Insel. Er suchte das einfache Leben und die alten Weisheiten der Landbevölkerung. Wirkliche Bauern gab es kaum noch, fast jeder arbeitete in irgendeinem Geschäft oder einer der Fabriken. Auf den Dörfern aber, weit im Landesinneren, erzählte man sich noch die alten Geschichten, und Toshi hörte aufmerksam zu. Auch heute wieder machte er sich nach seiner Morgenmeditation mit dem Bus auf den Weg. Er fuhr tief ins Innere der Insel und stieg in einem der Dörfer aus, das er schon öfter besucht hatte. Er hatte Leute gefragt auf den Feldern, alte Frauen, die vor den Häusern saßen und auch Kinder, die von der Schule kamen. Irgendwann stieß er auf das, was er suchte: Berichte von einem alten Meister, der oben in den Bergen lebte. Die Leute suchten ihn auf, wenn sie Rat brauchten. Er galt als Sonderling, aber man müsse keine Angst vor ihm haben, sagten sie. Toshi ließ sich den Weg erklären.

Er legte die Strecke zu Fuß zurück. Eine schmale Straße schnitt in das Tal und führte in ausladenden Kurven den Berg hinauf. Der Asphalt unter seinen Sandalen war klebrig von der Hitze des Tages. Ein grünes Durcheinander aus Blättern, Ästen und Büschen zog sich die Hänge hinauf, überragt von riesigen Bäumen. Vögel und Insekten gaben dem Dickicht eine vielfältige Stimme. Die Sonne brannte auf seinen Kopf und Nacken. Toshi schob die Daumen unter die Trageriemen des Rucksacks und drückte sie vom Körper weg. Die leichte Brise kühlte die schweißnassen Streifen auf seinem T-Shirt. Er setzte den Rucksack ab, holte Tee und Reisbällchen heraus und hockte sich auf einen Stein am Straßenrand. Langsam trank er die lauwarme Flüssigkeit und kaute die Reisbällchen mit der klebrigen, grünen Füllung aus Matcha, Nüssen und Zucker. Ein Auto näherte sich langsam und hielt neben ihm an. Das Fenster senkte sich, und der Fahrer begrüßte ihn höflich und fragte, ob er mitfahren wolle.

„Danke, das ist sehr freundlich von Ihnen", sagte Toshi, „Aber ich habe es nicht eilig und genieße den Weg."

In den Augen des Fahrers spiegelte sich Verständnislosigkeit. Er schloss das Fenster und fuhr weiter. Toshi zog die Nase kraus und schaute dem Fahrzeug angewidert hinterher. Der Gestank der Abgase verursachte ihm Kopfschmerzen und eine leichte Übelkeit. Langsam trank er den letzten Rest Tee, schraubte den Becher wieder auf die Kanne und verstaute sie im Rucksack. Mit routiniertem Schwung wuchtete er das Gepäckstück hoch, zog die Riemen über die Schultern und klipste den schmalen Gurt vor der Brust zusammen. Langsam ging er weiter. Je höher er kam, desto kühler wurde es.

Als er die einsame Hütte erreichte, war es schon beinahe dunkel. Er hatte keinen Zweifel daran, ob er richtig war. Es sah genau so aus, wie es die Leute im Tal beschrieben hatten. Der Meister saß auf der Terrasse einer einfachen Behausung, hatte die Hände mit den Handflächen nach oben auf den Knien abgelegt und die Augen geschlossen. Er saß kerzengerade, und Toshi fiel erst auf den zweiten Blick auf, dass er sehr alt sein musste. In einiger Entfernung blieb er stehen und wartete. Der alte Mann rührte sich nicht, obwohl Toshi sich sicher war, dass er ihn bemerkt hatte. Er war müde von dem langen Tag und dem Marsch. Behutsam nahm er den Rucksack ab, setzte sich auf den Boden und schloss die Augen. Aufgrund seiner Erschöpfung wollte ihm die Meditation aber nicht recht gelingen. Seine Gedanken schweiften ab, oder er dämmerte ganz weg und schreckte auf, wenn sein Kopf vornüberkippte. Er wusste nicht mehr, wie lange er da so gesessen hatte, als ihn ein jäher Impuls dazu brachte, die Augen zu öffnen. Es herrschte Dunkelheit, und die Geräusche der Nacht hatten sich breitgemacht. Er hatte nichts davon wahrgenommen. Der Meister stand direkt vor ihm und schaut auf ihn herunter. Toshi zuckte zusammen. Er hatte ihn nicht kommen gehört. Der Alte deutete mit nach oben gewandter, rechter Handfläche auf den Eingang zu der Hütte. Toshi stand auf und griff seinen Rucksack. Der Meister war klein, nicht viel mehr als einen Meter und fünfzig konnte er sein. Toshi überragte ihn um fast drei Köpfe. In der Hütte der Alte bot ihm einen Platz auf dem Boden an. Er brachte zwei Schüsseln mit Reis, setzte sich ihm gegenüber und begann zu essen. Toshi aß ebenfalls. Der Reis schmeckte leicht nach Jasmin und grünem Tee. Darüber legte sich der angenehm holzige Geruch der warmen Bambusschalen, in denen das Essen gedämpft worden war. Als sie fertig waren, begann der Meister damit, Tee zuzubereiten. Es dauerte weit über zwei Stunden, bis er fertig war. Toshi hatte schon viel über die traditionelle Teezeremonie gehört, aber noch nie an einer teilgenommen. Es war faszinierend, dem alten Mann bei diesem Ritual zuzusehen. Er musste wirklich alt sein, bestimmt achtzig Jahre, aber an seinen Bewegungen merkte man ihm das Alter nicht an. Sein graues Haar trug er kurz geschnitten, und sein Gesicht glatt rasiert. Toshi nahm mit einer Verbeugung die Schale entgegen und trank.

„Was kann ich für Dich tun, mein junger Freund?", fragte der Mann.

„Ich möchte Ihr Schüler werden.", sagte Toshi.

„In Ordnung. Und was genau möchtest Du von mir lernen?", fragte der Alte, beinahe schelmisch.

„Die Leute sagen, Ihr seid ein großer Meister der Philosophie. Ich habe versucht, an der Universität Philosophie zu studieren, aber ich mochte die Stadt nicht."

„Das verstehe ich.", sagte der Alte, betont langsam. „Es ist spät geworden. Für heute bist Du mein Gast. Morgen früh reden wir weiter."

Er zeigte Toshi seinen Schlafplatz, eine bequeme Bambusmatte in einem Zimmer an der Seite der Hütte, und verschwand.

Am nächsten Morgen erwachte Toshi von der Morgenkälte bereits vor Sonnenaufgang. Er trat aus dem Zimmer und fand den Alten beim Kehren des Wohnbereiches vor. Als er Toshi bemerkte, unterbrach er seine Arbeit und deutete auf einen Vorhang in der Ecke des Raumes, hinter dem Toshi allerlei Reinigungsutensilien fand. Er griff sich einen Besen und begann, ebenfalls zu kehren. Ab heute war er kein Gast mehr.

Der Meister beobachtete ihn aus den Augenwinkeln. Immer, wenn ihm irgendetwas missfiel, machte er es selbst so vor, wie er es richtig fand. Er drückte dann den Besen etwas stärker auf, so dass es ein deutliches Geräusch gab – das Signal für Toshi, genau hinzuschauen und nachzumachen. So ging es den Vormittag über weiter. Putzen, Essen vorbereiten, aufräumen, Staub wischen. Toshi hatte viele Fragen, aber er spürte, dass jetzt nicht die Zeit zum Reden war. Mittags aßen sie schweigend etwas Reis und frische Früchte, dazu gab es grünen Tee.

„Ich werde Dich als Schüler bei mir aufnehmen", sagte der Alte, „Wie lange Du bleibst, liegt ganz bei Dir. Aber denke daran: Wenn ich Dein Lehrer sein soll, musst Du von mir lernen wollen."

Toshi nickte, aber er verstand nicht, was die Worte bedeuteten und beschloss, später danach zu fragen. Er räumte das Geschirr auf. Danach schrieb er seiner Mutter einen Brief.

Am frühen Nachmittag kamen Menschen den schmalen Pfad zur Hütte entlang. Trotz der beengten Verhältnisse fand jeder einen Platz, und jeder brachte etwas mit. Lebensmittel, Badartikel, manche auch einfach nur Geld. So ging es von nun an jeden Tag, Woche für Woche, Monat für Monat. Es gab Tage, da war es schwer, für jeden Platz zu finden, und dann gab es Tage, da kamen nur zwei oder drei Leute. Ganz selten passierte es auch, dass niemand kam. Wenn es angenehm warm war, saßen sie draußen hinter der Hütte in dem Garten, den der Meister stets allein pflegte. War es kalt, heiß oder nass, suchten Sie den Schutz der Hütte. Toshi saß einfach dabei und beobachtete. Viele kamen nur einmal, manche beinahe täglich. Es waren junge Menschen, so wie er, und sehr alte Leute aus den Dörfern. Jeder, der wollte, durfte sprechen. Niemand wurde unterbrochen und niemand wurde ausgelacht. Es gab kein Thema, das Tabu war. Der Meister saß nur da und hörte zu. Er musste nicht eingreifen oder moderieren. Wenn die Leute ausgeredet hatten, sagte er einige Worte. Manchmal bezog er sich dabei auf das konkrete Problem, manchmal waren seine Ausführungen auch abstrakter und eher in Form von Gleichnissen oder Fabeln formuliert. Am späten Nachmittag, fast immer um die gleiche Zeit, waren die Sitzungen vorbei und lösten sich auf. Die Gäste bedankten sich und gingen. Wer nicht zu Wort gekommen war, kam wieder und versuchte es beim nächsten Mal. Wenn alle gegangen waren, blieb der Meister meist noch eine Weile sitzen und überlegte. Dann fragte er Toshi nach seinen Eindrücken. Was ihm aufgefallen war, was er gesehen und gehört hatte, was ihn besonders interessierte.

„Heute war es die Geschichte mit der jungen Frau, die mich beeindruckt hat. Ich habe dazu Fragen."

„Stelle sie mir!", sagte der Meister.

„Also gut. Woher habt Ihr das alles gewusst? Und war eure Empfehlung nicht unglaublich hart?"

Am Nachmittag war eine junge Frau aufgetaucht, die sich über Albträume beklagt hatte. Sie saß mit den anderen im Kreis, und als ein Moment der Stille einkehrte, begann sie zu erzählen.

„Jede Nacht um dieselbe Uhrzeit wache ich auf. Also, eigentlich wache ich nicht auf, ich schrecke hoch. Vorher glaube ich immer, schon wach zu sein. Ich liege dann wie gelähmt da, kann keinen Finger bewegen und denke, ich muss ersticken. Ich kann nicht atmen, will um Hilfe rufen, aber um mich herum nimmt mich niemand wahr. Es ist ganz schrecklich. Manchmal sind Menschen im Zimmer, manchmal mein Mann oder unser Hund, manchmal meine Schwiegermutter. Manchmal ist es taghell, manchmal ist es Nacht. Es wirkt alles ganz echt. Aber immer, wenn ich dann wirklich aufwache, ist doch alles ganz anders. Mein Mann zum Beispiel schläft einfach neben mir, wo er doch eben gerade noch mitten im Raum stand und sich unterhalten hat. Oder er ist gar nicht da, sondern schon zur Arbeit gegangen. Ich muss mich dann erst einmal aufsetzen, mein Gesicht mit kaltem Wasser waschen und atmen. Jetzt habe ich oft Angst einzuschlafen, weil ich schon weiß, was in der Nacht wieder passieren wird. Es ist wirklich schrecklich. Ich kann kaum noch den Haushalt machen, weil ich immer so müde bin."

Der Meister hatte aufmerksam zugehört. Er sagte eine Weile nichts. Dann begann er zu sprechen.

„Du kennst Deinen Mann schon einige Jahre, aber ihr seid erst seit kurzem verheiratet. Ihr wohnt in der Stadt, einer großen Stadt. Vorher hat jeder bei seinen Eltern gelebt und ihr habt euch nur getroffen, wenn sie nicht zu Hause waren, oder ihr habt günstige Hotels benutzt. Keine eurer Familien ist reich. Du hast etwas studiert, und Du bist gut darin. Ihr hattet irgendwann keine Lust mehr auf das Versteckspiel. Deswegen habt ihr beschlossen, zu heiraten. Es war ein schöner Gedanke, immer zusammen sein zu können. Weil die Mieten aber teuer sind und Dein Mann nicht genug verdient, bist Du bei seinen Eltern eingezogen. Dein Mann ist plötzlich ein Anderer, nicht mehr der, den Du kanntest. Er möchte nicht, dass Du arbeitest. Du machst den Haushalt. Deiner Schwiegermutter gefällt nicht, wie Du es machst. Du gehst mit dem Hund spazieren und fütterst ihn. Es ist langweilig für Dich, Dein Kopf hat keine Arbeit und Du kannst mit niemandem reden. Du hast schon überlegt, wegzulaufen.

Was Du eigentlich willst, ist mit Deinem Mann allein sein. Vielleicht willst Du irgendwann ein Kind mit ihm, noch nicht jetzt, aber in ein paar Jahren. Du möchtest Deine Arbeit machen, Dein Geld verdienen, gemeinsam reisen. Aber Du traust Dich nicht, es ihm zu sagen. Dein Mann will es auch, aber er hat Angst, selbständig zu sein, und er will die Erwartungen seiner Eltern nicht enttäuschen oder ihnen undankbar sein. Deswegen fühlst Du Dich nicht gehört, niemand nimmt Dich und Deine Bedürfnisse wahr, jeder entscheidet einfach so über Dein Leben und Du fühlst Dich erdrückt. Du brauchst ein selbstbestimmtes Leben. Eine eigene Wohnung. Du musst weggehen von dort."

„Aber wohin soll ich gehen?"

„Das ist unwichtig! Wo Dein Herz Dich hinführt, wo Deine Sehnsüchte und Hoffnungen liegen. Es kann sehr nah sein oder sehr fern – Du weißt es bereits in den Tiefen Deiner Seele. Du musst nur den Mut aufbringen, es herauszufinden. Rede mit Deinem Mann. Wenn er den Weg mit Dir gehen will, dann geht gemeinsam. Will er nicht, so geh allein. Dann werden die Träume aufhören."

Die junge Frau war erstaunt.

„Woher wisst Ihr das alles, Meister?"

„Du hast es mir erzählt.", sagte er.

„Was ist, wenn mein Mann sich nicht traut? Wenn er nicht mitkommt?"

„Du kannst nur Verantwortung für Dein eigenes Leben übernehmen. Das ist Deine Aufgabe. Den Mut aufzubringen, sein Leben zu leben, selbständig zu werden und zu seiner Frau zu stehen – das sind die Aufgaben Deines Mannes. Will er sie nicht annehmen, kannst Du nichts dagegen tun."

„Aber muss nicht auch ich auf seine Bedürfnisse eingehen? Er ist doch mein Mann!"

„Erst dann, wenn er den Mut hat, zu seinen eigenen Bedürfnissen zu stehen und sein eigenes Leben zu leben, kannst Du wirklich wissen, wer er ist."

„Aber habe ich nicht mit ihm auch seine Familie als einen Teil meines Lebens akzeptiert?"

„Natürlich. Die Eltern zu ehren ist edel. Aber es ist die Aufgabe der Kinder, neue Wege zu gehen und die Welt anders zu gestalten, besser zu machen und glücklich zu sein. Es ist nicht ihre Aufgabe, den Eltern zu gefallen. Oder irgendwem sonst."

„Und was ist mit meinem Mann? Er muss doch für seine Eltern da sein."

„Er kann für sie da sein, ohne sein Leben von ihnen bestimmen zulassen. Du musst Dich entscheiden, ob Du wegen seiner Zögerlichkeit unglücklich sein willst."

Es herrschte eine Weile Schweigen. Nachdem sie sicher war, dass sie keine Fragen mehr hatte, legte die junge Frau beide Handflächen vor der Brust aufeinander und verbeugte sich sanft. Der Meister erwiderte die Geste. Er sah sie noch eine Weile an, dann hob er den Blick und schaute in die Runde. Das Zeichen, dass der nächste an der Reihe war.

Toshi wartete auf die Antwort des Meisters.

„Dieselbe Frage hat die junge Frau auch gestellt, und ich habe sie bereits beantwortet: Sie hat es mir erzählt. Daran ist nichts Geheimnisvolles."

„Aber sie hat doch alle diese Dinge gar nicht gesagt, Meister.", beharrte Toshi.

„Du darfst nicht nur auf die Worte hören. Die Worte sind sogar oft das Unwichtigste in einem Gespräch."

Toshi verstand nicht, was der Meister meinte.

„Aber was gibt es denn sonst an einem Gespräch, wenn nicht die Worte?"

„Alles, was die Menschen tun, zeigt Dir, wie sie sich fühlen. Wie sie Dich ansehen, die Art, wie sie sprechen, wie sie sitzen, stehen, oder sich bewegen. Welche Kleidung sie tragen, wie ihre Hände aussehen, welche Worte sie benutzen. All diese Dinge sagen Dir etwas. Aber vor allem auch das, was nicht gesagt wird. Es erzählt eine Geschichte jenseits der Worte. Und eine sehr wichtige Sache darf man auch nicht vergessen, nämlich die Erfahrung. Ich bin alt, mein geschätzter Schüler, und ich arbeite schon sehr lange in diesem Beruf. Es ist nicht die erste junge Frau, die solche Probleme schildert. Es ist im Gegenteil ein ganz und gar typischer Fall für junge Japanerinnen."

„Aber wie kann ich denn wissen, was andere Menschen

fühlen?"

„Du kannst es nicht wissen, Du musst es spüren. Du musst Dich in sie hineinversetzen."

„Das fällt mir sehr schwer, Meister."

„Ich weiß."

Der Alte schmunzelte vor sich hin.

„Und der Rat, einfach wegzugehen?", fragte Toshi, „Muss man nicht die Ehe respektieren?"

„Das geht nur, wenn beide es tun. Wenn die Fortführung einer Ehe zu großem Leid führt, dann darf man gehen. Man muss sogar. Jeder von uns hat nur wenige echte Pflichten hier auf dieser Erde und in der kurzen Zeit, die wir haben. Eine davon ist, so glücklich wie möglich zu leben."

„Aber was ist denn ein glückliches Leben? Oder was ist überhaupt Glück? Wie fühlt es sich an, glücklich zu sein? Das ist doch für jeden etwas Anderes!"

„Nicht unbedingt."

„Doch! Natürlich ist es das! Jeder will doch andere Dinge haben oder tun. Der Eine spielt gern Fußball, der andere ist ein Kämpfer. Wieder andere mögen teure Elektronikartikel und sind glücklich, wenn sie sich immer wieder etwas Neues kaufen können. Manche Leute lieben ihre Arbeit und verbringen sehr viel Zeit im Büro. Dann gibt es Menschen, die tun den ganzen Tag über nichts und faulenzen nur. Mancher will edlen Sake trinken oder teuren, importierten Wein. Wieder andere wollen so viel wie möglich reisen und sich die Welt anschauen. Und so weiter. Man kann doch gar nicht sagen, was den Einzelnen wirklich glücklich macht!"

„Was macht Dich denn glücklich, Toshihiro Awano?"

„Um ehrlich zu sein, weiß ich es nicht. Deswegen bin ich hier. Damit ich es herausfinden kann."

„Oh nein. Du bist nicht deswegen hier. Du bist hier, weil Du längst weißt, was Dich glücklich macht. Aber Du läufst vor der Verantwortung davon, es auch zu tun."

„Soll das heißen, ich laufe davor weg, glücklich zu sein?"

„Ja. Genau das heißt es."

„Das ist doch absurd."

„Nein, das ist es nicht. Ganz im Gegenteil. Die meisten

Menschen tun das. Aber im Grunde unseres Herzens wissen wir alle, was wir brauchen, um glücklich zu sein."

„Wenn das so wäre, dann würden es doch alle tun, oder nicht?"

„Ganz so einfach ist es dann auch wieder nicht."

„Und was ist die Antwort? Was macht uns Menschen glücklich?"

„Nun, dazu gibt es viele Meinungen. Es gibt ganze Bereiche an Universitäten, die sich mit nichts anderem beschäftigen als Glück. Und es wird viel diskutiert, studiert, analysiert und gerechnet. Es werden Umfragen gemacht und immer mehr und mehr Materialien angesammelt. Es geht darum, wie viel Geld der Mensch zum Leben braucht, welche Arbeit ihn glücklich macht, wie lange er für den Weg dorthin brauchen sollte, welche Familienkonstellation günstig ist, wie viele Freunde er braucht und so weiter. Das ist alles recht kompliziert, und wie ich finde auch unnötig. Im Prinzip ist es nämlich alles sehr viel einfacher und hat eine universelle Wahrheit. Aber mit den ganzen Details und der Wissenschaft wird es so verkompliziert und maskiert, dass niemand am Ende mehr den wahren Kern erkennt. Und wenn es doch mal so ist, dann ist das Ergebnis immer dasselbe."

„Und was wäre das?"

„Nun, es gibt zwei wesentlichen Aspekte. Der Eine ist das Materielle, der Andere die zwischenmenschlichen Beziehungen. Was das Materielle betrifft, ist die Lösung ebenso einfach wie kompliziert."

„Was ist die Lösung?"

„Es ist der Verzicht. Die Menschen sind so getrieben von Dingen, die sie besitzen möchten, oder zumindest nutzen möchten, dass sie am Ende dadurch unfrei werden. Dazu braucht es keine höhere Weisheit. Alles, was Du besitzt, besitzt auch Dich. Das Telefon, dass ständig erneuert werden muss und für das Du Rechnungen zahlst. Das teure Auto, das gepflegt werden möchte, getankt und repariert, und für das Du Raten bezahlen musst. Die schicke Wohnung im Stadtzentrum, die teure Küche, Möbel, Lampen, die Sonnenbrille, die Uhr, der Schrittmesser, der Skianzug, den Du einmal im Jahr benutzt, die Skier, das Surfbrett, die teuren Turnschuhe für das Fitnessstudio, die Maßanzüge für das Büro, der Laptop, die Restaurantbesuche, und so weiter, und so weiter. Das alles hört niemals auf, Toshi, und es ist niemals genug, wenn man es nicht selbst durchbricht."

„Aber dann wäre doch die ganze Welt verrückt!"

„Das ist sie ja auch, mein junger Freund. Das ist sie ja. Noch dazu, weil wir sie am Ende gerade durch das zerstören, was uns eigentlich immer unglücklicher macht. Aber auch wenn sie es ist, darf man es so nicht sehen."

„Und wie sollte man es dann sehen?"

„Das möchte ich niemandem vorschreiben."

„Und wie seht Ihr es, Meister?"

„Ich bin der Ansicht, dass nicht nur der Mensch, sondern jedes Lebewesen eine Aufgabe zu erfüllen hat. Darum geht es im Leben. Nicht um das Anhäufen von Geld oder Gütern, sondern um das Erfüllen einer Aufgabe."

„Und was soll das für eine Aufgabe sein?"

„Auch hier ist es wieder für jeden unterschiedlich und doch für alle gleich. Wir sollen etwas lernen, eine Erkenntnis haben. Wie es stattfindet, ob leicht oder schwer, schmerzhaft oder lustvoll, das ist für jeden anders. Aber lernen müssen wir alle."

„Aber warum arbeitet ihr dann noch, Meister? Seid ihr nicht alt und weise und habt alles gelernt, was es zu lernen gibt?"

Der Meister kicherte lange und schaut ihn dann mit vor Lachen feuchten Augen an.

„Wenn überhaupt irgendetwas, dann bin ich ein alter Narr. Ich bin vielleicht etwas weniger närrisch als manche, aber immer noch närrischer als viele. Weniges habe ich genauer erkannt als die Meisten, aber Vieles weniger genau als einige."

„Das verstehe ich nicht."

Der Meister kicherte wieder.

„Das macht nichts, mein junger Freund. Es ist meine Aufgabe, die Zeit zu nutzen, solange ich es in dieser Hülle meines Körpers kann."

Er hielt einen Moment inne und schaute Toshi an, jetzt

wieder mit ernsten Augen.

„Viele Menschen warten unaufhörlich auf etwas, oder sie erwarten irgendetwas. Das dies oder jenes passiere, ein höheres Einkommen zum Beispiel, oder eine eigene Wohnung. Sie reden sich ein, wenn nur ein bestimmtes Ereignis noch einträte, dann wären sie glücklich. Und es stimmt ja auch! Wenn sie gespart haben und sich endlich den neuen Fernseher kaufen, oder das neue Auto, dann sind sie glücklich. Für einen Moment. Aber diese Momente werden immer kürzer, also wollen sie wieder etwas anderes, um das Gefühl erneut zu bekommen. Und so brauchen sie mehr und immer mehr. Und sie rennen und rennen und jagen Dingen nach, und dabei vergessen sie, dass es Glück in der Zukunft niemals geben kann, sondern immer nur in diesem einen Moment."

Der Meister nahm einen Schluck Tee, während Toshi über das Gesagte nachdachte.

„Weißt Du, was Deutschland ist?", fuhr er fort.

„Ja. Es ist ein Land in Europa. Ein wichtiges Land."

„So könnte man es sagen, ja. Im großen Krieg, als ich noch ein junger Mann war, hatten wir Japaner viel mit den Deutschen zu tun. Obwohl sie vom anderen Ende der Welt kommen und eine völlig andere Kultur und Geschichte haben, sind sie uns Japanern sehr ähnlich. Sie brachten Kulturgüter mit, unter anderem die Schriften eines Dichters aus alten Tagen. Er ist schon hunderte Jahre tot, aber in Deutschland ist er immer noch ein sehr bekannter Mann. Er schrieb einst Folgendes:

'Die Überzeugung unserer Fortdauer entspringt mir aus dem Begriff der Tätigkeit; wenn ich bis an mein Ende rastlos wirke, so ist die Natur verpflichtet, mir eine andere Form des Daseins anzuweisen, wenn die jetzige meinen Geist nicht ferner auszuhalten vermag.'

Das ist auch meine Überzeugung. Meine Aufgabe ist es, solange weiterzumachen, bis ich nicht mehr kann. So viel zu lernen, wie ich kann. Und so vielen Menschen zu helfen, wie ich kann. Und ich finde es falsch, Dinge anzuhäufen und vor meinen Aufgaben davonzulaufen. Davon möchte ich den Menschen erzählen."

„Ich verstehe es, und ich respektiere es. Aber was ist mit

der Freiheit des Einzelnen? Was ist, wenn die Menschen lieber Dinge anhäufen wollen, statt zu meditieren?"

„Freiheit funktioniert nur mit Mündigkeit, und Mündigkeit funktioniert nur durch Verantwortung. Wenn diese Prinzipien nicht alle einhalten, dann gibt es keine Freiheit. Für niemanden."

„Das verstehe ich nicht."

„Nun, unser System der überflüssigen Dinge unterdrückt die Freiheit des Einzelnen, es macht sie sogar unmöglich. Es ist nicht möglich, sich ohne große Anstrengung zu befreien. Weil die Menschen gar nicht realisieren, dass sie unfrei sind. Frage doch mal einen durchschnittlichen Japaner in einem Vorort von Tokyo danach, ob er frei ist. Was, denkst Du, würde er antworten?"

„Er würde es wahrscheinlich bejahen."

„Ganz genau. Und wenn Du ihn nun fragst, woran er es festmacht, was würde er wohl sagen?"

„Ich weiß es nicht. Wahrscheinlich so etwas wie: Er lebt in einem demokratischen und freien Land, er kann sich frei bewegen und im Rahmen bestimmter Gesetze tun und lassen, was er möchte."

„So oder so ähnlich würde es vermutlich sein. Nun schauen wir uns einmal sein Leben genauer an. Nennen wir unseren Freund doch einfach Kotaro."

„Okay."

„Kotaro ist ein mittlerer Angestellter. Was könnte er tun?"

„Er arbeitet bei einer Versicherungsgesellschaft."

„Gut. Er ist also ein mittlerer Angestellter bei einer Versicherungsgesellschaft. Er verdient nicht schlecht, ist aber auch nicht reich. Wo wohnt Kotaro?"

„In einem Appartement in einem Vorort, wo es noch bezahlbar ist."

„Vermutlich würde es so sein, ja. Er fährt zwar mit der Bahn zur Arbeit, hat aber ein Auto, um am Wochenende zum Strand zu fahren. Wie alt ist er?"

„Nun, sagen wir mal, er ist fünfunddreißig."

„In Ordnung. So haben wir also einen ganz und gar durchschnittlichen Japaner aus dem Gebiet der Hauptstadt. Kotaro würde vermutlich, wenn wir ihn fragen würden, sagen, dass er frei ist, richtig?"

„Ja, das denke ich schon."

„Gut. Siehst Du das auch so?"

„Ja. Natürlich ist er frei. Er ist jung, gesund, hat eine gute Ausbildung und eine ordentliche Arbeit, eine Wohnung und ein Auto. Er lebt in Japan und kann tun und lassen, was er will, solange es nicht illegal ist."

„Also gut. Dann schauen wir uns Kotaro doch mal genauer an. Wir reden noch nicht mal über seine Vergangenheit. Wo er aufgewachsen ist, was seine Eltern für Erwartungen an ihn hatten, was er studiert hat und aus welchem Grund, oder warum er bei einer Versicherungsgesellschaft arbeitet. Wir nehmen einfach nur diesen Moment und schauen ihm zu, an einem durchschnittlichen Tag. Sagen wir, er ist gerade aufgestanden und hat sich bereit gemacht für seine Arbeit. Wie lange braucht er wohl für den Weg dahin?"

„Nun, nach dem, was ich in Tokyo erlebt habe, kann er damit rechnen, etwa eineinhalb Stunden mit dem Zug zu fahren und dann noch ein wenig zu laufen."

„In Ordnung. Wie lange wird er in etwa arbeiten?"

„Ich denke, dass es vielleicht zehn oder zwölf Stunden am Tag sein werden, die er und seine Kollegen im Büro verbringen."

„Sagen wir der Einfachheit halber mal, es sind zehn Stunden. Das macht er also fünf Tage in der Woche. Das heißt, zehn Stunden Arbeit – wahrscheinlich ist er eher länger im Büro – plus die Fahrtzeit, sind vierzehn Stunden, die er am Tag nicht zu Hause ist. Somit sind noch zehn Stunden übrig. Kotaro ist jung und einigermaßen fit, also braucht er nur sieben Stunden Schlaf. Also bleiben ihm drei Stunden am Tag, in denen er nicht arbeiten, zur Arbeit fahren oder schlafen muss. Dann muss er einkaufen und essen. Dafür benötigt er sicherlich eine weitere Stunde. Er muss sich darum kümmern, dass seine Wohnung sauber ist, dass Rechnungen bezahlt werden, und er muss sein Auto pflegen. Er muss sich duschen, anziehen, die Zähne putzen und sich abends wieder für das Bett fertig machen. Somit hat er eigentlich nur noch das Wochenende übrig, an dem er sich erholen kann, seine Freunde treffen oder seinem Hobby nachgehen."

Toshi schaute nachdenklich vor sich hin.

„Es gab vor einiger Zeit etwas in einer der Zeitungen, dass meine Aufmerksamkeit auf sich zog", fuhr der Meister fort, „Man fragte viele Japaner, was sie für die größte Errungenschaft unseres Landes hielten. Bedenke, wir leben in einer uralten Hochkultur, die Malerei, Kalligrafie, Kampfkünste und Philosophie hervorgebracht hat, wie sie in der Welt einzigartig sind. In jüngerer Zeit ist Japan ein Land der Hochtechnologie. Autos, Computer, präzise Maschinen, Elektronikartikel – alles von hoher Qualität und international gefragt. Und was war die Antwort der meisten Leute?"

„Ich weiß es nicht.", sagte Toshi.

„Nudelsuppe. Instant-Nudelsuppe aus der Tüte! Die Menschen sind so gefangen in dem System, dass sie etwas für eine großartige Errungenschaft halten, dass keinerlei Nährwert hat und nicht schmeckt. Und warum? Weil sie es schnell und im Stehen essen können. Um dann schnell wieder weiterzuarbeiten. Solche Menschen sind doch nicht frei!"

„Das ist in der Tat etwas absurd."

„Nun nehmen wir einmal an, es ist Dienstag. Kotaro wacht morgens auf und möchte etwas tun, dass ein freier Mensch tun kann. Zum Beispiel an den Strand fahren. Geht das?"

„Nein. Es muss zur Arbeit."

„Aha. Und wenn er es nicht täte?"

„Er könnte nach Urlaub fragen."

„Den bekommt er so kurzfristig nicht."

„Er könnte eine Ausrede erfinden oder sich krank melden."

„Also müsste er schon anfangen, unethisch zu handeln, wenn er nur einen einzigen Tag frei, also in Freiheit haben möchte, weil ihm der Sinn danach steht."

„So habe ich es noch nie betrachtet."

„Was wäre denn, wenn er es öfter machen würde?"

„Man würde ihn wahrscheinlich entlassen."

„Und was würde dann passieren?"

„Nun, er hätte kaum noch Geld. Er müsste aus seinem Appartement ausziehen und sein Auto verkaufen. Er könnte seine Rechnungen nicht mehr bezahlen und kein teures Essen mehr essen."

„Aber er würde überleben, richtig?"

„Natürlich würde er das."

„Nun stimmst Du mir also zu: Wollte er nur einige Tage in Freiheit leben und frei entscheiden, was er als Nächstes tun möchte, müsste er bereits alle Dinge aufgeben, die er besitzt."

„Ja, durchaus."

„Aber er würde nicht sterben. Und er könnte an den Strand fahren und dort tun, was ihm gefällt."

„Ja. Das könnte er tun."

„Nun, Toshi, dann sage mir: Wie frei ist Kotaro wirklich? Gehören seine Besitztümer ihm, oder gehört er ihnen?"

Toshi schwieg eine Weile.

„Auch das habe ich so noch nie gesehen."

„Es ist auch grob vereinfacht, aber deshalb nicht weniger wahr. Schauen wir uns jetzt noch seine Arbeit an – was, denkst Du, tut er dort?"

„Nun, er wird vermutlich vor einem Computer sitzen und irgendetwas bearbeiten, vielleicht E-Mails schreiben oder Berechnungen anstellen."

„Und wie befriedigend ist wohl so eine Arbeit?"

„Ich weiß es nicht. Vermutlich nicht sehr."

„Und trotzdem tut er es viele Stunden jeden Tag. Ist das Freiheit?"

„Wohl eher nicht, nein."

„Dann kommen noch die sozialen Konventionen hinzu. Japaner melden sich nicht krank, haben nur sehr wenig Urlaub und verbringen sehr viel Zeit im Büro. Man darf nicht später kommen oder früher gehen als der Chef. Niemand sagt oder verlangt das so, aber es sind ungeschriebene Gesetze, die regieren. Und wenn dann die Kollegen abends ausgehen wollen oder ein wichtiger Kunde eingeladen wird, wird alles noch anstrengender. Man isst und trinkt zu viel, verbringt den Rest der Nacht in einer Karaoke-Bar, und dann ist sehr schnell die restliche Zeit auch noch weg. Und zum Schlafen kommt unser Freund Kotaro gar nicht mehr."

„Das ist sicherlich richtig, ja."

„Und das waren nur die materiellen Dinge. Du erinnerst Dich an den anderen, wesentlichen Aspekt des Glücks?"

„Ja, die zwischenmenschlichen Dinge."

„Genau. Nun, wie ist es bei diesem Leben: Hat Kotaro Zeit für eine Freundin, eine Frau, ein Kind?"

„Er könnte es wohl einrichten, aber es wäre schwer."

„Hat er Zeit, sich um seine Mitmenschen zu kümmern, seinen Dienst an der Gesellschaft zu leisten, seine Eltern zu besuchen und sich mit Freunden zu interessanten und langen Gesprächen zu treffen?"

„Sehr wenig."

„Siehst Du? Kotaro ist nicht frei. Man hat ihm nur eingeredet, dass dies Freiheit bedeutet. Tut es aber nicht."

„In Ordnung. Ich verstehe das alles. Ich stimme sogar teilweise zu. Aber eben nur teilweise."

„Selbstverständlich. In welchen Punkten würdest Du mir denn widersprechen?"

„Beim Dienst an der Gesellschaft zum Beispiel. Dadurch, dass er bei der Versicherungsgesellschaft arbeitet, tut er doch seinen Dienst an der Gesellschaft! Er bearbeitet Vorgänge oder rechnet etwas, und das hilft wiederum der Abteilung, der ganzen Firma, und somit auch der Gesellschaft."

„Ich verstehe, dass Du es so siehst, aber ich widerspreche Dir trotzdem, mein junger Freund. Das, was Kotaro dort tut, hat mit dem Dienst an der Gesellschaft nichts zu tun."

„Das verstehe ich nicht."

„Nun, er macht eine Arbeit. Die Arbeit, die jemand von ihm erwartet. Und er erwartet, im Gegenzug dafür bezahlt zu werden. Das ist kein selbstloser Dienst an der Gesellschaft. Es ist einfach nur ein Broterwerb, nichts weiter."

„Aber wovon sollte er denn sonst leben?"

„Davon, dass er seinen Dienst an der Gesellschaft verrichtet, und davon, das andere es auch tun."

„Das klingt mir jetzt zu seltsam. Was sollte denn sein Dienst an der Gesellschaft sein?"

„Ganz einfach: Das, was ihm Spaß macht!"

„Also am Strand liegen?"

„Wenn es das ist, was er mit seiner Zeit anfangen möchte, dann wäre genau das sein Dienst. Und es gäbe vielleicht in der Nähe einen Bauern, der es als seinen Dienst ansieht, Kotaro täglich etwas Reis und Früchte zu bringen."

„Und warum sollte der Bauer das tun, ohne dafür Geld zu bekommen?"

„Weil es ihm Spaß macht und er es als seine Aufgabe ansieht."

„Es klingt sehr schön, aber ich glaube nicht, dass es funktioniert. Die Menschen sind leider nicht so, dass sie einfach Dinge verschenken. Also, manche vielleicht, aber nicht alle."

„Es geht doch auch nicht darum, etwas zu verschenken. Es geht darum, etwas zu geben, ohne etwas dafür zu erwarten. Wenn Du das beherrscht, dann wirst Du belohnt werden."

„Ich weiß nicht. Das klingt so weltfremd."

„Hast Du es jemals ausprobiert?"

„Nein. Aber ich finde es ungerecht. Wieso sollte jemand hart arbeiten, Felder bestellen und dann ohne jede Gegenleistung jemanden füttern, der einfach nur den ganzen Tag am Strand herumliegt?"

„Weil es die jeweiligen Aufgaben sind. Die Menschen haben sich diese Aufgaben selbst ausgesucht."

„Ich glaube, wenn das tatsächlich so wäre, dann würde niemand mehr arbeiten. Jeder würde nur noch am Strand herumliegen, und am Ende würde alle verhungern."

„Das wäre eben nicht so. Menschen haben ein ureigenes Bedürfnis danach, etwas zu tun. Etwas Sinnvolles. Etwas, das sich lohnt. Das Problem dabei ist, das die Welt sie nicht mehr tun lässt, was ihnen Freude bereitet. Und dass jede Tätigkeit mit Geld bewertet wird, nicht mit ihrem Nutzen."

„Aber wie sollte es denn sonst gehen?"

„Es geht genauso, wie ich es Dir beschrieben habe. Du sagst, der Bauer ist fleißig und arbeitet hart, während Kotaro nur am Strand liegt. Weil es das ist, was man Dir erklärt hat. Ein Kind ohne jegliche Vorurteile würde aber vielleicht denken: Wie anstrengend, den ganzen Tag am Strand zu liegen und nichts zu tun oder über Dinge nachzudenken! Da würde ich doch viel lieber von früh bis spät das Reisfeld bestellen und abends die Früchte meiner Arbeit betrachten können. Da hätte ich ein Ergebnis, und das würde mich glücklich machen. Der Grübler am Strand ist nichts für mich! Aber vielleicht hat er ja irgendwann eine wirklich gute Idee, die allen hilft? Also bringe ich ihm jeden Tag etwas Reis. Es macht mir Spaß, die Freude in seinen Augen zu sehen, und ich mag unserer Gespräche. Du hingegen denkst: Wer am Strand liegt, ist nutzlos. Aber das ist nicht so!"

„Also ich weiß nicht. Es ist eine Utopie. Aber in Wirklichkeit gibt es so etwas doch nicht. Vermutlich würden die Leute die Polizei rufen, die den Obdachlosen vom Strand vertreibt."

„Du willst ein Beispiel, mein junger Freund? Nimm mich als Beispiel! Ich werde doch auch ‚gefüttert', wie Du es nennst."

„Ihr? Nein! Ihr seid ein bekannter Meister und Philosoph!"

„Wer, denkst Du, hat mir diesen Titel verliehen?"

Toshi zuckte die Schultern.

„Nun, ich selbst war es nicht. Es waren die Menschen. Aber das war nicht immer so. Ich bin nicht so geboren. Es würde zu weit führen, Dir meine Lebensgeschichte zu erzählen, und es wäre auch vollkommen unangemessen. Was Du wissen solltest, ist Folgendes: Ich habe schlimme Zeiten erlebt und schlimme Dinge gesehen. Und wahrscheinlich auch getan. Ich wollte fliehen aus dieser schrecklichen Welt, und vor allem vor den Menschen. Ich verachtete sie. Ihre Brutalität, ihre Dummheit, das, was sie mit mir getan haben. Lange Zeit saß ich jeden Tag hier oben allein. Ich habe mit niemandem geredet, und ich habe niemandem zugehört. Ich hatte eine kleine Arbeit im Postbüro auf dem Dorf, der ich mehr oder weniger gewissenhaft nachging. Es dauerte länger, dorthin zu laufen, als die tatsächliche Arbeit zu tun. Aber ich verhungerte nicht. Irgendwann, es ging Jahre so, kam jemand aus dem Dorf, der von mir gehört hatte. Ich redete nicht mit ihm. Aber weil er mir etwas Essen mitbrachte, hörte ich ihm zu. Er kam wieder und wieder. Und ich begann, die Dinge interessant zu finden, die er erzählte. Irgendwann brachte er andere Menschen mit. Ich hatte nichts getan, außer meine Einstellung geändert. Ich war nicht mehr wütend und abweisend. Ich bemerkte, dass ich meine Arbeit auf dem Postbüro aufgeben konnte, weil ich genug zu essen bekam. Die Leute brachten es mir, einfach nur, weil ich ihnen zuhörte. Ich tat nichts, wirklich gar nichts, außer sitzen und zuhören. Und irgendwann, sehr viel später, begann ich auch zu sprechen. Wenige, gewählte Worte. Ich sprach meine Meinung, wohl wissend, dass es nichts weiter war als genau das. Und wieder sehr viel später begannen die Leute, mich 'Meister' zu nennen. So ist es passiert."

„So habe ich es nie betrachtet. Und was ist mit all den Dingen, die Sie nie hatten? Oder um bei unserem Beispiel zu bleiben, was wäre dann mit Kotaro?"

„Ja, was wäre mit ihm?"

„Er würde all diese Dinge verlieren."

„Man könnte auch sagen, er würde sie loslassen. Du bist doch selbst das beste Beispiel, Toshi. Du läufst mit diesem uralten Apparat herum und hörst Musik aus einer Zeit, in der ich noch ein Mann im besten Alter war. Warum hast Du nicht eines dieser Telefone, so wie alle anderen?"

„Es ist teuer, und es strengt mich an."

„Siehst Du? Es gibt Dir keine Freiheit, es raubt sie Dir. Aber diese alte Musik, die macht Dich glücklich."

„Ja, irgendwie schon. Ich spüre so etwas wie Ruhe, wenn ich sie höre."

„Nun, dann weißt Du doch auch, wie andere Menschen sich fühlen, wenn sie glücklich sind."

„Vielleicht schon, ja."

„Dann gilt es doch nur noch, herauszufinden, was sie glücklich macht. Vielleicht kommst Du zu einer eigenen Erkenntnis, zu einer Glücksformel für Dich ganz allein. Und wer weiß, vielleicht ist sie universal gültig."

„Aber wie kann ich herausfinden, was die Menschen glücklich macht, Meister?"

„Nun. Du bist jetzt einige Monate hier. Ist es das, was Du

tun willst? Dein Leben auf diesem Berg verbringen und den Menschen zuhören?"

„Ich finde es faszinierend, was Ihr tut. Aber es wäre nichts für mich. Zumindest im Moment nicht. Vielleicht, wenn ich ein älterer Mann geworden bin. Aber jetzt will ich mehr von der Welt erfahren."

„Dann geh in die Welt! Sie wird nicht hierher kommen."

„Und wie soll ich überleben? Ich habe Angst!"

„Das ist normal. Weißt Du noch, wie ich Dir sagte, dass Du vor Deinem Glück davonläufst?"

„Ja."

„Du bist jetzt bis auf diesen Berg gelaufen. Er ist ein hervorragendes Versteck. Aber er ist auch ein Ende. Weiter kannst Du nicht mehr davonlaufen. Du kannst hierbleiben und darauf warten, dass das Glück zu Dir kommt. Oder Du kannst rausgehen, und es suchen. Ich werde Dich nicht wegschicken, Toshi. Aber ich kann auch Dein Glück nicht zwingen, hierher zu Dir zu kommen. Meines ist hier. Deines nicht."

„Und wie soll ich jetzt mein Glück finden?"

„So, wie wir es besprochen haben. Geh hinaus und folge Deiner inneren Stimme. Gib, ohne etwas zu erwarten. Nicht Geld oder Dinge. Gib, was Du hast. Deine Kraft, Deine Aufmerksamkeit, Deine Liebe. Habe Vertrauen! Du wirst sehen, es wird Dir nichts geschehen. Ich garantiere es Dir!"

25.

Toshi – 2009

Die Sonne brannte über dem Rollfeld. Der Pilot hatte nur den linken Propeller der kleinen Maschine abgestellt, der sich nah an der Treppe befand, über die man das Flugzeug verlassen musste. Der andere lief mit einem Brummen und Pfeifen weiter. Toshi und eine junge Frau stiegen aus. Auch der Pilot verließ das Flugzeug und verschwand in einem winzigen Toilettenhäuschen. Kurze Zeit später erschien er wieder, öffnete eine Klappe am unteren Teil des Flugzeugrumpfes und reichte Toshi und der Frau ihr Gepäck. Dann verschloss er die Klappe sorgsam, stieg ins Flugzeug und zog an einem Seil die Treppe hinter sich hoch. Auch das andere Triebwerk startete wieder, und die Maschine setzte sich in Bewegung, drehte auf dem Vorfeld und rollte langsam zur Startbahn. Die junge Frau nahm ihr Gepäck und ging in Richtung Flughafengebäude. Toshi blieb noch eine Weile stehen und beobachtete das Flugzeug. Die Maschine drehte in Startrichtung ein und stoppte mit einem Ruck ab. Dann heulten und dröhnten die Motoren auf. Das Flugzeug setzte sich in Bewegung, wurde rasch schneller und hob kurze Zeit später mit wackelnden Flügeln ab. Das Fahrwerk verschwand im Rumpf, die Maschine schob sich steil in den Himmel und war rasch nicht mehr zu sehen. Hier über dem Rollfeld hatte weiter die Sonne das Sagen. Es war so heiß, dass die Nahtstellen zwischen den Betonplatten zähflüssig wurden. Toshi achtete darauf, nicht hineinzutreten, als er langsam in Richtung des Flughafengebäudes ging. Ein sehr rundlicher Mann mittleren Alters saß hinter einem Tresen und hatte den Kopf auf die linke Handfläche gestützt. In der Rechten hielt er ein Smartphone, auf dem sein Daumen in deutlichem Kontrast zu seinem restlichen Körper behände hin und her glitt. Er hob den Blick und sah Toshi an, als er das Gebäude betrat. Es war nach zwei Seiten hin offen und aus rohem Beton gebaut. Ein amtliches Siegel, von dem Teile der Farbe abblätterten, war hinter dem Mann auf die Wand gemalt. Er ließ das Telefon sinken, richtete sich auf und straffte mit beiden Händen sein ausgewaschenes T-Shirt über dem sehr runden Bauch. Auf der linken Brust erkannte Toshi dasselbe verwaschene Siegel wie an der Wand. Langsam ging er auf den Tresen zu und legte Pass und das Flugticket darauf. Der Mann nahm beides, schaute darauf, drückte den Stempel auf eine leere Seite und schob ihm den Pass über den Tresen hinweg wieder zu. Toshi nahm das Dokument, hob seinen Rucksack vom Boden auf und zog die Riemen über den Schultern straff. Der Ausgang führte auf eine von Palmen gesäumte staubige Straße. Links und rechts standen kleine, weiße Gebäude. Er ging langsam los, ohne genau zu wissen, wohin. Das Atoll war flach und das Meer nirgendwo weit weg. Ein Sandweg führte links zwischen zwei Häusern hindurch zur Lagune. Er ging das leichte Gefälle hinunter und kam an einen Strand. Niemand war zu sehen, nur ein struppiger Hund lief in einiger Entfernung umher, die Nase am Boden. Auf der gegenüberliegenden Seite der Lagune konnte er einzelne grüne Fleckchen erkennen. Es war die andere Seite des Atolls. Das Wasser war ruhig und flach. Verschlafene Wellen rollten über den Sandstrand, hoben kleine Klümpchen von Algen und Seetang hoch und ließen sie an einer anderen Stelle sanft zu Boden gleiten. Ein kaum spürbarer, warmer Wind wehte den Geruch von Salzwasser und Fisch zu ihm. Toshi schüttelte seine Füße aus den Flip-Flops, bückte sich, nahm das Schuhwerk in die Hand und schlenderte durch das seichte Wasser den Strand entlang auf den Geruch zu. Alles um ihn herum war warm. Die Luft, der Boden, das Wasser, seine Kleidung. Nachdem er eine Weile gelaufen war, kam er zu einem kleinen Bootsanleger, an dem ein Junge Fisch filetierte. Als er Toshi sah, zog er die Mundwinkel nach oben und zeigte zwei Reihen leuchtend weißer Zähne.

„You want some?", fragte er.

„Yes, please!"

Der Junge zog einige Stücke weißen Fischfilets durch eine Art Bierteig und warf die Brocken in einen Topf mit heißem Öl, der über einer Gasflamme stand. Sofort breitete sich wieder der Geruch aus, der ihn angelockt hatte. Der Junge schien ein Geschäft zu wittern, denn er öffnete jetzt eine Kühlbox und bot Toshi allerlei Getränke an. Coca-Cola war dabei, aber auch Fruchtsäfte und Bier einer ihm unbekannten Marke. Er legte den Rucksack ab, entschied sich für das Bier und setzte sich einige Meter entfernt in den Sand. Kurze Zeit später brachte ihm der Junge ein Wachspapier, in das er die frittierten Fischstücke eingewickelt hatte. Toshi aß und trank langsam, bestellte sich ein zweites Bier und später noch etwas aufgeschnittene Melone. Der Junge lächelte zufrieden, als er ihm einige Geldscheine in die Hand drückte.

„You wanting more, you call me! I am Amaku. Okay? Amaku! Live over there! Over there! You come and call Amaku!" Dabei fuchtelte er mit den Armen und zeigte auf ein Haus nicht weit entfernt.

Toshi nickte und lachte zurück.

„Okay. Amaku! Understood. Thank you, Amaku! Very good food!"

Als der Junge gegangen war, ließ er sich in den Sand fallen, legte den Kopf auf seinen Rucksack und starrte in die Wolken, bis er einschlief.

Er erwachte mit einem leichten Frösteln. Der Wind hatte aufgefrischt und der Himmel war von dunklen, beinahe schwarzen Wolken verhangen. Dicke Regentropfen schlugen ihm ins Gesicht. Er richtete sich auf und schaute sich um. Nirgends war jemand zu sehen. Der kleine Verkaufsstand war zusammengeschrumpft und unter einer dicken, grünen Folie verschwunden, die unten mit einem Seil zusammengeknotet war. Toshi stand auf und hob seinen Rucksack auf den Rücken. Er hatte keine Ahnung, wohin er gehen sollte. Der Wind rauschte in seinen Ohren und das Wasser kam immer näher.

„Hey!", hörte er es plötzlich rufen, „Hey stranger!". Er schaute in die Richtung und sah Amaku, der vor dem kleinen Haus stand und mit beiden Armen wedelte. Toshi ging zügig und geduckt auf ihn zu.

„Storm!", rief der Junge und fuchtelte weiter mit Armen, diesmal gen Himmel, „Big storm coming, very bad! You come inside! I make more fish for you! You come inside now!"

Toshi folgte dem Jungen in das Haus. Es war spartanisch ausgestattet. Einfache Möbel standen auf einem glatten Fußboden aus versiegeltem Beton. Eine Feuerstelle gab angenehme Wärme in den Raum ab. Toshi lehnte seinen Rucksack in eine Ecke und setzte sich auf den angebotenen Stuhl.

„You want eat more?", fragte der Junge und machte eine Geste, bei der er sich mit einer Hand Essen von einem imaginären Wachspapier in die Hand schaufelte.

„Yes, please."

Amaku machte sich an die Arbeit. Er mochte zehn, vielleicht elf Jahre alt sein. Sein verwaschenes rotes T-Shirt mit dem Coca-Cola-Logo auf der Brust hing etwas zu lang über der blauen Shorts. Ein kleiner Bauch wölbte sich darunter. Die nackten Füße patschten auf dem glatten Boden, wenn er hin und her lief, um diverse Gegenstände zu holen und wieder zu verstauen.

„Where are your parents?", fragte Toshi.

Der Junge drehte sich um und schaute ihn an.

„Par – ents?", fragte Toshi wieder.

„Matua, mother, die many years ago, when I three years old. Father out fishing!", sagte er und deutete aus dem Fenster in Richtung Meer.

„Isn't that very dangerous?", fragte Toshi und setzte sich senkrecht.

„No, no danger. Fishermen know sea and storm. They know long before. They go to next island, fix boat in safe place and wait. No problem, no danger. Father always come home, he tell Amaku to no worry! You also no worry! Safe here. What your name?"

„Toshi."

„That very strange name. Where you from?"

„Japan."

„Toshi? Sound like short name. Like from computer game. What real Name?"

„Toshihiro. Toshihiro Awano."
„Ah. Awano-san say in Japan?"
Toshi lachte.
„Yes. If I would be an old man."
„Mine is A'Amakualenalena Makanaokeakua."
„A… Amaku..." Toshi kam ins Stottern.
„A'Amakualenalena!", sagte Amaku.

Toshi versuchte es einige Male. Irgendwann lachten sie nur noch, und er gab schließlich auf. Amaku servierte den frischen, frittierten Fisch mit einem Brei aus Yamswurzeln und Kokosöl. Toshi fingerte unsicher nach seinem Bargeld und reichte Amaku etwas davon über den Tisch. Der trat zwei Schritte zurück, verschränkte die Arme vor der Brust und setzte eine empörte Mine auf.

„You no pay here! You guest of house Makanaokeakua! No guest of house of my father ever pay for meal!"

„Sorry. I just thought, because earlier today..."

„At beach, different. At beach, you customer. Now you guest!"

Der Sturm draußen hatte den Himmel verdunkelt. Die Böen rüttelten an dem kleinen Haus, pfiffen durch Ritzen und vertrieben die angenehme Wärme aus jedem Winkel. Einzig die Kochstelle strahlte noch Wohligkeit aus. Toshi sah aus dem Fenster auf den Strand und die Lagune. Dunkle Wolken hingen tief über dem Wasser. Die gegenüberliegende Seite war nicht mehr zu erkennen. Wellen fegten quer über den Strand. Die Palmen, deren lange, zackige Blätter durcheinandergewirbelt wurden, standen beinahe waagerecht in der Luft, nur um sich sofort wieder aufzurichten, wenn der Wind einen Moment nachließ. Toshi wusste, dass auch auf der anderen Seite des Hauses das Meer nicht weit entfernt war. Dort traf der Sturm den Strand völlig ungebremst. Es war ein seltsames Gefühl, auf einem nur wenige Meter breiten Streifen Sand mitten in einem riesigen Ozean der brachialen Wucht eines Sturms ausgeliefert zu sein. Amaku wartete eine etwas ruhigere Phase ab, öffnete schnell hintereinander die Fenster, schloss die Läden aus dicken Holzbrettern und verbarrikadierte alles wieder. In der Behausung wurde es jetzt vollends dunkel. Amaku zündete eine Öllampe an, stellte sie auf den Tisch und brachte für Toshi ein Bier und für sich selbst eine Dose Cola mit. Sie rückten die Stühle näher an die Kochstelle, in der noch immer einige Holzstücke brannten. Amaku setzte sich, öffnete die Dose und prostete Toshi zu. Dieser Junge verhielt sich fast wie ein Erwachsener. Es war aber nicht das imitierte Verhalten, das Kinder manchmal an den Tag legten. Er war auf eine gewisse Art erstaunlich erwachsen und wirkte durchaus gebildet. Wie er jetzt dasaß, leicht seitlich auf dem Stuhl gedreht, die Beine übereinandergeschlagen und den Arm mit der Dose darin auf den Tisch gestützt, wirkte er beinahe wie ein älterer Mann.

„Thank you for the food!", sagte Toshi und machte die japanische Dankesgeste.

„You welcome!"

„Where did you learn to speak English?", fragte er.

„Mostly, mother speak english with me all the time. She not from Island, she from New Zealand. But Amaku only three when she die. No english for some time, then school. And television. And I practice with tourist."

„Ah. Okay. So, do many tourists come here?"

„No, not many. Sometimes big ships send boats full of people, but they no stay long. Some hours, eat, drink, then leave. Good business, good prices. But you not typical tourist. Why you come to island?"

„I'm not sure you would understand."

„Try. Amaku is smart boy.", sagte der Junge und grinste.

„Yes, I noticed that. In a nutshell, I travel the world to find out where people are happy, and why."

„See? I understand. No really complicated. So you travel for long time already?"

„Actually, I just started five days ago."

Toshi begann zu erzählen, wie er von Tokyo über Hongkong und Fidschi schließlich hierhergekommen war. Dass er über diese Inseln und ihre Bevölkerung gelesen hatte, und darüber, wie gut es den Menschen hier ging. Amaku fragte viel über Japan. Wie es ihm in Tokyo gefallen habe und was er sonst noch so gemacht hatte. Sie unterhielten sich angeregt bis weit nach Mitternacht. Schließlich wurden sie müde, und Amaku bot Toshi einen Schlafplatz für die Nacht an. Er selbst verzog sich in eines der hinteren Zimmer.

„You sleep now.", sagte er durch die Tür, „Tomorrow, I help you find happy people."

Der Sturm hatte etwas nachgelassen, und Toshi schlief ruhig und zufrieden ein.

Am nächsten Morgen erwachte er mit einer leichten Übelkeit. Er hatte über den Abend verteilt einige Dosen Bier geleert, was er nicht gewohnt war. Amaku klapperte in der Küche bereits mit Geschirr und es duftete nach Kaffee und Fisch. Nach einem reichhaltigen Frühstück brachen sie auf. Amaku nahm ihn mit zur Lagune, wo ein kleines Auslegerboot an dem Steg festgemacht war. Er kontrollierte zuerst seinen Verkaufsstand, der von dem Sturm aber weitestgehend unbehelligt geblieben war. Dann verstaute er Toshis Rucksack, einen Kanister mit Trinkwasser und etwas Proviant in dem winzigen Kahn und sie legten ab. Das Boot schaukelte bereits auf den kleinen Wellen der Lagune deutlich, und Toshi wurde wieder übel. Amaku beobachtete ihn aus dem Augenwinkel.

„You need feel waves!", sage er, „Feel waves, then you no get sick."

Sie tuckerten zwischen zwei kleineren Inseln hindurch aus der Lagune, hinaus auf das offene Meer. Amaku beschleunigte das Boot, und schon bald war kein Land mehr in Sicht.

„Where are we going?", rief Toshi.

„Like I told. We go find happy people!"

„Isn't this very dangerous? In a small boat like this, on the open water?"

„No, no dangerous. My people do for many hundred years!"

„What if the engine gives in?"

„It will no stop. Good quality, come from Japan. Even if, sea will take us back."

„How come?"

„Strong current here. Always take you back to main Island!"

Toshi wurde etwas ruhiger und genoss die Fahrt. Das Meer war ruhig und die Wellen nicht sehr hoch. Der kleine Kahn pflügte sich durch das Wasser, und an ihren Seiten glitten in größerer Entfernung winzige, grüne Punkte dahin. Es gab hier überall Inseln. Nach etwa drei Stunden kam ein größerer Fleck in Sicht, der schnell anwuchs. Bald konnte Toshi Details wie Baumgruppen und Felsvorsprünge erkennen. Kleine, weiße Wolken schwebten dazwischen entlang, verloren Fetzen von sich an den Bergen und lösten sich schließlich völlig auf. Die Insel kam unendlich langsam näher, bis sie in eine kleine Bucht einfuhren. Amaku stellte den Motor ab und ließ das Boot auf einen weißen Sandstrand zugleiten. Das Wasser war klar bis auf den Grund und glatt wie ein Spiegel. Nur der Bug und die Ausleger des Bootes schoben kleine Wellen vor sich her, die sacht über das Wasser liefen, sich kreuzten und in der Bucht verloren. Toshi schaute ihnen zu und entdeckte in dem klaren Wasser Korallen und wabernde Pflanzen. Bunte Fische zuckten dazwischen herum. Ihre Schuppen reflektierten das Sonnenlicht, wenn sie in ihre Verstecke flüchteten. Toshi hob den Kopf und schaute auf den Strand. Einige fast nackte Kinder kamen aus dem Wald gelaufen und beobachteten sie voller Neugier. Dann erschienen auch Erwachsene aus den Büschen. Sie lächelten und winkten. Amaku und Toshi winkten zurück. Das Wasser wurde flacher, und Amaku warf einen kleinen Anker über Bord. Toshis Blick folgte dem gebogenen Eisenstück. Einige Fische schwammen ohne Eile zur Seite, als das Metall auf dem Boden aufkam und eine Wolke von Sand aufwirbelte. Amaku sprang über Bord und war sofort bis zum Hals im Wasser. Mit rudernden Armbewegungen ging er an Land. Toshi reichte das Wasser fast bis zur Brust. Mit ausgestreckten Armen hielt er seinen Rucksack in die Luft. Das Meer war angenehm warm und roch nach Salz und Sonne. Am Strand war das Empfangskomitee mittlerweile zu beachtlicher Größe angewachsen. Etwa dreißig Kinder und Erwachsene standen herum, winkten, lachten und gestikulierten. Amaku lief auf einen älteren Mann zu, der sehr dick war. Tätowierungen bedeckten seine Arme und beinahe seine komplette Brust. Auf dem Kopf trug er ein ausladendes Gesteck. Abgesehen von einem um die Hüfte geschlungenen Bastrock war dies seine einzige Kleidung. Amaku redete mit ihm in einer Sprache, von der Toshi glaubte, er würde sie niemals lernen. Der Mann lächelte ihm zu, als er mit dem Rucksack über seinem Kopf aus dem Wasser stieg und nickte. Amaku drehte sich um und winkte ihn zu sich heran.

„Chief of happy people say you can stay!", sagte er grinsend.

„What will I do here?", fragte Toshi.

„You stay and learn how happy people live. You no worry! Amaku come pick you up in three months!"

„Oh. I am not sure. That is a long time! I really don't have that much money."

„No problem. You no need money here. Money not important. Happy people will give you food and shelter. They find something to do that you like."

„But three months is really a long time!"

„You want to learn happy people life?"

„Yes!"

„Then three months no long time. Have fun!"

Toshi, Amaku und der Häuptling besprachen sich kurz, dann verabschiedete sich der Junge. Toshi griff nach seinem Brustbeutel, zögerte dann aber und schaute Amaku an.

„Is okay now, Toshi. You can pay for gasoline. You customer now again. Next time, back to guest. Okay?"

Sie lachten und Toshi gab ihm einige Geldscheine. Gemeinsam mit dem Stamm der glücklichen Menschen schaute er dem Jungen in dem Boot hinterher, wie er aus der kleinen Bucht auf das offene Meer fuhr und verschwand.

Die nächsten Monate verbrachte Toshi beim Stamm der glücklichen Menschen auf einer winzigen Insel mitten im Pazifik. Er wurde erstaunlich freundlich behandelt und willkommen geheißen. Eines der ersten Dinge, die ihm auffielen, war, dass diese Leute nicht im eigentlichen Sinne arbeiteten. Sie folgten einem Rhythmus von Sonne und Mond, hell und dunkel, und passten sich an die übrigen Gegebenheiten an. Jeder, der morgens aufstand, begann, etwas zu tun. Die einen bewirtschaften kleine Felder rings um das Dorf, andere besserten Hütten aus oder kochten, wieder andere fuhren mit den winzigen Auslegerbooten zum Fischen hinaus aufs Meer. Eine Gruppe war stets in der Nähe des Dorfes und kümmerte sich um die Kinder. Hier spielten die Älteren mit den Jüngeren, die dann den wiederum ganz Kleinen einige Dinge beibrachten. Das gesamte Dorf nahm Anteil daran, wenn ein kleines Kind zum ersten Mal feste Nahrung zu sich nahm, krabbelte oder zu laufen begann. Der Umgang untereinander war fast immer von einem Lächeln bestimmt, ruhig und liebevoll. Auch die Grenzen der anderen Menschen wurden auf eine spielerische und leichte Art respektiert. Vor allem aber gab es keine Diskussionen oder Streitereien über das Arbeiten, und niemand schien in irgendeiner Weise die anderen zu beherrschen, zu kommandieren oder über sonstige Dinge zu bestimmen wollen. Der Häuptling bildete mit dem Rat der Ältesten ein Komitee, das sich regelmäßig zu abendlichen Besprechungen zusammenfand. Toshi bemerkte, dass auch sie nicht auf einer Basis von Macht und Beherrschung arbeiteten, sondern nach Erfahrung urteilten und einen Konsens suchten. Jeder Dorfbewohner durfte bei den Beratungen zuhören. Der Häuptling und die Ältesten saßen in einem Kreis, der Rest ließ sich ringsherum nieder. Die kleinsten Kinder waren am weitesten entfernt. Nach dem Wenigen, das Toshi verstand, ging es bei den Beratungen auch um die Beilegung von Unstimmigkeiten. Hauptsächlich jedoch wurden pragmatische Dinge des täglichen Lebens besprochen und geplant. Wann welche Pflanzen ausgesät werden sollten, welche Fischgründe bei der vorherrschenden Wetterlage die besten Chancen auf einen guten Fang boten, und so weiter. All dies waren Dinge, die viel auf den Erfahrungen der Alten basierten. Die Diskussionen wurden ruhig und in entspannter Atmosphäre geführt. Jeder durfte ausreden, und jedem wurde zugehört. Auch die Dorfbewohner, die nicht zum Ältestenrat gehörten, durften sprechen und ihre Ansichten äußern. Die Entscheidungen waren immer einstimmig. Wenn die Besprechungen vorüber waren, löste sich die starre Formation auf und es wurde gesungen und getanzt. Tagsüber war der Häuptling überall unterwegs und sammelte Anregungen und Vorschläge für die nächste Besprechung am Abend. Das ganze Leben fügte sich auf eine leichte, spielerische Art zusammen. Toshi verbrachte die ersten Tage damit, seine Beobachtungen aufzuschreiben und Fragen zu stellen. Die Leute waren freundlich zu ihm, verstanden ihn aber nicht. Auch der Häuptling redete kein Englisch mehr mit ihm, sondern nur noch in der Eingeborenensprache. Am dritten Tag ging er morgens mit zwei Frauen auf eines der Felder, nahm sich ein Werkzeug und arbeitete mit. Es war eine Art Hacke, die aus einer Astgabel hergestellt war. Der lange, biegsame Stiel mündete in einem spitzen Winkel. Mit diesem Werkzeug gelang es ihm mühelos, den schwarzen Boden zwischen den Bäumen aufzulockern. Die Arbeit war auf angenehme Art anstrengend. Er schaute sich die Bewegungen und Eigenheiten bei den Dorfbewohnern ab. Immer, wenn er Schwierigkeiten hatte oder etwas nicht verstand, erschien wie von selbst eine der Frauen in seiner Nähe und zeigte ihm mit einem Lächeln, begleitet von der seltsamen Sprache, wie es richtig ging. Ganz langsam begann sein Verstand, in mehr der Wörter und Sätze einen Sinn zu projizieren. Er erkannte, dass die Gerätschaften bestimmte, sich wiederholende Bezeichnungen hatten, und auch, mit welchen Namen sich die Dorfbewohner riefen. Sie waren nicht einfach auseinanderzuhalten, aber er schätze, dass auf der gesamten Insel etwa ein hundertfünfzig Individuen lebten. Sie verteilten sich auf zwei nahe beieinander liegende Dörfer, die nur von einigen Feldern getrennt wurden. Toshi wechselte alle zwei oder drei Tage seine Tätigkeit und probierte aus, was ihm am meisten Spaß machte. Niemand störte sich an ihm, überall wurde er freundlich empfangen. Man nahm ihn mit, zeigte ihm, was er wissen wollte und half ihm bei den Dingen, für die er sich interessierte. Er beobachtete, dass die Rollenverteilung bei den täglichen Aufgaben nicht fixiert war, aber sich doch bestimmte Vorlieben oder Talente bei den Menschen zeigten. Die einen arbeiteten zwar manchmal auf den Feldern, waren aber ansonsten überwiegend mit der Kinderbetreuung und der Zubereitung von Essen beschäftigt. Die anderen waren so gut wie nie im Dorf zu sehen, sondern fuhren teilweise über mehrere Tage hinweg aufs Meer und kamen mit reichlichem Fang zurück.

Das Essen war köstlich, aber relativ fettig und nicht sehr abwechslungsreich. Es gab fast immer frischen Fisch, einen Brei aus Yamswurzeln oder anderen Gewächsen und frische Früchte. Sehr selten wurde auch Fleisch gebraten, das von einem der kleinen Schweine stammte, die in einem großzügigen Gehege umherliefen. Nachts zog er sich in eine der Hütten zurück und suchte sich einen Platz. Die Schlafarrangements waren nicht eindeutig. Es gab weder feste Hütten noch Schlafplätze. Auch hier war es so, dass sich bestimmte Vorlieben und Gewohnheiten erkennen ließen, die aber ebenso fließend und flexibel waren wie die Arbeit. In einer Nacht, als Toshi auf seinem einfachen Lager in einer Hütte lag, wurde er durch eine sanfte Berührung geweckt. Er erkannte im Halbdunkel eine der Frauen. Er schätzte sie auf höchstens zwanzig Jahre, eher jünger. Sie hatten gemeinsam einige Male auf den Feldern gearbeitet. Ihr Name war La'akea. Jetzt stand sie an seinem Nachtlager, war offensichtlich nackt und griff nach seiner Brust. Ohne seine abwehrende Geste oder die anderen Schlafenden in der Hütte zu beachten, glitt sie zu ihm und legte sich auf ihn. Toshi war verwirrt. Einerseits genoss er die Berührungen dieser Frau und ihre Nähe, andererseits war ihm die Sache nicht wirklich geheuer. Er kannte die ungeschrieben Regeln dieser Zivilisation nicht und wollte kein Tabu brechen oder jemanden verärgern. Vor allem aber wollte er auf gar keinen Fall ein Kind zeugen. Ihm war aufgefallen, dass sich häufig nachts, aber durchaus auch tagsüber, Pärchen in den Hütten zusammenfanden. Mehrfach hatte er auch von einer der Lagerstätten in seiner jeweiligen Hütte eindeutige Geräusche und Bewegungen wahrgenommen. Er hatte aber das Treiben nicht hinterfragt und diskret weggeschaut. Was, wenn diese junge Frau irgendwelche Gefühle für ihn hegte, die er verletzen würde, wenn er wieder ginge? Was, wenn der Stamm sie beide verurteilen und ausstoßen würde? Er wollte etwas sagen, aber sie küsste ihn auf den Mund und erstickte seine Ausführungen mit ihrer Zunge. Irgendwann glitt sie von ihm herunter, legte ihr Bein über seinen Oberkörper und ihren Arm um seinen Hals und schlief ein. Als er später in der Nacht erwachte, war sie verschwunden. Am nächsten Morgen traf er sie auf dem Feld wieder, wo sie ihm ein Lächeln zuwarf, in das er etwas mehr hineininterpretierte als die übliche Freundlichkeit. Von jetzt an kam sie nachts öfter zu ihm, aber auch andere Frauen suchten hin und wieder seine Gesellschaft. Es schien hier völlig normal zu sein, seinen Bedürfnissen zu folgen, wann und mit wem auch immer sie einen überkamen. Das erklärte für Toshi auch den lockeren Umgang mit den Kindern. Sie schienen aufgrund des Geburtsvorganges zumindest ihre leibliche Mutter zu kennen. Die Vaterschaft hingegen war wohl in den meisten Fällen unklar. Die Elternrolle übernahm das gesamte Dorf. Jeder fühlte sich für die Kinder verantwortlich, kümmerte sich, half und erklärte. Die Alten saßen Abend für Abend um eines der Feuer und erzählten lebhaft und mit allerlei Gymnastikeinlagen Geschichten zur Belustigung der Kinder. Gerade bei diesen Geschichten lernte er mehr und mehr die Sprache. Sie war simpel aufgebaut, ohne komplexe Grammatik und vor allem ohne viele Zeiten und Verlaufsformen. Es gab eine einfache Zukunfts- und Vergangenheitsform, das reichte aus. Eines Abends, als La'akea wieder zu ihm kam, fragte er sie sehr vorsichtig nach einer Schwangerschaft. Sie lachte leise und schaute ihm ins Gesicht.

„Wir Frauen wissen schon, wann wir Babys bekommen wollen und wann nicht."

„Aber wie ..."

„Darüber musst Du Dir keine Gedanken machen. Wir haben unsere Wege."

Es war also tatsächlich nicht so sehr dem Zufall überlassen, wie es den Anschein hatte. Zumindest eine Form der Geburtenkontrolle gab es auch in diesem Paradies. Von da an genoss er ihre nächtlichen Besuche wesentlich entspannter. Dass Sexualität hier eine Ausdrucksform von sozialem Zusammenhalt und Spaß war, hatte er mittlerweile bemerkt. Auch die Jugendlichen gaben sich bereits recht früh dieser Beschäftigung hin. Er glaubte nicht, dass er irgendwo anders auf der Welt Menschen finden würde, die so glücklich, zufrieden und liebevoll miteinander umgingen.

Die Tage vergingen in angenehmer Eintönigkeit und ließen einen Frieden in ihm entstehen, der ihn fast vergessen ließ, dass seine Zeit hier begrenzt war. Den Gedanken, jemals wieder von hier Abschied nehmen zu müssen, hatte er verjagt wie ein lästiges Insekt. Als sich der Tag näherte, an dem Amaku ihn wieder abholen wollte, setzte sich an einem Abend der Häuptling zu ihm.

„Wie hat Dir die Zeit hier bei uns gefallen, Toshi?", fragte er.

„Ich will eigentlich nicht wieder gehen.", war die Antwort.

„Ich verstehe. Aber Du musst. Du warst unser Gast und Du bist beinahe einer von uns geworden. Aber eben nur beinahe. Mein Gefühl sagt mir, dass Dein Leben Dich weiterzieht."

„Ja", sagte Toshi, „Das stimmt. Ich möchte noch mehr lernen."

„Wenn Du eines Tages genug gelernt hast, wirst Du immer bei uns willkommen sein."

„Danke, Häuptling!"

„Ich möchte Dich nur um eines bitten."

„Alles."

„Wenn Du wieder zurückkehrst in die Welt, dann behalte für Dich, was Du hier erlebt und gesehen hast. Teile es vielleicht mit einigen wenigen Menschen, denen Du vertraust, und die Du wertschätzt. Aber lass es nicht die ganze Welt wissen."

Toshi nickte, schaute ihn aber etwas verständnislos an.

„Mein Stamm lebt nicht seit Anbeginn der Zeiten auf dieser Insel. Wir waren auf einer anderen Insel zu Hause, weit weg von hier, hinter dem Horizont. Ein älterer Mann war damals der Häuptling. Er war ein weiser Mann. Er erzählte die Geschichten unserer Ahnen wie kein Zweiter. Eines Tages erzählte er uns Jungen, die wir als Anwärter zum Häuptling ausgewählt waren, seine Geschichte. Er war damals ein kranker Mann und wusste, dass er nicht mehr lange leben würde. Er erklärte uns, dass wir gesegnet sind, im Paradies leben zu dürfen, und dass wir es vor allem Anderen beherzigen müssen. Es war nicht immer so friedlich bei uns. Für mein Volk und unsere Brüder und Schwestern auf den anderen Inseln war es ein langer Weg. Früher kämpften wir gegeneinander, bis wir erkannten, dass es nicht gut ist. Wir lernten, miteinander zu leben und uns zu helfen. Wir lernten, uns aus den Angelegenheiten der anderen Stämme herauszuhalten. So lebten wir lange friedlich und glücklich. Bis wir schließlich lernten, dass wir nicht allein sind und dass da draußen in der Welt Gefahren lauern, die größer sind als alles, was wir kennen. Immer wieder kamen andere Menschen zu uns. Wir haben sie willkommen geheißen als unsere Gäste, aber es reichte nicht. Die einen wollten uns auf ihren Schiffen mitnehmen und vorzeigen wie gefangene Tiere. Die anderen wollten uns ihre Regeln lehren von Staat, Gesetz und vor allem Religion. Wir haben gelitten, aber auch diese Zeit ging vorbei.

Lange lebte mein Volk wieder glücklich und zufrieden, bis eines Tages der Teufel und sein Gefolge auf unsere Insel kamen. Der alte Häuptling beschrieb ihn als großen, weißen Mann mit riesigen schwarzen Augen. Er saugte an giftig riechenden Stäbchen und aus Mund und Nase spie er Rauch und Feuer. Der Teufel bot meinem Stamm bedrucktes Papier an dafür, dass alle die Insel verlassen würden. Der alte Häuptling war dagegen, also ließ ihm der Teufel die Wahl: Das Papier nehmen und gehen oder bleiben und sterben. Die Ältesten des Dorfes berieten, und nach langer Diskussion entschieden sie sich, ihre Heimat aufzugeben. Es hieß, den Ort zu verlassen, an dem wir seit Angedenken wohnten. Es hieß, die Geister unserer Ahnen zu verlassen. Es hieß, völlig neu anzufangen. Aber dennoch fanden sie es besser als den Tod. Sie folgten dem Teufel auf ein Boot aus Eisen, das sie zu einer anderen Insel brachte, und sie nahmen sein Papier, mit dem sie nichts anzufangen wussten. Aber der Teufel hatte sein Wort gebrochen. Sie waren trotzdem nicht in Sicherheit. Kurze Zeit später erschuf er eine neue Sonne, und bald darauf regnete es graue Asche. Die Fische im Meer begannen, sich gegenseitig zu fressen und zu sterben. Der Meeresboden wurde grau. Die Blätter der Pflanzen wurden grau. Die Menschen und Tiere wurden krank und starben. Es wurden immer mehr. Da fassten die Ältesten einen Entschluss. Sie bauten Boote und fuhren über das Meer, so weit, dass der Teufel sie nie wieder würde finden können. Und so ist mein Stamm hier gelandet. Es ist lange her, dass mir diese Geschichte erzählt wurde. Ich denke, Du weißt, worum es geht. Auch die alten Häuptlinge waren keine ungebildeten Menschen, aber sie wussten weniger von der Welt als wir heute. Wir sind hier in diesem Paradies, Toshi, weil wir allen egal sind. Und das ist so, weil man nicht viel von uns weiß. Das muss unbedingt so bleiben, verstehst Du? Wenn in Japan, China oder Europa plötzlich tausende Menschen auf die Idee kommen, hierher zu pilgern, um wie Du das Glück oder das Paradies zu finden, kannst Du Dir vorstellen, was mit uns passieren wird?"

Toshi nickte langsam. Er drehte den Kopf zur Seite und wischte sich eine Träne ab.

„Du verstehst also, warum es umso besser ist, je weniger von uns wissen?"

„Ja, ich verstehe es. Auch dort, wo ich herkomme, gibt es solch eine ähnliche Geschichte. Zwei unserer Städte wurden auf diese Weise ausgelöscht. Sehr viele Menschen sind gestorben."

„Du wirst also Deine Geschichte für Dich behalten?"

„Ich verspreche es!"

„Gut. Ich danke Dir, Toshi!"

Damit stand er auf und verschwand in einer der Hütten, bevor Toshi sich ebenfalls bei ihm bedanken konnte. Einige Tage später tauchte Amakus Boot knatternd und nach Benzin stinkend in der kleinen Bucht auf. Der Abschied fiel Toshi so schwer wie noch nichts in seinem Leben. Aber er hatte die Gewissheit, irgendwann hierhin zurückkehren zu dürfen.

26.

Toshi – 2010

Es war kalt, und ein unangenehmer Wind pfiff durch die Nygata. Toshi schlug seinen Mantel hoch und zog den Kopf ein, während er auf den Summer an der Tür wartete. Endlich ertönte das Geräusch. Er drückte die Tür mit der Schulter auf und trat ein. Eine schmale Treppe führte nach oben, von wo er das Geräusch einer sich öffnenden Tür vernahm. Ein blonder Frauenkopf erschien in dem Türspalt und schaute ihn an.

„Ah. Herr Awano? Willkommen. Treten Sie doch bitte ein!"

Toshi grüßte und trat durch die Tür ins Warme.

„Bitte, nehmen Sie doch Platz. Darf ich Ihnen einen Kaffee anbieten?"

„Ja. Das wäre sehr nett, danke!"

„Dort drüben ist der Automat. Er ist selbsterklärend. Tassen finden Sie in der Schublade darunter. Bitte bedienen Sie sich doch. Warten Sie noch einen Moment hier, Frau Birkeland wird dann sofort bei Ihnen sein."

„Danke."

Toshi stand auf und ließ Kaffee in die weiße Tasse mit den abgerundeten Kanten laufen. Er war fünf Minuten zu früh. Genau um zehn Uhr erschien eine Frau mittleren Alters in der Tür. Sie kam forschen Schrittes auf ihn zu. Ihre üppigen Brüste wippten unter der weißen Bluse. Die Jeans saß eng an ihren schlanken Beinen.

„Irashaimasse, Awano-San", sagte sie und lächelte ihm zu.

Er erwiderte den Gruß.

„Bitte, kommen Sie doch herein."

Toshi folgte ihr in das Büro hinter der milchigen Glastür

und setzte sich auf den angebotenen Stuhl. Ein Schreibtisch stand vor einer bis zum Boden reichenden Fensterfront, die den Blick auf einen gepflegten Hinterhof freigab. Einige verschneite Autos standen dort neben säuberlich aufgereihten, bunten Müllbehältern. Birkeland setzte sich zum ihm an den kleinen runden Tisch in der Ecke, schlug die Beine übereinander und umfasste mit beiden Händen ihr Knie.

„Schön, dass Sie da sind. Ich würde vorschlagen, wir stellen uns kurz vor. Mein Name ist Eva Birkeland von Birkeland&Soderstrøm Translations. Ich habe diese Firma gemeinsam mit meiner Partnerin vor über fünfzehn Jahren gegründet und sage nicht ohne Stolz, dass wir seitdem stark gewachsen sind. Wir haben einundzwanzig Festangestellte und mittlerweile mehr als einhundert freiberuflich tätige Mitarbeiterinnen und Mitarbeiter in unserem Register. Dadurch sind wir in der Lage, für die meisten gängigen Sprachen unsere Dienstleistungen anzubieten. Wir arbeiten zu einem großen Teil für international tätige Unternehmen, aber auch für Behörden und Organisationen der Europäischen Union. Davon sind viele Aufträge eher Standard, sozusagen unser Brot-und-Butter-Geschäft, aber wir leben wie gesagt auch davon, sehr spezielle Dienste anbieten zu können. Haben Sie dazu Fragen?"

Toshi rückte die Mappe auf seinem Schoß umher und schüttelte den Kopf.

„Im Moment nicht, nein. Vielleicht später."

„Sie würden also gern bei uns als Übersetzer arbeiten?"

„Ja, das wäre eine Möglichkeit."

„Was qualifiziert Sie denn dazu, Herr Awano?"

„Nun, ich bin Japaner und spreche somit Japanisch als Muttersprache. Weiterhin spreche ich sehr gut Englisch."

„Das ist mir bekannt, aber ich sehe es nicht als etwas Besonderes."

„Nicht?"

„Nein. Viele unserer Angestellten, inklusive mir selbst, beherrschen fließend Japanisch und können Hiragana, Katakana und auch Kanji schreiben. Eine unserer Mitarbeiterinnen ist in Tokio, London, Paris und Hongkong aufgewachsen und hat dort die besten Schulen besucht. Ihr Vater war japanischer Konsul. Sie spricht alle diese Sprachen auf Muttersprachniveau, dazu noch Norwegisch, Spanisch und Russisch auf sehr gutem Level, und kann problemlos zwischen all diesen Sprachen hin und her übersetzen. Ich könnte Ihnen noch mehr solcher Talente aufzählen, die für uns arbeiten. Sie selbst beherrschen noch nicht einmal Norwegisch, richtig?"

„Nicht sehr gut, nein."

Sie stieß Luft durch die Nase aus und warf ihren Kopf in den Nacken.

„Nicht sehr gut. Aha. Wie lange sind Sie schon im Land, Herr Awano?"

„Elf Tage heute."

„Nun, dann ist das wohl nur natürlich. Haben Sie schon einmal als Übersetzer gearbeitet und wissen, worauf es ankommt?"

Toshi senkte den Kopf.

„Nein. Noch nie."

„Es tut mir leid, Ihnen das sagen zu müssen, aber Sie sind nicht qualifiziert genug für das, was wir hier normalerweise tun."

Sie machte eine Pause und schaute ihn an.

„Wollen Sie wissen, warum ich Sie trotzdem eingeladen habe?"

Toshi nickte.

„Ihr Lebenslauf. Oder das, was Sie dafür halten. Etwas daran hat mir gefallen. Ich kann es selbst nicht genau sagen, aber er strahlt eine Art Freiheit aus. Etwas Unkonventionelles. Sehen Sie, Herr Awano, bei uns läuft vieles nach sehr strikten Regeln. Die Sprachen, der Arbeitsalltag, die Abläufe. Nicht selten sind es offizielle Dokumente mit wissenschaftlichem oder technischem Inhalt, der keine Fehler aufweisen darf. Ich rede nicht davon, dass jemand den falschen Knopf auf der Fernbedienung einer Toshiba–Stereoanlage drücken könnte. Ich rede davon, dass ein Druckkessel in einem Atomkraftwerk platzt, auf einem Jahrmarkt ein Fahrgeschäft einstürzt oder ein Pilot eine falsche Treibstoffberechnung durchführt. Verstehen Sie? Wir können uns bei den Dingen, die wir hier tun, keine Fehler leisten. Hinzu kommt, dass wir auch mit streng vertraulichen Dokumenten zu tun haben, über die wir Stillschweigen bewahren müssen. Nur zertifizierte Mitarbeiterinnen oder Mitarbeiter dürfen daran arbeiten, und teilweise auch nur unter bestimmten Voraussetzungen, wie zum Beispiel mit PCs, die nicht an das Internet angeschlossen sind. Können Sie sich sowas heutzutage noch vorstellen?"

Toshi sah sie an und schüttelte den Kopf.

„Sehen Sie. Genau das ist das Problem. Es ist eine anstrengende Arbeit. Oftmals monoton, einsam und unter Zeitdruck. Und das ist mir bei Ihrem Lebenslauf aufgefallen. Sie scheinen Zeitdruck nicht zu kennen und haben für einen Japaner einen eher unkonventionellen Lebensweg."

„Da haben Sie Recht, Frau Birkeland."

„Warum sind Sie in Norwegen, Herr Awano? Was führt Sie von ..."

Sie schob ihre Brille auf die Nasenspitze und schaute darüber hinweg auf ein Blatt Papier.

„... von Tuvalu nach Oslo?"

„Ich möchte lernen, was Glück für Menschen an verschiedenen Orten der Welt bedeutet, und warum."

„Und was, würden Sie sagen, ist Ihr Beruf, Herr Awano?"

Toshi richtete den Blick zur Decke und blies Luft durch die gepressten Lippen in den Raum. Ihm gefielen diese Frau und ihre unfreundliche Art nicht. Er war nicht sicher, ob er ihr noch weiter Fragen beantworten wollte. Allerdings brauchte er dringend Geld, und es war nicht einfach, eine Anstellung zu finden, allemal nicht mit einem Touristenvisum. Aber um ein Arbeitsvisum zu bekommen, brauchte man als Erstes eine Anstellung, und umgekehrt. Es war ein Teufelskreis. Birkeland&Soderstrøm Translations war eine der wenigen Firmen, die damit warb, für qualifiziertes Personal den Prozess der Visumserteilung kostenlos abzuwickeln. Ansonsten blieb noch die illegale Arbeit in den Küchen irgendwelcher Restaurants. Er dachte an den Meister auf dem Berg und seine Worte. Vertrauen haben und seinem eigenen Weg folgen. Dazu gehörte auch, Integrität zu beweisen.

„Herr Awano?"

„Ja? Entschuldigung. Mein Beruf ... das ist keine einfache Frage. Ich habe keinen Beruf. Am ehesten bin ich wahrscheinlich Philosoph."

„Aha. Aber was tun Sie?"

„Ich lerne. Ich lerne etwas über das Glück, und was es für die Menschen bedeutet."

„Und was haben Sie bis jetzt gelernt, Herr Awano?"

„Das in Norwegen bestimmten Studien zufolge mit die glücklichsten Menschen auf der Welt leben."

„Nein, nein, das meine ich nicht. Nicht, was Sie in irgendwelchen Studien gelesen haben. Ich meine, was Sie persönlich gelernt haben."

„Das ist etwas, dass ich hier lieber nicht besprechen würde."

„Aha. Und warum nicht?"

Toshi packte seine Unterlagen vor sich auf den Tisch, stützte die Unterarme darauf und lehnte sich nach vorn. Er setzte die Brille ab und schaute Birkeland direkt in die Augen.

„Wissen Sie, mir gefällt die Art nicht, wie Sie Fragen stellen."

Eva Birkeland lehnte sich in ihrem Stuhl zurück, verschränkte die Arme vor sich und schaute ihn über ihre Brille hinweg an.

„Ach nein? Und was gefällt Ihnen daran nicht?"

„Sie ist arrogant und basiert auf falschen Annahmen."

„Sie nennen mich arrogant?"

„Nein. Für eine feinsinnige Übersetzerin vieler Sprachen hören Sie erstaunlich schlecht zu."

Birkeland klappte den Kiefer herunter und holte Luft, aber Toshi ließ ihr keine Zeit.

„Ich habe nicht Sie als arrogant bezeichnet. Ich habe gesagt, die Art Ihrer Fragen ist es. Und dass sie auf falschen Annahmen basiert. Das ist ein Unterschied."

Birkeland hatte sich etwas gefasst, aber ihre selbstsichere Haltung war dahin. Die Maske bröckelte.

„Und was wären Ihrer Meinung nach die falschen Annahmen, Herr Awano?"

„Sie bauen allein darauf, dass Sie die Mitinhaberin einer Firma sind, die Menschen für bestimmte Tätigkeiten bezahlt. Und dass die Menschen das Geld brauchen. Davon kann man nun halten, was man will, aber es ist zunächst etwas, das man einen fairen Deal nennen könnte. Und natürlich müssen Sie die Menschen kennenlernen, denen Sie Geld bezahlen und die Sie für sich arbeiten lassen wollen. Auch das ist fair. Aber die Art, wie Sie mir Fragen stellen, hat nichts damit zu tun, dass Sie mich kennenlernen wollen. Sie haben eine bestimmte Denkweise im Kopf, und in diese Denkweise soll jeder hineinpassen. Ich mache Ihnen deswegen auch keinen Vorwurf ..."

„Sie machen mir keinen Vorwurf?", fragte Birkeland.

„Nein, jedenfalls nicht deswegen. Aber unterbrechen Sie mich bitte nicht! Was ich Ihnen nämlich vorwerfe, ist, dass Sie Ihre Position ausnutzen, um Menschen schwitzen, herumstottern und sich winden zu sehen. Und das nur, damit sie am Ende einen Job bekommen. Ich kenne sie nicht sehr gut, aber wenn ich wetten müsste, würde ich mein Geld darauf setzen, dass Sie ein kleines Ego haben. Möglicherweise einen kalten, abwesenden Vater oder eine dominante Mutter, vielleicht beides. Ihre Fragen zielen jedenfalls nicht darauf ab, mich kennenzulernen, sondern darauf, dass ich mich unwohl fühlen soll. Das mag bei einem Großteil der Menschen funktionieren, allemal, wenn sie dringend Arbeit suchen. Aber bei mir funktioniert es nicht."

„Unglaublich ...", sagte Birkeland und schüttelte den Kopf.

„Nun, Sie haben jetzt einen Teil von mir kennengelernt. Wenn Sie mich wirklich kennenlernen möchten, dann dürfen Sie mich gern anrufen. Übrigens unabhängig davon, ob ich nun für Sie arbeiten werde oder nicht. Ich führe mit jedem Menschen Gespräche, der etwas über mich, die Welt und sich selbst lernen möchte. Vielleicht ist das mein Beruf, wer weiß. Und dazu braucht man mir noch nicht einmal Geld zu zahlen. Alles, was man dafür braucht, ist eine offene Haltung, vor allem sich selbst gegenüber. Wenn Sie die zumindest in Ansätzen in sich entdecken können, dann dürfen Sie mich gern wieder kontaktieren. Ansonsten ist dieses

Gespräch hier und heute zu Ende."

Er verabschiedete sich höflich von Birkeland, die mit offenem Mund dasaß, und verließ das Gebäude. Draußen trat er auf die Straße, fröstelte und zog den Mantel zusammen. Den kurzen Weg zu seinem Hostel legte er frierend und geduckt zurück, ging hastig durch die Lobby, betrat sein Zimmer und legte sich in das wackelige Bett. Über ihm schnarchte einer der Männer, die sich für Montagetätigkeiten in Norwegen aufhielten. Er verbreitete einen deutlichen Geruch von Flatulenz und Wodka. Im Schlaf brabbelte er laut auf Russisch.

„Super gemacht, Toshi. Wirklich toll.", sagte er zu sich selber. Aber obwohl sein Ton vorwurfsvoll war, konnte er nicht anders, als zu grinsen. Er fühlte sich ausgezeichnet. Es würde irgendwie weitergehen. Es ging immer irgendwie weiter. Immer nur die beiden Dinge beachten. Integrität beweisen, und Vertrauen haben.

Die nächsten Tage streifte er durch die Kälte Oslos und versuchte anhand von Beobachtungen herauszufinden, ob und warum die Menschen hier glücklich waren. Es wirkte nicht so. Viele hetzten umher, vergruben Hände und Köpfe in dicken Jacken und schienen immer in Eile zu sein. Die Restaurants, bei denen er nach Arbeit fragte, schickten ihn alle mit einem Kopfschütteln weg. Einer der Sushiläden gab ihm eine Visitenkarte und sagte, er solle sich in drei Tagen wieder melden, der Chef sei gerade im Urlaub. Aber sie könnten Hilfe in der Küche und beim Putzen gebrauchen. Immerhin, das war ein kleiner Lichtblick. Sein Geld reichte für eine weitere Woche, danach musste er sich etwas einfallen lassen. Er hatte dann noch genau die Reserve, die er für den Rückflug brauchte. Aber noch konnte es nicht zu Ende sein, noch wollte er nicht zurück nach Japan. Als er abends in dem engen Zimmer zwischen den schnarchenden Männern lag, klingelte sein Handy. Es war eine norwegische Nummer.

„Ja?"

„Herr Awano?"

„Ja, spricht."
„Birkeland hier. Eva Birkeland. Sie erinnern sich?"
Ihre Stimme klang freundlich und klar.
„Selbstverständlich. Was kann ich für Sie tun, Frau Birkeland?"
„Ich würde mich gern mit Ihnen treffen, Herr Awano."
„Gern. Darf ich fragen, worum es geht?"
„Ich möchte mich mit Ihnen unterhalten. Über die Welt und mich selbst, oder wie war das?"
„So ähnlich, ja. In Ordnung. Wann und wo?"
„Jetzt gleich. Wenn es geht."
Toshi schaute auf die Uhr. Es war kurz vor neun. Er überlegte.
„Herr Awano?"
„Ja? Ich meine ja. Wo soll ich hinkommen? Im Moment kann ich schlecht Gäste empfangen."
„Ich hole Sie ab."
Toshi gab ihr die Adresse des Hostels durch.
„Geben Sie mir fünfzehn Minuten.", sagte Birkeland und beendete das Telefonat.

Toshi nahm auf dem geräumigen Sofa Platz und schaute sich um. Birkelands Appartement musste teuer gewesen sein, ebenso die Einrichtung. Hohe Decken wurden von Stuck gesäumt und Designerlampen hingen an dünnen Drahtseilen herab. Es gab Platz, sehr viel Platz, und die Möbel wirkten beinahe verloren in dem riesigen Raum. Trotz des zweifellos hohen Preises wirkte alles so, als hätte ein Kind mit Bauklötzen gespielt und irgendwann die Lust verloren. Jeder Feng-Shui-Meister hätte sich mit Grausen abgewandt ob der Aufteilung und Positionierung von – eigentlich allem. Außerdem war alles sauber. Zu sauber. Er konnte nirgendwo auch nur eine einzige Staubflocke entdecken. Es wirkte eher wie eine Ausstellung moderner Kunst. Nirgendwo gab es Spuren von menschlichem Leben. Wahrscheinlich gab es hier noch nicht mal Milben oder Mikroben. Birkeland kam mit zwei Gläsern Rotwein aus der Küche wieder.

„Schön, dass es so kurzfristig geklappt hat."
„Wie ich es angeboten habe, Frau Birkeland."
„Bitte. Sollen wir nicht etwas vertrauter miteinander sprechen? Ich bin Eva."
„Meine Freunde nennen mich Toshi."
Sie stieß mit ihm an, holte aus einem Fach unter dem niedrigen Tisch zwei verspiegelte Glasuntersetzer hervor und platzierte einen davon vor Toshi. Sie setzte sich ihm gegenüber in den Sessel und stellte auch ihr Glas auf einem Untersetzer ab. Die hellbeige Hose im Karottenschnitt rutschte hoch und gab den Blick auf einen makellosen, glatten Unterschenkel frei. Sie zog die beiden Hälften des farblich abgestimmten Blazers zusammen und setzte sich aufrecht hin. Ihre Brüste schafften sich sofort wieder Platz und öffneten das Kleidungsstück so weit wie möglich, gerade ohne den einzelnen Knopf abzureißen, der sich einsam gegen die ausufernde Weiblichkeit stemmte. Sie beugte sich nach vorn, nahm ihr Weinglas und trank einen Schluck.

„Es hat mir gefallen, was Du neulich zu mir gesagt hast, Toshi. Ich bin eine Geschäftsfrau. Alles, was ich habe, ist selbst erarbeitet. Mir hat niemals jemand etwas geschenkt. Und selbst in Norwegen ist es als Frau nicht einfach, es zu etwas zu bringen. Da gewöhnt man sich einen bestimmten Stil an, vor allem im Umgang mit Männern. Und gerade Japanern gegenüber habe ich gewisse - wie soll ich es sagen – Ressentiments, um es vorsichtig auszudrücken."

Sie stellte ihr Weinglas mit spitzen Fingern auf dem Untersetzer ab, nahm eine Stoffserviette und drückte die Lippen darauf.

„Das verstehe ich", antwortete Toshi, „Unsere Kultur pflegt einen etwas speziellen Umgang mit Frauen. Aber jüngere Japaner wie ich brechen mit den alten Traditionen. Was übrigens auch nicht einfach ist."

„Ich glaube, ich verstehe. Also, Toshi, was führt Dich nach Norwegen? Ausgerechnet um diese Jahreszeit? Im Sommer hätte ich es ja verstanden, aber bei diesem Wetter ..."

„Nun, ich denke, es ist gerade das Wetter. Die Gegensätze. Ich war auf einer Insel im Pazifik, viel länger, als ich es eigentlich geplant hatte. Und jetzt wollte ich die andere Seite sehen. Offensichtlich ist Glück nicht unbedingt wetterabhängig."

„Oh doch! Zumindest hier und für mich ist es das. Die Winter sind grauenhaft. Früher war es noch kälter, aber da hatten wir wenigstens Schnee. Jetzt ist es nur noch eisiger Matsch, dazu dauernd der Wind und die Dunkelheit. Du hast es sicher schon bemerkt, es wird hier über Wochen und Monate nicht hell. Das macht die Menschen depressiv."

„Und trotzdem werden die skandinavischen Länder in den weltweiten Glücksindizes immer ganz vorn aufgeführt. Woran liegt das wohl?"

„Ich weiß es nicht. Ich denke, zum einen sind wir relativ weit entwickelt. Wir werden gesund alt, haben eine gute medizinische Versorgung und ein dichtes Sozialsystem. Das verleiht den Menschen Sicherheit. Die Staatsfinanzen sind sehr solide, nicht zuletzt wegen des Öls und einer guten Politik. Aber es ist hier längst nicht alles so rosig, wie es in manchen Studien wohl klingen mag."

„Einen sehr wichtigen Punkt hast Du aber vergessen.", sagte Toshi.

„Und der wäre?"

„Frieden. Es ist hier sehr sicher und friedlich, und das schon seit vielen Jahrzehnten."

„Stimmt. Und trotzdem gibt es doch einige Dinge, die nicht optimal sind. Abgesehen vom Wetter."

„Und genau das würde ich gern herausfinden!"

„Warum willst Du das, Toshi?"

„Es ist schwer zu erklären. Ein innerer Antrieb. Eine Neugier vielleicht. Ich denke, ich suche für mich selbst nach einer Antwort auf diese Frage."

„In Oslo? Im Winter?"

„Auch, ja."

„Hm."

Eva stand auf, ging in die Küche und kam mit der Flasche Rotwein wieder. Toshi hatte sein Glas nicht angerührt, und so schenkte sie nur sich selbst nach.

„Was hast Du denn auf Deiner Insel im Pazifik herausgefunden? Über das Glück, meine ich."

„Die Menschen leben einfach und brauchen nicht viel. Sie wollen auch nicht viel haben, sie sind weitestgehend frei von Wünschen nach Reichtum und Besitz. Sie machen sich, glaube ich, auch nicht zu viele Gedanken. Sie leben in Ruhe vor sich hin. Niemand stört sie. Sie führen keine Kriege und regeln auch ihre Streitigkeiten friedlich. Es sind kleinere Gruppen, überschaubar, nie mehr als zweihundert Individuen. Man kennt sich, kann sich aber auch aus dem Weg gehen. Sie lächeln viel und gern."

„Das klingt ziemlich langweilig!"

„Tut es das?", fragte Toshi, „Gut. So soll es auch klingen."

„Weißt Du, ich könnte jemanden wie Dich gebrauchen."

„Ist das so? Ich dachte, ich sei für Übersetzungen ungeeignet."

„Das ist auch so. Aber ich hätte gern, dass Du etwas Anderes für mich tust."

„Und das wäre?"

„Komm in die Firma. Sei einfach nur da und schaue Dir alles an. Damit niemand Verdacht schöpft, werde ich Dir einige Aufgaben geben. Japanische Texte übersetzen, einfache Texte. Was Du wirklich dort tust, muss niemand wissen."

„Und was werde ich wirklich tun?"

„Du wirst beobachten und mir erzählen, was Du siehst. Ich habe Dir ja gesagt, es ist eine anstrengende und einsame Arbeit, die wir machen. Ich brauche Mitarbeiterinnen und Mitarbeiter, die glücklich und zufrieden sind. Ich brauche produktive Leute. Die Konkurrenz ist hart. Ich glaube, glückliche und zufriedene Menschen arbeiten besser. Und da Glück Dein Spezialgebiet ist – was sagst Du?"

„Hm", machte Toshi, „Ich fühle mich nicht wohl bei dem Gedanken, ein Spion zu sein."

Sie stand auf, ging zu ihm herüber und setzte sich eng neben ihn auf das Sofa. Nachdem sie ihr Glas abgestellt hatte, legte sie beide Hände übereinander auf seinem Knie ab und schaute ihm in die Augen.

„Du bist kein Spion! Du hilfst mir, den Leuten zu helfen, glücklichere Menschen zu werden!"

„Damit sie produktiver sind! Besser als die Konkurrenz."

„Das ist doch vollkommen egal. Ein willkommener Nebeneffekt! Und ich gebe Dir den halben Tag frei, um zu tun, was Du möchtest. Dann hast Du genug Zeit, den Rest der Norweger zu studieren. Du bekommst eine kostenlose Unterkunft in einem ordentlichen Appartement, nicht in diesem Dreckloch, in dem Du abgestiegen bist. Ein Visum. Ein gutes Gehalt. Drei, vier, fünf Monate. Bis zum Sommer. Du wirst sehen, der Sommer hier wird Dir gefallen! Und alles, was ich will, ist Dein Bericht. Du musst sonst überhaupt nichts tun!"

Toshi schaute zur Decke. Dann beugte er sich vor und nahm sein Weinglas.

„Na gut", sagte er, „Probieren wir es aus. Auf eine glückliche Zusammenarbeit!"

Sie stießen an und tranken.

Eva hatte nicht übertrieben. Der Sommer in Oslo war wirklich traumhaft. Die Temperaturen waren mild, die Nächte kurz, die Tage lang und hell. Die Straßen und Restaurants waren voller Menschen. Sie lachten, trafen Freunde und genossen das Leben und die Sonne. Die Nähe des Meeres erinnerte ihn an Japan, und die Vielfalt und Qualität des Essens waren ihm bisher unvorstellbar. Das Gehalt, das Eva ihm zahlte, war ausreichend, um reichlich zu sparen und trotzdem ein bis zwei Mal in der Woche eines der Restaurants oder Straßencafés zu besuchen. Oftmals begleitete sie ihn und lud ihn ein. Er bewohnte ein kleines, sauberes Appartement in einem der Häuser, die Eva gehörten. Allerdings war er seit Monaten kaum dort gewesen, sondern schlief meist bei ihr. Eva hatte außerhalb ihrer Arbeit nur wenige Interessen. Ihr Freundeskreis war überschaubar, und sie besuchte gelegentlich das Theater. Umso überraschter war Toshi, als er sie eines Abends in einem Zimmer fand, das ihm bisher nicht aufgefallen war. Er kam gerade von einem seiner Streifzüge durch die Stadt nach Hause und schloss die Wohnungstür auf. Eva hatte ihm schon am Anfang ohne große Worte einen Schlüssel in die Hand gedrückt. Links in dem langen Flur waren zwei unscheinbare Türen, hinter denen er Abstellkammern oder einen Raum für Technik und Zähler vermutet hatte. Eine davon stand jetzt offen. Der Raum dahinter war groß, hell erleuchtet und bunt. Eva saß in der Mitte auf einem dreibeinigen Hocker aus Holz und starrte angestrengt auf etwas vor sich auf dem Tisch. Klassische Musik drang aus großen Lautsprechern. Toshi klopfte an die Tür und trat hindurch. Sie drehte sich um und lächelte ihn an. Es war ein Lächeln, das er nur selten bei ihr sah.

„Hallo Toshi!", sagte sie und drehte sich wieder um.

Er schaute sich vorsichtig in dem Zimmer um. Dicke, bunte Farbkleckse waren überall an den Wänden und auf dem Fußboden verteilt. In der Ecke stand eine Staffelei mit einer weißen Leinwand darauf. Dahinter stapelten sich weitere, bemalte. Eva trug eine Latzhose, deren Jeansstoff kaum noch zu erkennen war, und ein altes T-Shirt. Unter verschiedenen Schichten aus Farbe und etwas, von dem er vermutete, es sei Lehm, konnte man an wenigen Stellen noch ein verwaschenes Blau erkennen. Auch ihre Arme und ihr Gesicht waren mit Farben und Lehm verschmiert. Ihre braunen Haare hatte sie zu einem losen Knoten am Hinterkopf verdreht. Toshi ging langsam um sie herum und schaute auf das, was vor ihr auf dem alten Holztisch stand.

„Was machst Du da?", fragte er.

Sie schaute nicht von ihrer Tätigkeit auf.

„Ich weiß nicht, wie man es nennt. Bildhauerei vielleicht?"

Ihre lehmverschmierten Hände arbeiteten präzise mit einem winzigen Schaber an einer etwa fünfzehn Zentimeter großen Tonfigur. Sie war gerade dabei, die Nase zu formen.

„Das ist ja wunderschön", entfuhr es Toshi ungewollt heftig, „Woher kannst Du das?"

Eva zuckte mit den Schultern.

„Mein Vater war Maler. Sein Hobby war die Bildhauerei. Ich habe ihm oft beim Arbeiten zugesehen. Aber erst, als er gestorben ist, habe ich es selbst ausprobiert. Ich habe es mir über die Jahre beigebracht, würde ich sagen. Dafür bin ich eine Versagerin, wenn es ums Malen geht."

Sie lachte.

„Sowas bringt man sich nicht einfach selbst bei", sagte Toshi, „Dafür braucht man Talent! Großes Talent!"

„Weiß ich nicht, und es ist mir auch egal", sagte sie, „Jedenfalls macht es mir Spaß."

Er ging zu einem Regal an der Wand und betrachtete die Statuen darin. Es gab alle möglichen Größen und Formen. Gesichter, Körper, Hautfalten, Fingernägel – alles war unglaublich präzise und detailliert herausgearbeitet. Einige Männer waren darunter, aber hauptsächlich Frauen.

„Haben alle diese Menschen für Dich Modell gestanden?", fragte Toshi.

„In gewisser Weise.", sagte sie, ohne sich zu bewegen, während sie vorgebeugt auf dem Stuhl saß und durch eine Lupe auf ihr Werkstück schaute.

„Was meinst Du damit?", wollte Toshi wissen.

Sie hob den Kopf und lächelte ihn an.

„Toshi, Du störst! Zuschauen darfst Du, aber lenk mich bitte nicht ab."

„Okay.", sagte er, setzte sich auf den Fußboden und lehnte sich an die Wand.

Lange sah er ihr zu, wie sie mit äußerster Konzentration und Detailgenauigkeit einen menschlichen Körper aus dem Ton herausarbeitete. Es war draußen bereits Dämmerung, als sie das Licht an der Lupe ausknipste, aufstand und sich streckte. Ihre Brüste befreiten sich hinter dem Schutz der Latzhose und drückten durch das T-Shirt, als sie die Arme an die Zimmerdecke streckte. Mit einer geübten Bewegung öffnete sie die Metallverschlüsse der beiden Träger und das Kleidungsstück fiel von ihr ab und glitt zu Boden. Mit zwei ausladenden Bewegungen befreite sie ihre Beine aus den Röhren, ging zu ihm hinüber und blieb direkt vor seinem Gesicht stehen. Toshi richtete sich auf, umarmte ihre Hüften und vergrub sein Gesicht in ihrer Weiblichkeit.

Später schliefen sie ein, einfach so, mitten auf dem Fußboden und von oben bis unten mit Farbe und Ton beschmiert. Als Toshi erwachte, war es bereits wieder etwas heller draußen. Die weißen Nächte ließen der Dunkelheit keine Chance, aber er wusste, dass es weit nach Mitternacht sein musste. Er richtete sich auf und stöhnte. Sein Rücken und seine Arme schmerzten von dem unbequemen Schlaf auf dem harten Boden. Eva räkelte sich neben ihm, streckte die Arme über den Kopf und griff nach etwas Unsichtbarem. Langsam erwachte sie, schaute an ihm herunter, dann an sich und begann zu lachen.

„Schöne Schweinerei", sagte sie und, als sie sah, dass er aufstand, „Dass Du mir ja nicht so in die Wohnung gehst!"

Toshi schaute an sich herunter und musste ebenfalls lachen.

„Und wie soll ich das wieder abbekommen?"

Eva deutete auf eine weiße Stelle in dem Regal. Toshi schaute sie fragend an. Sie streckte einen Arm nach ihm aus. Er umfasste ihr Handgelenk und zog sie auf die Füße. Langsam ging sie voraus und schob die weiße Stelle zur Seite. Dahinter befand sich ein kleines, einfaches Badezimmer mit einem Waschbecken und einer Dusche. Auf dem Boden aus glattem Beton vermischten sich rund um einen Abfluss Farben zu einem Regenbogen. Eine weitere Tür mündete wieder in den Flur. Das Badezimmer war wie eine Schleuse zwischen Evas Kreativzimmer und dem Rest ihrer Welt. Sie duschten gemeinsam und entfernten sich gegenseitig die gröbsten Verschmutzungen. Als sie fertig waren und nackt durch die Tür in den Flur traten, war es draußen bereits wieder vollends hell.

„Ich muss noch ein wenig schlafen und dann ins Büro", sagte sie, „Aber wenn ich fertig bin, würde ich gern mit Dir in die Stadt gehen. Mich interessiert, was Du bis jetzt herausgefunden hast."

Sie verabredeten sich für später in einem Café.

Eva kam einige Minuten zu spät und entschuldigte sich aufwändig. Sie war eine Erscheinung in weiß. Die Haare hatte sie zu einem strengen Dutt gebunden und ihr makelloses Kostüm wies nicht ein Staubkörnchen auf. Sie stelle die Handtasche aus weißem Leder auf den Stuhl neben sich. Die goldene Kette daran klapperte, als sie Smartphone und Portemonnaie herauskramte und vor sich auf den Tisch legte. Dann beugte sie sich hinüber und drückte ihm einen Kuss auf die Wange.

„Wie war Dein Tag?", fragte er.

„Hm. Besser als gestern."

„Was war denn gestern?"

„Ach, nichts weiter. Ich habe einen wichtigen Kunden verloren. Aber es wird sich schon etwas Neues ergeben. Dafür war die Nacht schön.", sagte sie und lächelte ihn an.

„Hattest Du deshalb diesen Kreativitätsausbruch?", fragte er.

„Kreativitätsausbruch?", sie verzog das Gesicht, „Was soll das denn bedeuten?"

„Eva, Deine Wohnung und dein ganzes Leben ist wie aus einem Designerkatalog. Nichts ist dem Zufall überlassen, alles ist perfekt aufeinander abgestimmt. Wenn Apple eine Person wäre, dann wärst Du es. Und dann komme ich in Deine Wohnung und finde Dich in einem Raum voll buntem Chaos. Und Du arbeitest an etwas, worum Dich jeder japanische Meister im Jadeschnitzen beneiden würde. Und Du tust so, als wäre es nichts Besonderes."

„Ist es auch nicht. Es ist nur ein Hobby, mehr nicht. Auch ich muss mich manchmal entspannen."

„Wie Du meinst. Ich denke, Du spaltest Teile Deiner Persönlichkeit ab."

„Ach Toshi! Und wenn schon! Lass uns über etwas Anderes reden. Es ist jetzt vier Monate her, seit Du hierhergekommen bist. Was hast Du bis jetzt herausfinden können?"

Er schlürfte an seinem Kaffee, stellte die Tasse ab und überlegte.

„Es ist schwierig. Jedenfalls schwieriger als in der Südsee. Weniger offensichtlich. Aber ich denke, ich habe einige Punkte gefunden."

„Und welche?"

„Der erste ist Familie, würde ich sagen. Die Norweger sind Familienmenschen. Deswegen bekommt man auch als Außenstehender kaum etwas davon mit. Es ist fast nicht möglich, in diesen Kreis aufgenommen zu werden. Aber im Büro erzählen die Menschen oft davon, dass sie sich mit ihrer Familie getroffen haben. Es wird reichlich und gut gegessen, die Küche bietet hohe Qualität und viel Abwechslung. Gesundes Essen, würde ich sagen. Ein bisschen wie in Japan, mit viel Fisch und frischem Gemüse.

Ein weiteres Thema wäre Sicherheit. Mir ist aufgefallen, dass die Menschen viel abgeben müssen. Ich habe es auch an meiner Gehaltsabrechnung gesehen. Die Abzüge sind wirklich hoch, und trotzdem scheint niemand damit wirklich unzufrieden zu sein. Die Leute sagen, dass sie für Schulen, Krankenhäuser und so weiter nichts bezahlen müssen. Und jeder weiß, dass nichts Schlimmes passiert, wenn jemand krank wird oder seine Arbeit verliert. Man landet nicht auf der Straße und man wird auch nicht verhungern. Was bei den Einen die Stammesgesellschaft tut, erledigt hier der Staat. Und zwar besser und effizienter, als es einzelne Menschen jemals könnten. Ich denke, die Gewissheit aufgefangen zu werden erzeugt bei vielen Menschen ein Gefühl von Glück."

„Okay. Und was noch?"

„Weiß nicht. Es ist wie gesagt schwer, Zugang zu den Menschen zu finden. Mein Norwegisch ist mittlerweile einigermaßen verständlich, aber für die Feinheiten der Sprache reicht es nicht. Jedenfalls ist es auch ein Unterschied, ob ich in der Stadt oder auf dem Land gesucht habe. Auf dem Land sind die Menschen nochmal anders. Aber ein ganz wesentlicher Punkt ist das, was ihr Dugnad nennt. Das Engagement für Andere, ohne etwas dafür zu erwarten. Ich habe etwas Ähnliches im Pazifik kennengelernt. Sie nennen es dort 'Bubuti'. Man kann jeden Menschen um Bubuti ersuchen, was bedeutet, man bittet um einen Gegenstand. Es ist ein wenig schwer zu erklären. Ein Bubuti kann im Prinzip nicht abgelehnt werden, wenn es gerechtfertigt ist. Also wenn zum Beispiel jemand eine Schaufel benötigt, oder irgendeinen anderen Gegenstand. Es ist eigentlich so, dass die Menschen sich dauernd gegenseitig irgendetwas ausleihen. Das ganze Thema Eigentum wird dort völlig anders betrachtet als zum Beispiel in Japan. Ich glaube, dass es auch zum Glück beiträgt oder sogar ein ganz wesentlicher Faktor ist. Die Menschen streben wenig nach Gewinn oder Besitz, da sie im Grunde alles haben können, was sie brauchen. Man muss die Dinge nicht besitzen, man muss nur jemanden bitten. Das, was man braucht, wird man auf jeden Fall bekommen. Und was man nicht braucht, will man auch nicht haben. Dugnad hat mich daran erinnert. Jedenfalls ist das hier in Norwegen etwas, von dem viele Menschen sagen, es mache sie glücklich. Nur, dass es eben nicht um Dinge geht, sondern um Taten. Ob nun jemand noch eine Jugendmannschaft im Fußball trainiert, alten Leuten beim Einkaufen hilft oder den Hund des Nachbarn füttert, weil der Spätdienst hat – die Menschen sind füreinander da."

Eva nickte und rührte in ihrem Kaffee.

„Ja, das kann schon sein. Ich habe noch niemals in meinem Leben etwas getan, ohne etwas dafür zu erwarten. Jedenfalls glaube ich das. Ich bin immer damit beschäftigt, die Firma größer, produktiver, profitabler zu machen. Das hat auch gut funktioniert. Aber glücklicher bin ich dadurch nicht geworden."

Zwei Monate später war Toshi mit seinen Nachforschungen für Evas Firma fertig. Es war wieder einer der Tage, an denen sie sich zum Essen verabredet hatten. Für heute Abend hatte sie eines der edelsten Restaurants am Platz ausgesucht. Sie stießen mit einem kühlen Bier an.

„Ich habe Deinen Bericht gelesen, Toshi. Beeindruckend. Wirklich!"

Er schaute sie an, sagte aber nichts. Er konnte sich nicht selbst belügen. In den letzten Wochen und Monaten hatte er bestimmte Gefühle für diese Frau entwickelt. Sie war deutlich älter als er, aber sie behandelte ihn nicht wie einen dummen Jungen. Sie war interessiert an ihm, seinen Ansichten und Meinungen. Und sie sah wirklich gut aus. Liebte er sie? Vielleicht. Er wusste es nicht. Nach allem, was er gelesen hatte, war Liebe wohl ein zu starkes Wort. Liebe kontrollierte alle Gedanken und verleitete die Leute zu den dümmsten Handlungen. Das konnte er nicht bei sich beobachten. Aber was war es dann? Er hatte sie ... gern. Ihm war an ihr gelegen. Ja, so in etwa. Aber es zog ihn auch weiter. Der unbestimmte Drang nach Ferne und Abenteuer, nach neuen Erfahrungen und neuem Wissen über das Glück hatten ihn gepackt. In den letzten Wochen war das Gefühl immer stärker geworden.

Später am Abend lag sie mit zerzauster Mähne neben ihm im Bett und rauchte. Auch ihr Schlafzimmer war riesig, so dass ihr überdimensioniertes Bett sich darin beinahe verlor. Sie reichte ihm die Zigarette. Er zog daran und gab sie ihr zurück.

„Also, wann wirst Du weiterziehen?"

Er drehte den Kopf und schaute sie verwundert an.

„Wie kommst Du darauf, dass ..."

„Bitte! Hältst Du mich für dumm? Glaubst Du, ich merke nicht, wie Du seit Wochen immer abwesender bist und mit den Hufen scharrst?"

„Ich meine ja nur, ich habe ..."

„Nichts gesagt? Musstest Du auch nicht."

„Hör zu, Eva, ich mag Dich wirklich gern!"

Sie lachte schallend. Dann drückte sie die Zigarette aus, lehnte sich auf ihn und strich ihm durchs Haar.

„Hör auf damit!", sagte sie, „Ich bin schon groß. Wir wussten beide, was das hier ist. Ein Spiel auf Zeit. Ich werde älter, Du willst in die Welt. Es ist okay, wirklich!"

Sie stand auf, ging nackt durch den Raum ins Bad und kam mit einem kleinen Päckchen wieder. Es war schwer, hart und säuberlich in dunkles Papier verpackt.

„Das ist für Dich", sagte sie, „Mach es erst auf, wenn Du nicht mehr in Norwegen bist, okay?"

Er nickte.

„Und ich habe noch ein Abschiedsgeschenk für Dich!"

Sie lachte und ihr Wuschelkopf verschwand unter der Bettdecke.

27.

Camp – 2011

„Tag sieben", sagte James.

„Ich mache mir langsam Sorgen um sie."

Ignácio deutete mit dem Kopf auf die junge Frau, die noch immer still in einer Ecke saß und sich nicht bewegte.

„Was, glaubst Du, hat sie?", fragte Mike.

„Ich denke eine Art Schockstarre. Körperlich ist sie in Ordnung, sie isst und trinkt auch, aber sie spricht nicht und nimmt kaum Notiz von ihrer Umwelt. Neurologisch und auch sonst scheint ihr nichts zu fehlen. Die Augenbewegungen sind normal, und sie reagiert auf Reize. Auch die Reflexe sind in Ordnung. Es muss an der Psyche liegen."

„Und was kann man da machen?", fragte Pablo weiter, „Ich meine, kann man ihr nicht irgendwie helfen?"

„Nicht hier", antwortete Ignácio, „Ich bin kein Psychotherapeut. Normalerweise würde man einem Patienten in diesem Zustand Medikamente geben. Aber da wir darauf keinen Zugriff haben, fällt das wohl aus. Wir müssen uns weiter um sie kümmern, ihr zu essen und zu trinken geben und mit ihr reden. Mehr können wir nicht tun."

Er schaute zu ihr herüber. Sie kauerte an der Wand, hielt die Beine mit den Armen umschlungen und wippte langsam vor und zurück. Pablo rückte vorsichtig näher zu ihr und wollte ihr durch das Haar streichen, aber sie starrte ihn mit schreckgeweiteten Augen an und versuchte zurückzuweichen.

„Schon gut", sagte er in sanftem Ton, „Ich werde Dir nichts tun."

Sie rückten in einen Halbkreis um sie und besprachen sich erneut. Will ließ wieder das Modell des Lagers aufbauen. Plötzlich verwischte er eilig die Spuren und schaute auf. Die anderen folgten seinem Blick. Die Compañera war mit zwei Guerillas im Schlepptau aufgetaucht. Sie schaute in die Runde. Alle senkten den Blick.

„Ich habe sie schon vermisst.", flüsterte James beinahe unhörbar.

Die Compañera sprang mit einer leichten Bewegung auf das erhöhte Podest der Hütte und ging zielsicher auf die an der Wand kauernde Frau zu.

„Aufstehen!", kreischte sie. Die junge Frau zuckte zusammen und umklammerte noch fester ihre Beine. James machte Anstalten, einzugreifen, aber Will schüttelte unmerklich den Kopf und starrte ihn eindringlich an.

„Nicht jetzt.", zischte er.

Die Compañera packte sie an den Haaren und schleifte sie, wie schon zuvor, einfach mit. Vor der Hütte ließ sie ihr Opfer liegen und nahm einige Schritte Abstand.

„Ausziehen!", schrie sie.

Die Frau reagierte nicht. Auf ein Zeichen der Compañera traten die beiden Guerilleros an sie heran, packten zu und zogen sie unter den Armen nach oben. Die Compañera zog das Messer aus ihrem Gürtel. James wollte aufspringen, aber Ignácio und André packten ihn beinahe gleichzeitig an den Schultern und drückten ihn nach unten. Er leistete nur halbherzig Widerstand. Wenn er es nicht zugelassen hätte, hätten die beiden ihn nicht festhalten können. Es war wieder Wills Blick, der ihn zur Ruhe brachte. Die Muskeln seines Kiefers mahlten unter dem gewaltigen Bart.

„Es gibt eine Zeit zum Handeln. Sie wird kommen. Aber sie ist nicht jetzt.", sagte Will.

Die Compañera ging zu ihrem Opfer, packte sie am Kragen und zerschnitt mit einer fließenden Bewegung Hemd, Unterhemd und BH. Mit der Jeans tat dasselbe und riss die zerfetzten Kleidungsstücke zu Boden. André spürte ein seltsames Gefühl in sich aufsteigen, unterdrückte es aber. Er fragte sich, ob er jemals selbst wieder solche Macht haben würde. Jetzt jedenfalls konnte und wollte er nicht wegsehen. Sie war schön, sehr schön. Die Compañera griff nach dem Schlauch auf dem Boden und bespritzte sie mit Wasser. Ihr Opfer stolperte und fiel in das grobe Gras. Lachend spritze die Compañera sie gründlich ab. Sie legte den Schlauch beiseite, packte die durchnässten Haare und riss die Frau auf die Beine. Die versuchte verzweifelt, sich mit den Armen zu bedecken, aber die Compañera zog ihr die Hände hinter den Kopf und schlug sie jedes Mal, wenn sie sich aus dieser Position befreien wollte, mit der Faust in die Nieren. Mit Stößen und Tritten trieb sie ihr Opfer auf eine der Hütten zu. Dabei lachte sie wie wahnsinnig.

„Ich habe Dir ja versprochen, dass ich mich später um Dich kümmere. Ich hatte nur noch keine Zeit.", rief sie, während sie in der Hütte verschwanden.

Kurze Zeit später waren gedämpfte Schreie zu hören, dazwischen immer wieder das Lachen der Compañera. Dann wurde es ruhig, und die Schlächterin des Lagers verließ die Hütte. Von nun an konnten sie beobachten, wie in bestimmten Abständen dieser oder jener Guerillero darin verschwand. Meist allein, manchmal in Begleitung der Compañera. Eindeutige Geräusche drangen dann durch die Blätterwände und ließen keine Zweifel daran, was dort drinnen vor sich ging. In den Gesichtern der Geiseln konnte André das stille Entsetzen erkennen. Sie versuchten, sich so gut es ging abzulenken. Nur James beobachtete das Geschehen sehr genau. Seine Wangenknochen, seine Armmuskeln, sein ganzer Körper arbeitete in stiller Wut.

„Was ist das bloß für eine Scheiße?", fragte André.

„Sendero Luminoso eben.", sagte Ignácio.

„Fucking Kartelle, das ist alles, was dahintersteckt.", stieß James hervor.

„Und was machen wir jetzt?", fragte André.

„Na was schon", sagte James, „Abwarten und beobachten. John hat Recht, jetzt ist nicht die Zeit, etwas zu versuchen. Es sind zu viele. Aber wenn ich sie in die Finger bekomme – und das werde ich – dann drehe ich ihr den Hals um. Diesmal haut sie mir nicht ab."

„Was meinst Du damit, diesmal?", fragte Will.

28.

James – 2009

Der warme, feuchte Wind wehte durch die Kabine des Hubschraubers, deren Türen an beiden Seiten geöffnet waren. James schaute hinaus auf die unendliche Weite von Baumwipfeln, die kurz unter ihnen dahinraste. Ihm gegenüber saß Vader und starrte ebenfalls nach draußen. Sein Gesicht war überzogen von Tarnschminke, die kaum Gesichtszüge erkennen ließ. James wusste, dass sein Gesicht genauso unkenntlich war. Vaders Arm lag in einer behelfsmäßigen Schlinge und sein rechtes Ohr, oder vielmehr das, was noch davon übrig war, wurde von einem viereckigen Verband bedeckt. Vader hatte seinen Namen bekommen, weil er, wie einmal ein kommandierender Offizier zu ihm gesagt hatte, das personifizierte Böse sei. Neben ihnen lagen Lunchbox und Barbie auf dem Boden und schliefen. Der Rest war im hinteren Teil des Hubschraubers beschäftigt.

„Ey, Hurricane", rief Vader über den Lärm des Helikopters hinweg, der gerade eine Kurve flog, und deutete mit dem Kopf aus der Tür. „Siehst Du das?"

James nickte. Die Säule dunkelschwarzen Rauchs stand hoch über dem dichten Blätterdach. Das Resultat von zwei Wochen Arbeit, zumindest der Teil, den man sehen konnte.

Vor vierzehn Tagen hatten sie sich über einer freien Stelle in den stockfinsteren Dschungel abgeseilt, wo durch illegalen Holzeinschlag eine Lichtung entstanden war. Ihr Auftrag lautete, die vom REMBASS aufgefangenen Signale zu überprüfen, zu identifizieren und weitere Anweisungen abzuwarten. Das Remote Battlefield Sensor System war, wie nicht nur James fand, eine grandiose Erfindung. Die hochkomplexe Apparatur hatte ihre Wurzeln im Vietnamkrieg.

Wochenlang schlummerten die Geräte in dichtem Urwald und erwachten, wenn sie Bewegungen oder seismischen Aktivitäten registrierten. Anhand der gesendeten Signale konnte ein Operator eingrenzen, ob es sich um Tiere, Menschen oder Fahrzeuge handelte und auch die Anzahl und Art relativ genau abschätzen. Jedenfalls funktionierte es damals noch so. Heute übernahmen Algorithmen diese Aufgabe.

Sie wurden circa zwanzig Meilen von der betroffenen Zone abgesetzt und mussten sich die nächsten Tage durch dichten Urwald schlagen, um sich die Sache genauer anzusehen. Der sogenannte 'Krieg gegen Drogen' forderte seit Jahrzehnten beständigen Blutzoll, und ihr Einsatz war nur einer von vielen, die es offiziell nicht gab.

Tagelang waren sie wie Geister durch den Dschungel gewandert, hatten nur kurze Pausen gemacht und kamen endlich in ihrem Einsatzgebiet an. James liebte den Dschungel. Er konnte so viele Grüntöne unterscheiden wie niemand sonst in seiner Einheit, und auch die Hitze und die körperliche Belastung machten ihm weniger aus als den meisten anderen. Endlich näherten sie sich ihrem Ziel. Die Morgendämmerung schien durch das Blätterdach, und die Geräusche des nächtlichen Waldes verstummten langsam. Sie wollten sich gerade ein Lager errichten, als James ein allzu bekannter Geruch in die Nase stieg.

„Hey! Riecht ihr das?"

Vader nickte. Auch Barbie und Lunchbox senkten und hoben langsam das Kinn.

„Was denkst Du?", fragte Barbie in Richtung Vader.

„Jemand hat vergessen, den Herd auszuschalten."

„Dieses Kochfleisch war sowieso nicht mehr frisch.", sagte Lunchbox, und sein Gesicht verzerrte sich unter der Tarnfarbe.

„Was machen wir?", wollte Vader wissen.

„Na was schon", sagte James, „Wir sehen es uns an."

Er ging voraus in Richtung des Geruchs. Die Stille der Morgenstunden hielt Einzug. Die Sonne brannte auf das Blätterdach hoch über ihnen und verwandelte ihre Umgebung in ein Dampfbad. Langsam und lautlos bewegten sie sich durch das Dickicht, das allmählich dünner wurde. Eine leichte Brise wehte ihnen entgegen und der Geruch war jetzt sehr stark. Sie hielten ihre Waffen bereit. Eine Lichtung tat sich vor Ihnen auf. Darauf breitete sich ein Dorf aus, eine Ansammlung aus sechs einfachen Hütten. Die Dächer und Wände waren aus Palmblättern gebaut. In der Mitte stand eine größere Hütte. Aus einer Öffnung im Dach kräuselten leichte Rauchfähnchen. Der Geruch von Kerosin, Aas und verbranntem Fleisch war jetzt stechend stark. Die ersten Male hatte James sich übergeben müssen. Mittlerweile konnte er den Würgereiz problemlos unterdrücken. Sie beobachteten das Dorf aus dem Schutz des Dschungels. Nichts regte sich.

„Sieh Dir das mal näher an.", sagte James zu Vader.

„Barbie, Du bleibst hier. Lunchbox, nach rechts, ich gehe nach links. Halbe Stunde Beobachtung. Vader, warte auf unser Zeichen."

Lautlos und unsichtbar bewegten sich James und Lunchbox um das Dorf herum und nahmen ihre Positionen ein. Eine halbe Stunde beobachteten sie das Gelände, ohne irgendeine Bewegung wahrzunehmen. James gab das Zeichen, ein vom Hintergrundgeschnatter der Tiere und Vögel kaum zu unterscheidendes Pfeifen. Alles klar.

Wenige Sekunden später erschien Vader aus dem Dickicht, lief geduckt in das Dorf und verharrte in Deckung hinter einem Stapel Brennholz. Er schaute auf den Boden vor sich, hob etwas auf und hielt es in die Luft. James erkannte einen winzigen Fuß, kleiner als Vaders Handfläche. Es war ein linker Fuß, stelle sein Gehirn fest, ohne dass er darüber nachgedacht hätte. Alles blieb ruhig. Vader richtete sich auf und ging, weiter Deckung haltend und die Waffe im Anschlag, auf die erste Hütte zu. Vorsichtig bewegte er den Vorhang zur Seite. Er gab ein Handzeichen. Die Hütte war leer, auch die nächste und die übernächste. Er kontrollierte auch die große Hütte in der Mitte, dann die letzte der Kleinen. Nach einigen Sekunden kam er wieder heraus, stützte sich an einem Pfosten ab, senkte Kopf und Oberkörper, richtete sich wieder auf und gab das Handzeichen für 'alles sicher'.

James und Lunchbox lösten sich aus dem Dickicht und kamen von links und rechts auf ihn zu. Barbie blieb in Deckung und hatte, wie sie wussten, sein Präzisionsgewehr schussbereit und das Areal im Blick.

Lunchbox und James erreichten Vader gleichzeitig.

„Ihr solltet euch das besser nicht ansehen."

„Was ist da drin?", wollte James wissen.

„Genug Alpträume für zwei Leben."

James drehte sich um und ging auf die Hütte zu. Der Geruch wurde sehr stark. Ein abgerissener Vorhang lag auf dem Boden. Getrocknetes Blut klebte darauf. Es dauerte einige Sekunden, bis sich seine Augen an das dämmerige Licht in der Hütte gewöhnt hatten. Zunächst konnte er nicht direkt erkennen, was er am Boden sah. Es wirkte wie eine Art Chimäre, etwas aus einem schlechten Scherz oder einem Horrorfilm. Ein kleiner Körper, irgendwie menschlich, aber doch nicht. Er zwang sich, genauer hinzusehen. Auf dem Boden lag ein Torso, der zu einem vielleicht zehn- oder elfjährigen Mädchen gehört haben musste. Aus blutigen, ausgefransten Stümpfen unterhalb der Hüfte ragten zwei viel zu dünne, verdrehte Beine hervor. Er schaute nochmal hin und erkannte, dass es Arme waren. Dort, wo die Arme hätten sein sollen, standen links und rechts die Beine des Mädchens vom Torso ab. Ihr Kopf war ebenfalls abgetrennt und jemand hatte stattdessen den Kopf eines Hausschweins dort positioniert. Die Augen des Tiers waren seltsam verdreht, und aus einem Loch in der Mitte der Stirn führte eine Blutspur in den Staub. Das Maul war seltsam aufgerissen und etwas Undefinierbares hing heraus. James knipste die Lampe an seiner Waffe an und richtete den Lichtkegel darauf. Er erkannte die blutleeren, abgetrennten Genitalien eines Mannes. Über den Torso war mit Blut ein Wort geschmiert. 'Cerdita', las James, 'Kleines Schweinchen'. Er drehte sich um und ging aus der Hütte ins Freie. Es kostete ihn alle Kraft und Selbstkontrolle, sich nicht zu übergeben. Auch Lunchbox warf einen Blick hinein, kam wieder heraus und schüttelte den Kopf.

„Was für eine Scheiße ist das denn?", fragte er mit einer Stimme, die keine Antwort erwartete.

Sie waren nicht zum ersten Mal in einem Dorf, in dem man die Bevölkerung massakriert hatte. Bei einem Einsatz in Guatemala waren sie einmal auf über vierzig Körper gestoßen, die man mit Äxten und Kettensägen ausgelöscht hatte. Aber das hier war ein neues Maß.

„El Matarife hatte wohl Langeweile.", sagte James.

„Lagerfeuergeschichten.", sagte Lunchbox und spie einen Strahl dickflüssigen Speichels durch die zusammengepressten Lippen in den Sand.

El Matarife, der Schlächter, war eine Legende des Drogenkrieges. Ein Mann, der angeblich überall in Mittel- und Südamerika mit einem Trupp von Guerilleros im Auftrag der Kartelle Mordanschläge und andere Grausamkeiten beging, oftmals auch wahllos gegen die indigene Bevölkerung, wenn sie die Aktivitäten der Drogenhändler störte. Es wurde viel gemunkelt. Manche sagten, er sei Amerikaner aus einer Spezialeinheit des Militärs, der die Seiten gewechselt hat. Andere wieder behaupteten, es sei ein Kolumbianer aus Escobars früherem Umfeld. Geschichten und Gerüchte gab es reichlich. Ob er allerdings wirklich existierte, war nie bewiesen worden. Die Gemetzel jedenfalls zogen sich durch mehrere Länder und nahmen stetig zu. Sie erkundeten den Rest des Dorfes. Die anderen drei kleinen Hütten waren leer. Die große in der Mitte war ein Friedhof. Arme, Beine und Körperteile aller Größen lagen darin, sortiert auf Stapel geworfen. Eine Reihe von Holzpfählen war quer durch den Raum in den Boden gerammt. Darauf hatte jemand die abgetrennten Köpfe gesteckt. James zählte Elf.

„Wo ist der Rest?", fragte er.

„Geflüchtet oder entführt.", antwortete Vader.

„Was machen wir jetzt mit denen?", wollte Lunchbox wissen.

„Nichts", sagte James, „Wir sind nicht der Beerdigungstrupp. Ich berichte das später, dann können sie jemanden zum Aufräumen schicken. Wir sehen zu, dass wir hier wegkommen."

Es gefiel den anderen genauso wenig, das konnte James ihnen ansehen. Aber diese Menschen hier zu beerdigen würde sie mindestens einen Tag kosten. Ein Tag, den sie nicht hatten. Lunchbox gab Barbie ein Zeichen, und er gesellte sich aus seiner Deckung zu Ihnen. James schaute auf das GPS.

„Kann nicht mehr weit sein jetzt. Vier Meilen etwa. Wir sollten die Hälfte der Strecke noch hinter uns bringen und dann bis zur Nacht warten." Sie luden ihr Gepäck wieder auf und marschierten weiter.

Schon bevor sie ihr Ziel erreichten, deuteten verschiedene Zeichen auf Aktivität der Drogenkartelle hin. Sie fanden Plastikmüll, der noch nicht alt sein konnte, Fußspuren und Trampelpfade. Dann hob Barbie, der gerade voranging, die rechte Hand mit der geballten Faust. Er hatte das beste Gehör der vier. Sie gingen in die Hocke und lauschten in die Nacht. Über den Lärm des Urwalds war irgendwo vor ihnen ein leises, regelmäßiges Brummen zu hören.

„Generator.", flüsterte James.

Sie teilten sich auf und näherten sich dem Areal von Norden und Süden. James ging mit Vader, Barbie mit Lunchbox. Sie wurden regelmäßig mit neuen Daten des REMBASS und Sattelitenaufnahmen versorgt. Langsam arbeiteten sich die beiden Teams voran, bis ein im Dschungel versteckter Komplex sichtbar wurde. Sie bezogen getarnte Positionen und richteten sich auf einige Tage Aufklärung ein. Je schneller sie waren, desto besser. Für jede noch so gut getarnte Position stieg mit der Zeit das Risiko, entdeckt zu werden. Außerdem hielten die Akkus ihrer Ausrüstung nicht ewig, und damit wurde die Arbeit zunehmend schwieriger. James vermutete eines der fliegenden Koka-Labore, von denen sie schon Dutzende ausgehoben hatten. Es war eine Sisyphusarbeit. Egal wie viele dieser Orte sie fanden und zerstörten, die Kartelle bauten einfach irgendwo Neue. Es war unmöglich, die riesigen Gebiete des Regenwaldes zu überwachen. So waren sie auf Tipps von CIA - Undercoveragenten und anderen Quellen angewiesen. Mehr als einmal waren die Informationen falsch oder ungenau, und sie fanden nichts außer dichtem Urwald. Diesmal aber war alles korrekt, und die Sensoraufklärung tat ihr Übriges. Dieser Ort hier war auch kein behelfsmäßiges und für kurze

Zeit eingerichtetes Labor. Das hier war ein großer Komplex, gut versteckt unter dem Blätterdach des Regenwaldes. Normalerweise wäre ihr Auftrag mit der Bestimmung der Koordinaten erledigt, aber als die Einsatzleitung die ersten Bilder sah, wollte sie genaue Aufklärung. Über zwei Tage und Nächte beobachteten sie beinahe bewegungslos jede Aktivität. Die Anlieferung von geernteten Kokapflanzen, Kerosin, Chemikalien und Lebensmitteln, den Abtransport von fertigem Produkt. Es war ein gut geführtes Labor mit stramm organisierten Abläufen. Der Leiter war ein Weißer, dem Akzent nach Argentinier. Viele der Arbeiter waren Indios. Wahrscheinlich waren unter ihnen auch einige aus dem Dorf, das sie gefunden hatten. Sie arbeiteten langsam, mit gesenkten Köpfen, und wurden ständig vom Aufsichtspersonal schikaniert. In einer der Hütten verschwand regelmäßig jemand von der Aufsichtsmannschaft und kam nach einiger Zeit wieder heraus. Gedämpfte Schreie waren zu hören.

„Was denkst Du?", flüsterte James.

„Ist jedenfalls keine Toilette.", sagte Vader.

Sie hatten all das hier schon öfter gesehen. Kinder, Alte und Arbeitsunfähige wurden umgebracht. Die Männer nahm man mit für die harte Arbeit in den Laboren, einige der Frauen für andere Zwecke. Es war James noch immer fast unerträglich, nichts tun zu können oder zu dürfen. Aber die Einsatzregeln waren eindeutig. Aufklären, melden, zurückziehen. Eine Reaper-Drohne erledigte dann den Rest. Die Flugmaschinen, deren Piloten fernab des Geschehens in einer geheimen Basis vor Bildschirmen hockten, selektierten nicht. Wenn ein Labor für die sogenannte Außerdienststellung markiert wurde, dann flog dort alles in die Luft. Ein paar Hellfire-Raketen, ein oder zwei Aerosol-Bomben und alles war nur noch ein Haufen qualmende Asche. Überlebende eines solchen Angriffs gab es selten. Das war gegen die Einsatzregeln, gegen nationale sowie internationale Gesetze und gegen das Völkerrecht. Obendrein war es unmoralisch, fand James. Aber sein Job war eben die Aufklärung. Im Prinzip waren sie direkt nach der Entdeckung eines Labors damit fertig, aber diese Einsätze, vor allem auch die der

Drohnen, unterstanden direkt der CIA. Und die wollte diesmal genauere Informationen. Bei einem Labor dieser Größe, so die Vermutung oder Hoffnung, würde früher oder später eine bedeutende Figur der Kartelle auftauchen.

Diesmal sollte sich die Hoffnung der Agency bewahrheiten. Am zweiten Tag gegen Abend erschienen auf dem provisorisch angelegten Pfad zwei Fahrzeuge. Es waren neue Geländewagen. Bewaffnete Männer stiegen aus, jeweils vier, in schwarzen Kampfanzügen. Private Contractors, Söldner. Sie schauten sich um, sicherten die Umgebung, dann stieg eine Frau aus. Sie war in einen leichten Tropenanzug gekleidet und trug ein Baumwolltuch mit Knoten um den Hals. James schaute neben sich, aber Vader hatte die Kamera schon im Einsatz, zeichnete auf und schickte Standbilder direkt über Satellitenverbindung an die Einsatzzentrale. Kaum eine Minute später kamen neue Befehle auf sein Display. Eigentlich war es nur einer: 'Zielperson ausschalten. Höchste Priorität.'

„Wer ist sie?", fragte Vader.

„Keine Ahnung. Ich will es auch nicht wissen.", antwortete James.

Er funkte Barbie an und teilte ihm die neuen Befehle mit.

„Okay. Wie willst Du das handhaben, Boss?"

James ging die verschiedenen Möglichkeiten im Kopf durch. Ihre Aufklärung hatte einundzwanzig bewaffnete Kämpfer ergeben, dem Anschein nach alles Guerillas mit Dschungelerfahrung. Die Bewaffnung war nicht schlecht, sie trugen relativ neue Gewehre diverser Fabrikate, einige hatten Handgranaten am Gürtel. Hinzu kamen jetzt noch die acht Kämpfer der Eskorte ihrer Zielperson, wahrscheinlich angeheuerte ehemalige Elitesoldaten mit guter Ausbildung. Im Lager selbst befanden sich über hundert Arbeiter und versklavte Frauen. Militärisch hatten die keinen Nutzen, sie würden wahrscheinlich einfach fliehen, sollte sich die Gelegenheit ergeben. Eine direkte Konfrontation am Tag wäre trotzdem Selbstmord, dazu waren es zu viele. Luftunterstützung, also ein Drohnenangriff, würde hohe Kollateralschäden verursachen und die Zielperson nicht mit einhundertprozentiger Sicherheit ausschalten. Es gab bei solchen Luftangriffen, gerade durch dichtes Blätterdach, immer die Möglichkeit, dass jemand überlebte. Wie bei Autounfällen, dachte James. Betrunkener Jugendlicher rast in Menschenmenge, acht Leute tot, Fahrer unverletzt. Immer der größte Lump wieselte sich irgendwie durch.

Ein gezielter Schuss war vermutlich das geringste Risiko. Barbie würde das erledigen. Jeder von Ihnen war ein ausgezeichneter Scharfschütze, aber Barbie war der Beste. Das wäre allerdings, wie mit der Faust in ein Wespennest zu schlagen. Es würde nicht einfach werden, sich unbemerkt wieder abzusetzen. Man würde ausschwärmen und nach ihnen suchen. Zumindest die Eskorte wusste garantiert, wie man gegen feindliche Scharfschützen vorging.

Blieb noch eine Aktion aus nächster Nähe in der Nacht. Einer oder zwei von ihnen würden das Lager infiltrieren, die Zielperson im Schlaf liquidieren und sich unbemerkt wieder zurückziehen. Das war eine schwierige Option, würde ihnen aber etwas Zeit zum Rückzug verschaffen, wenn es funktionierte. Das Problem dabei war, dass es zu viele Unwägbarkeiten gab. Ein zufällig herumstreunender Wachposten, jemand, der auf Toilette musste, ein einziger, falscher Schritt, und die Hölle brach los. Außerdem hatten sie nicht zweifelsfrei feststellen können, ob das Lager mit Sprengfallen umgeben war. Zusätzlich bestand immer die Möglichkeit, dass die Zielperson das Einsatzgebiet wieder verlassen würde, bevor sie zuschlagen konnten. Eine neue Entwicklung unten im Lager unterbrach James' Gedanken.

Die Männer der Eskorte hatten aus dem Heck des Autos zwei gefesselte Personen gezogen, einen Mann und eine Frau. Beide waren gut gekleidet, aber verschmutzt. James schätzte sie auf Mitte vierzig, es waren Weiße. Die Frau schien verängstigt zu sein, während der Mann sich in den Fesseln wand und die Entführer beschimpfte. Man ging nicht gerade sanft mit ihnen um, aber auch nicht wirklich brutal.

„Geiseln?", fragte Vader.

„Wahrscheinlich. Bekommst Du gute Bilder?"

„Ich bin dran."

Er lud die Daten hoch. Drei Punkte blinkten auf dem

Bildschirm. Dann die Nachricht. 'Ausschaltung Zielperson unterbrechen. Weitere Befehle abwarten.'

Er informierte die anderen.

„Was soll denn das jetzt?", kam Barbies Stimme aus dem Funkgerät.

Sie warteten eine halbe Stunde. Dann wieder eine Nachricht. 'Neue Einsatzbefehle. Genaue Position bestätigen und halten. Rendezvous abwarten.'

„Das heißt, es kommt Verstärkung. Immerhin. Die Sache muss also wichtig sein.", sagte James.

Unten im Lager hatte man die beiden Geiseln in eine der Hütten geschafft. Der Laborbetrieb ging normal weiter. Die Zielperson war ebenfalls in einer Hütte verschwunden, die Bewacher hatten sich verteilt und behielten das Lager im Auge. Sie waren aufmerksam, schienen sich aber insgesamt sicher zu fühlen. Nach Stunden des Wartens und Beobachtens brach die Nacht herein. Im Lager wurde bei gedämpftem Licht weitergearbeitet, anscheinend im Schichtbetrieb. Kurz vor Mitternacht kam eine Nachricht. 'Rendezvous steht kurz bevor. Kontakt von Norden erwarten. Identifizierung vorbereiten.'

Es kam also jemand. Wahrscheinlich zwei oder drei weitere Trupps, die als Backup bereitstanden. James und Vader lauschten in die Nacht. Ein Rascheln war zu hören, dass eindeutig von Bewegung herrührte. James gab leise das verabredete Zeichen. Es wurde aus dem grünen Dickicht hinter ihnen erwidert. Einige Sekunden später schälte sich lautlos ein Schatten aus dem Gesträuch und glitt auf den Boden neben ihnen.

„Lieutenant Diggensak?"

„Ja.", sagte James.

„Nenn mich Ghost."

„Okay. Ich bin Hurricane, das ist Vader. Die anderen sind drüben in Position. Wo ist der Rest?"

„Kein Rest. Nur ich."

„Fuck. Ernsthaft jetzt?"

„Ernsthaft."

„Wie bist Du so schnell hergekommen?", wollte Vader

wissen.

„HAHO.", sagte Ghost.

'Fuck', dachte James, sagte aber nichts. Irgendein CIA-Typ. Wahrscheinlich Ex-Delta oder Navy Seal. Diese Typen wurden oft zu sehr riskanten Einsätzen geschickt. Er erinnerte sich an seine Ausbildung. HAHO stand für High Altitude, High Opening. Es bedeutete, dass man aus einem sehr hochfliegenden Flugzeug sprang, zum Beispiel einer getarnten Verkehrsmaschine in Reiseflughöhe. Danach folgte ein Gleitflug bis zum Zielgebiet. So konnte man sich aus bis zu vierzig Kilometern Entfernung sehr leise und unauffällig einem Einsatzort nähern. Allerdings riskierte Ghost hier über dem Regenwald einiges. Er musste mehr oder weniger auf gut Glück darauf hoffen, eine Lichtung zu finden, oder einfach blind in die Baumwipfel springen und sich von oben abseilen.

„Was ist mit der Zielperson? Und wer sind die Geiseln?", fragte James.

„Need to know basis.", sagte Ghost.

Was hieß, es war geheim und ging ihn nichts an.

„Die Firma will die Zielperson tot und die männliche Geisel lebend."

„Was ist mit der Frau?", fragte Vader.

„Entbehrlich. Wie alle anderen im Lager."

„Und was ist mit der Zerstörung des Labors?"

„Bonus, keine Priorität."

Sie warteten bis zum Morgen. Bei Sonnenaufgang ließ sich die Zielperson wieder sehen. Das Gesicht war jetzt deutlich besser zu erkennen.

„Shit.", murmelte Ghost beinahe unhörbar.

„Was ist?", wollte James wissen.

„Ich kann die Identität zweifelsfrei bestätigen. Kannst Du das durchgeben bitte?"

„Klar."

James tippte die Nachricht ein. 'Zielperson zweifelsfrei identifiziert durch Ghost.'

„Was jetzt?", fragte James.

„Wir warten bis zur Dunkelheit, gehen rein, eliminieren die Zielperson, holen das Paket, bewegen uns zum Exfil-

Punkt."

„Klingt so einfach, wenn Du das sagst.", meinte James.

„Ist niemals einfach", antwortete Ghost, „Normalerweise würde ich Mr. Reaper schicken, den ganzen Laden zur Hölle blasen und dann in Ruhe nachschauen, ob auch alle schön brav tot sind. Aber das Paket hat essenzielle Informationen. Kein Risiko akzeptabel."

James fand nicht, dass es nach einer guten Idee klang, aber es war nicht mehr seine Entscheidung. Sie besprachen den Einsatzplan, als plötzlich gegen Mittag im Lager ungewöhnliche Bewegung entstand. Einige der Arbeiter liefen sternförmig auseinander, weg von einem der Kessel, dann gab es eine Verpuffung und einen dumpfen Knall. Rauch und eine Stichflamme schossen in die Höhe. Sofort waren einige der Wachen mit Feuerlöschern zur Stelle und erstickten die Flammen unter einem dicken, weißen Schaum, bevor sie auf die umstehenden Kessel übergreifen konnten. Zwei andere schleppten einen der Arbeiter zurück, der versucht hatte, in dem Aufruhr zu fliehen. Er wehrte sich, erhielt einen Schlag mit dem Gewehrkolben ins Gesicht und fiel auf den Boden. Dann wurde er in die Hütte des Lagerleiters geschleift. Die anderen schauten betreten zu Boden.

Etwa eine halbe Stunde später wurde er wieder herausgebracht. Er war nackt und blutete aus mehreren Wunden. Einige der Bewacher banden ihn kopfüber zwischen zwei Pfähle und zogen die Seile straff. Der unglückselige Mann hing dort wie eine Tierhaut zum Trocknen. Der Lagerleiter erschien, zog sich seine Jacke glatt und nahm ein Megafon von dem Tisch vor seiner Hütte. Wortfetzen wehten bis zu Ihnen herüber, James verstand 'Sabotage' und 'Verrat', dann einen Namen: El Matarife. Wie aufs Stichwort kam ihre Zielperson aus der Hütte und ging zu einem der Autos. Die Frau öffnete die Hintertür und holte etwas heraus, das James nicht erkennen konnte. Sie kam in einem Schutzanzug aus Folie wieder hinter dem Fahrzeug hervor, in den Händen eine Kettensäge.

„Das ist El Matarife?", fragte James.

Ghost nickte, ohne etwas zu sagen. Grausig langsam

ging die Frau zu den Pfählen, baute sich vor dem Arbeiter auf und zog dann mit einer routinierten Bewegung an der Leine der Säge. Dreimal musste sie ziehen, bis sich mit einem Knattern der Motor der Säge meldete. Sie ließ das Gerät mehrmals aufheulen und bewegte es nah am Gesicht des Mannes vorbei, dann ging sie um ihn herum und stellte sich hinter ihm auf.

„Fuck!", sagte Vader und brachte seine Waffe in Anschlag, „Ich werde da nicht zusehen."

„Waffe runter!", zischte Ghost.

Vader schaute zu James neben sich. Der schüttelte mit leerem Gesicht den Kopf.

„Nicht die richtige Zeit, Kumpel."

„Fuck!", sagte Vader wieder, dann nochmal, „Fuck!"

Aus dem Funkgerät kam Barbies Stimme.

„Hab freies Schussfeld, Boss. Gib den Befehl!"

James schaute zu Ghost.

„Keine Chance. Wir würden das Paket riskieren."

„Sorry, Barbie", sagte er ins Mikrofon, „Einsatzbefehl lautet anders."

Auf der anderen Seite war Stille. Fassungslos sahen sie zu, wie 'Der Schlächter', der eine Schlächterin war, die Säge auf Vollgas brachte, ansetzte und den Mann langsam halbierte. Der Körper zuckte und riss an den Seilen. Die Pfähle wackelten. Bis auf Höhe des Brustkorbs blieb der Mann bei Bewusstsein, seine Schreie waren über den Lärm der Säge deutlich zu hören. Dann ein letztes Strampeln, und der halb zerteilte Körper hing leblos da. El Matarife vollendete ihr Werk, schaltete die Säge ab und reichte sie einem ihrer Leibwächter. An Ort und Stelle zog sie den Folienanzug aus, warf ihn in eines der Fässer und ging zurück in die Hütte. James fiel erst jetzt auf, dass das gesamte Lager zugesehen hatte. Auch die Geiseln hatte man aus der Hütte gezerrte und gezwungen, zuzusehen.

„Was zum Teufel stimmt nicht mit diesen Leuten?", kam die Stimme von Lunchbox aus dem Funkgerät.

„Irgendwas ist ernsthaft falsch bei denen.", antwortete James.

„Das ist scheiß tiefstes Mittelalter! Fuck!", schaltete sich

Barbie ein.

„Mittelalter am Arsch", sagte Vader, „Fucking Scarface ist das. Total krank!"

„Ich glaube, ich bin bereit nach Hause zu gehen. Ich habe jetzt alles gesehen.", kam es von Lunchbox.

„Amen.", sagte Vader.

Ghost hatte die ganze Zeit über geschwiegen.

„Okay", sagte er jetzt, „Show ist vorbei. Wir brauchen einen Plan, wie es weitergehen soll."

Es stellte sich heraus, dass Ghost bereits einen Plan hatte. Sie warteten, bis tiefe Nacht über dem Lager lag. Einige Wachen standen herum, ansonsten ruhten die Aktivitäten. Anscheinend gönnte man den Arbeitern nach dieser Vorstellung eine Pause. Barbie und Lunchbox überwachten das Gelände. James und Vader schlichen sich in das Lager, während Ghost im Beobachtungsposten mit dem Laptop auf seinen Einsatz wartete.

Vader, der sich lautlos vor ihm bewegte, hielt plötzlich inne. Eine Wache stand in ihrem Weg und rauchte. Er drehte sich um und nickte James zu. Jetzt musste es schnell gehen. James zog das Messer und tat, was zu tun war. Kein Laut war zu hören, als er den leblosen Körper ins hüfthohe Gras gleiten ließ. Sie erreichten die Hütte mit den Geiseln. James ging links herum, Vader rechts. Er hörte gedämpfte Stimmen aus dem Inneren. Sie näherten sich dem Eingang. James erledigte den Wachposten und zog ihn in die Hütte, Vader folgte eine halbe Sekunde nach ihm und sicherte das Innere. Wie erwartet waren nur die beiden Geiseln in der Hütte. Die Frau hatte einen gedämpften Schrei ausgestoßen, dann aber die Situation erkannt und sich sofort wieder gefasst.

„Sie kommen mit uns.", sagte James kurz, „In einer halben Stunde sind Sie in Sicherheit."

Die beiden stellten keine Fragen. James knipste die Plastikfesseln durch.

„Können Sie laufen?"

Die beiden nickten und standen auf. Vader erklärte ihnen den Ablauf, dann folgten sie ihm. James schlich weiter in die Mitte des Lagers und positionierte die Lasermarkierung direkt neben der Hütte des Kommandanten, in der sich ihrer Beobachtung nach auch El Matarife aufhielt. Dann verschwand auch er wieder im Dschungel und erreichte bald darauf die Position von Ghost. Vader war mit den beiden Geiseln bereits angekommen. Sie saßen etwas verstört im Gras und warteten, wie man es ihnen befohlen hatte.

„Laser in Position.", sagte er.

„Habs gesehen."

„Lehnt euch zurück, genießt die Show.", kam es von Ghost.

Er aktivierte per Fernsteuerung den Laser. Das Gerät, so groß wie eine Taschenlampe, sendete einen hellen, blauen Strahl direkt nach oben. Das Blätterdach zerstreute das Licht, aber auf dem Laptop vor Ghost war eindeutig die dunkle Urwaldoberfläche zu erkennen, aus der ein starker, blauer Lichtstrahl in den Himmel zeigte. Es war die Kameraperspektive der Drohne, die lautlos weit über ihnen flog. Das Licht flackerte etwas, aber die Stelle, wo es am stärksten war, bedeutete die Zielmarkierung. Der Operator auf einer Basis bei Las Vegas löste die Bewaffnung der Drohne aus. Es ging zu schnell, als das James alle Einzelheiten hätte auseinanderhalten können. Auf dem Bildschirm leuchtete es auf, gleichzeitig blitzte es vor ihnen. Dann war nur Flackern und Grün zu sehen. Die erste Explosion fetzte die obere Schicht aus Bäumen und Blättern hinweg und machte Platz für die Raketen und Bomben. Mehrere weitere Explosionen ließen das Lager förmlich auseinanderfliegen. Unten hörte man Schreie und das Knacken von brennendem Holz. Sie beobachteten das Lager und warteten ab, bis die Flammen sich etwas legten. Jetzt war es an der Zeit, nachzusehen, ob die Zielperson wirklich ausgeschaltet war.

„Zugriff", sagte Ghost, „Vorsicht mit den Phosphorbränden!"

Sie rückten zu dritt in das völlig zerstörte und brennende Lager vor. Phosphor war ein teuflisches Zeug und nach der Genfer Konvention mindestens höchst umstritten. Die Brände waren schwer löschbar, und die Dämpfe hochgiftig.

Die klebrige Masse verursachte schwerste Verbrennung auf der Haut. Barbie sicherte von einem erhöhten Punkt im Dschungel, Vader war bei den Geiseln geblieben. Ghost ging vorweg, James und Lunchbox folgten ihm. Die Hölle aus Flammen und Körperteilen, die sie jetzt betraten, war beinahe unwirklich. Im Licht der Brände konnte sie Leichen und Teile davon erkennen, die überall verstreut herumlagen. Ghost suchte nach der Zielperson, der Schlächterin. Er kontrollierte jede der herumliegenden Gestalten, während James und Lunchbox sicherten. Diejenigen, welche noch lebten, erledigte er schnell und effizient mit einem aufgesetzten Kopfschuss.

„Hey!", flüsterte ihm James betont laut zu, „Was soll das? Sind doch nur Arbeiter!"

„Kann man nicht wissen.", kam die lapidare Antwort, „Müssen auf Nummer sicher gehen."

Sie fanden unzählige Leichen. Auch die Eskorte der Schlächterin war darunter. Drei von ihnen lebten noch, zwei waren schwer verwundet. Der Dritte irrte orientierungslos durch die Trümmer. Ghost überwältigte ihn und legte ihm Handfesseln an. Dann befragte er den ersten der beiden Schwerverletzten.

„Wo ist sie?"

„Kein Ahnung", stöhnte er. Er sprach Englisch mit texanischem Akzept.

„Amerikaner, was? Welche Einheit?"

„Fick Dich!", spuckte der Mann hervor.

„Okay."

Ghost setzte die Pistole auf und schoss ihm in die Stirn. Dann schaute er den anderen an.

„Wer nichts weiß, ist nichts wert.", sagte er, „Also, wo ist sie?"

„Ich bin Amerikaner, genau wie ihr! Komm schon, man, Du wirst doch einem Kameraden nichts tun!"

„Wo ist sie?"

„Ich weiß es nicht.", jammerte er. Er war ein weniger harter Brocken.

„Verstehe", sagte Ghost und hob die Pistole.

„Nein!", rief der Mann und streckte die Hände von sich,

„Ich denke, sie könnte ..."

Er kam nicht weiter, weil Ghost ihm einen abgebrochenen Bambusstab langsam zwischen die Rippen bohrte. Der Mann stöhnte laut.

„Du denkst?"

„Sie muss hier irgendwo sein!", schrie der Mann, „Ich kann euch zu ihr bringen!"

„Sie ist also nicht tot?"

„Ich weiß es nicht!", brüllte der Mann beinahe.

„Sie ist irgendwo hier. Verletzt. Lebendig."

„Gut! Wo?", fragte Ghost und schob den Bambusstab weiter zwischen den Rippen.

„Abgehauen, kurz bevor die Bombe einschlug. Ich weiß nicht warum. Vielleicht hat sie was bemerkt."

„Wohin?"

„Ich weiß es nicht! Wirklich nicht.", keuchte er unter Schmerzen.

„Okay. Danke!", sagte Ghost und erschoss den Mann mit einer beiläufigen Geste. Der Dritte hatte alles mit angesehen. Er gab sich die größte Mühe, keine Angst zu zeigen, aber es gelang ihm nur mäßig.

„Den Kerl nehmen wir mit.", sagte Ghost.

James nickte, lud sich den deutlich kleineren Mann auf die Schulter und ging zurück zum verabredeten Treffpunkt. Sie fanden Vader blutend am Boden liegend vor, die beiden Geiseln neben ihm.

James ließ den Mann auf seinen Schultern in das Gras fallen und beugte sich zu Vader. Er atmete noch, war aber bewusstlos. Sein rechtes Ohr war abgerissen und Blut lief aus einer Wunde am Arm. Er stöhnte, als James ihn berührte. James fingerte aus einer Tasche eine Ampulle und zerbrach sie unter Vaders Nase. Er hustete, schlug die Augen auf und stützte sich auf die Ellenbogen.

„Fuck. Diese Schlampe. Kam aus dem Nichts!"

„Sie war hier?", fragte Ghost.

„Japp. Hat mich erwischt, als ich gerade mit den beiden geredet hab." Er deutete mit dem Kopf auf die am Boden liegenden Gestalten. „Eine Sekunde, das hat gereicht. Sie ist gut!"

„Wann?", fragte Ghost.

„Kann nicht lang her sein. Ich dachte, ich höre euch kommen, dann griff sie mich auch schon an."

Ghost nahm sein Gewehr, nickte James zu und verschwand im Dschungel. James vergewisserte sich, dass Vader in Ordnung war, dann folgte er dem Agenten. Sie schalteten ihre Infrarotbrillen ein. Kleinste Wärmespuren auf Boden und Pflanzen waren zu erkennen. Ghost ging voraus. Der Mann hatte seinen Namen zu Recht, stellte James fest. Er bewegte sich leicht, schnell und lautlos, wirklich fast wie ein Gespenst. James war gut, aber der Typ hier war es definitiv auch. Er hörte auf leiseste Geräusche, folgte der Fährte und verursachte dabei nicht mal das Knacken eines kleinen Ästchens. Immer tiefer führte sie die Spur in den Dschungel hinein. Plötzlich ging Ghost in die Knie, fasste in etwas am Boden und rieb es zwischen den Fingern. James sah es jetzt auch. Blut. El Matarife war also verletzt. Die Blutflecken wurden größer und zeigten eine deutliche Wärmesignatur. Die Spur schien einen leichten Bogen zu machen.

„So wie die blutet, kommt sie nicht weit!", flüsterte Ghost.

Plötzlich hörte die Blutspur auf und das Rauschen eines kleinen Baches war zu hören.

„Fuck.", sagte James, „Jetzt können wir es vergessen."

„Bullshit!", sagte Ghost, „Sie kann nicht weit sein. Wir suchen weiter!"

„Vergiss es", antwortete James, „Sie hat sich die Wunde versorgt und ist in dem Bach weiter. Wir wissen nicht, ob stromab- oder aufwärts. Irgendwo ist sie wieder ausgestiegen, aber mit nasser Kleidung. Keine Wärmespuren mehr. Es ist stockfinster. Keine Chance."

Ghost hielt inne und dachte nach.

„Wir teilen uns auf", sagte er, „Ich gehe gegen, Du mit der Strömung. Achte auf alles, jedes Detail!"

„Danke! Ich war schon mal im Wald.", sagte James. Er mochte es nicht, aber es war ein Befehl. Vorsichtig und leise glitt er den Bachlauf entlang. Die Geräusche der Nacht waren laut und allgegenwärtig, dazu kam das Rauschen des Baches. James setzte langsam einen Fuß vor den anderen und lauschte in das Chaos aus Tierstimmen und sprudelndem Wasser. Er hasste diese Situationen. Schon öfter hatte er so etwas erlebt, hier im Dschungel, aber auch in Afghanistan und an anderen Orten, deren Namen niemals jemand hören würde. Du konntest so gut sein, wie Du wolltest. All das Training, die Reflexe, die Ausbildung, manchmal half es nichts. Einmal war er in einem Vorort von Kabul auf Patrouille gewesen. Er ging vorweg, als plötzlich der vierte Mann hinter ihm ein Zeichen gab und sie anhielten. Ein Sprengsatz steckte in der Mauer neben ihnen. Es war eine alte, russische Fliegerbombe. Sie war so gut getarnt, dass sie unmöglich in der lehmigen Wand zu erkennen war. Niemand hätte es gesehen, wäre nicht der vierte Mann aus Versehen gestolpert und gegen etwas Metallisches gestoßen. Wäre sie explodiert, keiner von ihnen hätte es überlebt. Dass es nicht passiert war, lag einzig daran, dass der Erbauer dieser Todesfalle ein Kabel am Zünder nicht richtig befestigt hatte. Nicht Training, Ausbildung oder teure Ausrüstung hatte ihnen das Leben gerettet, sondern eine kleine Unachtsamkeit des Feindes.

James hörte sie nicht kommen. Kurz bevor sie ihn erreichte, spürte er etwas Seltsames. Ein uralter Reflex seines Reptiliengehirns, schneller als jeder Gedanke, befahl ihm, eine Ausweichbewegung zu machen, ohne dass er gewusst hätte, wovor oder wohin. Der Stahl rutschte an einem Ersatzmagazin vor seiner Brust ab und drang in seinen linken Oberarm. Es fühlte sich seltsam an. Kein Schmerz, eher ein unangenehmer Druck und etwas Warmes, Nasses. Er packte zu und bekam ein schmales Handgelenk zu fassen. Sie war verwundet und er war stark wie ein Bär. Trotzdem war es ein harter Kampf. Es erinnerte ihn daran, wie er als Junge einmal versucht hatte, eine der Katzen aus der Scheune in einen Sack zu stecken. Sie wand sich, drehte sich, schlug um sich. Nach einer gefühlten Ewigkeit bekam er ihren Hals zu packen, legte seinen Arm darum und drückte zu. Das Zappeln wurde weniger, ließ schließlich ganz nach. Fast ein wenig zu schnell kam es ihm vor, aber er schob es auf ihre Verwundung. Der Körper sackte zu Boden. James zog zwei Plastikfesseln aus einer Tasche, drehte ihre Arme auf den

Rücken und band sie zusammen. Dann nahm er sich die Beine vor.

„Hab sie", sagte er ins Funkgerät, „Bachabwärts, rechte Seite."

„Komme."

James inspizierte seine Wunde. Der Stich war tief, hatte aber die Arterie verfehlt und auch sonst nichts Wesentliches verletzt. Er legte einen Druckverband an und nahm eine Schmerztablette, dann widmete er sich dem gefesselten Frauenkörper am Boden. Sie hatte einen Splitter in den rechten Oberschenkel bekommen. Die Wunde war tief und blutete stark, war aber nicht unmittelbar lebensbedrohlich. Sie hatte sich das Bein mit einem Tuch selbst abgebunden. Ghost tauchte neben ihm auf und betrachtete ihr Gesicht.

„Sie ist es.", sagte er.

„Japp", antwortete James.

„Nehmen wir sie mit!"

„Wozu der Aufwand? Der Auftrag ist eliminieren."

„Ja, das auch. Aber ich will erst ein paar Informationen von ihr. Jetzt, wo die anderen beiden tot sind – vielleicht weiß sie etwas."

„Wie Du meinst.", sagte James, lud den Körper auf die Schulter und machte sich auf den Weg zurück. Sie fanden Vader am Boden sitzend vor. Er war dabei, sich seine Wunden zu versorgen. Barbie und Lunchbox waren ebenfalls da.

„Haben noch einen Rundgang gemacht da unten.", sagte Lunchbox, „Nichts. Alles tot".

Vaders Blick fiel auf den Körper auf James' Schulter.

„Glückwunsch! Bist anscheinend wacher als ich.", sagte er etwas resigniert.

„Warum hat sie Dich eigentlich nicht auch erledigt?", fragte Ghost und starrte ihn an. Vader zuckte die Schultern.

„Kannst sie ja selbst fragen.", sagte er und schaute auf die Frau, die gerade ihre Augen öffnete.

„Oh, das werde ich.", sagte Ghost, „Wir werden viel Spaß miteinander haben."

„Mach Dir nichts draus.", sagte James zu Vader, „Sie hat mich auch erwischt." Er deutete auf den Verband an seinen Arm. „Ich hatte Glück. Eine halbe Sekunde später, und es wäre mein Hals gewesen, oder mein Herz. Und wenn sie nicht verwundet gewesen wäre ..."

Er ließ die Frau fallen. Gepresst ließ sie die Luft entweichen, sonst kam von ihr kein Laut.

„Macht auf hart, die Schlampe!", sagte Ghost und trat an sie heran. Er suchte ihre Augen, begegnete dem hasserfüllten Blick kühl und gelassen und holte mit dem Stiefel aus.

„Wird Dir nichts nützen", sagte er und trat ihr in den Bauch, „Ich habe schon ganz andere geknackt."

Ein lautes Stöhnen entfuhr ihr, dann spuckte sie etwas Blut auf Ghosts Stiefel und funkelte ihn wieder bedrohlich an. Der wollte gerade erneut mit dem Stiefel ausholen, als James sich einschaltete.

„Genug!", rief er und richtete sich auf.

„Wann genug ist, entscheide ich.", sagte Ghost und trat erneut zu. Die Frau stöhnte wieder auf.

„Hör zu, du CIA – Arschloch!", sagte James und stellte sich zwischen Ghost und die Frau, „Das ist meine Mission. Meine Männer. Wir sind fertig. Auftrag ausgeführt. Jetzt ist die Zeit für Exfil, nicht für Verhöre. Ist mir scheißegal, was mit ihr passiert. Später. Aber nicht jetzt. Klar? Ich bin Soldat der US Army und werde keine Folter unter meinem Kommando dulden. Bieg Du es mit Deinen Agency-Kumpels später zurecht, wie Du willst. Aber nicht hier, nicht mit mir!"

Ghost grinste ihn an, ließ dann aber tatsächlich von der Frau ab. Er hob die Hände und machte eine beschwichtigende Geste.

„Okay, okay", sagte er, „Ich hab schon verstanden."

Eine halbe Stunde später glitten sie in dem Chinook, den Ghost gerufen hatte, knapp über das dunkelgrüne Blätterdach hinweg. Die riesige Maschine flog ruhig und stetig geradeaus.

„Was zum Teufel treibt der da hinten?", fragte Vader.

„CIA – Spezialitäten. Ist ja neuerdings legal, diese Art der Befragung.", antwortete James.

„Kotzt mich an, sowas.", sagte Lunchbox.

„Ja. Vielleicht. Weiß nicht.", sagte James, „Schafft uns keine Freunde, so viel ist mal sicher. Andererseits – wir haben selbst einige von diesen Fickern hochgenommen. Ihr wisst, was das für Typen sind. Ein Gericht lachen die doch nur aus. Und unsere Freundin da hinten ... Ihr habt ja gesehen, wozu sie fähig ist. Hölle, wenn er es nicht macht, ich würde es wahrscheinlich selbst tun."

„Würdest Du nicht.", sagte Vader.

Der Dschungel unter ihnen wich einer glatten Fläche voller Pflanzen. Vader schaute aus der offenen Tür in die Nacht.

„Bin froh, wenn der Schlamassel vorüber ... Was zur Hölle! RPG RPG!", brüllte er.

Der Pilot riss die Maschine herum, aber es war zu spät. Ein Knall, dann ein Kreischen der Turbinen. Aus dem Cockpit war lautes Fiepen zu hören.

„Vorbereiten auf Aufschlag!", hörten sie den Piloten rufen, dann krachte der massige Hubschrauber auf das Feld, rutschte über den Boden und kam schließlich zu einem Halt. Das Geräusch der Turbine erstarb völlig. James wurde erst gegen Vader geschleudert, dann wieder zurück durch die gesamte Kabine. Er knallte mit dem Hinterkopf gegen die Rückwand und wurde ohnmächtig. Als er erwachte, hörte er Schüsse. Ghost kniete neben ihm und feuerte aus einem der zerbrochenen Fenster. Er schaute zu ihm herunter.

„Du bist wach? Gut! Schnapp Dir irgendwas und schieß! Sie sind schon verdammt nah!"

„Wer?", fragte James.

„Keine Ahnung. Vermutlich Freunde unserer Gefangenen."

James schaute sich um.

„Wo ist sie?"

„Keine Ahnung. Abgehauen, denke ich. War kurz weggetreten und hab nicht alles mitbekommen."

Der dritte Mann der Eskorte war ebenfalls verschwunden. Geschosse schlugen gegen die Hülle des Helikopters. James suchte seine Waffe, fand sie und schaute in die Dunkelheit. Mündungsfeuer aus mindestens zwanzig Gewehren blitzte auf.

„Zu viele!", rief er Ghost zu, „Viel zu viele! Wir müssen hier raus, bevor die Kiste hochgeht!"

Ghost hielt inne. Seine Kieferknochen mahlten.

„Okay", sagte er dann, „Verdammt! Aber okay, Du hast Recht. Zieh Dich zurück, ich decke!"

James suchte nach den anderen. Lunchbox und Barbie lagen im vorderen Teil des Hubschraubers. Beide schienen ohnmächtig oder tot. Einer der Piloten hing leblos in seinen Gurten. Der andere hatte seine Pistole gezogen und schoss vereinzelt und blind in die Dunkelheit.

„Wo ist Vader?", rief James ihm zu.

„Wer?", kam die Frage zurück.

„Der vierte Mann!"

„Wurde rausgeschleudert. Etwa einen Kilometer von hier! Zumindest glaube ich das."

„Okay. Wir müssen raus hier. Schnapp Dir ein Gewehr und los! Die beiden hier nehmen wir mit!"

Der Pilot gehorchte, packte Barbie unter den Armen und zog ihn aus dem Wrack. James griff Lunchbox am Kragen und zog ihn mit sich. Er hustete und wurde wach.

„Bist Du okay?", fragte James.

„Ja, glaub schon. Du?"

„Weiß nicht."

Er richtete sich auf. Die Angreifer waren bereits auf der anderen Seite des Hubschraubers und feuerten nun von außen durch die gebrochenen Fenster auf sie.

„Lauft!", sagte Lunchbox, „Ich bleib bei Barbie und decke euch! Wir kommen nach!"

„Bullshit!", rief James, „Alle oder keiner!"

„Okay! Einer nach dem anderen!"

Sie rannten und feuerten abwechselnd. Der Pilot zog Barbie hinter sich her. Ghost legte eine Sprengfalle und folgte ihnen. Sie rannten, so schnell sie konnten, über das unwegsame Gelände. Die Angreifer schossen ihnen blind hinterher, trafen aber nicht und verfolgten sie auch nicht weiter. Irgendwann hielten sie an.

„Fuck.", sagte James. Er keuchte und legte die Hände ins Gesicht. Dann hob er den Kopf.

„Ich muss Vader finden. Vielleicht ..."

„Vergiss es", sagte der Pilot, „Ich habe gesehen, wie es ihn rausgerissen hat. Da waren wir noch über hundert Fuß hoch. Das überlebt niemand."

Ghost drückte den Knopf an einem Zünder, und das Hubschrauberwrack flog in einem Feuerball auseinander. Hitze und die Druckwelle trafen sie auch einigen hundert Metern Entfernung noch.

„Fuck!", brüllte James ihn an, „Kannst Du nicht Bescheid sagen?"

Er wandte sich wieder dem Piloten zu.

„Was, wenn er doch überlebt hat? Ich muss sichergehen."

Er raffte sich auf, sackte aber wieder zusammen. Irgendetwas an seinem rechten Bein gehorchte ihm nicht. Erst jetzt sah er, dass sein rechter Fuß unnatürlich verdreht war. Es musste bereits beim Absturz passiert sein, aber er hatte es nicht bemerkt. Das Adrenalin konnte Wunder bewirken, aber eben nicht auf Dauer.

„Fuck.", sagte er und setzte sich resigniert wieder hin.

„Ich gehe ihn suchen", sagte Ghost, dann zu dem Piloten gewandt, „Welche Richtung?" Der deutete auf eine dunkle Stelle des riesigen Feldes, die sich genauso wenig vor dem Hintergrund der dunklen Nacht abhob wie der Rest.

„Wartet hier! Bin bald zurück.", sagte er und verschwand in der Dunkelheit.

James blieb mit Lunchbox, dem immer noch ohnmächtigen Barbie und dem Piloten allein.

„Schöner Mist, was, Captain?", sagte er und schaute den Mann an, der offensichtlich unter Schock stand.

„Tut mir leid. Das Ding kam aus dem Nichts. Direkter Treffer. Das war keine alte Russenrakete. Moderne Waffe, wahrscheinlich amerikanische Produktion. Volltreffer in den Heckrotor. Ab da hatte ich keine Chance mehr."

„Ich weiß", sagte James, „Ich bin schon mal ..."

Er hielt inne und schaute auf den roten Punkt auf der Brust des Piloten, dann an sich herunter. Auch auf seiner Kleidung waren tanzende Laserpunkte zu sehen. James ließ langsam die Waffe sinken und hob die Hände. Aus dem Feld tauchten Gestalten mit bemalten Gesichtern auf.

„Willkommen zurück!", sagte einer von ihnen. Es war

der Soldat, den Ghost zum Verhör mitgenommen hatte. Ein Schlag seines Gewehrkolbens traf James unter dem Kinn, dann wurde es dunkel.

James erwachte mit hämmernden Kopfschmerzen. Er hielt die Augen geschlossen und scannte durch seinen Körper. Auch sein Kiefer, sein Arm und sein Fuß schmerzten. Er war definitiv nicht einsatzfähig. Vorsichtig öffnete er die Augen und schaute sich um. Die stockfinstere Umgebung roch es nach nassem Beton, Erbrochenem und altem Blut. Die Dunkelheit um ihn herum gab nur Stille preis und war so vollkommen, dass er sich unmöglich irgendwo draußen befinden konnte. Von fern war eine Art dumpfes Brummen zu hören, wie von einem Motor oder Generator.

„Psst.", machte er, sehr leise. Stille.

„Psst!", diesmal etwas lauter. Wieder nichts. Er drückte seinen Oberkörper hoch und versuchte, aufzustehen. Sein Fuß protestierte mit heftigem Schmerz und verweigerte den Dienst. Langsam kroch er über den glatten, kalten Boden, bis er eine Wand spürte. Er richtete sich auf, so gut es ging, und hüpfte auf einem Bein daran entlang, immer nach einem Ausgang tastend. Es musste hier irgendetwas geben, eine Tür, einen Luftschacht, irgendetwas. Plötzlich packte ihn jemand am Arm.

„Fuck!", rutschte es ihm heraus. Er griff nach der Hand, verlor den Halt und belastete sein Fußgelenk, das sofort nachgab. Stöhnend landete er auf dem Boden.

„Was zur Hölle!", fluchte er unwillkürlich.

„Hurricane?", kam eine Stimme aus dem Dunkel.

„Barbie? Scheiße! Ich dachte, es hätte Dich erwischt!"

„Nope. Lunchbox ist auch hier."

„Der Pilot?", fragte James.

„Keine Ahnung. Tot denke ich. Sonst hätten sie ihn auch hergebracht, oder?"

„Möglich. Wie lange sind wir schon hier drin?", fragte James.

„Keine Ahnung.", sagte Barbie, „Du weißt ja, Zeitgefühl unter Deprivation."

„Pussy.", sagte Lunchbox.

„Leck mich doch!"

„Schluss damit, verdammt!", unterbrach James die beiden, „Lasst uns einen Ausgang suchen!"

„Gibt keinen, Boss. Haben wir schon probiert. Keine Tür, kein Fenster, keine Öffnung. Jedenfalls nicht in Reichweite. Die Decke ist hoch. War auf Barbies Schultern, hab nur in Luft gegriffen."

„Fuck.", sagte James.

„Jupp", sagte Barbie, „Also, was jetzt?"

„Nicht viel, was wir tun können. Scheint sehr durchdacht zu sein, die Geschichte hier.", sagte James, „Vermutlich eine Falltür in fünf oder sechs Metern Höhe. Ihr habt keine Ahnung, wie ihr hier reingekommen seid?"

„Nope.", sagte Lunchbox, „Bin irgendwann einfach aufgewacht."

„Hat irgendjemand noch Ausrüstung?"

„Nichts."

„Dann bleibt uns wohl nur abwarten.", sagte James, setzte sich aufrecht und lehnte sich an die Wand hinter sich.

„Wie ist euer Zustand?", fragte er.

„Ein paar Prellungen, ich glaube eine gebrochene Rippe.", sagte Barbie, „Tut höllisch weg, aber ich bin okay."

„Ich glaube, meine linke Hand ist gebrochen", sagte Lunchbox, „Kann sie jedenfalls kaum bewegen. Ansonsten alles okay. Du?"

„Rechtes Fußgelenk ist hinüber, Messerstich im linken Oberarm, angeknackster Kiefer. Bin höchstens zu fünfzig Prozent zu gebrauchen."

„Und jetzt?"

„Wenn sie uns umbringen wollten, dann hätten sie es getan. Sie werden irgendwas mit uns vorhaben, also werden sie auch irgendwann kommen. Wir ruhen uns aus, warten ab. Wenn sie kommen, sollten wir vorbereitet sein. Vor allem aber seid leise. Könnte gut sein, dass man uns abhört."

Sie unterhielten sich flüsternd weiter. In der vollkommenen Dunkelheit halfen sie einander, so gut es ging. Barbie erneuerte die Verbände, renkte James' Knöchel ein und schiente mit den Fuß, so gut es ging mit einem Schnürsenkel und der Sohle von James' Stiefel. Es tat zwar immer noch höllisch weh, aber er konnte jetzt wieder auftreten. Niemand von ihnen hätte sagen können, wie viel Zeit vergangen war, als sie von oben dumpfen Lärm hörten. Ein blechernes Geräusch dröhnte, dann wurde der gesamte Raum in grelles Licht getaucht. Sie blinzelten und brauchten eine Weile, bis sich ihre Augen daran gewöhnt hatten. Der Raum hatte einen glatten Boden, die Wände waren aus rauem Beton. Etwa sechs Meter über ihnen war eine Decke aus dem gleichen Material zu erkennen, an der starke Strahler angebracht waren. In der Mitte befand sich eine Luke, die jetzt geöffnet war. Tageslicht schien hinein. Eine Leiter wurde heruntergelassen. Niemand sagte etwas oder bewegte sich.

„Nichts machen", sagte James, „Lasst uns ein bisschen Schach spielen. Warten wir ab, ob jemand runterkommt."

Von oben erschien ein vermummtes Gesicht in der Öffnung. Eine Hand schob sich daneben. Sie ließ etwas fallen, das mit einem lauten, metallischen Geräusch auf dem Boden landete. James erkannte einer Granate. Ein weißer Nebel strömte unter lautem Zischen aus. Tränengas.

„All right then", sagte er, „Guter Zug. Dann mal klettern, Männer. Ich gehe zuletzt."

Sie erklommen die Leiter und stiegen aus der Luke. Oben betraten sie ein weitläufiges Gelände, das von einem Zaun und Stacheldraht begrenzt war. Landwirtschaftliche Maschinen standen umher, darunter auch einige moderne Traktoren. Große Hallen waren auf dem gesamten Areal verteilt. Ein Trupp von acht schwer bewaffneten und vermummten Kämpfern nahm sie in Empfang und legte Ihnen Plastikfesseln an. Wortlos folgten sie dem Anführer des Trupps in eine der Hallen. Sie war aufgebaut wie ein Flugzeughangar. Das riesige Tor stand weit offen. James schaute sich um. Mehrere Tische standen vor ihnen. Darauf lagen Gerätschaften verteilt, deren Zweck er entweder kannte oder zumindest erraten konnte. Zwischen den Utensilien wartete, das Bein mit einem frischen Verband versorgt, El Matarife. Sie sagte nichts, nickte nur den Soldaten zu. Die drei wurden mit Schlägen und Tritten auf die Knie gezwungen. Dann trat sie langsam an ihre Opfer heran.

„Er zuerst", sagte sie und trat mit dem Stiefel leicht gegen Barbies Knie. Die Männer wuchteten ihn auf eine Art Tisch, der zwei lange und zwei kurze Beine hatte, sodass sein Kopf nach unten hing. Arme und Beine befestigten sie mit dicken Kabelbindern an den Tischbeinen. Sie nickte wieder, und einer der Männer zog ein dickes Baumwolltuch über Barbies Gesicht. El Matarife nahm eine Gießkanne, trat an den Tisch heran und goss langsam das Wasser über dem Tuch aus. Barbie hielt dreißig Sekunden durch, eine Minute. Sie nahm eine neue Gießkanne und entleerte auch diese. Sie schlug ihm mit einem Knüppel in den Magen und fuhr fort. Er begann, zu prusten, zu zucken und zu strampeln. Sie wussten aus ihrem Training und auch aus anderen Erfahrungen, dass niemand diese Behandlung auf Dauer aushielt. Man konnte mit einigen Techniken den eigenen Zusammenbruch etwas hinauszögern, aber jeder gab irgendwann auf. James erinnerte sich an ein Verhör in Afghanistan, dem er beiwohnen musste. Ein hochrangiger Taliban wurde siebenundachtzig Mal dieser Tortur unterzogen, bis er aufgab und verriet, was man von ihm wissen wollte. James hatte allein das Zuschauen schon schwer ertragen können. Trotzdem hatte er das Gefühl, dass es nur der Anfang war. El Matarifes Vorstellung mit der Kettensäge war noch zu präsent in seinem Gedächtnis, als das er sich irgendwelchen Illusionen darüber hingab, wozu diese Frau im Stande war. Es gab im Moment auch nichts, was er hätte tun können. Sie konnten nur abwarten, bis man ihnen eine Pause gönnte. So viel wie möglich beobachten und wenn die Zeit kam, zuschlagen. Oder aber hier sterben. Beides war eine Option, mit starker Tendenz zu Letzterem. Die Tortur für Barbie ging lange weiter, ohne dass ihm überhaupt jemand eine Frage stellte. Das Gute an dieser Art von Folter, manche nannten sie 'weiße Folter', war, dass sie keine großen Schäden anrichtete und das Opfer körperlich einigermaßen intakt ließ. Der Nachteil war, dass es Folter war. James erinnerte sich an das SERE-Training während der Ausbildung. Jeder von ihnen hatte eine erweiterte Version dieses sehr speziellen Trainings durchlaufen. SERE stand für survival, evasion, resistance and escape. Also Überleben, Ausweichen, Widerstand und Flucht. Offiziell wurden Soldaten dort auf eine feindliche Gefangennahme vorbereitet. Inoffiziell war das Training weit mehr. Die Komponente 'Widerstand' zum Beispiel beinhaltete auch das Ertragen von Folter, wenngleich das niemand jemals zugegeben hatte. Er hatte sich anfangs über Waterboarding amüsiert und die ganze Sache nicht wirklich ernst genommen, bis er selbst an der Reihe war. Jeder von ihnen hatte ein 'Geheimnis' mit auf den Weg bekommen, und die Aufgabe des 'Feindes' war, genau das herauszubekommen. Nur ein Offizier im Raum kannte neben dem Opfer den tatsächlichen Wortlaut. Er fungierte gleichzeitig als eine Art safeword. Gab man sein Geheimnis preis, brach er sofort ab und es war vorbei. James' Verstand hatte ihm eine Zeitlang geholfen, hatte ihm beruhigende Dinge zugeflüstert. Dass es nicht echt ist, dass sie aufhören, wenn es nicht mehr geht. Dass er nicht wirklich ertrinkt, sondern seine Reflexe es ihm nur vorgaukeln. Aber auch das hatte nicht lange funktioniert. Nach einigen Durchgängen wandte sich der Verstand mit Grausen ab und die Reflexe übernahmen. Er vergaß, dass es das SERE-Training war. Er vergaß, dass seine Folterknechte amerikanische Soldaten waren wie er. Er vergaß, wo er sich befand. Er vergaß auch, dass sie ihn nicht umbringen würden. Er vergaß alles, was nicht unbedingt notwendig war. Er wollte nur, dass es aufhörte. Trotzdem versuchte er durchzuhalten. Es kam ihm wie eine Ewigkeit vor. Als er schließlich aufgab, meinte einer der Ausbilder lapidar: „Zweieinhalb Minuten. Nicht übel. Aber auch nicht viel für so ein Großmaul."

Auch Barbie und die anderen hatten das Training durchlaufen. Aber jetzt war es eben ernst. James wusste, dass es sinnlos war, in dieser Situation Widerstand zu leisten. Sie waren in der Unterzahl, geschwächt, fixiert und ohne Waffen. Die einzige Chance war, es auszuhalten und auf eine günstige Gelegenheit zu warten. Die vielleicht niemals kam. Das war das Berufsrisiko.

Irgendwann ließen sie Barbie in Ruhe. Die Schlächterin baute sich vor James auf. Sie stand breitbeinig und schaute auf ihn herab wie auf ein Insekt, das ihren Ekel erregte. James kniete immer noch neben Lunchbox auf dem Boden und starrte zurück.

„Wo ist der, den ihr Ghost nennt? Und Einohr?"

„Keine Ahnung", sagte James und zuckte die Schultern, „Er hat gesagt, er geht kurz Zigaretten holen."

El Matarife holte mit dem Stiefel aus und trat James mit voller Wucht zwischen die Beine. Er hustete die Luft aus und sackte zusammen. Zwei der Wachen packten ihn unter den Achseln und zogen ihn wieder hoch.

„Wer hat euch geschickt?", fragte sie und riss ihn an den Haaren.

„Deine Mama wollte, dass wir nach Dir sehen, weil Du so lange nicht nach Hause gekommen bist. Sie macht sich Sorgen, dass Du ihr die Syphilis ins Haus schleppst."

Die Folge war ein erneuter, sehr schmerzhafter Tritt.

„Wer schickt euch und was wollt ihr hier? Scheiß Amerikaner!"

James hob den Blick und starrte sie bedrohlich an.

„Es werden Leute kommen. Ziemlich bald. Und dann wird ..."

Er kam nicht weiter. Der Mann, der ihn auf der rechten Seite festhielt, sackte zusammen. Auf dem Gesicht von El Matarife klebten Blutspritzer und Knochensplitter. James hatte so etwas schon vorher gesehen, allerdings noch nie so nah, sondern immer durch sein Zielfernrohr. Weniger als eine Sekunde später ging der Mann links von ihm auf die Knie und fiel vornüber auf sein nicht mehr vorhandenes Gesicht. Beinahe im selben Moment ließ El Matarife sich fallen und landete direkt vor ihm auf dem Rücken. Sie rollte in einer schnellen Bewegung herum, rappelt sich auf und sah sich um. James folgte ihrem Blick. In der Halle lagen alle Wachen auf dem Boden und rührten sich nicht. Sie sprang auf die Beine, strauchelte. Ein Geschoss schlug in den Boden, wo vor einer Sekunde noch ihr Kopf gewesen war und ließ Beton und Sand umherspritzen. Sie fiel hin, stand wieder auf und rannte in den hinteren Teil der Halle. Dort verschwand sie durch in einem fensterlosen Container. James sprang auf und ging zu dem Tisch, auf dem diverse Folterinstrumente lagen. Er drehte sich um und griff mit seinen gefesselten Händen einen Seitenschneider. Lunchbox neben ihm tat das Gleiche. Kurze Zeit später hatten sie ihre Fesseln durchtrennt und befreiten auch Barbie, der immer noch auf dem Tisch lag. James griff sich eine der am Boden liegenden Waffen, überprüfte sie und rannte zu dem Container. Vorsichtig öffnete er die Tür. Er spürte den leichten Widerstand, sah den dünnen Draht keine Sekunde zu früh, wirbelte herum und duckte sich hinter die Ecke des Containers. Die Explosion riss die Tür aus den Angeln und schleuderte sie einige Meter weit in den Raum. Er griff die Waffe und stürmte durch die Öffnung. Der Container war bis auf einen Tisch und paar Stühle leer. Er drehte sich um und schaute durch die Öffnung. Seine Ohren hatten sich von der Explosion erholt und er hörte die Hubschrauber, die über dem Gelände kreisten. Seile erschienen vor der offenen Hangartür, an ihnen glitten Soldaten hinab. Er erkannte sofort die Uniformen und Abzeichen der Deltas. Sie sicherten den Hangar. Er ging langsam hinaus.

„Los los los", rief einer ihrer Befreier, „Einsteigen! Wir wollen hier keinen Urlaub machen."

„Schon klar", sagte James, „Aber sie ist abgehauen."

„Wissen wir. Wir kümmern uns darum. Jetzt erstmal raus hier."

James drehte sich um und schaute in die Öffnung des Containers. Der Impuls, ihr zu folgen, war stark. Plötzlich spürte er wieder seinen Knöchel und die Stichwunde im Arm. Er ließ die Waffe sinken, zuckte die Schultern und humpelte aus der Halle zu dem Hubschrauber, der gerade gelandet war. Gemeinsam mit Barbie und Lunchbox wurde er an Bord gezogen. Zwei andere Helikopter sammelten die Deltas ein, dann hoben sie ab und flogen los. Im Hubschrauber erkannte er Ghost.

„Danke.", sagte er.

„Jederzeit."

„Vader?"

„Ausgeflogen. Sollte mittlerweile in Behandlung sein. Er ist okay."

„Was?", fragte James. Er hatte mit einer anderen Antwort

gerechnet.

„Ja. Verdammter Hurensohn ist auf einem riesigen Haufen frisch geernteter Kokablätter gelandet. Hab noch nie in meinem Leben jemanden gesehen, der so viel Glück hatte."

„Ernsthaft?", fragte Barbie.

„Yeah. Mein Rat an diesen Bastard wäre, in Rente zu gehen. So viel Glück hast Du kein zweites Mal."

James zuckte die Schulter.

„Darum nennen sie ihn Vader. Einfach nicht totzukriegen. Ist in Afghanistan drei Mal auf eine IED gefahren. Hat es jedes Mal ohne einen Kratzer überstanden. Die anderen hat es erwischt, verwundet oder tot. Nach dem dritten Mal wollte keiner mehr mit ihm raus. Da habe ich ihn zu mir geholt. Dachte mir, ich kann jemanden gebrauchen, der weiß wie man überlebt. Bis jetzt hat sein Glück nicht nur für ihn gereicht, sondern immer für uns alle. Der Kerl ist unsere Lebensversicherung."

„Bullshit.", sagte Ghost.

Die anderen beiden lachten.

„God's honest truth!", sagte Lunchbox, „Dieser Schweinehund hat uns mehr als einmal mit seinem Glück den Arsch gerettet."

„Wie auch immer. Ich an seiner Stelle würde trotzdem in Rente gehen."

„Was ist mit El Matarife?", wollte James wissen.

„Hat im Moment keine Priorität mehr. Live to fuck another day. Irgendwann taucht sie wieder auf.", sagte Ghost.

„Was war eigentlich so scheiß wichtig an den anderen beiden?"

Ghost zögerte einen Moment.

„Kartell", sagte er dann, „Ziemlich weit oben. Wollte raus, mit uns zusammenarbeiten. Hatte eine Scheißladung an Informationen. Sie haben es rausbekommen, jetzt sollte er exekutiert werden. Vorher wollten sie noch aus ihm rausholen, was er uns schon gesagt hat. Die Frau hatte keine Ahnung, aber du kennst die Kartelle. Sippenhaft. Hätten die beiden Kinder gehabt… So gesehen war das, was ihnen passiert ist, die nächstbeste Sache gleich nach einer Befreiung. Ging wenigstens schnell. Wir waren zu spät. Scheiße, sowas. Keine gute Werbung für andere Aussteiger. Kann nicht viel mehr dazu sagen."

„Kannst nicht oder darfst nicht?"

Ghost schnaubte so laut, dass es über den Lärm der Rotorblätter zu hören war.

„Denkst Du, die sagen mir alles? Vergiss es! Gehe oft genauso blind los wie ihr. First to go, last to know! Ich bin ein Field Agent, nicht die beschissene Chair Force."

James grinste über die Bezeichnung für Leute, die im wesentlichen Piloten ihres eigenen Bürostuhls waren.

„Wo wir gerade davon sprechen – was ist mit dem Piloten passiert?"

„Erschossen."

Ghost senkte den Blick und fummelte an seinem Gewehr. Barbie bekreuzigte sich, Lunchbox schaute in die Ferne.

„Rest in Peace.", sagte James.

„Und jetzt? Lassen wir diese Schlampe einfach so ziehen?", wollte Barbie wissen.

„Hab Dir doch gesagt: keine Priorität mehr. Was will man machen?"

James starrte durch die Tür in die Weite.

„Ich hole sie mir. Weiß noch nicht wann und wo, aber ich habe da so ein Gefühl."

29.

Camp – 2011

„Tag neun.", sagte James und ritzte eine Kerbe in den Pfosten. Hätten sie dieses Stück Bambus nicht als Kalender, sie hätten bereits jegliches Zeitgefühl verloren. Vorsichtig versteckte er das Messer wieder in seinem Stiefel, als der Comandante erschien. Er sprach ausgezeichnetes Englisch, war glatt rasiert und geradezu höflich.

„Hallo zusammen", begann er, „Ich muss euch jetzt einige Fragen stellen. Es ist eine Standardprozedur bei uns, wenn wir neue Gäste haben. Nur so können wir euren Wert ermitteln und entsprechende Forderungen stellen. Wir werden eine Lösegeldsumme für euch aushandeln und euch dann freilassen. Wenn ihr kooperiert und mir die Wahrheit sagt, wird euch allen nichts geschehen."

„Und was ist mit ihr?", fragte James und deutete mit dem Kopf in Richtung der Hütte, in der vor zwei Tagen die junge Frau verschwunden war.

Der Comandante senkte den Kopf.

„Es gibt immer einen Tribut. Die Compañera und ich müssen manchmal Kompromisse eingehen. Ich selbst verabscheue unnötige Gewalt. Sie hat ihren eigenen Stil. Und wir müssen auch an unsere Männer denken. Es ist eine einsame Zeit hier im Dschungel, und sie sehnen sich nach Gesellschaft. Aber jetzt sollten wir hier weitermachen!"

„Nur, wenn sie auch dazukommt und ihr sie in Ruhe lasst!", sagte James.

Der Comandante hob den Blick zu dem Riesen, der ihn um mindestens zwei Köpfe überragte. Dann wurde sein Blick ernst und seine Stimme schneidend.

„Ich denke nicht, dass irgendjemand von euch in der Position ist, Forderungen zu stellen. Es ist ein Entgegenkommen meinerseits, dass ich euch selbst befrage und nicht der Compañera Guzmán den Befehl dazu gegeben habe. Sie liebt solche Aufgaben, hat aber andere Methoden als ich."

„Sie sind auch in keiner Position, Forderungen zu stellen", sagte James, „Sie halten uns hier illegal fest. In einem demokratischen und freien Land."

„Sieht das der Rest von euch auch so?", fragte der Comandante und schaute in die Runde. Alle außer Will senkten den Blick. Es herrschte Schweigen.

„Dachte ich es mir doch. Am Ende ist sich immer jeder selbst der Nächste. Manche nennen es Feigheit. Ich nenne es Überlebensinstinkt. Vertraut eurem Instinkt! Denn am Ende wollt ihr doch alle überleben, oder?"

Er klärte sie in knappen Worten über die Konsequenzen auf, sollten sie ihm Lügen erzählen. Jeder von Ihnen musste seinen Namen, Herkunftsland und -ort sowie sein Alter nennen. Dabei wurden sie von einem der Guerilleros gefilmt. Der Comandante achtete darauf, dass alle von ihnen einigermaßen ordentlich und sauber aussahen. Zuerst wurde Will aufgerufen.

„In die Kamera, bitte!", sagte der Comandante.

„Was wollen Sie wissen?", fragte der alte Mann.

„Erzählen Sie uns einfach ein wenig von sich. Wer Sie sind, wo Sie herkommen, wie sehr Sie ihre Familie vermissen."

„Smith.", sagte er, „Ich heiße John Smith. Ich bin Amerikaner, und ich habe keine Familie."

30.

William – 1976

„Agent John Smith – willkommen zurück im Zentrum der Zivilisation! Wie war es in Panama?"

Purkett kam mit ausgebreiteten Armen auf ihn zu und grinste.

„Na ich weiß ja nicht, Jake. Dass mitten in der amerikanischen Hauptstadt jemand mit einer Autobombe ermordet wird, von einem ausländischen Geheimdienst, und die Regierung das anscheinend völlig normal findet – qualifiziert das Washington noch als Zentrum der Zivilisation?"

„Na, na, na, Will! Wer wird denn da von 'ermorden' sprechen? Was mich betrifft, hatte der gute Orlando Letelier einen Unfall. Die Umstände sind doch noch längst nicht aufgeklärt."

„Allerdings nicht. Und wir tun auch alles dafür, dass es so bleibt, oder?"

„Also wirklich, Will. Was soll denn das nun wieder bedeuten?"

„Der chilenische Staatschef persönlich ordnet einen Mordanschlag an einem Oppositionellen an, mitten in unserer Hauptstadt. Eine amerikanische Staatsbürgerin kommt dabei ebenfalls ums Leben ..."

„Sie war seine Assistentin, Will. Warum arbeitet eine Amerikanerin für einen chilenischen Widerständler? Außerdem hätte sie an dem Tag gar nicht in dem Auto sein sollen."

„Widerständler? Er war Politiker und Diplomat!"

„Ach komm schon Will, wirklich jetzt?"

„Ist doch auch egal, Jake. Du weißt, wo ich war und was ich getan und gesehen habe. Aber das wir jetzt unsere eigenen Leute umbringen? Und nicht irgendwo im Dschungel von Vietnam, sondern hier, mitten im Herzen unserer Demokratie?"

„Es war ein Unfall, Will. Nicht die Bombe natürlich, sondern dass es passiert ist. Und jetzt? Sollen wir einen unserer Agenten enttarnen und öffentlich ans Messer liefern? Und die Firma diskreditieren? Wegen ein paar Bürokraten und Sesselfurzern, die mit der Verfassung unterm Kopfkissen schlafen? Was wissen die schon von der Welt da draußen, hm, Will? Du weißt doch selbst, wie schnell die Dinge aus dem Ruder laufen können."

„Also habt ihr davon gewusst."

Purkett schwieg.

„Letelier war hier im Exil", sagte Will, „Es ist ein Problem, wenn wir Leute nicht mehr schützen können, die uns um Hilfe gebeten haben. Das macht auch meine Arbeit da draußen nicht leichter. Wenn niemand auf den Schutz der Vereinigten Staaten vertrauen kann, wird auch niemand mehr freiwillig aussagen."

„Na und? Dafür gibt es doch Leute wie Dich und Deine Truppe in Panama. Freiwilligkeit ist optional."

„Es ist trotzdem ein Problem, gerade, wenn man so eine Sache einfach hinnimmt."

„Niemand nimmt es einfach so hin, Will. Warum, glaubst Du, bist Du hier?"

„Ich hoffe, Du wirst es mir bald sagen."

„Die Regierung hat offiziell Beschwerde eingelegt, direkt bei Pinochet. Und wir fahren unsere Unterstützung zurück."

„Was heißt das?"

„Condor ist gestorben. Aus und vorbei. Zumindest für die Vereinigten Staaten. Du bekommst einen neuen Auftrag."

„Und wenn schon. Anderer Zirkus, selber Clown. Das Kind bekommt einen anderen Namen, es wird Wind für die Presse gemacht, damit es so aussieht, als würden wir etwas unternehmen, aber tatsächlich läuft alles genau so weiter wie bisher."

„Du siehst die Dinge klar, Will. Das mag ich an Dir. Du weißt, wir brauchen diese Schweinehunde. Und sie brauchen uns. Spätestens seit wir in Indochina angefangen haben mit anderen Bandagen zu kämpfen, ist der Weg frei für alle möglichen unseligen Allianzen. So ist es nun mal. Leider."

Will wusste, was gemeint war. Die Hitze Vietnams und die Operation Phoenix. Der Vietcong war eine hoch entwickelte und sehr gut ausgebildete Truppe. Das amerikanische Militär brauchte neue Methoden, um damit fertig zu werden. Will benutzte meist Fallen. Es war eine militärische Auseinandersetzung zwischen bewaffneten Einheiten. Der Vietcong konnten sich entscheiden – kämpfen oder sich ergeben. Dort kam er zum ersten Mal in Kontakt mit der Französischen Doktrin und ihren Auswirkungen.

„Du kennst meine Meinung dazu, Jake. Die französischen Methoden sind wenig subtil."

„Allerdings. Aber sehr erfolgreich."

„Erfolgreich? Wir haben wenigstens noch offen gekämpft. Und wir waren erfolgreich! Weil nämlich die Dorfbevölkerung irgendwann gemerkt hat, dass wir da sind, wenn sie uns braucht. Und dass wir sie vor den Vietcong effektiv schützen können. Wir hatten ihr Vertrauen. Und was kam dann?"

„Will, Du weißt genauso gut wie ich, dass es nicht möglich ist, ein ganzes Land mit Polizeiaufgaben zu überziehen. Das funktioniert doch schon hier zu Hause mehr schlecht als recht. Wie willst Du hunderte, tausende Dörfer im dichten Dschungel schützen vor einem Feind, der kilometerlange Tunnel gräbt? Oder zehn, zwanzig, dreißig Länder? Hm? Wie soll das funktionieren?"

„Du warst nicht dabei, Jake. Die Franzosen brachten uns bei, wie sie gekämpft haben. Die Ironie, dass sie ganz Indochina verloren hatten, schien dabei niemanden zu stören. Wir bildeten eine Postenkette um ein Dorf und kontrollierten jeden, der rein oder raus wollte. Dazu kamen willkürliche Verhaftungen. Viele wurden verhört. Das waren einfache Bauern, Jake. Die hatten nichts getan, außer vielleicht mal weggesehen, wenn ein Vietcong sich am Reis bedient hat. Und auch das nur, weil sie keine Wahl hatten. Ich habe unzählige dieser Verhöre miterleben müssen. Weißt Du, wie viele von den sogenannten Verdächtigen das überlebt haben? Nicht ein Einziger! Nicht einer. Selbst wenn da tatsächlich mal ein Vietcong dabei war, dann war es trotzdem noch unnötig grausam."

„Seit wann hast Du denn ein Problem mit Grausamkeit?"

„Du meinst Deutschland? Das war etwas Anderes! Es hat in jedem Krieg einen Punkt gegeben, wo keine Gefangenen mehr gemacht wurden! Aber das ist ein Schuss, und vorbei. Unter Soldaten."

Purkett lachte hämisch.

„Unter Soldaten? Das waren keine Soldaten, Will! Das waren halbe Kinder, die man in SS-Uniformen gesteckt hatte, während die echten Schweinehunde sich verpisst haben. Und ihr habt sie alle abgeknallt. Keine Verhandlung, kein Kriegsgericht. Einfach nur, weil ihr geglaubt habt, sie hätten es verdient."

„Hatten sie vermutlich auch."

„Bullshit!", sagte Purkett, „Weißt Du, was der einzige Grund war, warum es zu keinem Kriegsgerichtsverfahren kam?"

„Nein."

„Ich, Will. Ich war der Grund."

„Es war trotzdem etwas Anderes. Erschießungen gab es dauernd. Aber nicht sowas wie in Vietnam. Diese Folter und die Grausamkeiten gegen Zivilisten. Und jetzt soll es wieder passieren. Damit bringen wir die ganze Bevölkerung gegen uns auf!"

„Das ist doch sowieso schon der Fall. Außerdem sind die Dinge sehr viel komplizierter, das weißt Du selbst.", sagte Purkett.

„Unsinn, Jake", fuhr Will ihn an, „Daran ist überhaupt nichts kompliziert. Die meisten Menschen wollen einfach nur in Ruhe gelassen werden. Und wenn sie die Wahl haben, werden sie sich immer für die Option entscheiden, die ihnen die meiste Ruhe und Freiheit lässt. Meinst Du, die Bauern in Vietnam hatten Lust darauf, jeden Morgen rote Fähnchen zu schwenken und Onkel Hos Lieder zu singen? Wenn Sie Coca-Cola und Marlboro haben können, oder eine gute Tasse Kaffee? Aber wenn Coca-Cola und Marlboro ihnen Bambusstöcke durch die Ohren prügeln, dann singen sie doch lieber für Onkel Ho. So einfach ist das, Jake. So einfach ist das."

„Ach Will. Du alter Idealist! Du glaubst immer noch, es geht darum, denen Demokratie und Freiheit zu bringen? Klar, das wäre schön, aber wie sollen wir das machen?"

„Wenn es nicht darum geht, worum dann? Welches Recht haben wir, uns in deren Angelegenheiten einzumischen?"

„Um die verdammten Russen geht es, um den Kommunismus, und um das Überleben der freien Welt! Wenn nicht tausende von Atomraketen auf beiden Seiten stünden, hätten wir schon längst den größten und blutigsten Krieg der Geschichte. So tobt er eben im Verborgenen. Wir wissen beide, dass es südlich von uns nicht einen einzigen Staat gibt, der sich ohne unsere Hilfe gegen den weltweiten Kommunismus verteidigen kann. Scheiße, die meisten Ländern könnten sich ohne uns noch nicht mal gegen sich selbst verteidigen!"

„Ich bin mir nicht sicher, ob wir immer über dasselbe reden, wenn wir das Wort Kommunismus benutzen. Dir ist schon bewusst, dass es in Südamerika nicht immer um irgendwelche Irren wie den Sendero Luminoso geht, oder? Das sind oft ganz normale Studenten, die einfach nur auf Ungerechtigkeiten hinweisen wollen. Ungerechtigkeiten, an denen viele amerikanische Unternehmen glänzend verdienen."

„Will, ich muss Dich das jetzt fragen. Du weißt, ich habe Dich immer respektiert und verteidigt, auch dann, wenn das Eis sehr dünn für Dich wurde. Aber es wird immer schwerer, die Hand über Dich zu halten. Deine differenzierte Sichtweise ist toll für die Geschichtsprofessoren in fünfzig Jahren. Jetzt muss gehandelt werden. Deswegen: Bist Du noch dabei, oder willst Du aussteigen? Es ist okay, wirklich. Ich verstehe das."

„Ich war immer dabei. Aber das hat mich nicht davon abgehalten, meine Meinung zu sagen. Und das wird es auch in Zukunft nicht tun."

„Gut. Aber denk dran: Auftrag ist Auftrag. Wenn Du unterwegs Gewissensbisse bekommst, ist es zu spät. Wenn es Dir zu viel wird, dann ist jetzt der Zeitpunkt, es zu sagen. Außerdem solltest Du eine Sache nicht vergessen: Wenn wir da im Süden für Ruhe, Ordnung und Demokratie sorgen – fein. Wenn auf einmal alle, wie Du es so schön sagt, Coca-Cola und Marlboro in Freiheit genießen – so sei es. Ich bin der Letzte, der damit ein Problem hat. Aber das ist nicht unser Auftrag. Der Auftrag ist, dafür zu sorgen, dass uns die verdammten Kommis nicht auf die Pelle rücken. Du hast doch aus nächster Nähe miterlebt, wozu die Russen fähig sind. Niemand will eine zweite Kuba-Krise. Und jetzt ist eben nicht die Zeit für Experimente. Ich kann Pinochet und diese ganzen anderen Figuren da unten genauso wenig ausstehen wie Du. Kostümierte Kotzbrocken, sehen aus wie Winnie The Pooh in ihren selbstgeschneiderten Uniformen. Niemand von denen verdient auch nur eine Gefreitenuniform, von einem Orden mal gar nicht zu sprechen. Machtgeil, korrupt und brutal sind sie. Keine Frage. Von mir aus sollen sie alle zur Hölle fahren! Aber im Moment ist nicht die Zeit für Spielchen. Wenn sich da unten irgendwo die Kommies festsetzen und einen ernsthaften Aufstand anzetteln, was dann? Du weißt, wie schnell das passieren kann. Und wen willst Du dann lieber am Drücker sehen? Hm, Will? Sag es mir, wen? So einen Laienprediger wie Allende? Oder Orlando Letelier, diesen Waschlappen? Was wollen die machen, wenn es Scheiße regnet? Mit ihren Geschichtsbüchern werfen oder sie mit ihren idealistischen Vorträgen bequatschen, bis sie aufgeben? Meinst Du, Hitler hätte sich bequatschen lassen?"

Will zündete sich eine Zigarette an. Er ging nicht auf die Fragen ein.

„Im großen Krieg hatten wir deutsche Offiziere im Lager. Die hatten natürlich Sonderbaracken und etwas mehr Komfort als die normalen Soldaten. Und natürlich haben die sich nachts unterhalten, und wir konnten es mithören. Weißt Du, was damals der Stand unserer moralischen Diskussion war? Ob es ehrenhaft ist, diese Informationen zu verwenden, um amerikanische Soldaten zu retten. Das war mal die Basis in den Vereinigten Staaten. Wir haben nicht gefoltert und gemordet. Das war ja der Unterschied zwischen uns und denen."

„Es gibt Zeiten, da muss man die Samthandschuhe ausziehen, Will. So ist das eben mit Ethik und Moral. Was gestern die äußerste Grenze war, ist heute die Ausgangsbasis."

„Du hast eine satanische Logik!"

„Und Du hast ein viel zu betoniertes Verhältnis zu Moral!", sagte Purkett.

„Wie schläfst Du bloß nachts?", fragte Will, ohne auf seine Bemerkung einzugehen.

„Mit meiner Frau, in einem großen, weichen Bett in Washington. Und ich kann so viel Coca-Cola und Marlboro haben, wie ich will. Ich schlafe ausgezeichnet, Will. Ganz ausgezeichnet. Wann hast Du das letzte Mal in einem weichen Bett mit einer Frau geschlafen?"

„Fick Dich, Jake."

„Also nimmst Du den Auftrag an?"

„Habe ich jemals einen Auftrag abgelehnt?"

„Du hast meine Frage nicht beantwortet."

„Ja. Ja, verdammt, ich nehme an."

„Gut. Das freut mich. Wirklich! Auf Dich war immer Verlass. Ich schlafe noch ruhiger, wenn ich weiß, dass Du dich um die Sache kümmerst."

„Habe ich Dir schon gesagt, dass Du Dich ficken sollst?"

„Jedes Mal."

Will drehte sich um und wollte gehen.

„Ach, und Will?"

„Ja?"

„Mir ist Deine Schwäche für die Weiber genauso bewusst wie Dir. Die Studentinnen da in Buenos Aires ... lass die Finger von ihnen. Keine emotionalen Verstrickungen!"

31.

Camp – 2011

„Tag neunzehn.", sagte James. André schaute sich um. Sie waren alle in mehr oder weniger schlechtem Zustand. Die Essensrationen waren knapper und die Laune der Bewacher schlechter geworden. Sie hatten das Video von ihren Interviews auf einem kleinen Fernseher gesehen, den man ihnen abends manchmal zugestand. Es war zwei oder drei Mal auf einem der peruanischen Kanäle in den Nachrichten gelaufen. In den amerikanischen Nachrichten war es nur eine Randnotiz. In den anderen Ländern war es gar nicht aufgetaucht. Sie erhielten keinerlei Informationen darüber, ob Verwandte oder Bekannte nach ihnen suchten oder sich gemeldet hatten.

„Die müssen doch nach uns suchen!", sagte Mike.

„Das Thema hatten wir schon", sagte James, „Die Frage ist, mit welcher Priorität sie nach uns suchen."

„Die schicken niemanden", sagte Will, „Oder ist irgendwer hier von euch etwa besonders wichtig?"

Er schaute in die Runde. Mike begann wieder, aufgeregt zu reden.

„Zumindest John, James, Alicia und ich sind amerikanische Staatsbürger! Wir haben doch SWAT, Interventionsteams, Militär, Delta Force, die verdammte Kavallerie! Irgendwen müssen sie doch schicken!"

„Nein, Mike, das müssen sie nicht. Wir müssen selbst etwas tun", sagte Will.

„Und wie? Und wann? Wir sitzen hier seit fast drei Wochen rum und beobachten, und dabei werden wir immer schwächer. Und spielen jeden Tag mit diesen verdammten Blechbüchsen da im Sand. Du willst etwas tun, alter Mann? Dann lass uns etwas tun. Ich habe die Schnauze voll vom

Rumsitzen!"

„Gut", sagte Will, „Aber es ist noch nicht die Zeit."

„Und wann ist die Zeit? Und wer entscheidet das?"

„Ich", sagte Will ruhig, „Und James hier."

„Und warum solltet ihr das entscheiden?"

„Ganz einfach: Weil wir die Einzigen sind, die so eine Situation einschätzen können. Weil wir die Einzigen sind, die Erfahrung haben. Oder willst Du allein das Lager stürmen? Was ist denn Dein Plan, Mike? Ich habe von Dir noch nichts gehört außer Beschwerden und Probleme. Aber keine einzige Lösung. Vielleicht möchtest Du Dich an der Rezeption beschweren? Oder beim Hotelmanager? Selbst Deine siebzehnjährige Tochter hat mehr Mumm und Ideen als Du!"

Mike schwieg und schaute zu Boden. Will fuhr fort.

„Die Situation ist Folgende. Diese Typen hier sind ein erbärmliches Überbleibsel von dem, was der Sendero Luminoso einmal war. Soweit ich es erkennen kann, haben sie nichts mehr mit der Sache an sich zu tun. James hat Recht, es sind einfach nur Kriminelle, die nichts Anderes können als Krieg und Terror. Es geht ihnen um Geld. Die politischen Ziele sind nur vorgeschoben. Sie werden also versuchen, die Regierung zu erpressen. Sie verhandeln nicht mit irgendwelchen Angehörigen oder Verwandten. Das ist viel zu kompliziert. Der Geldtransfer ist unsicher und die Kommunikation gefährlich. Sie müssen Satellitentelefone benutzen, und die sind ortbar. Also werden sie sich an die örtlichen Behörden halten. Die Regierung hat aber keinerlei Motivation, Lösegeld zu bezahlen, wenn nicht genügend öffentliche Aufmerksamkeit entsteht. Deshalb haben sie uns isoliert und lassen die anderen arbeiten. Wir sind Ausländer, oder zumindest aus der besseren Schicht. Das erregt Aufmerksamkeit. Aber die Regierung wird alles versuchen, um die Sache in den Medien kleinzuhalten. Sicherlich gibt es über die Botschaften und Konsulate entsprechende Anfragen, vielleicht sogar etwas Druck. Aber sowas dauert Ewigkeiten. Die Amerikaner und sicherlich auch die Deutschen werden Hilfe angeboten haben. GSG9, Delta, sowas in der Art. Auf Geiselbefreiung trainierte Spezialeinheiten. Vielleicht sind sogar schon welche vor Ort. Aber die Regierung wird versichern, die Lage sei unter Kontrolle. Das letzte, was sie wollen, sind irgendwelche aufsehenerregenden Aktionen ausländischer Spezialkräfte in ihrem Hinterhof. Das ist viel zu gefährlich. Diese Leute arbeiten oft sehr effizient und finden dann vielleicht Dinge heraus, die besser im Dunkeln bleiben. Außerdem macht es den Anschein, als hätten sie die Lage nicht selbst unter Kontrolle. Das ist schlecht für die Wahlen. Nein, nein, es wird keine Kavallerie kommen. Die Regierung wird auf Zeit spielen, verhandeln, täuschen, Angebote machen und sie dann wieder zurückziehen. Zermürbungstaktik. Derweil werden die Entführer ihren Unmut an uns auslassen, um den Druck zu erhöhen. Sie werden weiter Videos veröffentlichen, auf denen unser Zustand immer schlechter wird. Und irgendwann werden sie anfangen, uns zu exekutieren, und die Videos an die internationalen Rundfunkanstalten schicken. Mediale Aufmerksamkeit generieren. Aber das funktioniert auch nicht mehr so, wie es früher einmal war. Die Nachrichten sind schnelllebig, das öffentliche Interesse wechselt ständig. Es wird nichts passieren. Niemand interessiert sich länger als einen, vielleicht zwei Tage für ein paar Touristen, die im Dschungel von Südamerika entführt wurden. Dann passiert irgendetwas Anderes, und die Medien wechseln den Fokus. Man wird uns wieder vergessen. Deshalb müssten sie spektakulär und aggressiv vorgehen. Auffallen um jeden Preis. Was sie aber nicht wollen. Und warum nicht, Mike?"

„Weil sie keine tatsächlichen politischen Ziele haben, sondern einfach nur Kriminelle sind?"

„Ganz genau! Jetzt benutzt Du Deinen Kopf. Wir sind Beiwerk zu einer Beschaffungsmaßnahme für Arbeitssklaven. Nichts weiter. Vielleicht kann man aus uns einen kleinen Bonus rausholen, an den Kartellen vorbei, sozusagen steuerfrei. Vielleicht aber auch nicht. Und wenn sie zu viel Wind machen, wird einer von den großen Bossen der Sache ganz schnell einen Riegel vorschieben."

„Und was heißt das?", fragte Mike.

„Das heißt, entweder die Geschichte kocht auf kleiner Flamme weiter, oder sie jagen jedem von uns eine Kugel in den Kopf und lassen den Dschungel den Rest erledigen."

„Scheiße", sagte Mike.

„Ich glaube, John hat leider Recht.", sagte Ignácio.

„Was ist eigentlich dieser Sendero Luminoso?", wollte Mike wissen. Pablo schaute sich um, dann begann er, leise zu erzählen.

„Das fing Ende der sechziger Jahre an der Universität Ayacucho an. Abimael Guzmán, ein Professor für Philosophie, hatte eine Studienreise nach China unternommen ..."

„Warte mal", unterbrach Mike, „Guzmán, ist das nicht auch der Name unserer Compañera?"

„Ja."

„Ist das Zufall?"

„Ich habe keine Ahnung. Jedenfalls war in China damals alles im Zeichen der Kulturrevolution, und das hat ihn wohl ziemlich beeindruckt. Jedenfalls hat er nach seiner Rückkehr angefangen, einige dieser Ideen maoistischer und marxistischer Natur an der Universität zu verbreiten, und ist damit auf fruchtbaren Boden bei einigen Studenten gestoßen. Das ging über zehn Jahre so, und die Anhängerschaft wuchs und wuchs. Ayacucho ist eine der ärmsten Provinzen, und die Landbevölkerung hatte kaum Chancen auf sozialen Aufstieg, auch nicht durch ein Studium. Als Quechua bekam man keine Anstellung, und die Lebensbedingungen waren schlecht. Deswegen hatte Guzmán gleich am Anfang eine rechte breite Unterstützung in diesen Schichten. Der Sendero Luminoso ist in dieser Zeit trotzdem öffentlich kaum in Erscheinung getreten. Sie haben mit der Gewalt und Guerillakriegsführung erst Anfang der Achtziger angefangen, als sie merkten, dass sie mit Diskussionen nichts erreichen. Das war zwar alles noch recht dilettantisch, aber es hat Aufmerksamkeit erzeugt. Guzmán war aber größenwahnsinnig. Er hatte sich in China die Idee abgeschaut und von Anfang an das Ziel, die Regierung zu stürzen und das gesamte Land unter seine Kontrolle zu bekommen. Genau wie Mao sozusagen. Das mündete in einen jahrelangen Bürgerkrieg, der äußerst brutal geführt wurde. Die Regierung hat dann die Taktik geändert und sich gemäßigt, der Sendero Luminoso nicht. So ging irgendwann auch der letzte Rückhalt in der

Bevölkerung verloren. Die Regierung hat es mit viel Militär und neu gegründeten Bürgerwehren geschafft, den Spuk weitestgehend zu beenden. 1992 wurde Guzmán dann in Lima verhaftet und sitzt seitdem in einem Militärgefängnis. Allein das ist schon wieder eine Geschichte für sich, wie man ihn gefunden hat. Tut aber nicht wirklich viel zur Sache. Es gibt nicht mehr viele von den alten Mitgliedern, und die Neuen sind nur noch Kriminelle, wie James es schon gesagt hat."

Die Gruppe schwieg eine Weile.

„Woher weißt Du das alles?", wollte André dann wissen.

„Das ist erlebte Geschichte meines Landes."

„Na gut", sagte Mike, setzte sich aufrecht und straffte den Oberkörper, „Vielleicht müssen wir uns noch etwas gedulden. Aber was können wir währenddessen tun? Ich möchte nicht mehr abwarten."

32.

Mike – 2009

Mike saß auf der Bettkante und schmeckte den Stahl und das Pulver in seinem Mund. Gestern hatte er im letzten Moment den Revolver herumgerissen und in die Decke gefeuert. Der Knall hatte ihn fast taub gemacht, aber es störte ihn nicht. Heute würde er keinen Rückzieher machen, heute würde er den Weg freigeben für das, was nach ihm kam. Für das, was noch übrig war. In seinem Zustand war er für niemanden mehr zu gebrauchen. Er blickte ein letztes Mal auf das Dokument vor ihm, das zu unterschreiben ihn so viele so lange angefleht hatten. Er hatte nicht unterschrieben, aber wusste, wer es nach ihm tun durfte und tun würde. Er hatte einen gelben Zettel darauf geklebt.

'Es ist okay, Arthur. Danke für alles.'

Daneben lag ein Umschlag. 'Für Alicia' stand darauf.

Alles, was er jetzt noch tun musste, war den Abzug drücken und den Weg freimachen. Er wollte und konnte nicht da sein, wenn es so weit war. Er würde das nicht schaffen. Der .44 Magnum Revolver mit dem kurzen Lauf würde die Patrone zünden, das Nitropulver würde in Sekundenbruchteilen verbrennen und das Geschoss aus der Patrone durch den Lauf in sein Gehirn drücken, gefolgt von heißen Gasen und Rauch. Ein Schuss auf diese Distanz und aus dieser Waffe würde von seinem Kopf nicht viel übrig lassen. Das Appartement würde jemand reinigen, dafür hatte er mit einer E-Mail gesorgt, die morgen früh automatisch versendet wurde. Er atmete tief durch die Nase ein und schloss die Augen. Noch einmal ließ er die Ereignisse vor seinem inneren Auge ablaufen, die genau vor einem Jahr begonnen hatten.

Mike saß an seinem Schreibtisch und schaute angestrengt in den Bildschirm. Irgendetwas an diesen Zahlen wollte nicht passen. Er hatte alles mindestens fünf Mal überprüft. Die riesige Tabelle mit all den farblichen Markierungen, Fähnchen und Smileys flackerten vor seinen Augen. Er schaute in die rechte untere Ecke des Bildschirms. Montag, 21. Dezember. Es war bereits nach acht. Draußen war es dunkel, und der Winterhimmel leuchtete durch den Lichterglanz der nahen Stadt von unten wieder. Das einstöckige Bürogebäude in der Peripherie Detroits war gerade neu eingerichtet worden. Sie brauchten mehr Platz und waren deshalb zum dritten Mal in vier Jahren umgezogen. Alles roch neu, nach Plastik und Farbe. Ein Bild mit Männern in Anzügen darauf hing hinter ihm an der Wand. Es zeigte den Eingangsbereich von außen, davor ein rotes Band, das alle gleichzeitig mit einer Schere zerteilten und dabei in die Kamera lächelten. 'Grand Opening Michigan Office' stand darunter. Alle sechs Vorstände und mehrere Geschäftsführer waren eigens dafür angereist.

Mike stand auf und ging ins Vorzimmer. Julia war schon weg. Er ging weiter in die Kaffeeküche und knipste das Licht an. Die Kanne war noch halbvoll, aber kalt. Er goss sich trotzdem eine Tasse ein, ging dann den Korridor hinunter, von wo aus einem der Büros noch ein Lichtschein auf den graublauen Teppich fiel. Lapidar klopfte er kurz an die Tür und trat in den Raum, der deutlich kleiner war als sein eigener, und zwei Schreibtische enthielt statt nur einem. Der linke war leer und aufgeräumt, am Rechten saß Markus zwischen überall verstreuten Papierstapeln. Er war vornübergebeugt und klickte krampfhaft mit der Maus umher. Unwirsch blickte er auf, erkannte Mike und lächelte verkrampft.

„Hallo Boss.", sagte er und wandte er sich wieder dem Bildschirm zu.

„Na, bisschen Überstunden noch kurz vor Weihnachten?", sagte Mike und lächelte.

Markus atmete einmal tief ein und aus, legte dann die Hände auf die Oberschenkel und drehte sich auf seinem

Stuhl zu Mike.

„Die Berichte müssen fertig werden. Ich kann nicht schlafen, wenn mir das die ganze Zeit im Nacken sitzt. Außerdem noch die Präsentation für den Vertrieb ..."

„Warum machst Du Präsentationen für den Vertrieb?", fragte Mike, ging zum Schreibtisch und warf einen Blick auf den Bildschirm. Die Folie einer Präsentation war geöffnet, von der ihn viele winzige Bildchen anflimmerten. Autos, alle möglichen Marken und Modelle, säuberlich angeordnet über einem Zeitstrahl. Markus war gerade dabei, die Bilder mit verschiedenfarbigen Rähmchen zu markieren. Rot, weiß, blau, grün, gelb – Mike wurde schon vom Hinsehen schwindelig. Ohne das er fragen musste, erklärte Markus ihm die Bedeutung.

„Die verschiedenen Typen und Baureihen mit Bild. Darunter liegt auch immer noch ein Link, wo man den Wikipedia-Artikel oder andere Informationen aufrufen kann. Nissan Altima hier zum Beispiel, oder Tesla Model S. An den Farben sieht man, ob unsere Systeme verbaut sind oder die von der Konkurrenz, welche Stückzahlen im Jahr, und so weiter."

„Okay. Gute Arbeit! Aber nochmal: Warum machst Du das für den Vertrieb? Die sollen ihre eigenen Präsentationen machen!"

„Na, die wollten so eine Übersicht haben. Ich habe die irgendwann mal gemacht und jetzt muss ich sie eben auch regelmäßig aktualisieren. Wenn ich das nicht mache, macht es wieder keiner. Du kennst das ja."

Mike schaute in die rechte untere Ecke des Bildschirms. Folie 43 von 111. Es musste mindestens eine Stunde gedauert haben, nur diese Eine fertigzumachen. Es war fast neun. Er klopfte Markus auf die Schulter.

„Geh nach Hause! Ist doch spät genug."

„Ich muss noch was für den Honda-Besuch morgen vorbereiten."

„Stimmt, das ist ja morgen.", sagte Mike, „Was machst Du dann noch hier?" Der Termin war um acht Uhr früh angesetzt, das wusste er. Und die Fahrt dauerte mindestens vier Stunden, von hier nach Ohio, wenn nicht irgendein

Schneesturm dazwischen kam.

„Ich habe gleich noch eine Telefonkonferenz mit den Japanern, dann fahre ich los."

Mike nickte, ging aus dem Büro und schaute auf die Uhren im Flur. Es waren immer fünf. In jedem Bürogebäude, dass sie auf diesem Planeten besaßen, hingen über dem Empfangstresen am Eingang fünf Uhren. Es gab eine mehrseitige innerbetriebliche Anordnung darüber, wie die Uhren auszusehen hatten und wie sie angeordnet werden mussten. Sie sahen exakt gleich aus, zeigten aber andere Zeiten an. Darunter standen Städtenamen. Die Uhr in der Mitte war immer auf die Zeit in ihrem Hauptquartier in Deutschland eingestellt. Die anderen vier zeigten Detroit, Shanghai, Mexiko City und Tokyo. Dort war es gerade elf Uhr vormittags.

„Gute Fahrt. Sei vorsichtig!", rief er über seine Schulter.

„Danke! Werde ich sein!", kam es aus dem Büro zurück. Dann hörte er ein Telefon klingeln.

Im Weggehen schüttelte er den Kopf. Markus war verrückt, ein Workaholic wie aus dem Seminarprogramm. Mike war eigentlich gar nicht sein Boss, aber Markus sprach ihn trotzdem immer so an, wie fast alle im Unternehmen, die hierarchisch über ihm standen. Der Deutsche flog so viel um die Welt wie mancher Pilot nicht, er war ständig woanders und schrieb rund um die Uhr E-Mails. Zu Hause in Deutschland hatte er eine Frau und einen Sohn. Etwa fünf musste der sein, dachte Mike, ungefähr so alt wie sein kleiner Matt. Die Kollegen machten Witze darüber, dass Markus anscheinend versuche, seinen Sohn erst zum achtzehnten Geburtstag wieder zu sehen, und seine Frau überhaupt nicht mehr. Einmal, erinnerte sich Mike, war er mit ihm zu einem Kundenbesuch unterwegs gewesen, in der Nähe von München. Markus fuhr und war gleichzeitig in eine Telefonkonferenz eingewählt, in der er lautstark mitdiskutierte. Mike las auf dem Beifahrersitz E-Mails und leitete eine davon an Markus weiter. Ohne dass er es bemerkt hätte, hatte der nach zwei Minuten bereits die Antwort geschickt – während er fuhr und telefonierte. Mike sagte nichts, setzte sich aber von dem Zeitpunkt an nur noch mit Markus in ein Auto, wenn der nicht am Steuer saß.

Er ging zurück in sein Büro und schaute auf den inzwischen dunklen Bildschirm. Kurz blieb er stehen, dann klinkte er den Laptop aus der Dockingstation und verstaute ihn in seiner Tasche. Er konnte das auch später noch zu Hause fertigmachen. Außerdem hatte er selbst morgen Nachmittag einen Flug nach Deutschland zu einem Kundenbesuch. Er würde am 23. Dezember früh morgens in Frankfurt landen. Dort würde ihn dann einer der Vertriebsleute abholen und mit ihm die drei Stunden zum Kunden fahren für ein zweistündiges Meeting. Danach noch ein Abendessen, und am nächsten Tag in aller Frühe mit dem Zug zurück nach Frankfurt und wieder nach Detroit. Der Flieger würde planmäßig am 24. Dezember um 14:00 landen. Wenn kein Schneesturm oder Sonstiges dazwischen kam. Solche Termine, das wusste jeder, waren reine Schikane. Die Kunden machten sowas, wenn man sie das Jahr über zu viel geärgert hatte. Und es war, das gab Mike offen zu, nicht alles glatt gelaufen. Aber vieles davon war nicht in seiner Macht. Wenn die Produktion Mist baute, ein Unterlieferant Schwierigkeiten bekam, ein Werkzeug nicht rechtzeitig fertig wurde, eine Maschine zu spät geliefert, eine Werkshalle zu klein war, Arbeiter krank wurden – es war immer irgendetwas, das man nicht planen konnte. Trotzdem hatten sie alles geliefert, und zwar pünktlich. Wenn auch zu einem hohen Preis. Im vergangenen Jahr summierten sich die Kosten für Hubschrauberflüge auf über zwei Millionen Dollar, nur weil man Teile zu den Kunden geflogen hatte, damit deren Bänder nicht stillstanden. Das wäre dann nämlich noch teurer geworden. Aber bei den Automobilherstellern war Perfektion der Mindeststandard. Alles darunter führte zu Problemen. Auch wenn die Kunden die Kosten für die Sondertransporte nicht bezahlen mussten, waren sie dennoch der Meinung, es letztendlich ja indirekt zu tun. Deswegen wurden sie dann rebellisch und bestellten zu solchen Terminen ein.

Jedenfalls hatte er seiner Frau und den Kindern versprochen, wenigstens morgen Vormittag zu Hause zu bleiben und direkt von dort zum Flughafen zu fahren. Alicia schien es egal zu sein. Sie stand mitten in der Pubertät und ignorierte ihn, wo sie nur konnte. Aber der kleine Matt hatte sich sehr gefreut. Mike nahm seine Tasche und den Mantel und trat aus dem Gebäude. Der Parkplatz war vereist, und unter seinen Schuhen knirschte eine Mischung aus Schnee und Streusalz. Mike blieb einen Moment stehen und atmete ein paar Mal tief. Wolken aus Wasserdampf bildete sich vor seinem Gesicht. Es war sehr still. Er liebte diese Nächte. Die Kälte und der frische Schnee schluckten alle Geräusche, und es war so ruhig wie sonst nie in dieser hektischen Region. Langsam ging er zu seinem Auto. Nach einer halben Stunde Fahrt durch Eiseskälte, in der sich das Auto nicht nennenswert erwärmte, betrat er das Wohnzimmer. Seine Frau saß mit einem Glas Rotwein auf dem Sofa. Die Kinder waren wohl schon im Bett. Auf dem Esstisch stand ein Teller mit Besteck und einem Glas.

„Essen ist in der Küche.", sagte sie knapp, „Tu es einfach in die Mikrowelle."

„Hab ehrlich gesagt gar nicht so großen Hunger."

Er stellte die Tasche ab, setzte sich zu ihr auf das Sofa und legte seinen Arm um ihre Schultern. Sie schüttelte ihn ab.

„Du hast kalte Hände!", sagte sie nur.

Er atmete tief durch, stand auf, nahm seine Tasche und ging in sein Arbeitszimmer. Der Laptop erwachte sofort, als er ihn aufklappte, und er begann erneut, sich seiner Excel-Tabelle zu widmen. Irgendwann stand er auf, ging ins Ankleidezimmer und packte seinen Koffer. Als er weit nach Mitternacht ins Bad ging, um sich die Zähne zu putzen, schlief seine Frau schon.

Am Morgen weckte ihn das Geklapper von Geschirr aus der Küche. Es roch nach frischem Kaffee. Er richtete sich hastig auf und schaute auf den Wecker. Halb acht. Hastig schwang er sich aus dem Bett und rannte nach unten.

„Warum hast Du mich nicht geweckt?", fragte er seine Frau.

„Wieso denn? Wir hatten doch gesagt, dass Du heute zu Hause bleibst. Da kannst Du doch auch in Ruhe ausschlafen, wenn Du schon die Nacht mal wieder im Flieger verbringst."

„Aber trotzdem!", sagte er und ging wieder nach oben,

um sich anzuziehen. Im Schlafzimmer griff er als Erstes nach seinem Blackberry. Einhundertundzwölf ungelesene E-Mails seit gestern Abend. Die Kollegen in Europa, China und Japan hatten wieder heftig diskutiert über irgendwelche dringenden Themen. Er konnte das jetzt unmöglich alles verstehen, würde es später im Flieger lesen. Nachdem er geduscht hatte, zog er sich etwas Bequemes an und ging hinunter in die Küche. Alicia schaute kaum von ihrem Müsli auf. Die schwierige Pubertätsphase. Der kleine Matt begrüßte ihn fröhlich.

„Hallo Papa, wo warst Du gestern? Muss ich heute bitte nicht in den Kindergarten? Was machen wir an Weihnachten? Können wir später einen Schneemann bauen?"

„Klar", sagte er, „Gleich nach dem Frühstück gehen wir raus und bauen einen Schneemann."

„Und wer passt dann heute auf ihn auf?", wollte seine Frau wissen.

„Ich muss doch erst um zwei Uhr los zum Flughafen. Bis dahin bist Du wieder zurück, oder?"

„Das wird ziemlich knapp!", sagte sie. Sie hatte immer vormittags irgendwelche Kurse, um sich weiterzubilden.

„Dann gehst Du eben etwas früher, das wird schon kein Problem sein."

Mike wusste nicht so genau, worum es bei diesen Kursen ging. Irgendwas mit Kunst. Wichtig war es jedenfalls nicht. Dafür war es teuer, so viel wusste er. Manchmal dachte er, sie machte diese Kurse nur, *weil* sie so teuer waren. Um ihn zu ärgern. Er verdiente gut, aber es ging eben auch viel wieder drauf jeden Monat. Das Auto, die College Funds für die Kinder, der Aktiensparplan, von dem nach dem Crash im letzten Jahr fast nichts mehr übrig war, die Krankenversicherung, die Urlaube, die Biolebensmittel von Wholefoods, die seine Frau ständig kaufte, und dann noch diese Kurse. Und nicht zuletzt die Kreditraten für das große Haus in Royal Oak, direkt zwischen Wagner Park und Golfplatz – von den zwölftausend Dollar netto im Monat blieb kaum etwas übrig. Sie konnten gut leben, aber wenn er seinen Job verlor, ging das alles hier schneller südwärts, als seine Familie es sich träumen ließ. Kein Kindergarten, keine Kurse, keine Urlaube, keine Privatschule, kein Biokram und vor allem kein großes Haus in Royal Oak. Einen Monat reichten die Reserven, vielleicht zwei, wenn man alles genau überlegte. Dann hieß es umziehen. In ein Appartement, in irgendeinem Vorort von Detroit. Unterdrückte Erinnerungen kamen in ihm auf. Er ein Kind, in einer schäbigen Zwei-Zimmer-Wohnung. Die Mutter kam nachts spät, schlief mit dem Revolver unter dem Kopfkissen und der Schrotflinte neben dem Bett. Für einen Schwarzen in Detroit hatte er es weit gebracht, und zurück dahin, wo er hergekommen war, wollte er nie wieder. Er setzte sich und trank langsam eine Tasse Kaffee. Nebenher schaute er unter dem Tisch einige der wichtigsten E-Mails durch. Seine Frau merkte es, hatte aber vor einigen Monaten das Nörgeln darüber eingestellt. Er wollte das Gerät gerade weglegen, als ein Anruf kam. Es war Julia, seine Assistentin.

„Mike, wo bist Du? Wolf ist hier und will Dich sprechen. Dringend. Du sollst so schnell wie möglich kommen, sagt er."

„Wolf? Ich dachte, der wäre in China?"

„Planänderung. Er will wegen des Termins morgen in Deutschland mit Dir ein paar Dinge durchgehen."

Gunther Wolf war der für seinen Bereich verantwortliche Vorstand. Er flog ständig um die Welt und wirbelte irgendwo Straub auf, schnitt Bänder durch und posierte für Fotos. Seine Überraschungsbesuche waren ebenso berühmt wie gefürchtet. Mehr als einmal hatte danach jemand sein Büro räumen müssen, manchmal wegen Nichtigkeiten. Andersrum hatte er Mike oft in die Suppe gespuckt und verhindert, dass er einige wirklich unfähige Kandidaten rauswarf, die es mehr als verdient hatten. Wolf war immer jovial und freundlich in seiner Art, aber in seinem Handeln galt er als unberechenbar. Er war ein fähiger Stratege mit Mut zum Risiko, hatte aber ein ums andere Mal ein schlechtes Händchen für Mensch bewiesen und wichtige Schlüsselstellen komplett fehlbesetzt. Mike fragte sich manchmal, was das über ihn selbst aussagte.

„Mike? Bist Du noch dran?"

Er überlegte kurz.

„Ich komme.", sagte er ins Telefon und legte auf.

Er sprang auf, rannte nach oben und zog sich um. Anzug, Krawatte, die guten Schuhe, die teure Uhr.
„Tut mir wirklich leid.", sagte er in der Küche, „Notfall im Betrieb."
„Kommst Du nochmal vor dem Flug?", wollte seine Frau wissen.
„Weiß nicht, ob ich es schaffe."
„Wir wollten doch Schneemann bauen!", jammerte Matt.
„Tut mir wirklich leid, kleiner Mann! An Weihnachten, wenn ich zurück bin. Versprochen!"
„Ist okay, Daddy.", sagte Matt, „Arbeit geht vor, stimmt's?"
Mike sagte nichts, spürte aber eine Enge in Brustkorb und Hals, die er schnell wegschob. Den Spruch hatte der Kleine mal in irgendeinem Streit zwischen ihm und seiner Frau aufgeschnappt. Er drückte allen dreien einen flüchtigen Kuss auf die Wange, hastete ins Arbeitszimmer, packte sein Laptop ein, steckte die Laptoptasche auf den ausgezogenen Griff des Koffers und verließ das Haus. Es war Stau, natürlich war Stau, es war immer Stau um diese Uhrzeit. Er fuhr normalerweise viel früher ins Büro. Dann brauchte er etwa eine halbe Stunde, jetzt war es mehr als das Doppelte. Er wechselte die Spuren, hupte, sein Puls raste.
„Dieser scheiß Verkehr!", brüllte er los, „Diese ganzen scheiß Autos! Alles, wirklich alles ist hier dermaßen zugekackt! Aber nein, wir sollen ja immer noch mehr produzieren, immer noch mehr Autos bauen! So eine verkackte Scheiße!"
Er spürte seine Adern am Hals pulsieren. Als er endlich das Büro erreichte, war sein Parkplatz besetzt. Ein riesiger Mietwagen stand darauf. Vermutlich war es Wolf, der machte das immer so. Das bedeutete für ihn, dass er sich ganz am anderen Ende der Parkfläche einen Platz suchen musste, um dann mit den guten Schuhen und in dem dünnen Anzug seinen Koffer über den vereisten, mit Streusalz verklebten Platz zu schleppen. Er betrat das Gebäude und versuchte, sich zu beruhigen. Viertel nach neun. Eigentlich noch eine

akzeptable Zeit, trotzdem fünfzehn Minuten später als die Meisten. Wenn man sich die Nächte im Flugzeug um die Ohren schlug, bis spät abends im Büro saß oder bereits sonntags anreisen musste, weil es am Montag Termine gab – das sah niemand, und es interessierte auch niemanden. Kam man aber morgens etwas später, wurde getuschelt. Gerade bei ihm, als Geschäftsführer. Er ging den Korridor zu seinem Büro entlang. Die Rollen des Koffers zogen zwei graue Spuren aus Matsch und Salz über den Teppich mit dem Firmenlogo darauf. Durch die Glastür am Ende des Korridors sah er Julia am Telefon. Er stieß die Tür auf.

„Wo ist er?", fragte er.

Sie legte die flache Hand auf den Telefonhörer und schaute ihn an.

„Guten Morgen, Mike!"

„Ja. Guten Morgen. Sorry, Julia."

„Er ist gerade in einer Telefonkonferenz mit den Werksleitern, dauert noch so etwa zwei Stunden."

Also die ganze Raserei und der Stress umsonst. Wolf saß natürlich in Mikes Büro. Jetzt, wo er etwas ruhiger war, konnte er die Stimme durch die Tür hören.

„War nirgendwo sonst Platz?", fragte er Julia.

„Weiß ich nicht. Er hat auch nicht gefragt. Kam einfach rein und hat sich hingesetzt. Wollte wissen, wo Du bist, und meinte, Du sollst so schnell wie möglich herkommen. Dann hat er angefangen zu telefonieren und meinte, er will bis elf nicht gestört werden."

Mike überlegte, ob er einfach wieder nach Hause fahren sollte. Wenn er nur dieses verdammte Geld nicht bräuchte. Er stellte seinen Koffer ab und ging in die Kaffeeküche. Wie immer, wenn er dort auftauchte, verstummten die Gespräche.

„Morgen, Boss!", oder „Hey, Mike, wie geht's?", fragten die Leute. Dann kamen die üblichen Verdächtigen und erzählten entweder von ihren jüngsten Heldentaten oder wollten irgendetwas Anderes von ihm. Meist mehr Budget für irgendwelche Projekte.

„Sorry. Ich muss zu Wolf, geht gerade nicht.", sagte er, nahm sich eine Tasse Kaffee und ging zurück. Im Vorzimmer stand gegenüber von Julia ein leerer Schreibtisch für Gäste. Er baute dort sein Laptop auf und las E-Mails. Um kurz nach elf kam Wolf aus seinem Büro und schien bei bester Laune.

„Mike!", sagte er, „Wie geht's der Familie?", dann, ohne eine Antwort abzuwarten:

„Wir müssen uns dringend nochmal unterhalten wegen dem Termin morgen in Köln. Ich komme auch dazu, und da wollte ich noch ein paar Dinge abstimmen. One face to the customer, Du weißt schon."

Wolf lächelte schief. Wenn er selbst dort hinflog, war Mikes Teilnahme überflüssig.

„Ich dachte eigentlich, Du wärst schon weg?", sagte Wolf.

„Ging nicht eher. Flug geht heute Nachmittag. Hoffe ich."

„Ah!", sagte Wolf, „Ich auch! Mike, ich muss weiter, Meeting mit dem Marketing. Lass uns gleich nochmal reden, okay? Vielleicht zum Lunch?"

Wolf verschwand aus der Tür, und Mike setzte sich wieder an seine E-Mails. Um kurz vor zwei kam er wieder.

„Ach, Mike, stimmt ja, wir wollten uns ja auch noch unterhalten. Ich habe Dich nicht vergessen. Aber ich muss los zum Flughafen. Wann fliegst Du nochmal? Doch auch heute Nachmittag, oder?"

„Ja."

„Na dann fahr doch einfach bei mir mit, dann können wir im Auto noch sprechen. Da haben wir ja genug Zeit."

Mike nickte, packte zusammen und zog sich an. Es passte ihm eigentlich gar nicht. So musste er nach seiner Rückkehr mit dem Taxi eine Stunde in die falsche Richtung fahren, um sein Auto zu holen, und dann den kompletten Weg wieder zurück. Und das im Vorweihnachtsverkehr. Das dauerte mindestens zwei Stunden länger, von den Kosten ganz zu schweigen. Wolf würde die Angelegenheit sofort vergessen, aber er wäre der erste, der Mike bei der Reiseabrechnung wegen der hohen Taxikosten ansprechen würde. Solche Details merkte Wolf sofort. Es war absurd. Ein Flug nach Deutschland und zurück kostete um die zehntausend

Dollar. Aber die Taxifahrt für einhundert Dollar wurde bemängelt.

Mike wartete. Es war kurz vor halb drei und zeitlich schon recht knapp, als Wolf erschien. Sie gingen gemeinsam zum Auto und stiegen ein.

„Fahr Du mal!", sagte Wolf, „Zu Avis müssen wir, den Wagen zurückgeben."

„Und vorher noch volltanken, oder?", fragte Mike.

„Ach was. Das machen die schon."

Taten sie auch, das wusste Mike. Nur kostete es viermal so viel.

„Also", sagte Wolf, „Wegen dem Termin morgen ..."

Da klingelte sein Telefon. Bis zum Flughafen sprachen sie kein Wort, da Wolf die ganze Zeit telefonierte.

Auch den Flug über arbeitete Wolf seinen Email-Vorrat ab, während Mike versuchte, neben ihm etwas Schlaf zu finden. Am nächsten Morgen mussten sie über Frankfurt Warteschleifen drehen, weil es, wie der Pilot sagte, seit zwölf Stunden ununterbrochen schneite und die Flieger in größerem Abstand landen mussten, um den Räumfahrzeugen Zeit zu geben. Nach der Landung ging er gemeinsam mit Wolf in die Welcome-Lounge, duschte, ließ sich sein Hemd aufbügeln, den Anzug auffrischen und aß ein leichtes Frühstück aus Joghurt und Obst. Dann fuhren sie gemeinsam nach Köln um, wie Wolf es ausdrückte, diese sinnlose Veranstaltung hinter sich zu bringen. Sie checkten ins Hotel ein, er räumte den Koffer aus und ging nochmal die Präsentation für heute durch. Dann wurde es Zeit für den Termin, der auf zwölf Uhr mittags angesetzt war.

„Und warum, glauben Sie, sollten wir das akzeptieren?", fragte gerade Schneider von der Kundenseite, als Mikes Blackberry in seinem Jackett vibrierte.

Er griff in die Innentasche und drückte den Anrufer weg. Wieder und wieder vibrierte das Telefon. Er schaltete den Vibrationsalarm aus. Mike fielen die Augen zu und er gähnte immer wieder. Auch Wolf neben ihm machte keinen besonders wachen Eindruck.

„Langweile ich Sie?", wollte Schneider auf der anderen Tischseite wissen.

„Tut mir leid", sagte Mike, „Jetlag."

„Nun, vielleicht sollten Sie dann das nächste Mal etwas früher anreisen und ausgeschlafen zum Termin erscheinen. Wenn es denn überhaupt noch ein nächstes Mal gibt mit Ihrer Firma."

„Entschuldigung. Könnten wir eine kurze Pause machen?", fragte Mike. Sie vereinbarten, sich in fünfzehn Minuten wieder zu treffen.

Mike ging hinaus auf den Gang und schaute auf die Anzeige seines Blackberrys. Einundzwanzig verpasste Anrufe, alle von Alicia. Mike rechnete nach. Es war gerade halb neun morgens dort. Was sie wohl wollte? Alicia rief ihn seit einiger Zeit überhaupt nicht mehr an. Früher hatte sie das oft getan, aber er hatte immer weniger Zeit, mit ihr zu sprechen, und auch öfter genervt reagiert. Vor ihm blinkte das Display auf und riss ihn aus seinen Gedanken. Er nahm das Gespräch an.

„Alicia! Bei allem was gut und heilig ist, was ist bloß los? Ich bin im Meeting!"

Es dauerte eine ganze Weile, bis er aus dem weinenden und schluchzenden Mädchen etwas Verständliches herausgebracht hatte. Er ließ das Telefon sinken und starrte vor sich auf den Boden. Wolf kam, Schneider im Schlepptau, den Gang hinunter. Die beiden kannten sich schon eine halbe Ewigkeit und scherzten außerhalb der Meetings in freundschaftlichem Ton. Krieg war nur in dem Glaskasten, der den Besprechungstisch einhauste. Außerhalb davon redete man normal miteinander. Beiden war klar, dass es letztlich nur um etwas Geld ging. Sie nahmen es sportlich.

„Meine Güte, Mike, wir wollen weitermachen!", sagte Wolf ein wenig ärgerlich. Dann blieb er stehen, schaute ihm ins Gesicht und bemerkte den seltsamen Ausdruck darin.

„Was ist los?", wollte er wissen und zuckte in Richtung Schneider mit den Achseln. Der kapierte sofort, dass irgendetwas Ungewöhnliches passiert sein musste, und verzog sich in den Meetingraum.

„Meine Frau. Mein Sohn ...", begann Mike, stockte und

ließ sich in einen der Sessel fallen, die in der Ecke zwischen ausladenden Topfpflanzen standen. Die Hand mit dem verschwitzten Blackberry darin lag wie tot auf seinem Oberschenkel. Wolf setzte sich in den Sessel daneben und schaute ihn beunruhigt an. Draußen vor der Glasfassade hatte sich eine deutliche Schneeschicht gebildet.

„Sie wollte wohl mit Matt noch schnell was einkaufen, für die Feiertage.", begann er und versuchte, aus den wirren Ausführungen von Alicia eine Geschichte zu rekonstruieren, „Irgendjemand hat sie gerammt, direkt vor der Einfahrt. Mehr wusste sie auch nicht. Aber es sieht wohl nicht gut aus."

„Ach du Scheiße.", sagte Wolf. Er schaute an die Decke und kratzte sich im Nacken.

„Wenn ich irgendwas für Dich tun kann, dann sag mir Bescheid, okay? Ich kümmere mich um den Kram hier, Du siehst zu, dass Du nach Hause kommst! Nimm den nächsten Flieger, egal wie, buche Dir First Class – die Firma übernimmt das."

Wolf sah ihn an.

„Na los, Mike. Ab nach Hause!"

Wolf stand auf. Mike folgte ihm auf Beinen wie Gummi. Er ging in den Meetingraum, hörte kaum, was die anderen sagten. Seine Hände zitterten so stark, dass er mehrfach Papiere hinunterwarf und den Reißverschluss seiner Aktenmappe verklemmte. Wolf erklärte den anderen die Situation, während Mike seine Sachen packte. Für ihn klang es wie eine ferne, fremde Sprache. Er hörte die Worte, konnte aber ihre Bedeutung nicht erfassen. Er sah sich nicht als den Mann, über dessen Familie da gerade gesprochen wurde. Schneider kam er auf ihn zu.

„Ich habe Ihnen ein Taxi kommen lassen. Es wartet unten. Sie können direkt zum Flughafen. Ihre Sachen aus dem Hotel werden dorthin gebracht. Melden Sie sich, wenn ich sonst noch etwas für Sie tun kann."

Er reichte Mike die Hand und drückte sie fest. Der nickte in die Runde und verließ den Raum in Richtung Lobby.

Im Taxi erreichte ihn eine Nachricht von Wolf:

'Geh direkt zum Lufthansa First Class Terminal, die wissen Bescheid'.

Wolf hatte den höchsten Vielfliegerstatus. In der Firma gingen eine Menge Gerüchte dazu um.

Die restliche Fahrt versuchte er, Alicia oder seine Schwiegereltern zu kontaktieren, aber niemand hob ab. Seine Mutter hatte er auch nicht erreicht, aber sie lebte ohnehin wieder in Alabama und war zu alt zum Reisen. Am Flughafenterminal suchte er den Schalter für die First-Class-Kundschaft. Dort wurde er tatsächlich bereits erwartet. Ein Hotelangestellter hatte sogar sein Gepäck gebracht. Die Angestellte hinter dem Schalter war äußerst freundlich und zuvorkommend. Allerdings konnte auch sie nichts an den Flugplänen ändern. Es gab diverse Optionen, über Frankfurt oder Zürich nach Detroit zu fliegen. Einen Direktflug gab es nicht. Keine der verfügbaren Optionen brachte ihn in weniger als vierzig Stunden nach Hause, und auch das nur, wenn alles funktionierte. Viele Flüge waren kurz vor Weihnachten ohnehin schon überbucht, und wegen des Schneechaos draußen fielen davon auch noch jede Menge aus. Vor allem die Zubringer wurden gerade reihenweise storniert. Mit Wolfs Prioritätsstatus konnte er zwar in jedem Flieger einen Platz bekommen, aber wenn der dann nicht abhob, half das eben auch nicht weiter. Sein Blackberry klingelte. Es war Wolf.

„Mike! Wie ist die Lage?"

„Beschissen. Alles überbucht oder gestrichen. Ich werde es wohl kaum eher schaffen als mit meinem normalen Ticket. Und der Flieger geht wahrscheinlich auch nicht."

„Setz Dich mal irgendwo da hin und warte. Ich melde mich gleich wieder."

Tatsächlich klingelte nach etwa fünfzehn Minuten wieder das Blackberry.

„Ich habe etwas organisiert. Dauert zwei bis drei Stunden, dann ist Abflug."

„Abflug wohin?", wollte Mike wissen. Er war nicht bei sich.

„Direkt nach Detroit."

„Häh? Wie denn das jetzt?"

„Mike, don't worry about it. Es ist alles geklärt. Lass mich wissen, wenn Du noch etwas brauchst." Wolf legte auf.

Die Angestellte im roten Kostüm kam lächelnd auf ihn zu, nahm seinen Koffer und lud ihn mit einer Geste ein, ihr zu folgen. Sie nahm auch seinen Reisepass an sich. Er trottete ihr mit hängenden Schultern nach, über einen viel zu weichen roten Teppich und durch eine Glastür, wurde kurz von einem freundlichen Sicherheitsbeamten abgetastet und ging dann weiter. First Class Lounge stand in dicken Buchstaben über einem pompösen Eingangsportal. Mike hatte kaum Augen für das, was ihn dahinter erwartete. Unter normalen Umständen hätte er es in vollen Zügen genossen. Eine exklusive Lounge tat sich vor ihm auf. Gediegene Räume mit dunklem Lederbeschlag an den Wänden, individuelle Menüs, Champagner, edelste Whiskeys und Zigarren – er bekam nichts davon herunter und hatte auch auf nichts Lust. Den angebotenen Platz im Sessel lehnte er ab. Er konnte jetzt unmöglich sitzen. Wieder versuchte er es bei Alicia. Seine Schwiegermutter hob ab.

„Mike!", sagte sie, „Du musst sofort kommen."

„Ich bin dabei", sagte er, „Was ist passiert?"

„Sie hatten einen Unfall. Ein Auto hat sie gerammt, als sie einkaufen wollten. Wir sind im Krankenhaus, sie werden gerade operiert. Es kann dauern, sagen sie. Wir bleiben hier! Wenn sich irgendetwas tut, rufe ich Dich an!"

„Warte!", sagte er, aber sie hatte bereits aufgelegt. Mike ging vor der langen Fensterfront mit Blick auf das Rollfeld auf und ab. Immer wieder versuchte er, jemanden zu erreichen, aber es hob niemand ab. Er wollte sogar im Krankenhaus anrufen, wusste aber nicht, in welchem sie waren. Er schwitzte und zog sein Jackett aus. Er fror und zog es wieder an. Sein hektisches Umhertigern passte so gar nicht zu der ruhigen Atmosphäre und der gedämpften, klassischen Musik. Einige der Gäste tuschelten und schauten ihn entnervt an. Eine junge Frau in Uniform erschien und berührte ihn sachte an der Schulter. Er blieb stehen und starrte sie an.

„Alles in Ordnung, der Herr? Geht es Ihnen nicht gut?"

„Nein.", sagte Mike barsch.

„Darf ich Ihnen einen Privatraum anbieten?"
„Was?"
„Bitte, wenn Sie mir folgen würden?"
Mike schaute sich um, bemerkte die Blicke der anderen Gäste und ging der Frau hinterher. Sie führte ihn in ein geräumiges Zimmer mit Bett und bequemen Stühlen. Es gab auch ein Badezimmer mit Dusche und Badewanne.
„Danke.", sagte er. Sie nickte ihm zu, legte die Hände vor ihrem Körper aufeinander und deutete eine Verbeugung an, bevor sie ihn allein ließ. Mike schloss sein Blackberry an das Ladekabel an, ließ sich in einen Sessel fallen und starrte die Uhr an, die an der Wand hing. Die Zeiger schienen stillzustehen. Nach etwas über zwei Stunden erschien jemand mit seinem Reisepass.
„Mr. Bennett? Wenn Sie soweit sind, können Sie starten. Ihr Gepäck ist bereits an Bord."
Mike stand auf und folgte dem Mann im roten Anzug. Er öffnete automatische Glastüren für ihn, deutete mit weiß behandschuhten Händen den Weg, drückte Aufzugknöpfe, hielt die Tür einer Limousine auf. Wenn er wartete, legte er die Hände auf Gürtelhöhe übereinander und lächelte unaufdringlich. Sie fuhren durch den Schnee über das Rollfeld. Klassische Musik, weiße Handschuhe auf dem Lenkrad, Ledersitze, eine Flasche Wasser im Getränkehalter, dazwischen ein Minzbonbon. Vorbei an den wartenden Maschinen hin zu einem etwas abgelegenen Platz. Dort stand ein Learjet, die Tür geöffnet, die Treppe ausgeklappt. Davor der Pilot, der dem Schnee in seinem Gesicht und auf seiner Mütze trotzte. Man hieß ihn willkommen. Mike stieg die Treppe hinauf und setzte sich auf einen der bequemen Sessel. Er war wie im Trance, verstand nicht.
„Wohin fliegen wir?", fragte er eine Stewardess.
„Nach Detroit", sagte sie, „Es ist alles für sie arrangiert, Mr. Bennett. Mit besten Grüßen von Gunther Wolf."
Bald darauf startete die kleine Maschine. Das Flugzeug stach durch das Schneetreiben, wurde von waberndem Grau geschüttelt, riss sich endlich los und stieß in blauen Himmel vor. Die Abendsonne blendete ihn. Eine junge Stewardess in rotem Kostüm erschien, schloss die Sonnenblende an sei-

nem Fenster und reichte ihm eine Menükarte. Mike spürte plötzlich, wie hungrig er war. Er aß für drei, dann wurden seine Augen schwer und die Flugbegleiterin verwandelte den Sitz neben ihm in ein schmales, aber bequemes Bett. Er schlief wie ein Stein, mit Träumen, die nur schwarze, leere Räume zeigten, die sich unendlich ausdehnten. Ein leichtes Streichen über seine Schulter weckte ihn.

„Wir landen in zwanzig Minuten. Möchten Sie noch etwas essen?"

Er schüttelte den Kopf.

„Einen Kaffee vielleicht?"

Mike nickte, und sie brachte ihm eine Tasse.

Sie landeten und er rief sofort seine Schwiegermutter an. Seine Frau und Matt waren mittlerweile an die Universitätsklinik in Ann Arbour verlegt worden. Sein Schwiegervater hatte dort bis zu seiner Pensionierung über zehn Jahre als Chefarzt gearbeitet, und die Klinik stand in dem Ruf, eine der besten Michigans zu sein. Mike verabschiedete sich von der kleinen Crew, ließ die Einreiseprozedur über sich ergehen und stieg in ein Taxi.

'Hat alles geklappt?', war die Nachricht von Wolf.

'Gelandet und auf dem Weg ins Krankenhaus. Vielen, vielen Dank!'

'Don't mention it.'

Wolf war wirklich kein so übler Kerl, dachte Mike. Wenn es darauf ankam, konnte man sich auf ihn verlassen – das hatten immer alle gesagt, die ihn länger kannten. Die Fahrt dauerte eine knappe halbe Stunde. Weitere fünf Minuten später hielt er die schluchzende Alicia in den Armen. Die Ärzte taten ihr Möglichstes, versicherte ihm sein Schwiegervater. Dr. Arthur Jenkins hatte sich auf dem Ledersofa seines ehemaligen Büros ausgestreckt und starrte an die Decke. Der Polizeibericht war bereits geschrieben und lag ihm ebenfalls vor. Der Mann hatte Beziehungen, das wusste Mike. Aber was sie wert waren, sah man erst, wenn es darauf ankam. Er reichte ihm die zwei Seiten, und Mike begann zu lesen. Der Bericht war knapp gehalten und in professioneller Sprache abgefasst. Mike las das Dokument immer und immer wieder durch. Langsam zeichnete sich vor seinem inneren Auge ein Bild der Ereignisse.

Am heutigen Morgen gegen 08:00 Uhr hatte ein neunzehnjähriger namens Charles Lollar den Liquor Store auf der Rochester Road überfallen, als der Besitzer gerade dabei war, die neue Ware durch den Hintereingang in das Geschäft zu tragen. Er war vor dem Angreifer ins Innere geflüchtet und hatte unter dem Tresen nach seiner Schrotflinte gegriffen, woraufhin Lollar ihm in die Brust schoss. Ein Jogger hörte den Schuss und alarmierte die Polizei. Charles Lollar floh mit vierzig Dollar Bargeld und einem Karton mit sechs Flaschen Jack Daniels Old No. 7. In einem gestohlenen schwarzen Dodge Charger raste er die Rochester Road entlang in Richtung Süden. Dort passierte er den Streifenwagen von Officer Carl Varvatos, der über Funk bereits von dem Vorfall Kenntnis erhalten hatte und sofort die Verfolgung aufnahm. Lollar beschleunigte weiter, bog nach links in die Parkdale Avenue ein und raste ziellos durch das ihm unbekannte Wohngebiet. Officer Varvatos stellte nicht, wie eigentlich in solchen Situationen vorgeschrieben, die Verfolgung ein und wartete auf Verstärkung, sondern versuchte, den Flüchtigen durch den Einsatz seines Streifenwagens zu stoppen. Lollar bog in den Fairway Drive und beschleunigte auf über sechzig Meilen in der Stunde. In diesem Moment verließ Mrs. Letitia Bennett mit ihrem Sohn Matt auf dem Beifahrersitz die Einfahrt Ihres Grundstücks rückwärts in ihrem weißen Ford Edge. Lollar rammte den Wagen ungebremst in einem Winkel von 90 Grad in der Beifahrerseite auf Höhe der hinteren Tür, woraufhin sich das Fahrzeug mehrmals drehte. Officer Varvatos konnte den Streifenwagen nicht mehr rechtzeitig stoppen und rammte mit stark verminderter Geschwindigkeit das Fahrzeug von Mrs. Bennett frontal erneut. Er informierte daraufhin unverzüglich die Leitstelle über die Situation und verließ den leicht beschädigten Streifenwagen. Varvatos verhaftete Lollar, der durch den Aufprall aus seinem Fahrzeug geschleudert wurde, und leistete dann nach bestem Wissen erste Hilfe für

Mrs. Bennett und ihren Sohn. Die Tochter von Mrs. Bennett kam zu dem Geschehen hinzu und musste aufgrund eines Schockzustands ebenfalls erstmedizinisch von Officer Varvatos betreut werden. Er zog daraufhin die mittlerweile eingetroffenen Nachbarn und Umstehenden hinzu und leitete die Notfallversorgung bis zum Eintreffen der Rettungswägen nur wenige Minuten später. Charles Lollar überlebte den Unfall bis auf einige Prellungen und Abschürfungen unverletzt und konnte bereits auf der Dienststelle vernommen werden. In seinem Blut wurde eine hohe Konzentration von Alkohol und Methamphetamin nachgewiesen. Er wird noch am heutigen Tage dem Haftrichter vorgeführt. Letitia und Matt Bennett werden derzeit medizinisch behandelt und sind vorläufig nicht vernehmungsfähig. Gegen Officer Carl Varvatos wurde routinemäßig ein Ermittlungsverfahren wegen Unverhältnismäßigkeit im Dienst eingeleitet.

Mike las die nüchterne Zusammenfassung gerade zum fünften Mal, als die Chefärztin Dr. Erika Mahoney erschien. Die OP-Maske baumelte vor ihrer Brust, das Gesicht war verschwitzt, eine Haarsträhne hatte sich aus der strengen Frisur gelöst und hing vor ihrem Gesicht. Sie setzte sie sich an ihren Schreibtisch und schaute gequält in die Runde. Mike blieb stehen, wo er war, ließ die Zettel mit dem Polizeibericht sinken und starrte sie an. Arthur richtete sich auf.

„Erika?"

„Ja. Einen Moment."

Sie legte ihr Gesicht in die Hände, rieb sich darüber und hob wieder den Kopf.

„Wir haben zehn Stunden operiert. Beide Patienten weisen mehrere Frakturen durch stumpfes Trauma auf, dazu ein schweres Schädel-Hirn-Trauma mit epiduralen, subduralen und subarachnoidalen Blutungen, Frontalhirnsyndrom, Beeinträchtigung der Basalganglien ..."

„Was heißt das?", unterbracht Mike sie.

Dr. Mahoney sah ihn mit müden Augen an.

„Das heißt", kam Arthurs brüchige Stimme vom Sofa, „Dass die beiden nicht mehr aufwachen werden."

„Tut mir leid, Arthur.", sagte Dr. Mahoney und senkte

den Blick.

„Ist okay. Wir wissen beide, wie es laufen kann", sagte er, „Gibst Du uns bitte ein paar Minuten?"

„Natürlich."

Sie stand auf und verließ ihr Büro.

Seine Schwiegereltern hatten ihm eine Woche Schonfrist gegeben, bevor sie mit dem Dokument zu ihm kamen, das seine Frau ihnen für einen solchen Fall überlassen hatte. Mike wusste nicht warum, aber er hatte nie mit ihr über solche Dinge gesprochen. Sie hatte es versucht, daran erinnerte er sich. Er hatte Zeitmangel vorgeschoben, war lieber arbeiten gegangen. Mit Ende dreißig sah er keinen Bedarf, sich mit der Endlichkeit seines Daseins zu beschäftigen. Also hatte sie ihre Patientenverfügung bei ihren Eltern hinterlegt, in doppelter Ausführung. Er öffnete den Umschlag, der an ihn adressiert war, und zog einen dünnen Stapel Dokumente heraus. Vorsichtig blätterte er durch die Seiten und fand auf dem letzten Blatt ihre klare Unterschrift. Mike ließ die Papiere auf den Tisch fallen. Der Gedanke, dass sie diese Seiten in den Händen gehalten und unterschrieben hatte, während er es vorzog, die Abende im Büro zu verbringen, war unerträglich. Tränen sammelten sich in seinen Augen.

„Ich kann es nicht.", sagte er zu Arthur.

„Lies es, Mike! Es ist, was Deine Frau, meine Tochter, wollte. Lies!"

Mike schluchzte, wischte sich die Tränen ab und begann, die Zeilen zu lesen. Es war ein in unpersönlichem Rechtsdeutsch verfasster Text. Die entscheidende Passage fand er auf der dritten Seite.

‚Ist meine Krankheit oder sind meine Verletzungen soweit fortgeschritten, dass nach dem derzeitigen Wissensstand der Medizin ein tödlicher Verlauf zu erwarten ist, oder ist mein Zustand derart, dass ich kein bewusstes oder umweltbezogenes Leben mit eigener Persönlichkeitsgestaltung mehr führen kann (zum Beispiel infolge von Schlaganfall, Demenz, Wachkoma, Locked-in-Syndrom oder unumkehrbarer Hirnschädigung), so lehne ich alle Maßnahmen zur Erhaltung oder Verlängerung meines Lebens ab. Dies soll auch dann gelten, wenn diese bereits eingeleitet wurden. Ich möchte nicht mit schwersten geistigen oder körperlichen Schäden als Pflegefall am Leben gehalten werden.'

„Du musst zugeben, es ist eindeutig.", sagte Arthur.

„Ich muss überhaupt nichts zugeben", fuhr Mike ihn an, „Wer sagt denn, dass sie sich nicht wieder erholt?"

„Die Medizin."

„Die Medizin?", schrie Mike, „Was denn schon die Medizin? Ihr verfluchten Ärzte kollaboriert doch mit der Pharmaindustrie und macht jede Schweinerei mit!"

„Mike", sagte Arthur ruhig, „Ich war mein ganzes Leben Arzt. Ich habe noch nie erlebt, oder von Fällen in anderen Häusern gehört, bei denen sich Patienten von solchen Verletzungen wieder erholt hätten. Es ist meine Tochter! Mein geliebter Enkelsohn! Ich will nicht, dass sie sterben. Aber sie haben es bereits getan, verstehst Du? Dieser Irre hat die beiden umgebracht."

„Unsinn! Sie leben! Ich sehe sie doch da liegen und atmen. Und es gibt viele Fälle, in denen die Ärzte Leute totgesagt haben, die sich wieder erholten."

Arthur seufzte, richtete sich auf und stellte sich vor Mike.

„Es gibt sehr seltene Fälle von Spontanheilungen, die wir uns nicht erklären können, ja. Das gebe ich zu. Ich habe auf vielen Kongressen Vorträge dazu gehört. Die meisten Fälle haben sich nach gründlicher Untersuchung nicht bewahrheitet. Es wurde übertrieben, verschwiegen oder aus dem Zusammenhang gerissen und überhöht. Bei vielen anderen Fällen gibt es zumindest erhebliche Restzweifel. Aber niemals gab es so etwas derartig schweren Verletzungen des Gehirns."

„Ich habe von einem Fall gelesen, bei dem ein Mann nach dreißig Jahren aus dem Koma erwachte!"

„Mike, verdammt nochmal! Aus dem Koma, ja! Aus einem Koma! Aber nicht nach solchen irreparablen Hirnschäden!"

„Das Gehirn kann sich selbst auf erstaunliche Weise neu verknüpfen. Das habe ich nachgelesen!"

Arthur trat einige Schritte zurück, setzte sich auf einen Stuhl und räusperte sich.

„Hör zu, Mike. Es war ihr Wille. Ich bin Arzt, und es ist meine Tochter. Ich sehe keine Chance mehr für sie. Ich sehe nur meine Verpflichtung, ihren letzten Willen durchzusetzen. Wenn Du Dich weigerst, dann werde ich einen Gerichtsbeschluss erwirken."

„Du Arschloch", schrie Mike und sprang auf, „Du willst Deine eigene Tochter ermorden?"

Arthur stand auf.

„Ja, renn nur weg, alter Mann", machte Mike weiter, „Nur zu, bring sie um! Aber Matty wirst Du mir nicht nehmen! Er ist mein Sohn, und ich entscheide, was passiert!"

„Es tut mir leid, Mike, aber in diesem Zustand werde ich nicht weiter mit Dir reden. Du solltest wirklich das Trinken lassen. Alkohol ist kein guter Freund in schlechten Zeiten. Denk an Alicia! Deine Tochter braucht Dich!"

Mike starrte ihn aus glasigen Augen an.

„Sie will mich doch sowieso nicht sehen", lallte er, „Und ihr habt sie mir weggenommen!"

„Rede doch keinen Unsinn! Natürlich will sie Dich sehen! Aber nicht in diesem Zustand. Sie stand nachts mit zwei Koffern vor unserer Tür, durchgefroren und verheult. Sie hat ihre Mutter und ihren Bruder verloren. Und dann sagte sie, Du hättest das gesamte Haus verwüstet und seist auf dem Fußboden zusammengebrochen. Du seist entweder auf der Arbeit oder betrunken. Was hätten wir denn tun sollen? Sie wieder zurückschicken?"

Mike senkte den Blick und setzte sich wieder auf den Stuhl. Er ließ den rechten Arm über die Lehne baumeln und starrte auf den Fußboden.

„Tut mir leid, Arthur. Du hast ja Recht. Aber ich kann es nicht glauben! Ich will so lange um sie kämpfen, wie ich kann."

„Ich doch auch, Mike. Aber es ist vorbei. Verstehst Du das denn nicht?"

„Nein!", brüllte er und fuhr erneut hoch, „Nein, nein und

abermals nein!"

Mit voller Wucht schleuderte er die halbvolle Whiskeyflasche an die Wand.

Arthur wich einige Schritte zurück und hob besänftigend die Hände.

„Ich gehe jetzt wirklich besser. Mach Dir keine Sorgen um Alicia. Wir kümmern uns um sie, bis Du Dich wieder gefangen hast. Nimm Dir Zeit zum Trauern, Mike, und höre auf zu trinken! Das wäre mein Rat an Dich. Bis dahin wird sie bei uns bleiben. Du bist in keinem Zustand, um Deine Aufgaben als Vater wahrzunehmen."

Sie redeten noch oft und lang mit ihm, die Ärzte, die Schwiegereltern, auch Alicia. Er schob Arbeit vor oder trank. Die Wochenenden saß er an den Krankenhausbetten und weinte. Irgendwann wusste er selbst nicht mehr, ob aus Selbstmitleid oder tatsächlicher Trauer. Er bekam jede Schonfrist, die noch möglich war, aber alle wollten Letitias Maschinen abstellen. Arthur machte ernst und erwirkte einen Gerichtsbeschluss. Mike versuchte per Eilantrag, alles doch noch zu stoppen, und scheiterte. So starb sie dann zum zweiten Mal am 13. Februar des nächsten Jahres.

Für den kleinen Matt gab es so eine Verfügung nicht. Er hatte als verbliebenes Elternteil das Sorgerecht und die alleinige Entscheidungsgewalt. Mike klammerte sich weiter an imaginäre Strohhalme. Seine Schwiegereltern und auch die Ärzte konnten nichts ausrichten. So blieb er fast ein Jahr in einem Schwebezustand aus Arbeit, Verleugnung und Alkohol.

Jetzt öffnete er wieder die Augen. Er würde das letzte Mal sein, dachte er. Dieser Alptraum musste enden. Für ihn, aber auch für Matt. Er ließ den Blick durch den Raum gleiten, über das Schriftstück vor sich. Dann atmete er tief ein und schloss die Augen.

Eine Diele knarrte. Er öffnete die Augen nicht.

„Dad?", kam eine sanfte Stimme aus der Türöffnung.

Alicia. Er ließ den Revolver nicht sinken, öffnete die

Augen nicht, und sah seine Tochter nicht an. Sie kam langsam auf ihn zu, griff seine Hand und nahm ihm sanft den Revolver weg. Er ließ es geschehen und hörte, wie sie die schwere Waffe vorsichtig auf den Tisch legte. Er spürte, wie die Matratze nachgab, als sie sich neben ihn setzte. Wärme fuhr durch seinen Nacken, als ihr schmaler Mädchenarm sich um seine Schulter legte.

„Ich ...", begann er, noch immer mit geschlossenen Augen.

„Ist schon okay, Daddy. Ich war auch schon so weit. Mehrmals."

„Ich kann es nicht. Ich kann Matty nicht umbringen, verstehst Du? Wir wollten doch noch einen Schneemann bauen!"

Sie nahm seine unrasierten Wangen zwischen die Hände und drehte seinen Kopf zu sich. Langsam öffnete er die Augen und sah ihr schönes, klares Mädchengesicht vor sich.

„Du bringst ihn doch nicht um, Daddy", sagte sie, „Er wurde vor einem Jahr umgebracht. Von einem Raubmörder und von einem unvorsichtigen Polizisten. Du darfst ihn nicht hier festhalten, nur weil Du Dich zu schwach fühlst."

„Ich weiß. Ich weiß es doch!", schrie er beinahe.

„Du bist aber nicht zu schwach! Du bist mein Dad. Der Stärkste auf der ganzen Welt! Weißt Du noch?"

Erinnerungsfetzen tauchten auf, von Alicia mit drei Jahren, mit fünf – ein kleines Mädchen, mit dem er fangen spielte und zur Puppenteezeit eingeladen wurde. Damals hatte er noch nicht so viel gearbeitet, und Alicias Pubertätshormone hatten ihr Gehirn nicht in einen undurchdringlichen Dschungel voller widersprüchlicher Gefühle verwandelt. Ihre gemeinsame Tragödie hatte ihn schwach gemacht, und sie stark.

„Was, glaubst Du, hätte Mom getan?", fragte sie ihn.

„Ich weiß es nicht."

„Willst Du wissen, was ich denke?"

„Ja."

„Ich denke, sie hätte für jeden von uns das Gleiche getan wie für sich."

„Auch für Matty?", fragte er.

„Gerade für Matty. Er war ihr süßer kleiner Junge, weißt Du nicht mehr? Sie hätte ihn gehen lassen. Ganz sicher."

„Woher weißt Du das?"

„Ich weiß es einfach. Und wenn Du in Dich hineinhörst, und nicht den Whiskey sprechen lässt oder die Verzweiflung, dann weißt Du es auch."

Mike stand auf und schaute sie an. Langsam nahm er den Revolver vom Tisch, klappte die Trommel auf und drehte die Mündung zur Decke. Laut klackernd fielen die Patronen auf dem Boden.

„Heute ist es ein Jahr, oder?", fragte er.

Alicia lächelte ihn an.

„Heute ist es genau ein Jahr."

Mike schaute aus dem Fenster. Draußen schneite es. Er nahm den Stift und unterschrieb das Dokument. Das kratzende Geräusch der Feder auf dem Papier war das Einzige, was im Raum zu hören war. Er richtete sich auf und blieb stehen, bis die Tinte auf dem Papier getrocknet war.

„Gehst Du mit mir einen Schneemann bauen?", fragte er.

„Natürlich, Daddy."

Sie zogen sich Winterkleidung an und gingen hinaus in den Garten. Als sie fertig waren, nahm Alicia ein Stück Holz und schrieb damit in den Schnee. 'Für Matty'.

Mike trat neben sie und legte seinen Arm um ihre Schultern. Sie griff um seine Hüfte. Schweigend standen sie so da, bis es dämmerte.

„Lass uns ins Haus gehen", sagte er, „Ich mache uns einen Kakao."

„Mit Marshmallows, so wie früher?", fragte sie und lächelte ihn an.

„Alles was Du willst, mein Baby."

„Dad!"

„Sorry. Junge Dame!"

Sie gingen hinein. Er stellte einen Topf auf den Herd, goss Milch hinein und entzündete die Gasflamme. Danach rief er Arthur und Mary an. Sie vereinbarten, sich am nächsten Tag morgens im Krankenhaus zu treffen. Die Nacht verbrachte er gemeinsam mit Alicia auf dem Sofa vor dem Fernseher. Sie schauten alte Serien und Filme, lachten und weinten abwechselnd und schliefen erst weit nach Mitternacht ein.

Nach dem Frühstück zogen sich beide feierliche Kleidung an und fuhren zum Krankenhaus. Gemeinsam mit den Schwiegereltern verabschiedeten sie sich von Matt. Als es vollbracht war, traten sie nach draußen in die Kälte.
„Kommst Du übermorgen zum Weihnachtsessen dazu?", fragte Mary ihn.
„Ich weiß nicht. Soll ich, Alicia?"
Sie schaute ihn mit ihren großen Augen an.
„Ich habe keinen Hunger, Daddy. Aber mir ist kalt. Ich würde gern wohin, wo es warm ist."
„Dann lass uns reingehen.", sagte er.
„Ich würde lieber wohin, wo es immer warm ist."
„Was meinst Du?", fragte er.
„Ich meine, ich möchte schon so lange mal nach Südamerika."
Mike schaute sie an.
„Und wohin dort?"
„Nach Rio de Janeiro! Und dann einfach mit dem Bus kreuz und quer durch das Land fahren und schauen, wo es uns hinführt."
„Okay", sagte er, „Wenn es das ist, was Du Dir wünschst."

33.

Camp – 2011

„Tag einunddreißig."

James lag mit hinter dem Kopf verschränkten Händen auf der Strohmatte und schaute auf das Dach aus Palmblättern über sich. Der Regen prasselte seit drei Tagen darauf. Mal stärker, mal schwächer, aber ohne Pause. Es war kalt, und nur wenige Bewacher waren zu sehen. Sie standen genervt unter langen Regenmänteln herum, rauchten und waren schlecht gelaunt. Die Geiseln hatten vor zwei Tagen zum letzten Mal etwas zu essen bekommen, etwas Reis mit Mango und Trockenfleisch, das seltsam roch. Auch für ihre Entführer schien sich die Versorgungslage zu verschlechtern. Sie rochen kaum noch den Geruch von Holzfeuern und dem Eintopf aus Fleisch und Bohnen, der sonst oft zubereitet wurde. Auch der LKW war nicht mehr gekommen, vermutlich, weil die Piste durchweicht war. Sie fingen das Regenwasser mit einigen Plastikbehältern auf, die man ihnen gebracht hatte, tranken gelegentlich etwas und lagen ansonsten auf ihren Matten herum und starrten ins Nichts. Kälte und Feuchtigkeit krochen in jeden Winkel und jede Falte der Kleidung. Gerade nachts wurde es so kalt, dass sie sich wie Bienen im Winter zu einer Traube zusammenrollten und im Stundenrhythmus die Plätze tauschten, um wenigstens etwas Wärme zu bekommen. Alle fühlten sich elend. Gegen Nachmittag ließ endlich der Regen nach und hörte schließlich ganz auf. Bald darauf brannte die Sonne durch das Blätterdach, als hätte es die letzten Tage nie gegeben. Ihre Wärme verwandelte die gesamte Umgebung in ein Dampfbad.

Abrupt richtete sich James von seiner Matte auf.

„Was ist da los?", fragte er und deutete auf Bewegung im Lager.

Zwei LKW waren auf dem schmalen Urwaldpfad aufgetaucht. Die Compañera erschien auf der Bildfläche und trommelte einige Leute zusammen. Sie trieben die Arbeiter aus den Hütten und schubsten sie auf die Ladeflächen. Die Fahrzeuge verschwanden wieder im Urwald. Die Compañera folgte mit einigen Kämpfern auf den Pick-ups.

„Sie ist weg. Und die gesamte Arbeitstruppe. Dazu einige der Guerilleros. Hat jemand mitgezählt?", fragte Will.

„Zehn oder zwölf.", sagte Mike.

„Fünfzehn. Plus die Compañera.", sagte James.

Will nickte.

„Macht noch zehn Wachen im Lager.", sagte er, „Das ändert das Verhältnis schon mal dramatisch."

„Wie lange werden sie wegbleiben", fragte André, „Und was haben sie vor?"

„Können wir nicht wissen.", sagte Will, „Aber sie machen sicher keinen Wanderausflug um die Ecke. Die Fahrt von der letzten Straße hierhin hat über acht Stunden gedauert. Hin und zurück, plus das, was sie vorhaben - wir können mit einiger Sicherheit annehmen, dass die zwei, vielleicht drei Tage wegbleiben werden."

„Das heißt, jetzt wäre die Zeit, etwas zu unternehmen.", sagte Mike.

Will schaute ihn ernst an.

„Ganz genau, Mike. Jetzt ist die Zeit, etwas zu unternehmen. Als Erstes die Waffen. Wie war das noch mit dem Gift? James kann die Frösche finden und Ignácio, Du kannst diese Lianen auskochen?"

Beide nickten.

„Gut. Dann tut, was ihr tun müsst, um uns das Gift zu beschaffen. Wir wissen also, wie wir das Zeug aus der Natur herausbekommen. Brauchen wir nur noch einen Plan, wie wir es in die Wachen hineinbekommen."

„Wir könnten es in ihr Essen tun.", sagte Alicia.

„Ja, eine gute Idee. Aber wie sollen wir an ihr Essen herankommen? Niemand von uns darf in diesen Bereich des Lagers, und sie würden sofort Verdacht schöpfen, wenn sich jemand anschleicht. Außerdem essen sie fast nie gleichzeitig, das heißt, wir würden sie nicht alle erwischen. Noch irgendeine Idee, irgendjemand?"

„Blasrohre.", sagte André, sehr leise.

„Blasrohre? Ausgezeichnet! Kann jemand damit umgehen?", fragte Will.

„Ich schon.", sagte André.

„Woher? Oder vielmehr, wie gut?"

„Ziemlich gut. Ich arbeite mit Tieren. Manchmal müssen wir welche betäuben, aus der Entfernung, um näher heranzukommen. Da ist das ein beliebtes Mittel. Natürlich habe ich kein Blasrohr."

„Könntest Du eins bauen? Mit Pfeilen?"

„Ich denke schon, ja. Wenn ich die richtigen Materialien finde."

„Ich habe sowas auch schon mal benutzt.", sagte Pablo, „Mein Vater hatte eine Hütte im Wald, und wir haben als Kinder und Jugendliche damit gespielt, draußen. Das ist aber schon eine Weile her."

„Macht nichts. Immerhin kennst Du Dich etwas aus. Könntest Du beim Bauen helfen?"

„Ja, ich denke schon. Bambus funktioniert gut, für Pfeile und auch für das Rohr."

„Ausgezeichnet. Dann probiert ihr das heute aus. Aber unauffällig!"

André und Pablo nickten. Seit etwa zehn Tagen hatten auch die dauernden Schikanen und Einschüchterungsaktionen der Compañera aufgehört. Es schien fast, als sei ihr das Spiel langweilig geworden. Auch die Wachen waren noch unaufmerksamer als am Anfang. Es schien niemand damit zu rechnen, dass von den Geiseln irgendeine Gefahr ausging oder sie fliehen könnten.

Weiter hinten auf dem Areal sah André, wie Ignácio und James Teile von Lianen und Blattwerk abrissen und in einem der Kochtöpfe verstauten. Die Wachen beachteten sie nicht, sondern standen schlecht da, rauchten oder unterhielten sich gelangweilt. André hackte gemeinsam mit Pablo möglichst unauffällig einige Bambusrohre mit dem kleinen Klappspaten ab, den man ihnen gegeben hatte, um ihre Exkremente zu verscharren. Danach verzogen sie sich hinter den Sichtschutz einer der Latrinen und fingen an zu basteln.

Pablo war sehr geschickt. Er arbeitete mit dem kleinen Messer, das James ihnen geliehen hatte, die Rohre sauber aus und schnitzte einige leichte und sehr spitze Pfeile zu, die so aussahen, als könnten sie einigermaßen präzise fliegen. André versuchte es einige Male und konnte schnell auch kleinere Blätter in einigen Metern Entfernung durchbohren. Auch Pablo war ein überraschend präziser Schütze. Sie versteckten Rohe und Pfeile unter Gras und Blättern.

„Und Du hast das bei einem Tierarzt gelernt?", fragte Pablo.

„Ja."

34.

André – 2005

„André?"

„Ja, ich komme!", rief er aus dem Hinterzimmer der Praxis. Er schaute sich noch einmal um, steckte die kleinen Ampullen in seinen Rucksack und deckte den Einlegeboden darüber. Aus einem anderen Fach zog er die Packung mit den identisch aussehenden, präparierten Glasröhrchen. Er hielt einen Moment inne, atmete durch, dann drehte er den Karton um. Die Glasröhrchen klirrten auf den Boden, zerbrachen oder rollten über die Fliesen und unter Schränke.

„Scheiße!", rief er laut.

Der Kopf von Dr. Lauk erschien in der Tür. Er schaute auf André, dann auf das Desaster am Boden.

„Nicht wirklich jetzt, oder?"

„Tut mir leid, Dr. Lauk. Ich weiß auch nicht, wie es passiert ist. Der Karton war unten irgendwie nicht richtig zu."

„So ein Mist! Das ist mir letzten Monat auch schon passiert. Man sollte meinen, die könnten bessere Verpackungen herstellen. Na, mach Dir nichts draus. Der Schaden hält sich in Grenzen. Ich muss rüber in den OP. Viel Spaß beim Aufräumen! Denk dran, alles was auf dem Boden liegt, fliegt weg! Egal ob kaputt oder nicht. Zähl mal durch und sag mir Bescheid, damit ich die im Register austragen kann."

„Okay, mache ich. Tut mir echt leid."

„Kein Problem. Sowas passiert."

Später am Abend testete er sicherheitshalber nochmal die Dosis auf dem Hof. Die Doggenhündin zuckte, dreht sich um und versuchte, den kleinen Pfeil aus ihrem Hals zu entfernen. Wenige Sekunden später knickte sie in den Beinen ein, strauchelte und legte sich zitternd hin. André ging zu ihr und fühlte den Puls. Alles war normal. Das Tier schlief fest. Er entfernte den Pfeil, setzte sich auf einen Stuhl und schaltete die Stoppuhr ein. Der große Hund wog etwas über sechzig Kilo. Das dürfte ziemlich genau hinkommen. Nach achtunddreißig Minuten ließen sich erste Anzeichen des Aufwachens feststellen. Er ging zu dem Tier, spritzte eine weitere Dosis und stellte erneut die Stoppuhr. Diese verschaffte ihm beinahe zwei Stunden Zeit. Das genügte.

Er ging ins Haus, setzte sich auf sein Sofa und zog vorsichtig eine kleine Spritze auf. Die halbe Dosis von eben. Er hatte lange an seinem Cocktail gefeilt. Man konnte nie wirklich sicher sein. Die Wirkung zwischen Mensch und Tier war nicht vergleichbar. Tiere reagierten ganz anders als Menschen auf Substanzen wie das beigemischte Ketamin. Aber zumindest eine einigermaßen zuverlässige Studie konnte er im Rahmen seiner Möglichkeiten aufstellen. Er schaute auf seine Aufzeichnungen und notierte:

Versuch # 20

Zeit: 21.01.2010 – 17:45

Dosis: 80mg ‚Mix Spezial' intramuskulär

Er drückte die Taste der Stoppuhr und das Gerät verkündete mit einem Piep, dass es seine Arbeit aufgenommen hatte. André atmete tief durch, setzte die Spritze auf seinen Oberschenkel und drückte den Inhalt in den Muskel. Das bekannte Gefühl stellte sich beinahe sofort ein. Es war nicht unangenehm. Eine schläfrige Wärme legte sich über Körper und Geist und er verlor jedes Gefühl für Zeit und Raum. Es war ein vollkommen traumloser Schlaf, viel eher eine Ohnmacht.

Als er wieder aufwachte, konnte er sich zunächst weder daran erinnern, wo er sich befand, noch, wie er dahingekommen war. Seltsame Gefühle breiteten sich in ihm aus, und das Wohnzimmer erschien surreal. Er raffte sich auf und schaute sich um. Vor sich erkannte er den Tisch mit der Uhr darauf. Er sah die schnellen Zahlen, konnte aber nichts damit anfangen. Vorsichtig rappelte er sich auf, steuerte in Richtung eines hellen Lichts und fand sich in der Küche wieder. Er war auf das Fenster zugelaufen, durch das die Sonne des späten Nachmittags hereinschien. Was war nochmal passiert? Wo war er? Wie hieß er? André. Ein seltsamer Name. Er musste lachen. Mutter? Nein, sie war nicht da. Hatte sie ihm Schulbrote gemacht? Langsam schaute er sich um, erkannte den Kühlschrank und folgte einer Art Instinkt, als er die Tür öffnete. Es fühle sich an wie eine Ewigkeit, in der er die Flasche mit der eiskalten Cola anstarrte, bis er schließlich zugriff und sie langsam aufdrehte. Die zuckerhaltige Flüssigkeit führte einen Teil seines Geistes zurück in die Realität. Das Experiment! Er stolperte ins Wohnzimmer und drückte den Knopf auf der Stoppuhr. Sie zeigte lediglich zweiunddreißig Minuten an, aber es hätten auch Stunden oder Tage sein können. Sehr langsam nur kehrte sein Bewusstsein für die Realität und seine Umgebung zurück. Das war der erhoffte Effekt. Im zehnten Versuch in Folge war die Wirkung immer sehr ähnlich gewesen. Er hatte genug getestet.

35.

Camp – 2011

Als André und Pablo ihre Tests abgeschossen hatte, gingen sie zurück zum Unterstand. Ignácio und James kamen kurz nach ihnen und setzten den Kochtopf auf die Feuerstelle. Alsbald begann der Sud aus Regenwasser und Blättern zu köcheln.

„Das braucht jetzt eine Weile, bis es fertig ist.", sagte Ignácio, „Wir müssen uns abwechseln und darauf achten, dass es nicht zu heiß wird oder zu sehr abkühlt. Die Flüssigkeit muss leicht köcheln. Gießt zweimal Wasser nach, wenn es verdunstet ist, dann tauschen wir die Blätter gegen neue und kochen weiter. Irgendwann sollte das Ganze ziemlich schwarz, dickflüssig und klebrig werden. Das ist, was wir wollen."

„Ich habe tatsächlich vier von diesen kleinen Viechern gefunden.", sagte James und holte ein gefaltetes Bananenblatt hervor, das er vorsichtig auswickelte. Darin zappelten vier kleine Frösche.

André benutzte ein dickes Blatt als Handschuh und riss den Tieren die Hinterbeine aus.

„Alter!", sagte James.

André zuckte mit den Schultern.

„Sie müssen leben, sonst könnte es sein, dass das Gift sich auflöst. Und sie sollten uns nicht abhauen."

André schaute sich die verstümmelten Tiere an. Zwei waren knallig gelb mit tiefschwarzen Punkten, einer grün mit leuchtenden Rottönen, und einer so tiefblau, dass es unwirklich schien in ihrem Gefängnis aus grünem Dschungel und grauem Matsch.

„Was machen wir jetzt mit denen?", fragte Mike.

„Wir warten, bis sich das Lianengift eingedickt hat", sagte Ignácio, „Dann lassen wir es etwas abkühlen, werfen die Frösche rein und rühren kräftig um. Ab diesen Zeitpunkt dürfen wir keinen Hautkontakt mehr mit dem Gift haben. Es wirkt über kleinste Wunden und Poren. Gelangt es in die Blutbahn, gibt es hier draußen keine Rettung. Also seid vorsichtig, okay? Besonders ihr, André und Pablo. Beim Präparieren der Pfeile kann leicht etwas schief gehen."

„Ich bekomme das hin.", sagte André.

36.

André – 2005

André parkte den Transporter auf dem Haltestreifen am Straßenrand. Die falschen Kennzeichen hatte er schon vor Wochen montiert. Es war nicht ratsam, mit dauernd wechselnden Nummernschildern herumzufahren. Den Nachbarn könnte so etwas auffallen. Er stellte den Motor ab und ging nach hinten. Die lange, schnurgerade Allee war links und rechts von Baustellen gesäumt. Hohe Metallzäune und Absperrungen waren neben den Gehwegen aufgebaut. Bereits gestern hatte er die Sicherung der Straßenlampe manipuliert und so einen Ort von relativer Dunkelheit um sich geschaffen. Auf dem kleinen Monitor, mit dem er die Kameras des Transporters angezapft hatte, sah er sie kommen. Sie lief die Allee hinunter und hatte ihre überdimensionierten Kopfhörer auf den Ohren. Es war kein guter Ort zum Joggen, so spät abends, allein für eine Frau, dachte er. Die Straße vor und hinter ihnen war leer, nur ab und zu fuhr ein Auto vorbei. Der kritische Moment kam, wenn sie direkt neben dem Transporter vorbeilief. Er hatte geübt, sehr viel geübt, aber trotzdem war er nervös, jetzt, wo es ernst wurde. Vorfreude und Erregung ließen seine Hände zittern. Er atmete tief und beruhigte seinen Körper. Nur einen Spalt weit schob er das kleine Seitenfenster auf und setzte das Blasrohr an. Auf dem Monitor schätzte er die Entfernung ab. Noch zehn Sekunden. Er hört ihre Schritte und ihren schnellen Atem. Noch fünf Sekunden. Er atmete tief ein. Noch drei. Noch zwei. Ihr Körper erschien vor dem Fenster. Ein kurzer Luftstoß, nicht zu fest. Sie blieb stehen, griff sich mit der linken Hand an den Hals, schaute verwundert auf das kleine Objekt in ihrer Hand. André zog die Maske vor sein Gesicht, öffnete die Schiebetür an der Seite und sprang hinaus. Sie sah ihn einen

Moment an, bevor sie sich auf den Boden setzte und zur Seite sackte. Er trat hinter sie, griff ihr unter die Arme und zog sie in den Transporter. Langsam schloss er die Tür und wartete. Nichts war zu hören. Er prüfte ihren Puls. Alles war normal, wie erwartet. André nahm die Maske ab, setzte sich auf den Fahrersitz und atmete ein paar Mal tief durch, bevor er den Motor startete und losfuhr. Zwanzig Minuten später war er vor seiner Garage angekommen und drückte auf die Fernbedienung an der Sonnenblende. Das Tor öffnete sich mit lautem Knacken und rollte nach oben. Langsam ließ er den Transporter hineinrollen und schloss die Garage wieder. Dann verabreichte er ihr die zweite Dosis und zog sie in den vorbereiteten Raum.

Sie war genauso schön, wie er es sich vorgestellt hatte. Er war vorsichtig. Keine DNA, das war am wichtigsten. Vor lauter Erregung und Adrenalin brauchte er nicht lange, bis er fertig war. Eigentlich, dachte er, war alles viel zu schnell vorbei. Er hätte sie gern länger bei sich gehabt, einige Tage zumindest. Aber das ging nicht. Sie würde vermisst werden. Es würden Fragen gestellt. Irgendwer würde umherschnüffeln. Alles nicht gut. Vorsichtig lud er sie wieder in den Transporter, fuhr zurück zur Allee und zog sie auf die Straße. Es war ungewöhnlich warm für einen Januar, das Autothermometer hatte selbst um diese Uhrzeit noch elf Grad angezeigt. Sie würde in der kurzen Zeit nicht erfrieren oder gefährlich unterkühlen. Er prüfe die Umgebung, stieg ein und fuhr langsam davon. Zehn Minuten etwa, bis sie aufwachte, vielleicht fünfzehn, nicht mehr. Sie würde sich an nichts erinnern können. Vielleicht ein etwas komisches Gefühl, eine seltsame Ahnung, aber nichts weiter. Man würde ihr nicht glauben, weil es keine Hinweise gab. Ein kleiner Schwächeanfall beim Joggen. Vielleicht würde ein Arzt sie durchchecken, aber auch er würde nichts Ungewöhnliches finden. Die winzige Einstichstelle am Hals wäre nach einem Tag nicht mehr zu erkennen. Nein, er hatte das alles tausende Male durchdacht, jahrelang. Wenn er nicht unvorsichtig wurde oder Pech hatte, würde die Sache nicht auffliegen.

37.

Camp – 2011

„Tag zweiunddreißig."

James schaute auf den behelfsmäßigen Kalender. Sie saßen gerade zusammen und verzehrten das karge Frühstück aus Reis und Bananen. Die Vorbereitungen waren unter der Anleitung von John und James so ruhig und unauffällig wie möglich verlaufen. Jetzt konnten sie nichts tun, außer bis zum Abend warten, um ihren Plan auszuführen. John setzte sich gerade hin und schaute in die Runde.

„Okay. Auf die eine oder andere Art – wenn wir es durchziehen wie geplant, dann ist das heute unser letzter Tag in Gefangenschaft. Ich bin alt, und schon bevor ich es war, habe ich seit vielen Jahren meinen Frieden damit gemacht, dass jeder Tag mein Letzter sein kann. Ihr seid alle noch ziemlich jung und seht das vielleicht anders. Wenn jemand eine bessere Idee hat oder es nicht durchziehen will, dann ist jetzt der Zeitpunkt, es zu sagen. Wir alle würden es verstehen."

Niemand sagte etwas.

„Also sind alle an Bord?"

Er schaute jedem von ihnen ins Gesicht und wartete ab, bis sie nickten.

„Gut. Okay. Noch was. Ich weiß, wir haben lange gewartet, geplant und überlegt. Damit ist jetzt Schluss. Keine Zweifel mehr, und kein Nachdenken. Es wird nicht besser als jetzt. Was ich euch trotzdem sagen muss: Es wird nicht so funktionieren, wie wir es uns überlegt haben. Mike weiß es vielleicht, James sowieso, und ihr anderen werdet es aus irgendwelchen Situationen auch kennen. Die Dinge funktionieren niemals nach Plan. Der Plan ist ein Gerüst, an dem man sich entlanghangeln kann. Mehr nicht. Was zählt, ist euer Auftrag. Jeder von euch hat seinen. Timing ist der Schlüssel. Ihr zieht euren Auftrag durch, egal wie. Darauf kommt es an. Zum richtigen Zeitpunkt das Richtige zu tun. Seid kreativ. Wenn irgendetwas nicht funktioniert, dann versucht etwas Anderes. Ihr müsst nicht in Schönheit sterben. Niemand hält am Schluss Schilder mit Nummern hoch, und es gibt auch keinen Applaus. Lasst euch nicht verunsichern, wenn etwas nicht klappt. Vergesst nur niemals euren Auftrag!"

Er schaute in die Runde. Alle nickten. André fühlte es in sich und sah es auch den anderen an. Es war ein gewisser Kampfgeist zurückgekehrt.

„Und noch etwas.", sagte Will, „Es besteht eine gewisse Möglichkeit, dass wir morgen um diese Zeit alle tot sind. Ihr müsst euch diesen Gedanken zum Freund machen. Sonst habt ihr keine Chance. Diese Typen da draußen sind vielleicht irre, aber sie sind auch müde. Viele von denen wurden als Teenager rekrutiert oder sind noch welche. Sie leben seit Jahren in dieser Scheiße hier. Und glaubt mir, sie wollen nicht sterben. Das ist unser Vorteil. Wenn wir entschlossener, brutaler, grausamer sind als sie, wenn wir eine Zehntelsekunde weniger zögern, wenn wir nur einen Schritt früher machen als sie, dann werden wir es schaffen. Aber das geht nur, wenn ihr keine Angst habt, das Letzte zu geben. Deshalb: Wenn es etwas gibt, das euch belastet, macht euch frei davon. Wir sind eine kleine Armee. Brüder und Schwestern in Waffen. Es gibt kein Urteil, keine Verdammnis, keine Strafe. Das hier ist schon das Strafbataillon. Wir sind alle aus irgendeinem Grund hier. Die Summe aller Entscheidungen, die wir in unserem Leben getroffen haben, die Regeln, denen wir gefolgt sind, haben dazu geführt, dass wir genau heute genau hier sind. Wenn ihr nicht glaubt, dass euer Leben sinnlos war, dann seid ihr aus einem Grund hier. Es hat einen Sinn. Und egal was passiert, auch das wird einen Sinn haben. Vertraut auf euch, auf eure Entscheidungen, auf euer Leben, von mir aus auf Gott, wenn das euer Weg ist. Aber vertraut darauf, dass es einen Sinn hat, was geschieht. Auch, wenn ihr ihn gerade nicht erkennt. Die Dinge nehmen manchmal sehr seltsame Wendungen."

38.

William – 1977

Sie war ihm sofort aufgefallen. Purkett hatte Recht, Will hatte einige Schwächen. Eine war der Alkohol, eine Andere seine moralischen Ansprüche. Und eine weitere waren definitiv die Frauen. Besonders solche wie diese hier. Jung, schön, klug, selbstbewusst. Er mochte Frauen, die wussten, was sie im Leben wollten und wie sie es bekamen. Er selbst hätte niemals den ersten Schritt gemacht, das war er seiner Professionalität schuldig, und auch dem Auftrag. Allerdings konnte gerade der Auftrag eine Rechtfertigung sein. Was, wenn sie dazugehörte? Die Anzeichen waren alle da. Dann hätte er nicht nur eine Rechtfertigung, sondern sogar die Pflicht, etwas zu unternehmen. Er arbeitete jetzt seit vier Wochen im Deep Cover an der Universität von Buenos Aires, offiziell als Gastprofessor für Geschichte und Politikwissenschaften. Seine Legende war einwandfrei, dafür hatte Purkett gesorgt. Selbst wenn sich jemand die Mühe machen würde, in Berkley anzurufen, würde er von dort die Bestätigung bekommen. Ein Professor Jim Conrad Carradine war als Gastprofessor nach Buenos Aires entsandt worden, um dort für mindestens ein, vielleicht zwei Semester zu unterrichten. Professor Carradine hatte eine hervorragende Reputation und war sehr interessiert am Austausch mit anderen Kulturen. Es gab im Archiv sogar diverse Publikationen von ihm. So umfangreiche Nachforschungen würde zwar niemand anstellen, jedenfalls nicht im Kreis seiner Zielpersonen, aber das war das Gute an Purkett: Er achtete auf seine Agenten. Es gab andere Einsatzleiter, denen schon mal Fehler unterliefen. Für den Agenten endete das nicht selten tödlich oder brachte ihm unbestimmte Jahre russischer Gastfreundschaft in einem Speziallager ein. Hier in Argentinien bestand diese Gefahr zwar nicht, aber es war trotzdem nicht ohne Risiko. Der Alianza Anticomunista Argentina konnte man genauso wenig trauen wie allen diesen sogenannten Geheimdiensten hier in Südamerika. Oder Geheimdiensten generell. Jedenfalls war auf Purkett Verlass, und der wusste, dass er sich auf Will verlassen konnte.

Nach einer seiner Vorlesungen sprach sie ihn an.

„Professor Carradine?"

„Ja bitte."

„Was meinten Sie genau damit, als Sie sagten, dass der Imperialismus nichts ist, was sich auf Russland beschränkt?"

„Nun, was ich gesagt habe. Auch andere Staaten haben durchaus hegemoniale Ansprüche in der Welt. Mehr oder weniger ausufernd, aber dennoch deutlich."

„Haben Sie dafür einige Beispiele?"

„Selbstverständlich. Die Sowjetunion dürften wir als gegeben annehmen. Aber betrachten wir zum Beispiel Deutschland: Dreißig Jahre nach dem großen Krieg ist alles schön unter den Teppich gekehrt. Das Land ist ein Musterbeispiel für Bildung, Wirtschaft, und auch militärisch in der NATO ein wichtiger Verbündeter. Offiziell gibt sich Deutschland bescheiden. Militärisch geht für die Nachbarn keine Bedrohung mehr von ihm aus, noch nicht mal für den Ostblock. Aber ökonomisch gibt es ganz klare Machtbestrebungen. Niemand will es wahrhaben, gerade Frankreich und England nicht, aber das Land dominiert den europäischen Kontinent ökonomisch um Längen! Oder nehmen wir China als weiteres Beispiel. Das Land ist zwar von innenpolitischen Problemen gebeutelt, hat aber auf lange Sicht durchaus das Potential, sich zu einer globalen Macht aufzuschwingen. Und definitiv auch Interesse daran!"

„Aber China hat einen der niedrigsten Lebensstandards der Welt. Dort verhungern und verdursten Menschen, täglich!"

„Sicher. Noch. Aber ich gebe Ihnen eine Prognose, meine eigenen Einschätzung: In den nächsten dreißig bis vierzig Jahren wird China zu einer führenden Weltmacht aufzusteigen. Vielleicht sogar die USA zu überholen, ökonomisch wie militärisch."

„Und das sagen Sie als Amerikaner?"

„Junge Dame ... wie heißen sie eigentlich?"

„Verzeihung, Professor. Mein Name ist Maria."

„Nun, Señorita Maria, nur weil ich Amerikaner bin, heißt es doch nicht, dass ich mit allem einverstanden sein muss, was mein Land tut, oder?"

„Nein, das heißt es sicher nicht."

„Mal ganz unter uns – Sie sind zwar Argentinierin, aber doch sicher auch nicht mit allem einverstanden, was Ihr Land tut, oder?"

Sie schaute zu Boden.

„Nein, bin ich nicht. Ich dachte nur ..."

„Sie dachten, die Amerikaner sind alle gleich, nicht wahr?"

Will lächelte sie an.

„Nun, man sagt so einiges über Amerikaner.", sagte sie und schaute etwas verlegen.

„Tut man das? Man sagt auch einiges über die Argentinier!"

„Zum Beispiel?"

„Kennen sie diesen Witz? Was tut ein Argentinier, wenn er wegen seiner Selbstzweifel Suizid begehen will? Er springt von seinem eigenen, haushohen Ego."

„Da ist was Wahres dran.", sagte sie und kicherte.

„Wie dem auch sei. Es ist doch gut, dafür zu kämpfen, das eigene Land besser zu machen! Wenn die Dinge schief liegen, ist es sogar unpatriotisch, wenn man nichts unternimmt! Aber wir sind abgeschweift. Ich hoffe, ich konnte Ihre Frage beantworten, Señorita Maria?"

„Ja. Danke sehr, Professor!"

Von da an kam sie nach jeder Vorlesung mit einer Frage zu ihm. Ihre Gespräche wurden länger und länger. In einer besonders heiklen philosophischen Diskussion unterbrach Maria ihn unvermittelt.

„Sagen Sie, Professor? Wollen wir unser Gespräch nicht bei einer Tasse Kaffee fortsetzen?"

Es passierte, was passieren musste. Sie war jung, schön

und wild. Er war gebildet und erfahren. Er spielte seine Rolle perfekt. Es war ein Abenteuer, das wussten sie beide. Es würde nicht für immer und ewig dauern. Aber sie sprachen nicht darüber, und zumindest er dachte auch nicht darüber nach. Ihr Idealismus und ihre feurigen Ansprachen faszinierten ihn. Die hielt sie ihm oft nackt, während er noch erschöpft auf dem Bett lag, in ihrem winzigen Zimmer in La Boca. Ihre Mitbewohnerinnen waren von ähnlichem Schlag, aber keine hatte Marias Enthusiasmus. Es war beinahe berauschend, ihr zuzuhören, wenn sie in ihrem wunderbar klaren und ausdrucksstarken Spanisch über die Ungerechtigkeiten schimpfte. Ihre Augenbrauen zogen sich zusammen, wenn etwas sie besonders empörte, und sie gab ein Grollen von sich. Niemals aber verlor sie die Contenance oder wurde laut, wie so mancher fanatische Studentenschreihals. Es war ein gerechter Zorn, der sie antrieb. Sie hatte die außergewöhnliche Fähigkeit, durch die verworrenen Macht- und Geldstrukturen ihres Landes hindurchzublicken wie durch Glas. Alles lag in ihrem Geist offen vor ihr wie auf einer Landkarte. Die dunkeln Flecken interessierten sie besonders, und sie arbeitete beständig daran, diese kleiner werden zu lassen. Er diskutierte nie mit ihr, er lag einfach nur da, bewunderte ihre Schönheit und hörte ihr zu. Tatsächlich war es nur allzu leicht, darüber seinen Auftrag, die Welt und auch seine eigene Existenz zu vergessen. In diesem winzigen Zimmer, das in der Frühsommerszeit angenehm warm wurde, gab es keinen Raum für sein Leben draußen. Es gab keinen Auftrag, keinen sich weltweit ausbreitenden Kommunismus, keine Bedrohung durch ein atomares Armageddon. Es gab auch keine Erinnerungen an vergangene Kriege. An gefrorene Körper am Straßenrand, die unter Panzerketten knackten wie Eiswürfel, die man in warmen Whiskey warf. Keine Leichen im Dschungel, die von Tropenhitze und Ameisen in kurzer Zeit bis auf die Knochen zersetzt wurden. Keine dunklen, feuchten Keller, keine Schreie, keinen Geruch von Elektrizität, verbranntem Fleisch und Erbrochenem. Es gab keine Alpträume, kein schweißnasses Erwachen und hecheln nach Luft mitten in der Nacht. Es gab überhaupt gar nichts mehr außer ihnen beiden. Wenn sie sich über die feuchten Laken rollten, mal sie oben, mal wieder er, schloss er die Augen und sah die herrlichsten Farben und Landschaften vorbeiziehen. Das hier war anders als alles, was er mit den unzähligen Bekanntschaften in Bars oder mit den Mädchen in Berlin, Saigon und sonst wo erlebt hatte. Es war beinahe ein spiritueller Akt, die Vereinigung zweier Seelen. Mit hinter dem Kopf verschränkten Armen lag er dann wieder auf den Kissen, den Oberkörper leicht erhöht, und bewunderte ihre perfekte Weiblichkeit. Mit wippenden Brüsten gestikulierte und schimpfte sie gerade über eine der unabhängigen Zeitungen, in der eine Geschichte ihren Unmut erregt hatte.

„Das hier zum Beispiel, schau Dir das doch mal an", sagte sie und warf ihm das dünne Papier zu, „Die Frau hatte fünf Kinder. Dann verschwindet ihr Mann, niemand weiß, wohin, und sie muss alle allein durchbringen. Fünf Kinder! Weißt Du, was das bedeutet? Als ihre kleine Tochter krank wird, geht sie in ein Krankenhaus. Das Mädchen muss intensiv betreut werden, beatmet. Und was machen die? Als sie rausfinden, dass die Frau kein Geld hat, haben sie die Maschinen abgestellt und das Kind einfach sterben lassen. Und als ob das noch nicht reicht, haben sie das tote Mädchen als Pfand behalten für die Krankenhausrechnungen. Kannst Du Dir sowas vorstellen? Die trauernde Mutter wollte nur ihr Kind beerdigen, und sie haben ihr den Leichnam nicht gegeben, bis sie das Geld zusammenhatte. Was sind das bloß für Menschen, Jim? Was sind das bloß für Menschen! Sowas sind doch keine Ärzte! Das sind doch Verbrecher! Die gehören eingesperrt! Aber wen nehmen sie stattdessen mit? Die Leute, die so etwas anprangern. Wie kann denn das bitte Gerechtigkeit sein? Gibt es sowas auch, da, wo Du herkommst?"

Er wachte aus seiner Trance auf und versuchte, seine Gedanken auf das zu lenken, was sie gesagt hatte. Wo kam er nochmal her? Wo genau war er jetzt gerade? Meine Güte, sie war so schön! Worum ging es? Kinder sterben lassen wegen Geld? Gab es sowas? Ja, bestimmt. Was es auf jeden Fall gab, waren amerikanische Kinder, die mit haitianischem Blut gerettet wurden, während die unfreiwilligen

Spender starben. Er dachte nach.

„Nein.", sagte er dann, „Ich denke, nein. Ich weiß es nicht. Vielleicht ist sowas auch schon vorgekommen, früher."

„So etwas kann doch nicht sein, Jim. Man darf doch nicht einfach Kinder sterben lassen wegen Geld!"

„Nein, das darf man nicht. Aber was heißt das schon?"

„Stimmt. Es heißt überhaupt nichts. Ich denke immer noch, zumindest ein Arzt oder wenigstens eine Krankenschwester sollten doch noch eine Moral haben. Wo schon die anderen, die uns eigentlich beschützen sollten, keine haben. Die Polizei, die Anwälte, die Politiker und Militärs. Wer ist denn eigentlich noch übrig? Entweder wir spielen mit und versuchen, uns in ihre Reihen zu mischen. Oder wir ertragen alles still und arbeiten für ihren Wohlstand. Wenn wir uns auflehnen, dann bringen sie uns um."

Es folgte ein langer Vortrag, in dem sie sich über die Verderbtheit der Welt und der Mächtigen echauffierte. Wieder ließ sie mit zusammengezogenen Augenbrauen dieses leise Grollen hören, das für ihn wie Musik klang. Als sie fertig war, kam sie wieder zu ihm ins Bett und schmiegte sich an ihn.

„Was tust Du eigentlich hier", fragte sie, „Außer jungen Studentinnen den Kopf zu verdrehen?"

„Was meinst Du?" Er stützte den Oberkörper auf die Ellenbogen und sah sie an. Es klang alarmierter, als er es beabsichtigt hatte. Hatte sie ihn durchschaut?

„Na ja, Du bist erfolgreicher Professor und lebst in einem der besten und freiesten Länder der Welt. Hier gibt es Menschen, die würden jemanden ermorden für einen amerikanischen Pass. Und trotzdem kommst Du hierher und möchtest hier arbeiten. Hast Du keine Frau, keine Kinder?"

Er was das erste Mal, dass sie ihm eine persönliche Frage stellte, die mit seinen Lebensumständen zu tun hatte. Wenn sie ihn sonst etwas fragte, dann ging es immer um Politik oder Ethik und Moral und seine Meinung zu diesem oder jenem Thema. Er war alarmiert. Nach seiner Erfahrung stellten Frauen solche Fragen, wenn sie Interesse an einer weiterführenden Beziehung hatten. Er mochte sie, keine

Frage. Sehr sogar. Aber er hatte nicht weiter gedacht als bis dahin. Das mit ihnen konnte nicht gut ausgehen. Er wollte aber auch nicht, dass es endete.

„Nein", sagte er, „Habe ich nicht."

„Und warum nicht?"

Er dachte einen Moment nach, ließ sich wieder aufs Bett fallen und zuckte mit den Schultern.

„Weiß nicht. Es hat sich einfach nie ergeben."

„Das nehme ich Dir nicht ab. Du magst ganz offensichtlich Frauen. Und Du hast einen guten Job, ein Einkommen, ein Haus und ein Auto. Viele Frauen mögen so etwas."

„Ja, mag sein. Vielleicht mag ich aber solche Frauen nicht? Und außerdem ist es auch nicht mehr so wie in den Filmen aus den Fünfzigern. Die Frauen werden selbstbewusster. Emanzipiert nennen sie es. Sie himmeln nicht mehr einfach Männer mit gutem Status an."

„Emanzipiert.", lachte sie.

„Ja. Ein seltsames Wort."

„Wie würdest Du es denn nennen?", fragte sie.

„Frei."

„Das klingt nicht so, als würde es Dich stören."

„Tut es nicht."

„Viele Männer sehen das anders! Sie fühlen sich bedroht."

„Tun sie das? Ich weiß nicht. Menschen sind generell seltsam. Männer oder Frauen, das ist doch völlig egal. Aber es gab kaum Zeiten, in denen Frauen die Geschicke der Menschheit bestimmt haben. Manchmal waren sie zumindest ebenbürtig. Im alten Sparta zum Beispiel. Und noch bei ein paar anderen Kulturen. Aber sonst? Da kannst Du die gesamte Geschichte durchgehen. Es gab nur selten Frauen in Machtpositionen. Und wenn, dann haben sie sich angepasst. Ich fände es interessant, zu sehen, wie es anders herum wäre."

„Wie meinst Du das?", fragte sie.

„Es mag ja stimmen, dass wir Männer das stärkere Geschlecht sind. Aber vielleicht sind die Frauen das Klügere? Könnte doch sein."

Sie lachte laut auf.

„Du bist komisch, Jim. Wirklich komisch. Frauen sind auch nicht schlauer als Männer."

„Ja. Vielleicht hast Du ..."

Er kam nicht weiter.

Die Tür flog mit einem Krachen in den Raum. Vier Männer in Uniform stürmten herein und richteten ihre Waffen auf sie. Maria schrie und zog sich das Laken über ihren nackten Körper. Will griff instinktiv unter das Kopfkissen, erinnerte sich dann aber, dass er seine Pistole nicht dabei hatte. Selbst wenn, er hätte diesen Kampf nicht gewinnen können. Die Männer machten etwas Platz, und ein junger Mann in Zivilkleidung betrat den Raum. Will erkannte ihn sofort.

„Nehmt sie mit.", sagte er, „Fahrt schon los, ich komme selber nach."

„Was ist mit ihm?", fragte einer der Männer und deutete auf Will.

„Um den kümmere ich mich.", sagte der Mann ruhig und grinste. Die vier Uniformierten schleppten die schreiende und um sich schlagende Maria aus dem Zimmer die Treppe hinunter. Will blieb liegen und schaute auf die Pistole in der Hand des Mannes.

„Agent John Smith! Welche Überraschung, Sie hier anzutreffen!"

„Lieutenant Fernandes!"

„Capitán. Capitán Fernandes."

„Da kann ich ja nur zur Beförderung gratulieren."

„Danke, Agent John Smith. Oder sollte ich Sie lieber Professor Carradine nennen?"

„Ich gehe davon aus, dass ihr Besuch hier kein Zufall ist, Fernandes. Warum kommen wir also nicht einfach zur Sache?"

„Gern. Wie Sie wünschen. Wenn Sie mir also erklären mögen, warum Sie mit dem Feind fraternisieren, Agent Smith?"

„Ich erkläre Ihnen überhaupt nichts! Ich habe einen Auftrag, über den Sie nicht ..."

„Ich bin über Ihren Auftrag im Bilde, Agent Smith. Und auch über die bisher nicht zufriedenstellende Leistungsbeurteilung Ihres Vorgesetzten."

„Blödsinn."

„Nun, wenn Sie das so sehen, warum kommen Sie nicht einfach mit in mein Büro und wir rufen Mr. Purkett gemeinsam an und fragen ihn nach seiner Meinung?"

„Woher ..."

Will biss sich auf die Zunge. Das hätte nicht passieren dürfen. Fernandes bluffte, es konnte nicht anders sein. Und jetzt hatte er es bestätigt. Verdammt nochmal! Erst ließ er sich so überrumpeln, und dann das.

„Nun, Agent Smith, soweit ich informiert bin, haben Sie den Auftrag, die lokalen Sicherheitskräfte in Argentinien bei ihren Ermittlungen gegen kommunistische studentische Terrorgruppen zu unterstützen. Das heißt, Sie infiltrieren, liefern Namen und Adressen, berichten über geplante Aktivitäten. Und Männer wie ich erledigen den Rest."

„Und warum stören Sie dann meine Ermittlungen, indem Sie hier hereinplatzen?"

„Weil, wie gesagt, die Ergebnisse Ihrer Arbeit zu wünschen übrig lassen. Bis heute, und wieder natürlich nur, soweit ich informiert bin, haben Sie nicht einen einzigen Namen oder auch nur Verdacht geäußert. Sie sind jetzt fast drei Monate im Land. Das ist selbst für einen Mann ihres Alters kein zufriedenstellendes Ergebnis. Stattdessen fraternisieren Sie mit einer jungen Frau, die gleichzeitig einer der führenden Köpfe der studentischen Terrorbewegung ist."

„Welche Terrorbewegung? Außerdem, was wissen Sie schon über meine Methoden und Berichte?"

„Ich weiß, dass Ihre Methoden nicht besonders effizient sein können, wenn Sie nach Wochen der fleischlichen Aktivitäten noch nicht einen einzigen Hinweis abliefern konnten. Oder habe ich mich geirrt, und Sie wollen vielleicht gar nichts abliefern, hm, Agent?"

„Ich bin Ihnen keinerlei Rechenschaft schuldig."

„Nein, das sind Sie nicht. Aber Ihr Vorgesetzter und mein Vorgesetzter stehen in regelmäßigem Kontakt. Und das kommt in etwa auf dasselbe raus."

„Das sehe ich anders."

„Sehen Sie es, wie Sie wollen, es ändert nichts an den

Tatsachen. Und jetzt werde ich eben nach meinen Methoden mit der jungen Señorita Maria verfahren. Wie war das noch gleich, Agent Smith? Blut, Sabber, Schreie, der Gestank von Elektrizität? Wie nannten Sie es? ‚Höchst unerfreulich'? Ich habe von den Besten gelernt! Und im Gegensatz zu Ihnen macht mir meine Arbeit Freude. Wenn Sie verstehen, was ich meine."

Will starrte ihn kalt und bedrohlich an.

„Ihr Blick macht mir keine Angst, Agent Smith. Es gibt nichts, was Sie hier tun können. Verstehen Sie das?"

„Wir werden sehen."

Fernandes grinste ihn mit einem perfekt weißen Gebiss an.

„Werden wir. Bis dahin sollten Sie sich vielleicht darauf konzentrieren, zumindest ihrem Vorgesetzten einige Ergebnisse zu liefern."

Fernandes drehte sich um und verschwand aus dem Zimmer. Will blieb allein auf dem zerwühlten Bett zurück, das noch nach ihr roch.

Irgendwann raffte er sich auf und zog sich an. Die Realität hatte ihn eingeholt. Aber nicht nur ihn, sondern auch Maria. Sie hatte mit dem ganzen Mist nichts zu tun. Es war persönlich, das war klar. Aber es gab noch ein anderes Problem. Wenn so ein pomadierter Gardeoffizier wie Fernandes ihn einfach so überrumpeln und offensichtlich auch beschatten lassen konnte, ohne dass er es bemerkte, dann hatte er ein Problem. Er war weich und unvorsichtig geworden, hatte sich in trügerischer Sicherheit gewogen. So etwas durfte nicht passieren. Um seiner selbst willen nicht, aber auch nicht wegen Menschen wie Maria, die nichts mit der Sache zu tun hatten. Er verließ das Appartement und fuhr zu seiner Wohnung. Dort hob er das Telefon ab, wählte die Nummer und wartete. Auf der anderen Seite wurde der Hörer abgenommen.

„Was zur Hölle, Purkett!", brüllte er in den Apparat, „Du hast mit diesen schmierigen Lackaffen über meinen Auftrag geplaudert?"

Purkett schwieg. Er wusste, dass es keinen Sinn hatte, in

diesem Zustand mit ihm zu reden. Er wartete, bis Will sich etwas beruhigt hatte.

„Was zum Teufel hast Du Dir dabei gedacht?", fragte Will.

„Wobei?"

„Du weißt genau, was ich meine!"

„Nein, Will, das weiß ich nicht."

„Ich dachte, ich kann mich auf Dich verlassen!"

„Das kannst Du auch! Aber was hast Du denn geglaubt? Dass ich den Argentiniern jemanden schicke, der genau unter ihrer Nase Kommunisten jagt, ohne sie wenigstens zu informieren? Dein Auftrag war Infiltration und Unterstützung! Das heißt, verwertbare Ergebnisse werden wir selbstverständlich einem verbündeten Geheimdienst mitteilen. Ergebnisse, die leider bis heute noch ausstehen."

„Weißt Du, warum, Purkett? Weil es keine Ergebnisse gibt! Terrorismus? So ein Schwachsinn! Weißt Du, was hier los ist? Gar nichts! Junge Menschen, die sich gegen verkrustete Strukturen auflehnen, gegen Ungerechtigkeit. Und das völlig zu Recht. Genau wie bei uns! Ungerechtigkeiten! Nichts weiter. Hier bewaffnet sich niemand und versucht, den Staat zu stürzen. Alles, was die wollen, sind freie Wahlen und Demokratie."

„Du bist einfach unglaublich, Will!"

„Was soll das denn jetzt schon wieder heißen?"

„Wo Du schon überall warst. Was Du schon alles gesehen hast. Erinnerst Du Dich nicht mehr an unser letztes Gespräch? Demokratie hat einige gravierende Nachteile, und man muss auch damit umgehen können. Nochmal: Es geht nicht um Demokratie und Freiheit, es geht darum, uns den Russen vom Leib zu halten."

„Hier sind keine Russen! Keine Bomben, keine Attentate. Einfach nur junge Leute, die die Schnauze voll haben. Intelligente, gut ausgebildete Menschen. Und weißt Du, was man mit ihnen macht?"

„Mach Dich nicht lächerlich. Natürlich weiß ich das. Wir bringen es ihnen bei, Will. Du warst selbst dort. Was hast Du erwartet? Dass Leute wie Legrand ihnen zeigen, wie man Menschen mit Bettfedern kitzelt?"

„Wir stützen hier furchtbare Menschen. Wirklich schlimme Verbrecher! Das hat nichts mit einem gerechten Kampf zu tun. Denen geht es nur um ihre eigene Macht!"

„Na und? Lass sie! Solange sie uns gehorchen, sollen sie machen."

Will war sprachlos. Eine Stimme kam von unten. Es war die Haushälterin.

„Señor Carradine?", rief sie, „Sie haben einen Besucher!"

„Was zum Henker?! Ich dachte, Du wärst in der Botschaft! Rufst Du über eine ungesicherte Leitung an?"

Will sagte nichts. Das Telefon am anderen Ende der Leitung war tot. Dafür erschienen die weißen Zähne von Fernandes im Türrahmen.

„Agent Smith. Würden Sie bitte mit mir kommen? Ich möchte Ihnen etwas zeigen!"

Will hielt den Hörer noch in der Hand, drehte sich um und starrte Fernandes an. Sein erster Impuls war, diesen Typen einfach umzulegen, gleich hier und jetzt. Aber etwas hielt ihn zurück. Es war nicht die Vorsicht oder die Angst, erwischt zu werden. Er hatte keine Angst. Es war mehr so etwas wie Hoffnung, ein kleiner Funke Hoffnung, Maria wieder zu sehen.

Er legte den Hörer auf und folgte Fernandes nach draußen, wo ein Mercedes wartete. Fernandes klopfte dem Fahrer auf die Schulter, und sie fuhren los. Will starrte schweigend aus dem Fenster auf die vorbeiziehende Stadt. Auch Fernandes sagte nichts. Nach einer halben Stunde hielten sie vor einem weißen Gebäude mit Säulen davor. Will kannte es. Auf einem polierten Messingschild stand in kleinen Buchstaben dasselbe, was in riesigen Lettern quer über dem Gebäude prangte.

Escuela Superior de Mecánica de la Armada

Jeder in Buenos Aires wusste, was hier vor sich ging, auch wenn nur hinter vorgehaltener Hand darüber geredet wurde. Ein Wachtposten öffnete das Stahltor und sie fuhren hindurch. Das Areal umfasste zahlreiche Gebäude. Vor einem flachen Bau mit Gittern vor den Fenstern hielten sie an.

Fernandes stieg aus und Will folgte ihm hinein. Sie gingen durch ein Vorzimmer und stiegen eine schmale Treppe hinunter. Ein unbeschreiblicher und dennoch bekannter Gestank schlug ihm entgegen. Dumpfe Geräusche und Schreie drangen aus dem Gewölbe unter ihnen. Fernandes winkte einem Wachtposten. Der zog an einem Hebel, und ein lautes Brummen ertönte. Daraufhin wurde es bis auf vereinzeltes Wimmern still in dem Keller. Sie liefen durch lange Gänge, vorbei an vergitterten, dunklen Räumen, bogen ab, liefen weiter. Will folgte Fernandes wie im Trance. Vor einer Stahltür blieb er stehen und klopfte drei Mal. Ein Riegel wurde zurückgeschoben und die Tür öffnete sich. In dem schwach beleuchteten Raum lag Maria. Sie war noch immer nackt und auf einen Eisentisch gefesselt. Ein junger Mann in abgerissener Häftlingskleidung war gerade dabei, ein Foto von ihrem Gesicht zu machen.

„Hau ab, Antonio!", sagte Fernandes grob.

Der Mann griff seine Kamera, verbeugte sich unterwürfig und humpelte eilig aus der Zelle. Will starrte auf Maria. Ihr vor wenigen Stunden noch makelloser Körper wies Schrammen, Schnitte und Verbrennungen auf. Will senkte den Blick und drehte den Kopf weg. Sie erkannte ihn trotzdem sofort und schaute ihn aus glasigen Augen an. Etwas wie Hoffnung flammte darin auf.

„Ich wollte Ihnen die Möglichkeit geben, endlich Ergebnisse abzuliefern, Agent Smith. Sehen Sie es als Freundschaftsdienst, unserer gemeinsamen Erfahrungen wegen. Bis jetzt haben wir die junge Dame nur mit Samthandschuhen angefasst. Sie haben also noch alle Möglichkeiten, all die Methoden auszuprobieren, die sie so großzügig mit uns geteilt haben."

Maria hob schwerfällig den Kopf und starrte ihn an.

„Jim", sagte sie, „Was ist hier los? Was meint er?"

„Ich denke, Agent Smith hier kann Ihnen alles erklären, Señorita Maria.", sagte Fernandes, „Ich lasse Sie jetzt allein. Ich denke, Sie beide haben sich viel zu sagen."

Zackig drehte er sich um und verließ den Raum, gefolgt von den zwei anwesenden Soldaten. Will hörte das Geräusch ihrer Stiefel auf dem Beton, dann wurde von draußen der Riegel vorgeschoben.

„Maria!", stammelte er, „Ich ..."

„Ich bin so dumm!", sagte sie leise zu sich, „So dumm!"

Er trat an die Liege heran und griff nach ihrer Hand.

„Fass mich nicht an!", zischte sie und riss an dem Lederriemen um ihr Handgelenk. Als das nichts half, spukte sie nach ihm und traf ihn ins Gesicht. Ihre Augen funkelten klar und wütend, so wie er es von ihren Vorträgen kannte.

„Du verfluchtes Schwein!", zischte sie, „Du Teufel!"

Er wischte sich mit dem Ärmel über das Gesicht. Es war nicht nur ihr Speichel, den er loswerden wollte.

„Weißt Du", sagte er, „Man hat mich schon öfter so genannt. Aber bis jetzt hat es nie weh getan. Diesmal schon."

„Gut!", fauchte sie.

„Ich habe das nicht gewollt, Maria. Das musst Du mir glauben!"

„Ich? Ich muss Dir etwas glauben? Ich weiß ja noch nicht mal, wer Du bist! Agent Smith? Professor Carradine? Gar nichts von beidem?"

„Alles. Und noch viel mehr."

„Du hast mich verraten und an diese Verbrecher ausgeliefert."

„Ich habe nichts dergleichen getan. Es ist Fernandes. Er hat eine Rechnung mit mir offen. Ich hole Dich hier raus, Maria! Glaub mir!"

Sie lachte hysterisch.

„Du bist ein Idiot, Jim! Niemand kommt hier raus. Von hier ist noch keiner zurückgekommen. Das weiß doch jeder! Oder glaubst Du, sie lassen mich einfach so mit Dir hier herausspazieren?"

„Ich habe Kontakte."

Wieder dieses Lachen.

„Ich bin sicher, die hast Du. Aber es wird Dir nichts helfen."

„Ich werde einige Anrufe tätigen. Fernandes bekommt einen Befehl, und er muss Dich gehen lassen."

Sie schloss die Augen und atmete tief durch. Ihre Stimme war beinahe sanft, als sie ihn erneut ansah.

„Du bist der klügste Mensch, den ich jemals getroffen

habe. Und trotzdem bist Du zu dumm, zu erkennen, dass er Dich quälen will. Er will Dich foltern, indem er mich foltert. Das ist alles, was er hiermit bezwecken will. Was auch immer ihr für eine Rechnung offen habt, Du wirst teuer bezahlen müssen. Und ich auch. Niemand wird ihm irgendeinen Befehl geben, mich freizulassen. Ich bin nämlich gar nicht hier. Verstehst Du das? Mich gibt es nicht mehr! Jeder, der nach mir fragt, wird ebenfalls hier landen. Es gibt nichts, was Du tun kannst, Jim. Gar nichts. Vielleicht sollte das auch alles so sein. Vielleicht ist es mein Schicksal, das hier durchzumachen, damit Du endlich die Augen öffnest. Du sagst, man hat Dich schon öfter einen Teufel genannt?"

Er nickte stumm.

„Warum wohl? Vielleicht hilft es ja jetzt. Du kannst hier nichts mehr tun. Geh! Aber vergiss nicht, was Du angerichtet hast. Vergiss es niemals! Nur dann war es nicht umsonst."

Der Riegel war zu hören und die Tür wurde geöffnet. Fernandes betrat den Raum.

„Nun, Agent Smith, ihre subtilen Methoden scheinen hier wirklich nicht zum Ziel zu führen. Wenn Sie mir bitte folgen würden?"

In Gedanken sprang Will ihn an, rammte ihm das Knie zwischen die Beine, krallte sich in seine Haare, grub seine Daumen in seine Augenhöhlen. Er spürte förmlich, wie die weichen Kugeln unter seinem Druck platzten, hörte Fernandes vor Schmerz brüllen. Er riss dem zuckenden Körper die Pistole vom Gürtel, erschoss die beiden Soldaten, befreite Maria und rannte mit ihr die Gänge entlang nach draußen. Weg von hier, nur weg, egal wohin, aber nie mehr zurück.

Während er das dachte, folgte er Fernandes in einen Nebenraum. Er war surreal sauber und hell. Mehrere Stühle standen um einen Tisch und eine Kaffeemaschine dampfte in der Ecke. An einer Wand hingen Monitore, die das Innere verschiedener Zellen zeigten. Auch Maria war auf einem der Bildschirme zu sehen. Fernandes bedeutete ihm, sich zu setzen.

„Bitte warten Sie hier, Agent Smith. Bedienen Sie sich! Ich muss noch etwas erledigen und bin so bald wie möglich wieder zurück, um Sie hinauszubegleiten. Ich entschuldige mich für die Unannehmlichkeiten."

Fernandes verschwand, verriegelte die Tür hinter sich und ließ Will allein in dem Raum zurück. Die Monitore begannen zu flackern, wurden für einen Moment dunkel, dann zeigten alle nur noch ein Bild: Maria auf dem Tisch.

Die nächsten Stunden kamen ihm vor wie Tage. Auch wenn er nicht auf die Monitore sah, so musste er doch alles aus dem Nebenraum mit anhören. Er saß regungslos auf dem Stuhl. Jeder Muskel in seinem Körper war angespannt. Er ballte die Fäuste, mahlte mit den Kiefern. Er stand auf und riss die Kabel aus den Fernsehern. Die Mattscheiben wurden schwarz, aber die Geräusche aus dem Nebenraum waren auch so deutlich zu hören. Will lief durch den Raum wie ein verwundeter Tiger, hämmerte sich mit den Handballen auf die Ohren, zog sich an den Haaren, setzte sich wieder, hielt sich die Ohren zu. Es half nichts.

Nach einer Ewigkeit erschien Fernandes wieder. Er ließ seinen Blick durch den Raum schweifen, sah die herausgerissenen Kabel und grinste.

„Bitte verzeihen Sie die Unannehmlichkeiten, Agent Smith. Ich hoffe, Sie verstehen, dass Sie sich auf einer geheimen Militärbasis nicht frei bewegen können. Es hat etwas länger gedauert. Unsere gemeinsame Freundin ist auch mit weniger subtilen Methoden nicht sehr zugänglich."

Er setzte ein ernst-feierliches Gesicht auf.

„Allerdings gibt es gute Nachrichten! Sie hatten auf jeden Fall den richtigen Riecher, Agent! Sie weiß eine Menge. Ich denke, sie wird eine lange Zeit hierbleiben müssen, bis wir alles aus ihr herausgeholt haben. Aber Sie können beruhigt sein, Agent. Ich verspreche Ihnen, dass ich ihr persönlich meine volle Aufmerksamkeit widmen werde. Wie gesagt, im Gegensatz zu Ihnen macht mir meine Arbeit Spaß."

Will sah ihn an. Er versuchte, möglichst ruhig zu wirken. Es war alles nur ein Auftrag, nichts weiter. Kollateralschäden. Das war schon hunderte Male passiert. Kein Grund, die Dinge persönlich zu nehmen.

„Wissen Sie, Fernandes", sagte er, „Es kann sein, dass es

eine Weile dauert. Vielleicht Jahre. Aber ich werde Sie kriegen."

„Wer weiß, was die Zukunft für uns bereithält. Für Señorita Maria jedenfalls wird die sie höchst unerfreulich. Die Konsequenz einer unklugen Lebensweise. Und für Sie wird die Zukunft irgendwo anders stattfinden. Sehr weit weg von hier, und von der guten Señorita. Die Konsequenz einer ineffizienten Arbeitsweise."

Will folgte ihm aus dem Gewölbe. Sie liefen ein Stück über das Gelände. Während er hinter Fernandes herging, kostete es ihn übermenschliche Anstrengung, diesen Mann nicht einfach umzubringen. Ein Wachtposten öffnete das riesige Tor hin zur Straße.

„Ich denke, Sie finden den Weg von hier! Wenn Sie mich jetzt entschuldigen? Die Pflicht ruft!", sagte Fernandes, „Leben Sie wohl, Agent Smith!"

Er klopfte Will freundschaftlich auf die Schulter, drehte sich um und verschwand auf dem Gelände.

Will stieg vor der Botschaft aus dem Taxi. Es hatte Ewigkeiten gedauert, auf der stark befahrenen Avenida del Libertador ein Taxi zu bekommen. Purkett erwartet ihn bereits in seinem Büro. Das war schnell, selbst für ihn.

„Bist Du extra deswegen hergekommen?", fragte Will.

Purkett schaute ernst drein.

„Du schmeichelst Dir! Ich hatte ohnehin in der Gegend zu tun."

„Und wie geht es jetzt weiter?"

„Für Dich gar nicht. Dein Auftrag hier ist beendet."

„Ich kann hier nicht weg! Nicht, solange sie in diesem Loch ..."

„Ich habe Dich gewarnt", unterbrach ihn Purkett, „Ich habe Dir gesagt, Du sollst die Finger von den Mädchen lassen. Jetzt ist es zu spät. Dieser Capitán Fernandes hat jede Menge Staub aufgewirbelt. Du bist verbrannt. Fürs erste zumindest."

Purkett reichte ihm einen Umschlag.

„Hier ist ein Ticket nach Amsterdam. Der Flug geht in fünf Stunden. Sorg dafür, dass Dein Arsch an Bord ist!"

„Was soll ich denn in Amsterdam?"

„Ich parke Dich. Es ist ruhig dort, und es gibt jede Menge Möglichkeiten, um auf andere Gedanken zu kommen. Wenn Du verstehst, was ich meine."

„Ich will nicht auf andere Gedanken kommen! Ich will einen Auftrag! Und ich will Deine Unterstützung dabei, sie hier rauszubekommen."

„Keine Chance. Ich habe sehr vorsichtig die Lage erkundet und mir direkt die Finger verbrannt. Vergiss sie! Sie ist so gut wie tot. Und einen neuen Auftrag kann ich Dir fürs Erste nicht geben. Man nennt es nicht umsonst verbrannt. Ich sehe es Dir an. Du bist gerade nicht in der Lage, klar zu denken."

„Ich konnte immer klar denken, wenn es darauf ankommt."

„Ganz genau. Du konntest. Jesus Christus, Will, was für ein Fuck-Up! Ich meine, die Kleine, das kann ich ja alles noch irgendwie verstehen. Ich bin selbst nur ein Mann. Aber Deine Berichte? Friedliche Studenten, keine Terrororganisationen? In welchem Argentinien warst Du? Und dann dieser Fernandes! Keine Ahnung, was Du in Panama mit dem angestellt hast, aber er hat es wirklich auf Dich abgesehen. Und Dir entgeht nicht nur, dass er einige Augenpaare auf Dich angesetzt hat, Du lässt Dich auch noch in flagranti von ihm überrumpeln? Meine Güte, was ist bloß los mit Dir?"

„Ich habe ihn unterschätzt."

„Das denke ich auch."

Purkett rückte seinen Stuhl nah an Will heran, reichte ihm eine Zigarette und gab ihm Feuer.

„Jetzt hör mir mal zu. Was Du mitmachst, ist ganz normal. Ich kümmere mich um meine Agenten, das weißt Du. Ich mache keine Fehler und ich erwarte von euch dasselbe. Aber das ist ein harter Job, und man kann nicht immer alles vorhersehen. Und dass ein Agent zu einem Asset eine starke emotionale Bindung aufbaut, ist ein immer ein Risiko. Es kommt häufiger bei Agentinnen vor, als bei Agenten, aber sowas passiert. Und dann wird es schwierig. Du bist nicht der Erste, den ich wegen solcher Dinge von einem Auftrag abziehen muss. Und das ist noch der günstigste Fall. Ohne

Details zu nennen, aber mir ist schon jemand abgesprungen, um gemeinsam mit ihrer Liebe in den Tod zu gehen. Nur, um dann festzustellen, dass die Liebe ein Agent der Gegenseite war. In dem Fall hat der Gegner einfach die bessere Arbeit gemacht. Es ist alles nur ein Spiel, Will, und so solltest Du es auch sehen. Mal gewinnt man, mal verliert man. Und wer so oft gewonnen hat wie Du, für den ist es besonders schwer, auch mal eine Niederlage einzustecken. Dreißig Jahre bist Du schon da draußen, Will! Das ist länger, als die Meisten es geschafft hätten. Länger, als ich es geschafft hätte. Irgendwann geht es einfach schief. Das ist das Gesetz der großen Zahlen."

„Das klingt gerade so, als hätte ich einfach nur Glück gehabt", unterbrach Will ihn, „Du weißt genau, dass mein Erfolg darauf basiert, dass ich mich eben gerade nicht auf Dinge wie Glück verlasse. Ich plane exakt, recherchiere genau ..."

„Das tun alle anderen auch! Außerdem weißt Du ganz genau, das Glück immer eine Rolle spielt, egal wie genau man arbeitet. Aber in diesem Fall hattest Du nicht einfach Glück oder Pech, Du hast schlampig gearbeitet und Dich von Deinen Emotionen leiten lassen. Wie gesagt, das kommt öfter vor. Und die Standardprozedur bei mir ist dann: Amsterdam. In Russland wäre sie Gulag oder Erschießungskommando. Du kannst Dich also glücklich schätzen."

Will senkte den Kopf und starrte auf den Boden.

„Jeder hat seinen Zerreißpunkt, seine Schwachstelle. Auch Du, Will! Irgendwann hat man Pech oder es geht einfach nicht mehr. Ich verstehe das, wirklich. Und ich lasse Dich nicht fallen! Aber ich kann Dir mit dem Mädchen nicht helfen, und ich kann Dir keinen neuen Auftrag geben. Wenn Du den aus irgendwelchen Gründen versemmelst, es muss ja gar nicht Dein Fehler sein, dann ist mein Arsch fällig. Und von meinem Arsch hängt eine Menge mehr ab als Deine romantischen Avancen. Es wird schon schwer genug, Dich aus der Schusslinie zu halten. Hast Du irgendeine Ahnung, was Dein Fall gerade für Wellen schlägt? Leute stellen Fragen! Man ist nervös, auch wegen der Presse. Gerade nach der Nummer mit Letelier. Wir haben hier nichts zu suchen und wissen auch von nichts. Condor ist tot für uns. Offiziell hat Argentinien ein Terrorismusproblem, und wir hoffen, dass sie es so schnell wie möglich in den Griff bekommen. Das wars."

„Kissinger. Ich weiß." Will senkte den Kopf.

„Hör zu. Es tut mir leid für Dich, okay? Aber es ist, wie es ist. Entweder hast Du es grandios vergeigt, weil Du bei einem wichtigen Asset die politischen Gefahren nicht erkannt und gemeldet hast. Oder Du hast nicht effizient gearbeitet, wenn Du für eine Infiltration so lange brauchst. Oder Du hast ein wichtiges Asset an die argentinischen Behörden ausgeliefert, und wir haben jetzt keine Jurisdiktion mehr. Ich kann es drehen und wenden, wie ich will – mal sieht es besser für Dich aus, mal schlechter. Aber niemals gut. Mir wäre lieber, überhaupt niemand stellte diese Fragen. Das sind sowieso Leute, die auf parlamentarischen Prinzipien herumreiten und nicht die geringste Ahnung von der Welt hier draußen haben. Politclowns. Aber mächtige Clowns. Das Gute daran ist, dass es kein wirkliches Drama ist. Dein Einsatz hier ist nicht so hochbrisant, dass er zu ernsthaften Verwerfungen führen würde. Jedenfalls nicht der Teil, der öffentlich bekannt werden könnte. Und die Halbwertszeit des Interesses der Politclowns ist gering. Ich werde ihnen etwas Anderes hinwerfen. Und ich werde dafür sorgen, dass so wenig wie möglich an Dir hängenbleibt. Aber die Kleine – vergiss es. Für die kann ich nichts tun."

Will saß vornübergebeugt auf seinem Stuhl, hielt mit beiden Händen sein Whiskeyglas umklammert und starrte hinein. Dann hob er den Kopf und schaute Purkett an.

„In Ordnung. Ich verstehe. Aber gib mir wenigstens noch etwas Zeit, okay?"

„Wozu? Was hast Du vor? Nachts im Alleingang in die ESMA einbrechen und sie herausholen? Vergiss es! Dieser Ort ist eine Festung. Du hast es selbst gesehen. Mal ganz zu schweigen von der diplomatischen Katastrophe, die es auslösen würde – selbst ich könnte Dich dann nicht mehr retten. Die Firma hätte keine andere Wahl, als Dich unter ‚Rogue Agent' zu verbuchen und abzuschreiben. Und ich kenne mindestens einen Menschen, der sich darüber sehr freuen würde."

„Fernandes!"

„Genau der. Hör zu, Will. Das Einzige, was Du tun kannst, ist abtauchen. Ich hole Dich zurück, sobald es geht, das verspreche ich Dir. Und wenn Du voll wiederhergestellt bist, dann werden wir sehen, was wir tun können. Wegen Fernandes, meine ich. Es ist riskant, aber ich denke, Du könntest Deine Revanche bekommen."

„Das hilft ihr dann auch nicht mehr."

„Nein, tut es nicht. Aber ich kann diese schmierige Ratte nicht ausstehen. Ich bin der Letzte, der nicht tut, was getan werden muss. Aber mir machen Leute Angst, die das Ganze etwas zu sehr genießen. Mit denen stimmt was nicht. Ich – wie soll ich es sagen – ich nehme Notiz davon. Fernandes ist nicht der Einzige auf meiner Liste von Leuten, die ich lieber nicht mehr in Machtpositionen sehen möchte, wenn der ganze Schlamassel vorbei ist. Das ist sozusagen mein Plan für den Ruhestand. Als Privatmann. Wenn Du verstehst. Aber behalte es für Dich!"

Will nickte.

„Pack Deinen Kram, steig in das Flugzeug, flieg nach Amsterdam und warte. Es ist ein nettes Hotel für Dich gebucht. Genügend finanzielle Mittel für einen entspannten Aufenthalt gibt es auch. Zieh' ein bisschen was durch. Hasch, Nutten, ganz egal. Das hat bis jetzt noch jedem geholfen. In sechs, sieben Monaten hole ich Dich wieder zurück. Wenn, und das ist großes Wenn, sich was anderes ergeben sollte, werde ich hier sein. Wegen der Kleinen, meine ich. Ich bin jetzt eine Weile vor Ort. Und ich vergesse sie nicht. Das verspreche ich Dir. Okay?"

Will nickte langsam, drehte sich um und ging mit hängenden Schultern aus dem Raum.

„Ein Danke wäre nett.", hörte er Purkett im Weggehen noch brummen.

39.

Camp – 2011

„Okay", sagte Will, „Es wird langsam dunkel. Wir sollten uns bereitmachen. So oder so – Tag zweiunddreißig ist unser letzter in diesem Drecklocker."

Er drehte sich zu James, griff unter seine zerfranste Jacke und zog die Pistole heraus, die er im Bus dort versteckt hatte.

„Was zur Hölle ...", sagte James, „Woher hast Du das Ding?"

„Diese Waffe begleitet mich, seit ich mich 1943 nach Europa eingeschifft habe. Sie hat viel mit mir erlebt. Heute, denke ich, wird sie Dir mehr nützen als mir. Aber ich will sie zurück!"

Mit einer ernsten Geste reichte Will ihm die Pistole. Aus einer anderen Tasche zog er einen Schalldämpfer hervor.

„Kaliber .45 ACP, 230 grain. Unterschall. Du hast sieben Schuss."

„Verstanden."

James bewegte sich wie ein Geist. Die Gelegenheit war günstig. Der Dauerregen der letzten Tage steckte noch allen in den Knochen. Auch jetzt hatte wieder Regen eingesetzt. Die Wachen waren unaufmerksam und gereizt. Das war gut. Gereiztheit erzeugte Stress, und Stress vernebelte die Entscheidungsfähigkeit. So hatten sie immerhin Gleichstand. Inklusive dem Comandante waren noch zehn Bewacher vor Ort. Drei Wachen und der Comandante waren in der Hütte und hatten Pause. Vier Wachen patrouillierten um das Lager. Jeder ging an einer Seite auf und ab. Zwei weitere saßen in kleinen Wachtürmen am östlichen und westlichen Ende. Sie waren mürrisch, unvorsichtig und fühlten sich sicher. Er konnte in der Dunkelheit ihre Zigaretten glimmen sehen, die sie unter den Kapuzen ihrer Ponchos vor der Nässe zu schützen versuchten. Wenn sie fertiggeraucht hatten, flogen die Kippen wie kleine Sternschnuppen durch die Nacht, und ihre Gesichter leuchteten aus der Dunkelheit auf, wenn sie sich eine Neue anzündeten. Sie rechneten mit keiner Gefahr von außen, sonst hätten sie sich anders verhalten. James schaute sich um. Pablo und André waren direkt hinter ihm und machten einen guten Job dabei, sich leise zu bewegen. Er hob den angewinkelten Arm und ballte die Faust. Stop. Die beiden gingen in die Knie und warteten. James hob den Zeigefinger und machte damit eine kreisende Bewegung. Verteilen. André schlich auf den westlichen, Pablo auf den östlichen Wachturm zu. So war es besprochen. Mike und Will würden sich um die anderen zwei Wachen kümmern. Ignácio sollte nicht kämpfen, sondern sich im Hintergrund halten für den wahrscheinlichen Fall, dass jemand verletzt würde. Auch Toshi hatte seine eigene Nutzlosigkeit in einem Kampf ebenso realistisch eingeschätzt wie der Rest der Gruppe, und man war übereingekommen, dass auch er sich im Hintergrund halten würde. Alicia blieb wie selbstverständlich ebenfalls bei den beiden.

Jetzt kam der schwierige Teil. Einerseits war es nicht einfach, in der Dunkelheit und von unten jemanden auf dem Turm zu treffen, und zwar auch genau so, dass die Wirkung des Giftes möglichst sofort eintrat. Andererseits bestand eine hohe Wahrscheinlichkeit, dass ein getroffener Posten trotzdem noch irgendwelche Geräusche verursachte. Zum Beispiel einen leisen Schrei ausstieß, stürzte, das Gewehr fallen ließ oder Ähnliches. Alles, was Geräusche machte, war nicht gut. James wartete, bis André und Pablo in Position waren. Dann überprüfte er die Routine der beiden Wachposten auf seiner Seite. Alles war noch so, wie sie es wollten. Einer der vier war gerade sehr weit von den Türmen entfernt. Leise Geräusche würde der Regen auf diese Entfernung schlucken. James wartete, bis sein erstes Ziel die größte Entfernung zum Wachturm hatte und sich kurz mit seinem Kollegen traf, der die untere Ost-West-Flanke patrouillierte. Die beiden wechselten ein paar Worte, der eine gab dem anderen Feuer, dann drehten sie sich um und gingen die Strecke wieder zurück. James passte die Entfernung ab, richtete sich auf, zielte und drückte ab. Das für die Grundfunktionen wie Atmung und Herzschlag zuständige Hirnareal des Mannes wurde zerstört und stellte augenblicklich seine Funktion ein. Der Posten wurde für eine Sekunde steif wie ein Brett und sackte zusammen. Zwei Sekunden später schaltete James den anderen Wachtposten auf dieselbe Weise aus. Er nahm die Gewehre und Pistolen der Männer an sich und prüfte die Waffen. Alles war geladen und schussbereit. Einer der beiden trug ein Kampfmesser am Gürtel, das er ebenfalls einsteckte. Dann gab er das vereinbarte Zeichen an André und Pablo. Durch den Regen und die Dunkelheit konnte er nur schemenhaft den Wachtposten auf dem westlichen Turm erkennen. Der Griff sich plötzlich an den Hals, als würde er einen Moskito erschlagen wollen, zog die Hand zurück und schaute darauf. Kurz danach sackte er nach hinten über, stolperte in Richtung Leiter und fiel durch die Öffnung im Geländer rückwärts herunter. Mit einem dumpfen Schlag landete der Körper auf dem nassen Boden. James ging in die Hocke, riss das Gewehr hoch und zielte in die Dunkelheit, bereit, auf jeden Lärm sofort zu feuern. Nichts passierte. Alles im Lager blieb ruhig, nur der Regen prasselte weiter auf das Blätterdach, in den Matsch und die auf Pflanzen um ihn herum. Er lief geduckt auf den Turm zu und traf unten über die Wache gebeugt auf André, der ihn erschrocken anstarrte, erkannte, und wieder auf den Mann vor sich am Boden schaute. Er hatte die Augen weit aufgerissen und seltsam verdreht, hielt sich den Hals und röchelte. James zog das Messer und stach ihm ins Herz. Die Augen wurden glasig, das Röcheln hörte auf, die Hände lösten sich vom Hals und fielen schlaff in das matschige, dickblättrige Gras. André schaute ihn mit aufgerissenen Augen an.

„Waffe!", sagte James knapp, und André nahm das Gewehr an sich. James leitete seine Hände.

„Sicherung. Abzug. Nicht anfassen, bevor Du etwas im Visier hast, auf das Du wirklich schießen willst! Klar?"

André nickte.

Will und Mike tauchten aus dem Dunkel auf. James gab Will seine Pistole zurück und reichte Mike die anderen Waffen. Die beiden verschwanden wieder und widmeten sich ihrem Auftrag.

„Komm mit.", sagte James zu André.

Geduckt liefen sie quer durch das Lager zu dem östlichen Wachturm und fanden Pablo in der Nähe kniend.

„Posten?", flüsterte James.

„Noch oben", kam die Antwort, „Ich bekomme kein freies Schussfeld."

James nickte, gab Pablo sein Gewehr und schaute ihn an. Der blickte kurz darauf und nickte.

„Okay. Ich komme damit klar."

James klemmte das Messer zwischen die Zähne und kletterte in schnellen, langen Bewegungen den Turm hinauf. Von oben hörten André und Pablo einen kurzen und tiefen Seufzer, dann kam James mit dem Gewehr des Mannes auf dem Rücken die Leiter wieder herunter. Wie verabredet warteten sie hier. Es dauerte nicht lange, bis Mike aus der Dunkelheit erschien, gefolgt von Will. Beide hielten jetzt ein Sturmgewehr in den Händen und atmeten schwer. Alle gingen in die Hocke und steckten die Köpfe zusammen.

„Status?", fragte Will.

„Vier am Boden, keine Verluste. Bei euch?"

„Zwei am Boden, keine Verluste.", kam die Antwort von Mike.

„Sicher beide am Boden?", fragte James.

„Ich habe es erledigt.", sagte Will, „Garantiert beide."

„Verrückt", sagte James, „Es hat tatsächlich funktioniert."

„Ja. Verrückt", sagte Will, „Okay. Nächste Stufe."

„Sicher, dass Du es schaffst?", fragte James.

„Sehr sicher!", kam die Antwort.

James schaute sich den alten Mann an. Er atmete schwer und war etwas langsamer, aber das galt auch für Mike und die anderen. In den Augen des alten Mannes erkannte James das Feuer, das nach langer, schwacher Glut endlich wieder brannte, vielleicht zum letzten Mal. Es war das Feuer der Jagd.

„Okay", sagte er, „Dann also Phase zwei. Es sind noch

vier Gegner in der Hütte da drüben. Vier, von denen wir wissen. Wo sich der Rest versteckt hält, wie viele noch hier sind und wann die anderen wiederkommen, können wir nicht mit Sicherheit sagen. Unser Ziel ist also die Hütte. Wie wollen wir es machen? Laut oder leise?"

„Pro und Contra?", fragte Will.

„Laut: Wir könnten die Hütte einfach von außen zusammenschießen und drinnen die Reste einsammeln. Aber wer weiß, wer uns hört und was dann passiert. Vielleicht sind die anderen nicht weit weg, und dann haben wir ein ganz anderes Problem.

Leise: Wir machen keinen Lärm. Aber es wird nicht einfach, vier Leute gleichzeitig auf engem Raum zu überwältigen. Wenn es funktioniert, haben wir einen Vorteil, falls der Rest zurückkommt. Dann haben wir nämlich Geiseln.", analysierte James die Situation.

„Okay. Wer ist für laut?", fragte Will.

Niemand hob die Hand.

„Leise also."

Alle nickten. Sie besprachen sich und umstellten die Hütte. Es gab einen Eingang und drei Fenster. Will und Pablo bezogen Stellung an zwei Fenstern und warteten. Drinnen war alles ruhig. Sie konnten also ihre Geiselnehmer im Schlaf überraschen. James gab die letzten Befehle.

„Mike, André – ihr nehmt die beiden Typen auf der linken Seite. Ich nehme die zwei rechts. Denkt dran, wir wollen sie möglichst lebend. Aber wenn es nicht anders geht, dann zögert nicht!"

James hob die Hand, gab das Zeichen und alle drei stürmten nacheinander in die Hütte. André hatte keine Ahnung, wie man Leute überwältigte oder festnahm. Mike hatte etwas Training, und James war offensichtlich Profi. Er suchte sich in der Dunkelheit seine auf dem Boden liegende Gestalt, fand die Umrisse des schlafenden Mannes und stürzte sich mit seinem ganzen Gewicht und dem Knie zuerst auf ihn. Ein Keuchen, dann ein Fluch auf Spanisch und der Mann drehte sich unter ihm weg. André versuchte, ihn bei den Armen zu greifen und festzuhalten, aber der Mann war schnell und hatte Bärenkräfte. Er sprang auf und griff nach seinem Gewehr. André schlug mit dem Kolben seines Gewehrs nach ihm, verfehlte den Mann aber. Der begann jetzt, Lärm zu machen. Sofort war auch der andere auf den Beinen und hatte sein Gewehr auf Mike gerichtet, der versucht hatte, André zu helfen. Pablo rief von draußen durch das Fenster, sie sollten die Hände hochnehmen, aber die Soldaten gehorchten nicht. James hatte bereits auf die veränderte Situation reagiert. Den ersten Mann auf seiner Seite tötete er mit dem Messer, den anderen klemmte er in einem eisernen Würgegriff vor seiner Brust ein. André erkannte in einem Seitenblick, dass es der Comandante war. James hatte ihm die Pistole abgenommen und hielt sie ihm seitlich an die Schläfe. Der Comandante wollte etwas sagen, bekam aber keine Luft. Seine beiden Kämpfer standen angespannt da und hielten ihre Gewehre auf André und Mike gerichtet.

„Es gibt keinen Ausweg.", sagte James, „Fünf gegen zwei. Ihr habt keine Chance. Waffen runter, sofort!"

Pablo wiederholte die Worte auf Spanisch. Die Männer reagierten nicht. James lockerte seinen Griff und ließ dem Comandante etwas Luft zum Atmen. Der hechelte und würgte, dann sagte er:

„Ihr solltet sofort die Waffen runternehmen. Ihr habt keine Chance! Wenn die Compañera zurückkommt, und das wird sie bald tun, seid ihr alle geliefert!"

„Hör auf zu quatschen und gib Deinen Männern den Befehl, die Waffen runterzunehmen, sonst seid ihr alle drei tot!", sagte James.

Der Comandante war jetzt, nachdem er wieder atmen konnte, ruhig und gefasst wie immer. James vermutete, dass er auf Zeit spielte und außerdem bluffte. Vielleicht aber auch nicht. Niemand konnte genau sagen, wann diese Compañera mit den anderen Kämpfern zurückkommen würde.

„Ich mache euch jetzt ein Angebot.", sagte der Comandante, „Und zwar eines, dass ihr nur einmal bekommt. Wenn ihr es ablehnt, gibt es keine Rettung mehr für euch. Überdenkt eure Situation! Ihr hattet Glück, sehr viel Glück, dass ihr abgerissene Bande von halb verhungerten Touristen es so weit geschafft habt. Ich nehme an, ihr habt Gott weiß wie die Wachen draußen im Lager auch überwältigt. Sonst wären sie schon hier. Glückwunsch! Aber jetzt ist Endstation für euch. Ihr habt nichts zu essen. Ihr habt keine Ahnung, wo ihr seid. Und ihr wollt uns drohen? Was glaubt ihr, warum wir uns diesen Beruf ausgesucht haben? Niemand hier hat Angst davor zu sterben. Der Tod ist unser täglicher Begleiter. Jeden Moment wird die Compañera zurückkommen, mit fünfzehn Kämpfern und sehr viel Wut im Bauch. Wenn ihr das Überraschungsmoment gut ausnutzt, dann könnt ihr zwei, vielleicht drei von ihnen ausschalten. Der Rest wird euch auseinandernehmen. Ich kenne diese Frau seit vielen Jahren. Ihr geht es nicht um Geld. Kein Lösegeld der Welt wird sie davon abhalten, euch alle umzubringen. Und nicht wie die anderen, einfach erschießen oder abstechen, oh nein. Sie wird sich tagelang Zeit nehmen für jeden Einzelnen, euch lebendig häuten und in der Sonne trocknen lassen wie Dörrfleisch. Ich habe ihr dabei zugesehen. Die Menschen haben darum gebettelt, erschossen zu werden. Nach ihren Müttern geheult. Ihr werdet das auch tun! Das Einzige, was jetzt noch zwischen euch und der Compañera steht, bin ich. Ich bin eure letzte Chance. Der Einzige, der euch retten kann. Es wird nicht einfach werden, sie davon zu überzeugen, dass sie mich mein eigenes Versprechen brechen lässt, denn ihr habt versucht, abzuhauen. Ihr erinnert euch an mein Versprechen? Aber ich werde es schaffen, und sie wird euch in Ruhe lassen. Ich gebe euch hier und jetzt mein Wort darauf. Wenn ihr die Waffen weglegt und aufgebt, wird euch nichts weiter geschehen. Tut ihr es nicht, seid ihr geliefert. Alle."

Er hob seine Stimme und schrie, so dass es auch die anderen im Lager hören konnten.

„Hört ihr? Gebt auf! Oder ihr seid tot! Tot, versteht ihr! Alle!"

Dann wieder etwas leiser, so dass man ihn nur in der Hütte hören konnte:

„Okay, ich zähle jetzt bis zehn. Das ist eure letzte Chance! Das Angebot kommt nicht wieder.

Eins.

Zwei.

Drei.

..."
James schaute in Richtung Fenster zu Will und fand seinen Blick. Sie waren sich einig. Sie hatten es besprochen. Es gab kein Zurück mehr. Die Entscheidung war bereits gefallen, bevor es zu dieser Situation kam.

„Vier.", sagte der Comandante.

André sah, wie James in einer fließenden Bewegung die Pistole von seiner Schläfe weg erst auf einen der Soldaten, dann auf den anderen richtete.

„Fün ...", sagte dem Comandante gerade, aber seine Worte gingen in den Schüssen unter. André hätte nicht mehr sagen können, wie viele es waren. Will hingegen konnte es hören. Sechs. Sechs Schüsse in weniger als drei Sekunden. Jeweils zwei Geschosse drangen direkt hintereinander in das Stammhirn der beiden Soldaten ein. Nur ein geübter Pathologe hätte erkennen können, dass es nicht ein Einschussloch war, sondern zwei. Die letzten beiden Schüsse durchschlugen das Herz der Männer, noch während ihre bereits leblosen Körper zusammensackten. Ein seltsamer Schlag traf André an der Brust. Er spürte ihn kaum. Seine Ohren hatten innerhalb einer Zehntelsekunde den Dienst quittiert und versorgten ihn nur noch mit einem durchdringenden Pfeifton. Er schaute auf die beiden Körper vor sich am Boden, sah Mike an, dann James, der immer noch den Comandante im Würgegriff hielt. Der hatte die Augen seltsam verdreht, klammerte sich an James' Arm fest und strampelte mit den Beinen. Ein letztes Aufbäumen, dann wurde der Körper ruhig und James ließ ihn zu Boden gleiten. Wie beiläufig richtete er den Arm mit der Pistole darin nach unten und erschoss auch den ihn.

„Wollten wir ihn nicht als Geisel?", fragte André, hörte aber seine eigene Stimme nur dumpf und weit weg, wie unter Wasser.

James schüttelte den Kopf, kam auf ihn zu, nahm sein Gewehr und gab es Mike. André schaute an sich herunter. Blut kam aus seiner rechten Brust, hatte die Kleidung bereits durchnässt und lief in einem langen, dicken Rinnsal auf den Boden. Es sah aus, als würde jemand sehr langsam und vorsichtig eine Flasche Tomatensaft ausgießen. Er griff auf die Wunde, fühlte einen stechenden Schmerz und setzte sich auf den Boden. Ihm wurde schwarz vor Augen und er spürte, wie James ihn stützte und seinen Oberkörper auf den Boden gleiten ließ. Ignácio erschien und beugte sich über ihn. Er sollte doch im Hintergrund bleiben, falls etwas passierte. Also warum war er jetzt hier? War James verletzt? War etwa er selber verletzt? Warum lag er am Boden? Warum lief so viel Blut an ihm herunter? Er wollte die Hand nach Ignácio ausstrecken, wollte sich aufhelfen lassen, aber seine Arme gehorchten nicht. Er öffnete den Mund, wollte etwas sagen, aber er hörte nichts mehr. Ignácio drückte ihm die Hand auf die Brust, aber er spürte es kaum. Dann wurde es dunkel.

„Okay", sagte Will, „Jetzt müssen wir schnell sein. Die Schüsse waren meilenweit zu hören. Ignácio?"

„Ja?"

„Wie sieht es mit ihm aus?"

„Nicht gut. Soweit ich erkennen kann, zwei Treffer aus nächster Nähe. Er verliert viel Blut."

„Scheiße. Was kannst Du tun?"

„Nicht viel. So gut wie möglich verbinden und die Wunde sauber halten."

„Okay. Dann tu das.", sagte Will. James war für einen Moment verschwunden und erschien jetzt mit einem ziemlich neuen, noch eingeschweißten Verbandskasten. Er warf Ignácio das Paket zu.

„Hier. Lag im LKW.", sagte er knapp und dreht sich um.

„Wo gehst Du hin?", fragte Mike.

„Nach unserer namenlosen Freundin sehen. Und die restlichen Hütten kontrollieren. Geh Du Toshi und Alicia abholen. Wir müssen los!", sagte er und verschwand in der Dunkelheit.

Will trat vor die Hütte und schaute in die Dunkelheit. So sehr er sich auch anstrengte, er konnte noch nicht mal einen Schatten erkennen. Plötzlich drang aus der Hütte, und der die namenlose Frau verschwunden war, ein Schrei, der ihn für eine Sekunde zusammenzucken ließ. Er kannte diese Art von Schrei. Es war nicht James, der so geschrien hatte. Mike und Pablo kamen ebenfalls aus der Hütte.

„Was war das?", fragte Mike.

„Schätze, wir hatten jemanden übersehen.", sagte Will trocken.

James erschien aus der Dunkelheit.

„Doch noch einer mehr gewesen?", fragte Will.

„Ja.", sagte James und ging in die Hütte. „Ignácio? Komm bitte kurz mit mir!"

Ignácio stand auf und sah in James' ernstes Gesicht.

„Jemand muss bei ihm bleiben und Druck auf die Wunden ausüben."

„Mike, Pablo, ihr wisst, was zu tun ist?"

Die beiden waren ihm gefolgt und standen etwas hilflos da. Ignácio zeigte ihnen, was sie tun sollten und folgte dann James zu der Behausung. Will starrte den beiden nach. Er konnte sich denken, worum es ging. Sie verschwanden in dem kleinen Verschlag. Eine Weile hörte man nichts, dann klang Ignácios Stimme durch die Stille.

„Das kannst Du nicht tun!", sagte er laut.

James' Stimme antwortete etwas, das leise und unverständlich war.

„Von mir aus! Aber ich bin Arzt, und ich kann und darf so etwas nicht verantworten."

Wieder der Klang von James' tiefer, ruhiger Stimme.

„Es ist nicht richtig!", rief Ignácio jetzt laut.

Er kam ins Freie und ging wütend über das Areal auf Will zu.

Aus der Hütte drang ein gedämpfter Knall, dann erschien auch James wieder und kam langsam näher. Ignácio zitterte, als er ihn kommen sah. Will schaute ihn ruhig von der Seite an.

„War nichts mehr zu machen?", fragte er.

Ignacio schüttelte nur stumm den Kopf.

„Dann hat er das Richtige getan."

„Ich weiß, verdammt nochmal, ich weiß es ja", presste Ignácio hervor, „Ich bin lange genug Arzt, um zu wissen, dass nicht jedem geholfen werden kann."

„Dann sei nicht wütend auf ihn."

„Bin ich nicht."

„Du zitterst, Ignácio."

„Ich bin wütend auf mich selbst. Weil ich zu feige bin, es selbst zu tun. Und wegen diesem verfluchten Eid."

„Der Eid ist schon gut so, wie er ist", sagte Will ruhig, griff ihm fest an den Hinterkopf und zog ihn zu sich heran, „Dafür bist Du Arzt. Und für andere Dinge gibt es Leute wie James und mich. Da drinnen gibt es einen Patienten, dem Du helfen kannst."

„Du hast Recht.", sagte Ignácio und verschwand in der Hütte.

Will sah ihm nachdenklich hinterher. Dieser gerechte Zorn, der Sinn für Richtig und Falsch, die funkelnden Augen, das wütenden Stampfen – all das erinnerte ihn so sehr an sie. Konnte es sein? Es musste so sein. Er hob die Hand und schaute auf die Haare, die zwischen seinen Fingern hängen geblieben waren. Vorsichtig zupfte er sie ab und verstaute sie in seiner Brusttasche. Er würde ein geeignetes Behältnis dafür finden müssen.

James kam auf Will zu und blieb vor ihm stehen. Er hatte die Pistole noch in der Hand. Sein Gesicht war ausdruckslos hinter dem gewaltigen Bart, und auch seine Blicke starrten ins Nichts. Will schaute ihm direkt in die Augen, und James fokussierte ihn für einen Moment.

„Wird niemals einfacher, was?", sagte Will.

„Niemals."

Will wusste, dass nichts, was er jetzt sagte, helfen würde. Nur Ablenkung konnte helfen.

„War was in den anderen Hütten?", fragte er deshalb.

James nickte und zog eine Claymore hervor. Die Anti-Personen-Minen mit der berühmten Aufschrift ‚FRONT TOWARD ENEMY' war eine weltweit verbreitete und oft kopierte Waffe. Wurde sie ausgelöst, schleuderte ein Block von C4-Sprengstoff hunderte von Stahlkugel in einem Sechzig-Grad-Winkel durch die Luft, die alles zerfetzten, was sich ihnen in den Weg stellte.

„Wie viele gibt es davon?", fragte Will.

„Genug."

„Die könnten wir gut brauchen."

„Ich weiß."

„Was hast Du vor?"

James erklärte es ihm.

„Okay. Warum nicht.", sagte Will, dann rief er die anderen zusammen.

„Zeit zu verschwinden, Leute! Pablo?"

„Ja!"

„Mach den LKW startklar. Toshi und Mike, ihr bringt André auf die Ladefläche und macht es ihm so bequem wie möglich."

Die drei machten sich an die Arbeit. Wenige Minuten später fuhr der schwere Lastwagen auf dem schmalen Pfad aus dem Lager. Will hatte sich vorn zu Pablo in das Fahrerhaus gesetzt, der Rest war mit André auf der Ladefläche. Er steckte seinen Kopf durch die Öffnung nach hinten.

„Wo ist James?", fragte Mike.

„Kommt.", sagte Will.

In diesem Moment stoppte Pablo das Fahrzeug. James wuchtete einen schweren Rucksack auf die Ladefläche und schwang sich hinterher.

„Okay. Weiter geht's!", sagte Will, und sie setzten sich in Bewegung.

„Was ist das?", fragte Mike und deutete auf den Rucksack.

„Claymores.", sagte James.

„Wozu?"

„Erklärst Du es ihnen?", fragte Will, der noch immer durch das Fenster auf die Ladefläche schaute.

James nickte.

„Ich weiß nicht", sagte Mike, als er fertig war, „Meinst Du nicht, das strapaziert unser Glück zu sehr über?"

„Denke nicht, dass wir eine Wahl haben.", sagte James.

Mike wusste, dass er Recht hatte. Aber er wollte nur sehr ungern die Ladefläche des LKW wieder verlassen, bevor sie zurück in der Zivilisation waren. Trotzdem gab es wohl kaum eine Alternative.

Der LKW stand mitten auf der schmalen Piste. Es war unmöglich für irgendein Fahrzeug, sich daran vorbeizudrän-

gen. Es war hell geworden, und erneut fiel Regen auf die Blätter über ihnen. Seit zehn Stunden saßen sie im Dschungel und warteten, ohne das etwas passiert war. André hatten sie auf einige Decken gelegt und über ihm ein Dach aus einer Plane gebaut, das ihn einigermaßen trocken ließ. Alicia half Ignácio gerade, einen Verband zu wechseln.
„Wie geht es unserem Patienten?", fragte Toshi.
„Nicht gut.", antwortete Ignácio.
„Müssten wir nicht versuchen, die Geschosse rauszuholen?", fragte Mike.
Ignácio schüttelte den Kopf.
„Ich denke, es waren glatte Durchschüsse. Wir haben Ein- und Austrittswunden."
„Aber das ist doch gut, oder?", wollte Mike wissen.
„Ja und nein. Es bedeutet, dass die Geschosse nicht allzu große Zerstörung angerichtete haben. Trotzdem ist es nicht wie im Film: Ah, ein glatter Durchschuss, na dann - Verband drum und weiterkämpfen. Ich habe in Buenos Aires in den Armenvierteln einige Schussverletzungen gesehen. Nicht genug Gott sei Dank, um Experte zu sein, aber auch wieder zu viele, um das hier noch optimistisch zu sehen. Es ist ja nicht nur das Geschoss, das in den Körper eindringt. Daran sind Reste von Pulver, es können auch Keime daran sein von den Händen, die vorher das Magazin geladen haben. Zusätzlich lösen sich oft auch Metallpartikel. Obendrein durchdringt es ja vorher die Kleidung, und auch dort werden kleinste Partikel von Stoff und eben auch wieder Keime mitgerissen. Die Umgebung hier im Dschungel ist alles andere als Ideal. Es dringen also Dinge in den Wundkanal ein, mit denen der Körper irgendwie fertig werden muss. Außerdem ist natürlich immer die Frage, was getroffen wird und wie der Mensch reagiert. Ich habe von Fällen gehört, in denen Leute an einem einfachen Muskeldurchschuss im Oberarm gestorben sind, und es gab Fälle, bei denen jemand ins Herz geschossen wurde und überlebte. Man kann es niemals genau wissen. Oft sind nach einer Schussverletzung Fieber, Delirium, Entzündungen und andere unschöne Dinge das Resultat. Deswegen gilt auch die Regel, dass die ersten vierundzwanzig Stunden kritisch sind. Wer sie überlebt und

rechtzeitig Hilfe bekommt, der hat gute Chancen. Ansonsten sieht es schlecht aus."

„Und bei André?", fragte Alicia.

„Offen gestanden sieht es nicht gut aus.", sagte Ignácio leise.

„Und wir verschwenden hier unserer Zeit!", sagte Mike gerade, als Will aus dem Gebüsch erschien.

„Sie kommen!", sagte er, drehte sich um und verschwand wieder.

Sie hatten alles besprochen. Ihr LKW blockierte den Weg. Will und Mike hatten sich auf der einen Seite postiert, James und Pablo auf der anderen. Toshi, Ignácio und Alicia blieben abseits im Dschungel bei André.

James hatte alles vorbereitet. Der andere LKW mit den Guerilleros kam den Weg entlanggerumpelt. Als die Blockade in Sicht kam, stoppte der Fahrer. Unter der Plane erschien der Kopf eines Kämpfers.

„Was ist da vorne los?", rief er.

„Keine Ahnung!", hörten sie den Fahrer zurückrufen.

„Das ist doch einer von unseren LKWs! Siehst Du jemanden?"

„Nein! Alles ruhig!"

„Das gefällt mir nicht", rief der Mann, „Alle absitzen!"

„Ich zähle vierzehn!", sagte James und nickte Pablo zu.

„Ich auch."

„Okay. Hoffen wir, dass die Dinger funktionieren."

Acht Kämpfer lösten sich aus der Gruppe und gingen mit erhobenen Waffen auf den LKW zu, der ihnen den Weg blockierte. Die anderen blieben zurück und sicherten die Umgebung. James brachte sein Gewehr in Anschlag, Pablo nahm die Zünder für die Claymores in die Hand. Sie warteten, bis sich der Trupp in der Killzone befand.

„Jetzt!", flüsterte James, und Pablo drückte auf die kleinen Hebel. Augenblicklich knallte es von allen Seiten. Sie konnten hören, wie die Garben von Stahlkugeln gegen Kleidung klatschten, durch Blattwerk und Äste sausten und auf weiches Fleisch trafen. Schreie von Angst und Panik waren zu hören. In diesem Moment eröffneten James, Mike, Pablo und Will das Feuer. Die beim LKW zurückgebliebenen Kämpfer stoben auseinander, suchten Deckung im Dschungel, nur um von anderen Explosionen, Stahlkugel und Geschossen aus den Gewehren der vier zerfetzt zu werden. Der gesamte Überfall dauerte weniger als eine Minute, dann wurde es ruhig. James und Will lösten sich aus ihrer Deckung und überprüften die Körper der herumliegenden Guerilleros. Es gab zwei Schwerverletzte, der Rest war tot. Mike und Pablo sammelten noch brauchbare Waffen und Munition ein.

„Wo ist sie?", hörten sie James einen der Verletzten anschreien, „Wo ist sie?"

„Nicht hier.", stöhnte der Mann, „Hilfe, bitte!"

„Wo?", schrie James ihn an.

„Wir wissen es nicht. Sie ist im anderen Lager geblieben. Sie wollte nach Lima. Geschäfte."

„Wie lange?"

„Eine Woche, zehn Tage."

James erschoss den Mann und auch den anderen Verletzten. Dann ging er zu ihrem provisorischen Lager zurück. Ignácio ließ das Gewehr sinken, das sie ihm zu Verteidigung dagelassen hatten, als er James erkannte.

„Hat es geklappt?", fragte er.

„Ja. Es hat geklappt. Wir müssen weg von hier, jetzt."

Ignácio nickte. Gemeinsam mit Toshi und Alicia verfrachtete er den immer noch bewusstlosen André auf den LKW der Guerilleros. Pablo hatte das Kunststück vollbracht, das Gefährt auf der schmalen, matschigen Piste zu wenden. Ihr eigener LKW war durch die Einwirkung der Claymores unbrauchbar geworden.

„Mein Gott.", sagte Ignácio, als er das Gemetzel sah, „Das ist ja wie Krieg!"

„Es ist Krieg.", sagte Will trocken.

Pablo sprang aus dem Führerhaus, ging nach vorn, öffnete seitlich an der Front eine Klappe und schaute hinein.

„Nicht gut", sagte er, „Irgendwer hat etwas getroffen, das wir brauchen."

„Kannst Du es reparieren?", fragte Will.

Pablo schüttelte den Kopf.

„Eine der Hydraulikleitungen leckt, und die Einspritzpumpe ist auch beschädigt. Es funktioniert noch, aber weit werden wir mit dem Kasten nicht kommen."

„Und wenn wir es aus dem anderen LKW ausbauen?"

„Keine Chance", sagte Pablo, „Ist ein anderes Modell. Der hier läuft noch, aber ich kann nicht sagen, wie lange."

„Wir müssen es versuchen", sagte Will, „Wenn es nicht mehr weitergeht, überlegen wir uns etwas Anderes."

Will saß neben Pablo im Führerhaus und schaute auf das GPS vor sich. Es zeigte einen blinkenden Pfeil inmitten einer grünen Fläche ohne irgendwelche spezifischen Charakteristika.

„Das Ding kennt die Piste hier immer noch nicht", sagte Pablo nach einem Seitenblick auf das Gerät, „Wie weit noch bis zur Straße?"

„Wenn der Maßstab stimmt, noch etwa dreißig Kilometer."

„Wenn die Piste so bleibt, sind das gute vier Stunden. Vielleicht etwas mehr. So lange hält der LKW nicht mehr aus."

„Sicher?"

„Ziemlich sicher. Wir verlieren Kühlwasser, und Du hörst ja, was der Motor sonst noch macht. Es wird eher schlimmer."

„Zu Fuß kommen wir niemals durch diesen Matsch! Das würde Tage dauern."

Will fummelte an dem GPS-Gerät herum.

„Ah!", sagte er, „Jetzt hab ichs gefunden."

„Was?", fragte Pablo.

„Die Einstellungen, wo ich die Koordinaten sehen ... Warte mal ..."

„Worauf? Was denn? Was hast Du gefunden?"

„Pablo, kannst Du mit der Kiste durch den Wald hier fahren? Nicht weit, nur ein paar hundert Meter."

Pablo hob und senkte die Schultern, ohne die Hände vom Lenkrad zu nehmen.

„Theoretisch schon, ja. Aber mit diesem Fahrzeug hier, in diesem Zustand? Ich weiß nicht."

„Nur einige hundert Meter nördlich von hier muss eine alte Piste sein, die zumindest streckenweise asphaltiert ist. Sie ist sicherlich nicht im besten Zustand, aber es geht auf jeden Fall schneller als das hier. Und falls wir laufen müssten, wäre es auch einfacher."

„Was für eine alte Piste?", fragte Pablo, „Ich habe noch nie etwas von so einer Straße gehört."

„Man hat den Bau irgendwann abgebrochen. Es war ein ehrgeiziges Projekt, die beiden Ozeane zu verbinden. Es hat leider nicht richtig funktioniert, und die Trasse wurde nie fertiggestellt. Aber es gibt hier ein lange vergessenes Teilstück."

„Woher weißt Du das?", fragte Pablo.

40.

William – 1978

Purkett hatte ihn früher zurückgeholt als erwartet. Mit einem Auftrag, der zwar dringlich, aber nicht kritisch war, wie er sich ausdrückte. Nur ein kleines Zugeständnis an die brasilianische Regierung. Unterstützung unter Freunden. Amerikanisch Handelsinteressen waren im Spiel.

Es war kein allzu großer Unterschied zu Vietnam. Dafür ein umso größerer zu Amsterdam. Die warme Luft wehte durch die offene Hubschraubertür hinein und der Lärm der Rotorblätter machte jedes Gespräch beinahe unmöglich.

„Wir sind nicht sehr weit gekommen.", brüllte der Mann ihm durch den Krach zu, „Die Baustelle dauert schon Jahre. Und die Indios sind nur eines der Probleme. Wir haben schon viel versucht, aber nichts hat wirklich gut funktioniert."

Will hielt sich an einem der Griffe fest und sah den Mann an, sagte aber nichts. Er sah aus wie ein typischer deutscher Offizier. Saubere Khakis, glatt gebügelt, ein ordentlicher Scheitel, blaue Augen. Der Hubschrauber flog eine Runde, ging schnell tiefer und setzte auf einer Betonfläche auf. Sie sprangen hinaus und die Maschine hob wieder ab und verschwand über dem dichten Urwald. Der Lärm des Fluggerätes wurde leiser, aber um sie herum brummte und dröhnte es weiterhin. Will schaute sich um. Sie standen auf einer breiten Asphaltpiste, die sich in beide Richtungen durch den Dschungel ausdehnte. Walzen, Bagger, Betonmischer und viele Arbeiter mit allerlei Gerät bewegten sich um sie herum. Einige der Männer schauten neugierig, widmeten sich dann aber schnell wieder ihren Aufgaben.

„Robert Müller.", stellte sich der Deutsche vor und streckte ihm die Rechte hin. Will schaute auf die makellose

Haut, zögerte kurz, griff zu und schüttelte sie betont langsam.

„Smith. Nenn mich John."

„Freut mich, John. Ich bin Robert."

Wills Jagdinstinkt setzte sofort ein.

„Du bist also aus Deutschland?"

„Ja. Geboren und aufgewachsen, aber schon lang hier."

„Ah ja. Seit wann denn?"

„Ich bin Ende fünfundvierzig über Italien und Argentinien hergekommen, aber schon fünfzehn Jahre in Brasilien. Hier gibt's eine große deutsche Gemeinde, unten in Santa Catarina. Ich wohne in Blumenau. Ist schön dort, fast wie zu Hause. Warm, aber nicht so höllisch heiß wie hier."

„Verstehe. Und zurück in die Heimat zieht es Dich nicht?"

„Na ja, manchmal schon. Aber Du weißt ja, wie das ist."

„Keine Ahnung. Weiß ich das?"

„Manche von uns können nicht zurück."

„Warum nicht?"

„Man hält uns Dinge vor. Seltsame Dinge. Gerade auch die Amerikaner mit ihren Gerichtshöfen."

„Das ist doch nur für Kriegsverbrecher."

„Ja, schon. Der Begriff ist leider sehr dehnbar. Ah, da kommt ja mein Vorarbeiter!"

Er begrüßte freundlich einen dicken, kleinen Mann mit sehr brauner Haut und einem dichten Schnurrbart. Sie besprachen einige Dinge auf Portugiesisch, das Will nur rudimentär verstand. Dann gingen sie auf einen Jeep zu. Müller stieg ein und winkte Will, der ihm folgte. Der Vorarbeiter setzte sich ans Steuer und fuhr los.

„Jedenfalls sind wir hier nicht gut weitergekommen", fuhr Müller fort, „Diese Straße ist eine echte Herausforderung. Ich habe damals einige Bauabschnitte geleitet zwischen São Paulo und Santos. Das ist ein Katzensprung im Vergleich zu hier, und viel weniger Urwald. Ich dachte damals, das sei schwierig. Dort geht es auf wenigen Kilometern gut siebenhundert Meter runter. Berge, Schluchten, harter Stein, ein ständiger Wechsel zwischen Tunneln und Brücken. Manche haben wir auf Stelzen an den Berg gezimmert, siebzig, achtzig Meter hoch. Aber irgendwie ging es doch voran. Hier kannst Du es völlig vergessen."

Die asphaltierte Straße hörte auf, und eine planierte Fläche aus rötlich-lehmigem Boden schnitt sich weiter durch den Dschungel. Der Jeep holperte darüber und sie fuhren etwas langsamer.

„Das sieht doch ganz gut aus hier!", sagte Will.

„Ja, das scheint so. Eines der Hauptprobleme ist, dass die Planung bisher nicht realistisch war. Das ist ja immer so in Brasilien. Ich habe das Projekt erst vor einem halben Jahr übernommen. Wir schneiden hier quer durch echte, dichte Wildnis. Die Böden sind gar nicht dafür geeignet, befestigt und verdichtet zu werden. Erde, Schotter und Asphalt müssen wir von ewig weit ankarren, dann den Urwaldboden tief genug rausschaben und austauschen. Das ist schon schwierig genug. Dann kommt noch das Wetter dazu. Wir kreuzen allein auf diesem Teilabschnitt drei der großen Amazonaszuflüsse. Die sind im Normalzustand schon ziemlich breit und nicht einfach in den Griff zu bekommen. Aber in der Regenzeit schwellen sie teilweise auf fünfzig Kilometer Breite an!"

„Fünfzig Kilometer? Ein Fluss?"

„Ja. Na ja, nicht der ganze Fluss natürlich, nicht auf voller Tiefe jedenfalls. Aber das ganze Gelände wird zu einer einzigen Sumpflandschaft. Da wird jede Straße einfach weggespült. Wir müssen die gesamte Piste auf Stelzen bauen, und auch das geht nicht so ohne Weiteres. Der sumpfige Boden verschluckt alles."

„Kling nach einem unmöglichen Projekt."

„Gar nichts ist unmöglich, John. Die Eisenbahn durch Afrika oder Indien, die haben die Engländer auch hinbekommen. Technisch ist das alles lösbar. Die Regierung steht dahinter, und somit auch genug Geld. Das Problem mit Gewerkschaften und streikenden Arbeitern hat sich seit dem Machtwechsel auch erledigt. Die größten Themen sind tatsächlich die Logistik und das Wetter. An dem Einen arbeiten wir, an dem anderen können wir nichts ändern."

„Und das dritte Thema?"

„Ja genau. Die Ureinwohner hier machen uns zu schaffen."

„Inwiefern? Das sind doch nur ein paar Indianerstämme. Kann man die nicht umsiedeln?"

„Haben wir probiert. Die wollen das nicht. Sture Gesellen sind das. Irgendwo kann ich es ja auch verstehen. Sie leben hier seit Generationen in diesem Urwald und wollen eben keinen Platz machen, nur weil wir kommen und eine Straße bauen. Es gibt auch keine Motivation. Sie wollen genau so leben, und für Geld interessieren sie sich nicht."

„Dann ist der weiße Mann meist am Ende und greift zur Gewalt.", sagte Will trocken.

„Genau! Aber diese Indianer kennen sich hier genau aus. Du glaubst gar nicht, wie die uns eingeheizt haben! Ich habe zum Schutz der Baustellen das Militär angefordert, so schlimm war es. Wir hatten hier in einem halben Jahr fünfzehn tote Arbeiter! Die Leute machen das nicht mehr mit. Aber das Militär allein hilft auch nicht. Die sind nicht besonders gut ausgebildet, also habe ich mich erstmal darum kümmern müssen. Und dann die Art der Kämpfe! Das ist reinster Partisanenkrieg, wie damals auf dem Balkan. In einem offenen Gefecht sind die Indianer unterlegen, das steht außer Frage. Aber so wie jetzt? Sie kommen nachts, halbnackt und leise, mit Blasrohren. Das Gift holen sie sich von irgendwelchen Fröschen. Es wirkt extrem schnell. So ein armer Soldat, der nachts die Maschinen bewacht, weiß gar nicht, was ihn da erwischt hat. Wir sind also tagsüber in die Dörfer, aber sie wissen schon lange vorher, dass wir kommen, und verschwinden einfach in den Wald. Da findest Du sie dann nicht mehr. Wir haben ein paar Dörfer gesprengt und abgefackelt, aber auch das hat das Problem nicht beseitigt. Sie sind wie Ameisen, bauen alles einfach wieder neu. Es hat sie allerdings weiter zurückgedrängt und wir haben weniger Übergriffe. Aber ich kann mir keinen toten Arbeiter mehr leisten, sonst gehen alle auf die Barrikaden! Und da kommst Du jetzt ins Spiel. Das Hauptquartier hat mir zugesagt, sie schicken jemanden, der sich mit Aufstandsbekämpfung auskennt. Ich habe gehört, Du bist Experte!"

Will schwieg. Sie fuhren weiter über die holprige Erdpiste, bis sich die Landschaft vor Ihnen weitete. Auf einer riesigen freien Fläche waren wieder allerlei Baugeräte zu sehen. Der Wald war großflächig gerodet und in einem umzäunten Lager sah Will einige Zelte stehen. Soldaten lungerten im Schatten herum, rauchten und tranken Bier. Um das Lager verteilt standen einige leichte Panzerfahrzeuge. Sie fuhren durch ein Tor im Zaun und hielten in der Mitte des Areals vor einem großen Zelt. Ein Mann in der Uniform eines brasilianischen Majors kam heraus und begrüßte Müller. Seine Jacke stand offen und gab den Blick frei auf einen haarigen, verschwitzten Oberkörper. Müller stellte sie vor und der Offizier schüttelte auch Will die Hand.

„Major Figuereido. Prazer." Er war unrasiert, roch nach Schnaps und billigem Parfüm. Mit großer Geste lud er sie ein, das Zelt zu betreten. In einer Ecke hinter einem Leinenvorhang konnte er Kichern hören. Zwei Frauen erschienen, grüßten verschämt und verließen das Zelt. Auf einem Tisch war eine Art Lagezentrum mit einer Landkarte des Gebietes und diversen Figuren aufgebaut. Dazwischen standen zwei Schnapsflaschen und einige Gläser verteilt. Ein Radio dudelte brasilianische Musik aus einem knarzenden Lautsprecher.

Major Figuereido nahm eine Flasche, goss drei Gläser voll und reichte eines davon Will, das andere Müller. Sein Eigenes hob er vor sich in die Luft.

„Saude! Willkommen im Amazonas!", sagte er und kippte das Getränk herunter. Mit dem Ärmel seiner Jacke wischte er sich über den Mund und stellte schwungvoll das Glas vor sich auf den Tisch.

Will tauchte den Finger hinein und wischte den Rand ab. Widerwillig und mit spitzen Lippen trank er einen kleinen Schluck, musste aber feststellen, dass dieses Gebräu gar nicht übel war. Noten von Zuckerrohr und Honig mischten sich mit einem angenehmen weichen Rumgeschmack. Er leerte das Glas und schaute auf die Karte vor sich. Major Figuereido begann zu erklären.

„Also hier", sagte er und deutete auf mehrere Stellen, die mit rotem Stift eingekreist waren, „Sind die Dörfer, von denen wir wissen. Und die hier", er zeigte auf Stellen, wo die roten Kreise durchgestrichen waren, „Haben wir bereits geräumt. Ich schätze aber, dass es noch viel mehr gibt. Diese kleinen Dörfer sind schwer zu finden. Aus der Luft schon mal gar nicht, aber auch im dichten Urwald mit Patrouillen nicht so einfach."

„Klingt nach Agent Orange, findest Du nicht, John?"
Müller grinste breit.

„Das hat sich im Endeffekt auch nicht bewährt.", war Wills Antwort.

Figuereido goss sich noch einen Schnaps ein, trank und fuhr fort.

„Was wir brauchen, ist eine gute Taktik. Die Truppen sind schlecht ausgebildet und die Moral lässt auch zu wünschen übrig. Jemand wie Sie, Agent Smith, könnte dabei helfen."

„Ich kann die Ausbildung übernehmen, ja. Sprechen die Soldaten Englisch?"

Der Major verzog das Gesicht und wedelte mit der Hand und dem leeren Schnapsglas darin über den Tisch.

„Nein. Niemand außer mir spricht Englisch."

„Dann werde ich einen Übersetzer brauchen. Mein Spanisch ist sehr leidlich, aber Portugiesisch verstehe ich bestenfalls, wenn jemand sehr langsam spricht. Selbst sprechen wird nicht funktionieren."

„Kein Problem. Ich werde jemanden finden, der übersetzen kann."

„Was die Operationen direkt angeht", sagte Will, „Habe ich keinerlei Verantwortung und auch keine direkte Befehlsgewalt. Ich bin lediglich zu Ausbildungszwecken hier."

Müller und der Major signalisierten, dass sie verstanden hatten.

„Gut. Wie sind Ihre Truppen aufgestellt, Major Figuereido?"

„Wir sind seit vier Monaten hier. Ich bin eingerückt mit einer Kompanie von zweihundertfünfzig Mann. Wir haben vier gepanzerte Fahrzeuge, die uns aber nichts nützen. Der Feind hat keine Waffen, gegen die man eine Panzerung bräuchte, und die Fahrzeuge sind zu schwer, um sie in dem dichten Urwald einzusetzen. Versorgt werden wir mehrmals pro Woche aus der Luft. Wir haben einige Dutzend Indios getötet, aber viele entkommen uns immer wieder. Dafür sterben meine Leute wie die Fliegen. Seitdem wir hier sind, habe ich zweiundvierzig Mann verloren! Alle durch Giftpfeile oder den Urwald. Schlangen, Spinnen, Wundinfektionen. Es ist wirklich kein Spaß. Konventionell kommen wir hier nicht weiter."

„Kommt mir bekannt vor", sagte Will, „Aber wir sollten uns auf die Vorteile fokussieren. Wir haben zum Beispiel keinen Feind, der ideologisch motiviert ist. Oder gut bewaffnet und ausgebildet."

„Unterschätzen Sie diese Indios nicht, Agent! Das sind hervorragende Kämpfer, und der Urwald ist ihr Zuhause. Da gibt es nichts, dass sie nicht kennen und für sich nutzen."

„Was für Vorteile haben Sie Ihrer Ansicht nach, Major?"

„Abgesehen von der Bewaffnung und Versorgung nicht viele."

„Sie sagten, Sie hätten diese Dörfer hier bereits neutralisiert?"

Will zeigte auf die Kreuze in den Kreisen.

„Genau."

„Das ist ja durchaus schon ein Ergebnis. Wie gehen Sie dabei vor?"

„Wir sind mit einigen Soldaten eingedrungen und haben die Dörfer für ein paar Tage besetzt. Wenn niemand zurückkam, sind wir abgezogen."

„Und wenn jemand zurückkam?"

„Das ist nie passiert."

„Haben Sie auch die Infrastruktur berücksichtigt?"

„Nein, ehrlich gesagt nicht."

Will drehte sich weg und rollte die Augen.

„Dann werden sie einfach wiederkommen, sobald die Luft rein ist. Ist Ihnen das nicht klar, Major? Fackeln Sie alles ab, die Hütten, Ställe, alles. Benutzen Sie ein Totalherbizid, um die Felder zu vernichten. Töten Sie die Tiere. Dann wird der Hunger zu einem Problem."

„Diese Leute können auch im Wald überleben."

„Sicher. Trotzdem wird es schwieriger. Dann haben wir einen Hebel zum Verhandeln. Umsiedlung gegen Lebensmittel zum Beispiel."

„Das könnte tatsächlich funktionieren."
„Es wird funktionieren, Major."
Will trank sein Glas aus und stellte es auf die Landkarte vor sich.
„Ich würde mir jetzt gern ein Bild über die Truppen vor Ort machen.", sagte er.
„Sehr gern."
Figuereido knöpfte seine Uniformjacke zu und setzte die Mütze auf. Beim Rundgang durch das Lager verstärkte sich der Eindruck, den Will bei seiner Ankunft gewonnen hatte. Es waren desolate Zustände. Trotzdem nicht so schlimm wie manches, dass er in Vietnam gesehen hatte. Zumindest schien Heroin hier kein Problem zu sein. Dafür war der Alkohol allgegenwärtig, und die Disziplin so gut wie nicht vorhanden. Die Soldaten erhoben sich wenn überhaupt nur andeutungsweise, grüßten nachlässig und schienen auch sonst nicht besonders erpicht darauf zu sein, sich irgendetwas anderem als dem Trinken und dem Kartenspiel zu widmen. Will würde das allein nicht bewältigen können. Er nahm sich vor, direkt Unterstützung aus Panama anzufordern. Zwölf fähige Unteroffiziere mit Portugiesischkenntnissen und Dschungelerfahrung. Eher hatte es überhaupt keinen Sinn, hier irgendwas zu versuchen. In diesem Haufen musste erst einmal jemand Ordnung schaffen, bevor er ihnen etwas beibringen konnte. Sie gingen zurück zum Kommandozelt und er tätigte einige Anrufe. Das Hauptquartier sagte zu.

Zwei Wochen später hatte er eine einigermaßen schlagkräftige Truppe zusammengestellt. Will hatte auch die Einsatztaktik angepasst. Die Soldaten umstellten die Dörfer und zogen die Kreise langsam enger, so dass die Indios keine Gelegenheit hatten, sich in den Urwald abzusetzen. Er selbst verschaffte sich vom Hubschrauber aus einen Überblick. Heute war er angetrunken, gereizt und wahnsinnig wütend über die Dummheit dieser Menschen. Wie konnten sie glauben, eine Chance zu haben? Warum zogen sie nicht einfach weiter? Ein paar Dutzend Kilometer nur, das würde reichen.

Aber nein!

„Sie weigern sich weiterhin!", hörte er die Stimme von einem der Unteroffiziere über das Funkgerät.

„Ist das Dorf umstellt?", fragte er.

„Jawohl. Alles ist abgeriegelt. Einer meiner Männer wurde gerade von einem Pfeil getroffen, Sir. Vergiftet. Es sieht nicht gut aus."

„Verstanden.", sagte Will. Er befahl dem Piloten, tiefer zu fliegen, und setzte sich an das Maschinengewehr, das seitlich am Türrahmen angebracht war.

„Kreisen Sie um das Dorf!", befahl er in den Bordfunk.

Unter vereinzelten Bäumen erkannte er einfache Hütten und Menschen. Die Männer hatten weiter draußen Verteidigungspositionen eingenommen, Frauen und Kinder kauerten in Deckung.

„Machen Sie sich bereit!", sagte er in das Funkgerät, „Feuern Sie auf alles, was Ihnen entgegenkommt."

„Sir?", kam die Stimme des Unteroffiziers aus dem Kopfhörer.

„Sie haben mich verstanden!", sagte Will. Er lud das Maschinengewehr durch und eröffnete das Feuer.

Es war ein Gemetzel. Die Verluste auf Seiten der Militärs waren bei null. Viele der Indios wollten aufgeben, ließen ihre Waffen fallen, streckten die Hände in die Luft. Will feuerte weiter. Er ließ Handgranaten fallen und sah zu, wie Hütten auseinanderflogen. Körperteile wurden durch die Luft geschleudert. Kleine Brände entstanden und weiteten sich aus.

Als es ruhiger wurde, ließ er den Hubschrauber in der Mitte des Dorfes landen und stieg aus. Die Soldaten waren aus dem Dschungel vorgerückt und starrten auf die Verwüstung. Will zog seine Pistole und ging durch die Trümmer. Wo immer er Körper sah, die sich noch bewegten, schoss er ihnen aus nächster Nähe in den Kopf.

„Durchzählen!", brüllte er den Unteroffizier an.

Als er niemand lebendigen mehr fand, setzte er sich auf einem Felsbrocken, stützte die Arme zwischen den Knien ab und ließ die Hände baumeln. In der Linken hielt er eine Zigarette, in der Rechten die leergeschossene Pistole. Er starrte vor sich auf den Boden. Müller kam aus dem Wald und ging auf ihn zu.

„Jesus", sagte er, „Was ist denn hier passiert?"

Will hob den Kopf und starrte ihn aus glasigen Augen an.

„Was immer passiert, wenn jemand im Weg ist."

„Musste das denn sein? Herrgott, das ist ja ein furchtbares Gemetzel!"

„Damit kennst Du Dich doch selbst ganz gut aus, oder?", fragte Will und zog an seiner Zigarette.

„Meine Güte. Das war Krieg! Da passieren eben schlimme Dinge. Aber das hier?"

„Was soll das heißen, das hier? Macht doch keinen Unterschied!"

„Hätte man sie nicht einfach umsiedeln können?"

„Kommt aufs Selbe raus.", sagte Will knapp, „Früher oder später sind sie sowieso alle tot. Sie sterben in den Reservaten, langsam, an Krankheiten, Alkohol oder einfach aus Kummer, weil sie dieses Leben nicht ertragen. Und sie sterben hier, wenn sie kämpfen. Sie haben keine Chance, aber sie sind zu dumm, es zu begreifen. Oder zu gutgläubig. Oder zu stolz. Was weiß ich. Die Siedler in meinem Land haben jedes Abkommen mit den Indianern gebrochen. Na ja, nicht ganz. Das einzige Abkommen, das bis heute nie gebrochen wurde, ist eines zwischen den Comanchen und den Texasdeutschen. Ausgerechnet die Deutschen! Aber das hat nicht gereicht für unsere Ureinwohner. Am Ende war nichts mehr übrig. So wird es hier auch kommen. Immerhin geht es auf meine Art schnell und erspart ihnen unnötiges Leid. Wenn ich es nicht mache, dann schicken sie jemand anderen. Wenn es nicht die Straße ist, dann ist es das Gold, das hier jemand findet, oder Öl, oder irgendein Bauer will mehr Weideland. Der ganze Urwald wird auf kurz oder lang verschwinden."

Müller starrte ihn an.

„Wie hat mal einer eurer Generäle gesagt? Mussten wir denn das Dorf zerstören, um es zu retten? Wie kannst Du damit leben?"

„Ganz einfach: Ich bin der Teufel. Es ist, was ich tue.

Mehr gibt es dazu nicht zu sagen."

Will stand auf, schob ein volles Magazin in die Pistole und ließ den Schlitten nach vorn sausen.

„Also dann", sagte er und zog sein Hemd glatt, „Wo ist das nächste Dorf?"

Nach vier Wochen im Dschungel kam er zurück in das Camp. Ohne sich anzukündigen, marschierte er zu Figueredos Zelt. Den Wachposten schob er einfach beiseite. Müller folgte ihm. Figuereido sprang erschrocken von seiner Liege und zog sich die Hosen hoch. Das Mädchen, auf dem er gerade noch gelegen hatte, stand gelangweilt auf, wickelte sich in ein dünnes Laken und verzog sich hinter den Vorhang.

„Auftrag ausgeführt.", sagte Will.

Figuereido grinste ihn an und nahm einen Schluck aus der Schnapsflasche, die auf seinem Schreibtisch stand.

„Das freut mich zu hören! Sie werden keine Probleme mehr machen?"

„Niemand von denen wird jemals wieder ein Problem machen.", sagte Will.

„Sehr gut! Kommen Sie, das müssen wir feiern!", sagte er und goss Will ein Glas Schnaps ein.

„Danke", sagte er, „Ich bin hier fertig."

Er drehte sich um, ging aus dem Zelt zu einem der Helikopter und gab dem Piloten eine Anweisung. Die Turbine lief an, und kurze Zeit später war er über dem Grün des Urwalds verschwunden. Sein nächster Einsatz wartete im Grenzgebiet auf ihn. Der Bauabschnitt in Peru hatte ebenfalls mit Problemen durch Ureinwohner zu kämpfen.

41.

Flucht – 2011

"Hier müsste es klappen.", sagte Will und deutete auf eine Stelle in dem grünen Dickicht rechts der Piste.

Pablo nickte und stoppte den LKW. James sprang von der Ladefläche und verschwand im Dschungel. Eine halbe Stunde später erschien er wieder.

"Da ist tatsächlich eine Straße", rief er den anderen zu, "In miserablem Zustand zwar und völlig überwuchert, aber definitiv eine Straße!"

"Sag ich doch", rief Will aus dem Fenster, "Kommen wir da durch?"

"Könnte klappen!"

James ging wieder vorweg und prüfte den Pfad durch den Dschungel. Sie mussten einigen kleineren Bäumen ausweichen, aber es gab hier ansonsten nur Strauchwerk, und der Boden war einigermaßen fest. Ab und zu schwang der bärtige Riese eine Machete wie Thor seinen Hammer und hackte Büsche und Äste ab. Toshi war bei André auf der Ladefläche geblieben. Die anderen folgten zu Fuß der Spur, die der LKW durch den Wald walzte.

Als André erwachte, sah er als Erstes das Gesicht von Toshi. Er schwitzte, und sein Oberkörper schwankte seltsam hin und her. Dann bemerkte er, dass er selber auch schwankte. Mit dem Bewusstsein kehrte auch der Schmerz zurück. Bei jeder Bewegung des Untergrunds spürte er, wie es scharf und stechend durch seinen Oberkörper schoss. Er wollte einatmen und schreien, bekam aber keine Luft und brachte nur ein Stöhnen hervor. Vorsichtig drehte er den Kopf und schaute auf seine Brust. Ein Verband, verdreckt und durchgeblutet, hielt seinen Arm und seine Schulter in einer seltsamen Haltung vor seinem Brustkorb verspannt. Über sich sah er dunkles Grün, Blätter, Äste. Er stöhnte wieder, diesmal lauter. Seine Lunge rasselte, als würde er durch einen Schnorchel atmen, in dem etwas Wasser war. Toshi sah ihn an.

„Ah. Der Patient ist erwacht.", sagte er seltsam leise und lächelte.

„Wo sind wir?", fragte André.

„Auf dem Weg raus aus diesem Dschungel."

„Also haben wir es geschafft?"

„Noch nicht ganz. Aber bald."

„Alle?"

„Du solltest Dich ausruhen.", sagte Toshi.

André versuchte, sich aufzurichten, aber es gelang ihm nicht. Jeder Versuch, seine Muskeln anzustrengen, wurde von seinem Körper mit einem heftigen Schmerz quittiert. Ihm wurde schwarz vor Augen und er fiel wieder in traumlose, tiefe Dunkelheit.

„Der Motor überhitzt", rief Pablo, „Wir müssen eine Pause machen. Kein Fahrtwind, zu wenig Kühlwasser – das gibt der Maschine sonst den Rest."

Er stoppte und stellte den Motor ab. Das Brummen erstarb, und Stille umgab sie. Nur die Geräusche des Urwalds kamen langsam wieder näher. James arbeitete unermüdlich weiter mit der Machete. Als sich die Maschine etwas abgekühlt hatte, ging es weiter.

„Endspurt", sagte Pablo und grinste aus dem Führerhaus. Der Motor drehte hoch und schleuderte schwarzen Ruß in die Blätter über dem Auspuff. Pablo hatte den langsamsten Geländegang eingeschaltet, und der LKW bahnte sich unter Quietschen und Knacken seinen Weg durch das Dickicht. Dann, einfach so, hörte das Ruckeln und Knacken auf. Das schwere Fahrzeug machte einen Satz nach vorn und befand sich auf fast ebenem Grund. Pablo schaut auf die Temperaturanzeige und stellte den Motor ab. Vor ihm war der Urwald, aber links und rechts zog sich eine Schneise entlang. Es war niedriges, weniger dichtes Buschwerk, schnurgerade und soweit das Auge reichte. Langsam öffnete er die Tür und sah nach unten. Unter Ranken und plattgewalztem Blattwerk konnte er Asphalt erkennen. Alt, aufgeworfen und voller Risse, aber definitiv Asphalt. James und Will erschienen hinter ihm.

„Na, was habe ich gesagt?", lachte Will.

„Ich habe es nicht glauben wollen", sagte Pablo, „Aber tatsächlich. Es ist nicht grandios, aber hier werden wir schnell vorankommen."

Er sprang aus dem Führerhaus und begutachtete den Untergrund. Langsam richtete er sich auf und schüttelte den Kopf.

„Was ist?", fragte James.

„Seltsam. Nach all den Jahrzehnten des Lebens in einer Großstadt und als Busfahrer – ich hätte nie gedacht, dass ich mal so froh sein würde, Asphalt zu sehen."

„Na dann – alles aufsitzen!", rief Will und kletterte in das Führerhaus.

Sie stiegen wieder in den LKW, und Pablo fuhr weiter. Es ging jetzt sehr viel schneller voran als auf dem matschigen Dschungelweg. Die Stoßstange des Fahrzeugs schob Büsche und kleine Stämme zur Seite und bahnte ihnen den Weg. Hatten Sie vorhin teilweise eine Stunde für wenige hundert Meter gebraucht, so konnten sie jetzt hoffen, zehn oder mehr Kilometer in der gleichen Zeit zu schaffen. Will schaute auf das GPS. Die Anzeige war noch immer eine grüne Fläche, aber er hatte die Koordinatenansicht dazugeschaltet.

„Wenn wir weiter nach Südwesten fahren, sollten wir bald wieder auf das normale Straßennetz ..."

Er unterbrach sich und schaute auf Pablo.

„Riechst Du das?", fragte er.

Pablo bremste, stellte den Motor ab und schaute ihn ernst an. Es roch nach verbranntem Öl.

„Ich fürchte, ab jetzt geht es für uns nur noch zu Fuß weiter."

„Scheiße."

„Kann man wohl sagen."

Pablo und Will sprangen aus dem Führerhaus. Auch James war bereits abgestiegen und kam nach vorn.

„Was ist los", fragte er, „Hat die Mühle jetzt endgültig den Geist aufgegeben?"

„Sieht ganz danach aus", sagte Pablo, „Lass mich kurz nachsehen."

Er öffnete die Motorhaube und steckte den Kopf hinein.

„Ja", kam es dumpf aus dem blechernen Gehäuse, „Das war es mit der Einspritzpumpe."

„Kannst Du es reparieren?", fragte James.

„Keine Chance."

„Also zu Fuß weiter.", sagte James.

„Leider, ja", sagte Pablo, „Aber wenigstens haben wir die Straße gefunden."

„Zu Fuß ist das auch keine so große Hilfe.", sagte James.

„Besser, als quer durch den Dschungel zu marschieren.", meinte Will.

Mike und Ignácio kamen hinzu.

„Was ist passiert?", fragte Ignácio.

„Der LKW ist hinüber", sagte James, „Das heißt, wir müssten laufen."

„Scheiße.", sagte Mike.

„Ja."

Ignácio schaute nachdenklich vor sich auf den Boden.

„André geht es nicht gut", sagte er, „Ich befürchte, er wird septisch."

„Und was können wir tun?", fragte Will.

„Nichts. Absolut nichts. Aber er kann nicht laufen. Wir werden ihn tragen müssen."

„Wie ist Deine Prognose, Doktor", fragte James, „Wird er es schaffen?"

Will bemerkte, wie Ignácio wieder zu zittern begann.

„Es sieht nicht gut aus. Aber man darf nicht aufgeben. Er hat eine Chance. Minimal zwar, aber er hat eine Chance."

„Also gut", sagte James, „Dann werden wir ihn tragen."

Er ging nach hinten und begann, stabile Stämme abzuhacken und eine Trage zu bauen. Sie verfrachteten André darauf, packten Wasser und alles an Nahrung zusammen, was sie aus dem Camp hatten mitnehmen können und machten sich bereit.

„Was ist mit den Waffen", fragte Pablo, „Ist das nicht

unnötiges Gewicht?"

„Kommt darauf an", sagte Will, „Wenn wir sie nochmal brauchen sollten, dann nicht. Und ob das passieren wird, kann niemand sagen. Ich wäre für mitnehmen. Zumindest einen Teil."

Als jeder sein Paket aufgeladen hatte, setzten sie sich in Bewegung. James ging voraus und hackte den Weg durch das Gestrüpp frei. Mike und Ignácio schleppten André auf der behelfsmäßigen Trage. Sie wechselten sich mit Toshi und Pablo ab. Danach folgte Alicia. Will bildete die Nachhut und behielt die Umgebung im Auge. Sie kamen nur langsam voran. Jede Stunde legten sie zehn Minuten Pause ein, tranken und ruhten sich aus.

„Seid sparsam mit dem Wasser", ermahnte Will, „Wir haben drei Liter pro Person, mehr nicht. Das reicht für einen Tag. Zwei, wenn wir uns auf das Minimum beschränken. Aber bei dieser Hitze und Anstrengung dehydriert man schnell. Es gibt noch andere Wasserquellen, aber sie sind nicht sehr effizient. Und oft nicht gut verträglich. Wenn wir dieses Tempo durchhalten, werden wir in drei Tagen an der Straße sein. Dort können wir nur darauf hoffen, dass uns jemand aufliest. Also müssen wir die Vorräte strecken!"

Sie hielten das Tempo nicht durch. Obwohl sie tapfer kämpften, war Will und Pablo ihr Alter anzumerken. Aber auch Mike, Alicia und Toshi waren nicht auf solche Wanderungen trainiert. Hinzu kam die Trage mit André darauf. Einzig James hackte mit schier unmenschlichen Kräften Stunde um Stunde eine Schneise in den Bewuchs vor ihnen. Auch Ignácio erwies sich als erstaunlich zäh. Nach einem halben Tag Marsch standen sie vor einer grünen Wand.

„Der Asphalt hört hier auf.", sagte James.

„Kann schon sein", sagte Will, „Die Trasse wurde nicht durchgängig asphaltiert. Aber der Untergrund sollte trotzdem einigermaßen befestigt sein."

James stieß die Machete in den lehmigen Boden. Nachdem das Blatt bis zur Hälfte verschwunden war, ließ sich ein knirschendes Geräusch vernehmen. Er drehte den Griff hin und her und beförderte einige grobe Steine an die Oberfläche.

„Schotter.", sagte Will.

„Okay", sagte James, „Wir werden nicht tief einsinken. Aber der Wald ist hier sehr viel dicker, und ich brauche länger, um einen Weg freizumachen. Außerdem ..."

Er hielt inne und starrte auf die grüne Wand vor ihnen. Ein leichter Wind wehte von Norden. Langsam hob er die Faust. Sie kannten das Zeichen und gingen wie ein Trupp geübter Soldaten in die Hocke. Mike und Pablo setzten die Trage ab und griffen nach ihren Gewehren.

„Riechst Du das?", flüsterte James.

Will hielt die Nase hoch und sog die Luft ein. Es war nicht stark, nur ein ganz leichter Hauch, kaum merklich, aber eindeutig.

„Rauch.", sagte er.

James nickte.

„Ja. Aber woher?", fragte er Will.

Der legte die Stirn in Falten.

„Es gibt einige Möglichkeiten. Ein anderes Camp. Kartelle, Goldgräber, Holzfäller - oder aber Ureinwohner. Wir sind in ihrem Gebiet, da bin ich mir sicher."

„Okay. Was tun wir? Aufklären und dann entscheiden?"

„Nein", sagte Will, „Wir haben nicht mehr viele Ressourcen. Aufklärung würde Zeit kosten. Und wer weiß, ob wir nicht schon entdeckt wurden."

„Okay. Was ist Dein Vorschlag?"

„Ich würde sagen, wir gehen weiter. Der Geruch kommt von Norden. Wir marschieren Richtung Südwesten, also weg von der Quelle. Ich würde es drauf ankommen lassen."

„Also gut", sagte James, „Lass uns abstimmen."

Sie erklärten den anderen die Situation und entschieden sich für Wills Vorschlag. Niemand verspürte Lust, hier auf unbekannte Leute zu treffen.

„Wir müssen leise sein", sagte James, „Die Geräusche, die ich mit der Machete mache, kann ich nur wenig reduzieren. Aber keine Gespräche, kein Geklapper von Ausrüstung, keine lauten Geräusche. Und wir sollten langsam darüber nachdenken, einen Platz für die Nacht zu finden. Hoffen wir, dass der asphaltierte Teil der Straße bald weitergeht."

Er griff nach der Machete und begann, einen Weg in das Dickicht vor ihnen zu schlagen. Sie kamen noch langsamer voran als vorher. Mike und Pablo tropfte der Schweiß von der Stirn, als sie versuchten, die Trage möglichst geräuschlos den schmalen Pfad entlangzuschleppen. Will ging am Ende des kleinen Zuges, hatte eines der Gewehre im Arm und war noch wachsamer als vorher. Nach zwei Stunden Marsch brach mit tropischer Geschwindigkeit die Dämmerung über sie herein. James blieb stehen und schaute nach oben in das Blätterdach.

„Zeit fürs Nachtlager.", sagte er und setzte seinen Rucksack ab.

Langsam setzte er sich, lehnte sich gegen das Paket und drehte eine der Wasserflaschen auf. Alicia kam zu ihm und fingerte ebenfalls eine Flasche aus ihrem Rucksack.

„Viel ist nicht mehr da.", sagte sie.

James reichte ihr seine halbvolle Flasche, erhob sich schwerfällig und mit einem leisen Stöhnen und verschwand für einen Moment im Dickicht. Er kam mit einer Art Ranke wieder. Mit geübten Handgriffen schnitt er das armdicke Gewächs auf, hob es in die Luft, legte den Kopf in den Nacken und öffnete den Mund. Ein dünnes Rinnsal ergoss sich in seinen Rachen. Er schluckte, verzog etwas das Gesicht und trank weiter.

Will teilte die Wachen ein, die anderen legten sich schlafen, wo sie stehengeblieben waren. Es war etwa Mitternacht und so stockfinster, dass er die Hand nicht vor Augen sehen konnte, als er James' Stimme neben sich flüstern hörte.

„John. Hey, John! Bist Du wach?"

„Ja.", flüsterte er zurück.

„Wir werden beobachtet."

„Ich weiß."

„Von dort.", sagte James und deutet mit dem Arm in die Finsternis.

„Ja. Was denkst Du, Mensch oder Tier?"

„Ich bin nicht sicher. Aber irgendwas ist da draußen und schaut uns beim Schlafen zu. Müsste ich mich festlegen, würde ich sagen Menschen."

„Okay. Was machen wir", fragte Will, „Wecken wir die Anderen?"

„Nein. Wir machen gar nichts. Wer oder was auch immer da draußen lauert, würde sofort abhauen, wenn wir uns bewegen. Oder angreifen. Selbst ich kann nicht durch dieses Dickicht, ohne dass ich bemerkt würde. Wir warten, bis es hell wird, dann gehen wir weiter. Ich denke, Du und ich sollten uns mit der Wache abwechseln, auch wenn jemand anderes dran ist. Nur für den Fall. Vielleicht schrecken auch unsere Gewehre ab."

„Eine schwache Hoffnung", sagte Will, „Aber ja, mir fällt auch nichts Besseres ein. Wenn da draußen jemand ist, der uns töten will, dann können wir nicht viel machen."

„Sieht ganz so aus. Seien wir vorbereitet."

Die restliche Nacht passierte nichts. Will und James schliefen nicht mehr, sondern horchten und spürten in die Dunkelheit hinein. In der frühen Morgendämmerung lehnte James sich zu ihm herüber.

„Sie sind weg.", sagte er.

„Bist Du sicher?", fragte Will.

„Hundertprozentig. Meine Dschungelinstinkte lassen mich nicht im Stich. Ich merke, wenn Augen auf mich gerichtet sind. Und ich merke auch, wenn nicht."

„Okay", sagte Will, „Wecken wir die anderen."

Sie machten sich bereit und bahnten sich weiter den Weg durch den dichten Urwald. Bald schon hatte die Hitze des Tages und die Anstrengung sie wieder voll im Griff.

Gegen Mittag waren die Wasservorräte aufgebraucht.

James schnitt für alle etwas von den Lianen ab, aber die Ausbeute war nicht sehr hoch.

„Dieses verfluchte Dickicht!", sagte er, „So werden wir Wochen brauchen."

„Ja, aber wir haben keine Wochen. Vor allem er nicht.", sagte Ignácio und deutete auf André, „Wir brauchen eine Pause. Wir alle."

André wurde von Stille geweckt. Vorsichtig schaute er

sich um. Er war nicht mehr auf der Ladefläche, sondern lag auf einer Zeltplane auf dem Boden. Diesmal saß Will neben ihm.

„Ist es schlimm?", fragte er und ließ den Kopf wieder sinken.

„Wird schon wieder. Ich habe Schlimmeres gesehen."

Seine Worte passten nicht zu seinem Gesichtsausdruck. André spürte jetzt auch an seinem rechten Bein einen seltsamen Druck und dumpfen, pochenden Schmerz.

„Was ist passiert?", fragte er, „Wo ist die Compañera?"

„Ist nicht aufgetaucht, und wir haben auch nicht auf sie gewartet."

„Wie habt ihr ...?"

„Ruh Dich jetzt aus. Ich werde Dir später alles erklären."

André spürte, wie er müde wurde. Ihm wurde kalt, sehr kalt. Es fühlte sich an, als hätte jemand sein Blut durch Blei ersetzt. Jedes einzelne Körperteil wurde schwer und immer schwerer. Er kämpfte dagegen an, hatte aber sehr schnell keine Kraft mehr. Er fühlte sich schwächer als zuvor, sehr schwach. Obwohl er die Hitze des Urwalds spüren konnte, war ihm gleichzeitig kalt. Sein Kiefer zitterte und die Zähne klapperten aufeinander. Das Gesicht von James erschien.

„Wo sind die anderen?", fragte er wieder.

„Du musst Dich ausruhen!", sagte Will.

„Nicht jetzt. Rufe die anderen."

Will überlegte einen Moment, dann winkte er die anderen hinzu. André sah, wie sich ihre Köpfe zu ihm beugten.

„Was ist los?", fragte André, „Warum fahren wir nicht?"

„Schwierige Sache", sagte James, „Wir müssen ein Stück laufen. Aber wir kommen bald an eine befestigte Straße und auf einen Weg raus aus diesem Dschungel. Kann nicht mehr lang dauern. Halt noch ein bisschen durch, okay?"

André schaute ihn eindringlich an.

„Was ist passiert, James? Warum diese Verbände? Mir ist so kalt!"

„Du wurdest getroffen. Ein Schuss in den Oberschenkel, einer durch die Lunge. Der Typ hat im Fallen den Abzug berührt und Dich erwischt."

„Ich habe das Gefühl, ich muss dringend noch etwas

loswerden, bevor es zu spät ist."

James schaute die anderen an. Bei Ignácio blieb sein Blick etwas länger hängen. Der nickte mit ausdruckslosem Gesicht. André wusste, was passieren würde. Er holte Luft, so gut er konnte und begann, mit leiser Stimme zu erzählen.

42.

André – 2011

Sie war Nummer zweiundzwanzig. Er hatte sie zwei Monate lang beobachtet. Irgendwie passte sie zu ihm, dachte er. Single, lebte allein, eine strikte Routine, immer die gleichen Abläufe, gute Planung und Vorbereitung. Montags, mittwochs und samstags ging sie joggen. Immer die gleiche Runde. Wenige Leute, nur sehr selten mal ein anderer Spaziergänger. Ein Abschnitt ihrer Strecke verlief durch ein kleines Wäldchen. Dort würde er es tun. Er parkte den Transporter in einem Seitenweg und wartete. Hier hatte er schon öfter gestanden, nur zur Probe. Sie hatte das Fahrzeug jedes Mal ignoriert und war stur weitergelaufen. Das war wichtig. Manche schöpften Verdacht und änderten die Route. Fünfmal war das bis jetzt passiert, und er hatte jedes Mal abgebrochen und sich ein anderes Opfer gesucht. Jetzt hörte er die schnellen Schritte auf dem losen Kies des Waldweges. Es war seit vielen Tagen warm und trocken draußen, und sie trug wieder ihr Top und diese engen Shorts, über die er schon so lange fantasierte.

Der Schuss saß perfekt wie immer. Sie ging in die Knie und kippte vornüber. Sie hatte noch nicht mal Zeit, nach dem winzigen Pfeil zu greifen. Er sprang aus dem Transporter, ging schnell wie wenigen Schritte zu ihr und packte sie unter den Armen, als er plötzlich eine Stimme hinter sich hörte.

„Hey! Hey, Sie! Was tun Sie da?"

Geistesgegenwärtig griff er nach dem Pfeil und zog ihn aus ihrem Hals. Dann drehte er sich um und schaute in Richtung der Stimme. Ein Mann in Tarnkleidung mit einem Gewehr über der Schulter kam in lockerem Laufschritt den Waldweg entlang. André hatte ihn weder gesehen oder gehört. Er ließ die Frau zu Boden gleiten und blieb mit hängenden Armen stehen. Wenn er jetzt nicht reagierte, war es zu spät. Aber der Mann war bereits bei ihm. Er schien fit zu sein, atmete nur ein wenig schneller.

„Was ist passiert?", fragte er.

„Ich weiß es nicht", sagte André, „Sie ist ohnmächtig geworden."

Der Mann ging auf die Knie, legte sein Gewehr zur Seite und beugte sich zu ihr hinunter.

„Hallo!", rief er und tätschelte ihr mit der flachen Hand auf die Wangen, „Hallo, hören Sie mich? Machen Sie mal die Augen auf!"

Als nichts passierte, legte er sein Ohr an ihre Lippen und drückte zwei Finger an ihren Hals.

„Atmung scheint normal. Puls hat sie auch. Also stabile Seitenlage. Haben Sie irgendetwas im Auto, eine Decke oder so?"

André schüttelte den Kopf.

„Na nun stehen Sie nicht so rum, helfen Sie mir!"

Er bewegte mit ein paar geübten Griffen die Frau in eine Position, an die André sich dunkel von dem Erste-Hilfe-Kurs für seinen Führerschein erinnerte.

„Rufen Sie einen Krankenwagen!", sagte der Mann zu ihm, blieb bei der Frau sitzen und kontrollierte, ob sie weiterhin atmete. Mit der linken Hand fühlte er weiter den Puls. André fummelte an seinen Taschen herum und klopfte mit den flachen Händen über seine Kleidung.

„Kein Handy dabei.", log er.

Der Mann rollte die Augen, fingerte in der Brusttasche seines gefleckten Overalls herum, holte ein altes Klapphandy heraus und reichte es André.

„Wie war das nochmal? Eins-eins-null?"

„Das ist die Polizei, Herrgott! Eins-eins-zwei ist der Rettungsdienst!"

„Meinen Sie, das ist wirklich nötig? Vielleicht wacht sie gleich wieder auf. Vielleicht nur ein kleiner Schwächeanfall?"

„Menschen fallen nicht einfach so um. Es kann harmlos sein, muss aber nicht. Jetzt rufen Sie schon an! Na los doch!"

André wählte die Nummer und beantwortete die Fragen der Frau auf der anderen Seite, dann legte er auf.

„Fünf Minuten, hat sie gesagt."

„Hoffen wir es. Bis jetzt geht es ihr aber gut. Was haben Sie sich eigentlich dabei gedacht? So geht man doch nicht mit jemandem um, der ohnmächtig ist! So alt sind sie doch noch gar nicht! Wann war denn Ihr letzter Erste-Hilfe-Kurs?"

„Weiß ich nicht mehr", sagte André kleinlaut, „Daran kann ich mich nicht so gut erinnern."

„Super", sagte der Mann, „Und was machen genau machen Sie eigentlich hier?"

„Ich wollte spazieren gehen."

„Und dann fahren Sie bis in den Wald? Mit einem Transporter? Bei diesem Wetter? Wissen Sie, wie trocken alles ist? Wenn die Hitze vom Katalysator irgendetwas auf dem Waldboden entzündet, steht Ruck Zuck alles in Flammen! Haben sie nicht mitbekommen, wie viele Waldbrände wir dieses Jahr schon hatten? Das passiert genau wegen solchem Blödsinn!"

„Ja. Nein. Wusste ich nicht."

„Man man man! Noch nicht mal auf dem Hochsitz hat man seine Ruhe!"

Der Mann beugte sich wieder vor das Gesicht der Frau.

„Brauchen Sie mich noch?", fragte André.

„Pscht!", sagte der Mann, hob den Kopf und schaute André an, „Ich muss hören, ob Sie noch atmet ... Ja, okay. Komisch. Bei einem leichten Schwächeanfall sollte sie eigentlich jetzt schon wieder wach sein. Das verstehe ich nicht."

„Was denn?", fragte André und versuchte, so unbedarft wie möglich zu klingen.

„Ich hatte das in letzter Zeit immer mal wieder. Junge, gesunde Frauen, die beim Joggen umgefallen sind. Waren einige Fälle. Wir haben nie etwas finden können ..."

Er hielt inne, entfernte den Kopf etwas von ihrem Gesicht und begann, an ihrem Hals zu tasten.

„Moment mal. Was ist das denn?", fragte er und zeigte auf die winzige Einstichstelle.

André kniff die Augen zusammen und streckte den Kopf etwas vor, zuckte dann die Schultern.

„Ich kann da nichts erkennen.", sagte er.

Der Mann beugte sich noch weiter vor, sah genau hin und betastete den Hals.

„Das ist eine Injektionsstelle", sagte er, „Subkutan, intramuskulär. Frisch."

„Könnte doch auch ein Mückenstich sein.", sagte André, „Oder an einem Zweig geschrammt."

„Junger Mann, ich bin Oberarzt an der Uniklinik. Ich erkenne eine Injektionsstelle, wenn ich eine sehe. Wo sollte sie die bitteschön mitten im Wald ...?"

Er unterbrach sich, hob langsam den Blick und schaute in Andrés bleiches Gesicht, das halb von einem Revolver verdeckt wurde.

„Scheiße", sagte er, mehr zu sich selbst, „Ich bin so blöd!"

Er schaute André direkt ins Gesicht.

„Du! Du warst das! Natürlich! Was hast Du ihr gegeben?"

„Sie wird es überleben!", sagte André.

Er kam einen Schritt näher und richtete den Revolver auf das Gesicht des Mannes. Dessen Blick fiel auf sein Gewehr, aber er realisierte sofort, dass er keine Chance hatte, niemals schnell genug sein würde. Er wirkte ruhig und gefasst. Von Weitem hörten sie die Sirene des Krankenwagens.

„Was jetzt", fragte der Mann, „Was willst Du jetzt machen? Die sind in weniger als einer Minute hier. Willst Du mich abknallen, und die Sanitäter gleich mit? Die Leitstelle weiß, wo sie sind. Die Wagen haben GPS. Wenn die sich nicht melden, schicken sie sofort die Polizei los. Die wird dann keine fünf Minuten brauchen. Du kommst hier nicht raus."

André sagte nichts, richtete nur den Revolver auf ihn.

„Komm schon, man", fuhr der Mann fort, „Das ist doch nur ... was? Man kann Dir wahrscheinlich noch nicht mal etwas nachweisen. Ich werde nichts sagen. Wir vergessen einfach, dass das hier passiert ist. Du hörst damit auf, ich behalte es für mich und wir gehen alle nach Hause."

André sagte noch immer nichts. Es war offensichtlich, dass der Arzt log, aber das machte nichts. Es war vorbei, so oder so. Er hatte diesen Tag mit eingeplant. Es wäre einfach dumm gewesen, es nicht zu tun. Nichts ging für immer gut. Nicht sowas jedenfalls. Aber der Mann hatte Recht. Und die besseren Nerven. Bis jetzt war es nicht viel, was er sich hatte zu Schulden kommen lassen. Und es war schwer, ihm etwas nachzuweisen. Irgendwer hätte das getan haben können. Er hatte die Frau hier nur gefunden. Aber was war, wenn sie das Blasrohr im Transporter fanden? Wenn sie sein Haus durchsuchten? Die Verstecke mit seinem Spezialcocktail fanden? Und die anderen Dinge. Die Videos. Trotzdem, das könnte auch alles ein Zufall sein. Mit einem guten Anwalt könnte er in ein paar Jahren…

André unterbrach seinen Gedankenfluss. Nein, das war keine Option. Er würde nicht ins Gefängnis gehen. Aber er würde auch niemanden ermorden. Das stand außer Frage. Es war an der Zeit für seinen Notfallplan. Alles war bereit, so wie immer. Er musste nur von hier weg, bevor jemand die Polizei rufen konnte. Die Sirene des Rettungswagens wurde lauter. Er musste handeln. Jetzt.

„Schieben Sie das Gewehr zu mir!", sagte er. Der Arzt gehorchte zögerlich. André hob die Waffe vom Boden auf, ging einige Schritte rückwärts, drehte sich um und rannte zu seinem Transporter. Er warf das Gewehr auf den Beifahrersitz, startete den Motor und raste los. Loser Kies und kleine Steinchen spritzten auf. Im Rückspiegel sah er den Arzt über der Frau knien.

Acht Minuten bis nach Hause. Noch eine Minute, oder höchstens zwei, bis der Rettungswagen da war. Sie hatten Funk an Bord und würden sofort die Polizei rufen. Die würde nach einem weißen Lieferwagen suchen, mehr hatten sie erstmal nicht. Doch, eine vermutlich relativ gute Beschreibung von ihm. Er musste also in den nächsten Minuten aus dem Transporter raus und zu Fuß weiter. Oder er ließ es drauf ankommen. Zu Fuß hätte er keine Chance. Sie würden die Gegend nach einem einzelnen, jungen Mann absuchen. Hier auf den Feldern, ohne Deckung, war er überall weithin sichtbar. Der Transporter auch. Also weg von hier, einfach nur weg! Er bog auf die Straße ein und fuhr deutlich zu schnell in den Ort, in die Seitenstraße, in das offene Garagentor. Das Tor rollte zu. Langsam, viel zu langsam, es kam ihm ewig vor. Er horchte. Von der Hauptstraße drangen die verhaltenen Geräusche einzelner Autos zu ihm. Ansonsten Stille. Er atmete tief, bis sich sein Puls etwas beruhigt hatte, stieg aus und schaute in den Transporter. Es hatte keinen Sinn, hier irgendetwas zu verstecken. In ein paar Minuten würde ohnehin nicht mehr viel übrig sein. André bückte sich und zog den Metallstift unter dem Tank. Benzingeruch breitete sich in der Garage aus. Er lief durch die Tür ins Haus und entfernte auch dort an vorbereiteten Stellen dicke Metallstifte. Dann hastete er die Treppe hinauf ins obere Stockwerk. Er zog sich aus, griff sich den Anzug aus dem Schrank und zog ihn an. Es war seltsam, aber Leuten mit Anzug und Krawatte wurde weniger oft misstraut. Er hatte das ein ums andere Mal festgestellt. Hastig entfernte er Akku und Simkarte aus seinem Handy und dem des Arztes, nahm ein einfaches Klappentelefon aus dem Nachttisch und schaltete es ein. Er wählte die Nummer auf einer gelben Karte und bestellte sich ein Taxi in die Parallelstraße. Zehn Minuten, sagte die Frau am Telefon. Okay. Er ging in die Garage, stellte die Uhr auf zwanzig Minuten und drehte den Hahn der beiden Gasflaschen an dem Schweißgerät auf. Eine mit Sauerstoff, eine mit Acetylen. Nicht zu viel, damit nicht schon vorher etwas schief ging. Er griff Koffer und Rucksack, ging durch den Hinterausgang und den Garten hindurch zur anderen Straße und wartete dort hinter der dichten Hecke, bis er das Taxi in die Straße einbiegen sah. Langsam und suchend kam der Wagen näher. Als er fast vor den kleinen Bogen aus Pflanzen und Hecke angekommen war, trat André hinaus. Der Fahrer sah ihn, hielt an und öffnete das Fenster.

„Taxi zum Flughafen? Für Müller?" André nickte, und der Fahrer stieg aus, um ihm mit dem Gepäck zu helfen.

„Den Rucksack brauche ich bei mir.", sagte André.

Sie fuhren los. Der Fahrer telefonierte vorn und ließ ihn in Ruhe. André fasste in die Seitentasche des Rucksacks. Der Pass war da. Ein grüner Einband mit der Aufschrift

‚Republica Federativa do Brasil – Passaporte'. Das Ding hatte ihn eine ordentliche Stange Geld gekostet. Eine komplett neue Fälschung war vergleichsweise einfach und günstig zu bekommen, ein alter und bereits benutzt erscheinender Pass schon deutlich schwieriger. Weil er ausreiste, würde niemand allzu genau schauen. Und bei der Einreise in Brasilien würde man auch nicht viel Aufhebens machen, wenn er nicht über einen der großen Flughäfen kam. Am Flughafen gab er dem Fahrer ein gutes Trinkgeld und ging an einen der Ticketschalter.

„Guten Tag."

„Guten Tag, der Herr. Was kann ich für Sie tun?"

„Ich brauche kurzfristig eine möglichst günstige Verbindung nach Brasilia."

Die Frau hinter dem Schalter tippte etwas in ihrem Computer herum.

„Es tut mir leid, aber da habe ich leider keine Direktflüge im Angebot."

Natürlich hatte sie das nicht, das hatte er überprüft.

„Das macht nichts.", sagte er, ich nehme einfach den nächstmöglichen Flug.

Die Frau tippte erneut auf ihrem Computer herum.

„Ich hätte einmal eine Verbindung mit Iberia über Madrid, oder mit Aerolinhas Argentinas über Buenos Aires. Dort ist allerdings die Umsteigezeit sehr knapp. Es könnte sein, dass Sie ihren Anschluss verpassen."

„Damit kann ich leben. Ich komme schon weiter."

„Gut, wie Sie möchten. Das macht dann eintausenddreihundertvierundachtzig Euro."

„Bar ist okay, hoffe ich?"

„Uff', machte die Frau, „Natürlich. Kein Problem."

Er bezahlte und sie händigte ihm das Ticket aus. Der Flug ging in fünf Stunden.

„Danke.", sagte er und machte sich auf den Weg zur Sicherheitskontrolle. Bei der Handgepäckkontrolle wurde er abgetastet. Der Mann mit den Gummihandschuhen schaute ihn länger an.

„Heben Sie mal bitte den rechten Fuß hoch.", sagte er und fuhr mit dem Detektor darüber. Das Gerät fiepte und pfiff.

„Den linken Fuß bitte." Wieder die Geräusche. Der Mann sah ihn länger an.

„Haben Sie einen schlechten Tag heute?", fragte er.

„Flugangst.", sagte André knapp.

„Ah. Verstehe. Nun, dann mal guten Flug, der Herr."

Auf der anderen Seite der Schleuse wartete er auf seinen Rucksack. Der Mann vor dem Monitor runzelte die Stirn, hielt das Band an und ließ es einige Male vor- und zurückfahren. Dann wurde Andrés Rucksack seitlich ausgestoßen und kam auf einem gesonderten Band auf ihn zugerollt. Er wollte gerade danach greifen, als eine Frau in Uniform erschien.

„Einen Moment bitte", sagte sie freundlich, „Das ist Ihr Rucksack?"

„Ja."

Sie öffnete die Seitentaschen, dann das Hauptfach und sah hinein.

„Oh.", sagte sie, „Das muss ich abklären lassen. Wenn Sie mir bitte kurz folgen würden?"

André stand der Schweiß auf der Stirn. Er nickte und folgte der Frau einen Gang entlang bis zu einem Aufzug. Sie drückte einen Knopf und die Türen glitten auf.

„Steigen Sie bitte ein. Ihr Gepäck wird Ihnen später wieder ausgehändigt." Sie drückte im Aufzug auf einen Knopf und wartete, bis sich die Tür geschlossen hatte. André spürte trotz seines flauen Magens, dass der Aufzug nach unten fuhr. Er musste sich jetzt zusammenreißen. Es war alles durchdacht. Er tat nichts Illegales. Bis auf den falschen Pass natürlich, aber das würden sie nicht herausfinden. Es war gute Arbeit. Das einzige, was passieren konnte, war er selbst. Diese Leute waren darauf trainiert, auf bestimmte Signale zu achten. Nervosität zum Beispiel. Also cool bleiben. Er atmete einige Male tief durch, verschränkte die Hände vorm Schritt und blieb vor der Tür stehen. Sie öffnete sich und gab den Blick in einen Warteraum frei. Lange, leere Stuhlreihen vor einem Büro mit großen Glasfenstern. Ein gelangweilter Zollbeamter stand davor, ansonsten war der Raum leer. André ging auf ihn zu, bekam aber direkt die

Anweisung, sich zu setzen.

„Sie werden aufgerufen.", sagte der Mann und schaute wieder gelangweilt in die Gegend.

Nach ewigen zehn Minuten fiel sein Name. Er reagiert zuerst nicht. Dann ein zweites Mal.

„Roberto Jorge Maurer?"

„Ja.", sagte er schnell und stand auf.

„Bitte sehr.", sagte der Beamte und wies ihm den Weg in das Büro.

André blieb vor einem Tresen stehen und wartete. Kurz darauf erschien ein anderer uniformierter Beamter mit seinem Rucksack.

„German? English?"

„Deutsch ist okay.", sagte André.

„Das ist Ihr Rucksack?", fragte er und André nickte.

„Pass bitte."

André reichte ihm seinen Pass. Der Mann nahm das kleine Büchlein, schaute auf die erste Seite, inspizierte das Foto, sah auf André, dann wieder auf das Foto. Langsam blätterte er die Seiten durch. Auch hier wieder das Training. So viele Stempel, teilweise verblasst, gaben dem Mann eine hohe Wahrscheinlichkeit, dass der Pass echt war. Niemand reiste so viel, ohne dass ein gefälschtes Dokument auffiel. Neue, makellose Pässe waren verdächtig. André versuchte, den Angstschweiß und das Zittern zu verbergen.

„Herr Maurer", sagte der Mann und schaute ihn an, „Würden Sie mir bitte sagen, warum Sie mit so viel Bargeld reisen?"

„Warum wollen Sie das wissen?", sagte André und schaute den Beamten an, „Es sind genau vierundzwanzigtausend Euro. Fünfundzwanzigtausend sind erlaubt und unterhalb der Deklarationsgrenze. Die übrigens bei Einreise gilt, nicht bei Ausreise."

„Das ist mir bewusst", sagte der Beamte, „Übrigens haben wir das Geld bereits nachgezählt. Ich wollte Sie ja auch nur fragen, ob Sie mir mitteilen würden, warum Sie mit so viel Bargeld reisen und woher sie es haben."

„Das möchte ich nicht beantworten", sagte André.

„In Ordnung. Das ist Ihr gutes Recht. Dann werde ich

mal ganz gründlich schauen, was ich noch so finde. Dazu muss ich Ihr restliches Gepäck anfordern lassen. Machen Sie es sich schon mal draußen bequem, Herr Maurer. Ich denke, Sie werden ihren Flug heute leider aus Sicherheitsgründen verpassen."

„Ich denke, das werde ich nicht", sagte André.

„Ach nein?"

„Nein."

„Und warum denken Sie das?"

„Weil gegen mich absolut nichts vorliegt. Eine verdachtsunabhängige Kontrolle darf nur bei eindeutiger Gefährdung oder illegalem Verhalten die Pläne des Reisenden so erheblich beeinträchtigen. Wenn Sie das vergessen haben sollten, rufe ich gern meinen Anwalt an, der es nochmals Ihrem Vorgesetzten erklärt."

André zog sein Telefon aus der Tasche, klappte es auf und tat, als würde er nach einer Nummer suchen. Der Beamte schaute ihn an. Dann klappte er den Pass zu, gab ihn André wieder und schob den Rucksack über den Tresen.

„Nehmen Sie Ihren Rucksack und verschwinden Sie!", sagte er und gab dem Gepäckstück einen Schubs. Es drehte sich im Fall und verteilte seinen Inhalt vor Andrés Füßen. Er schob die Sachen zurück, setzte sich den Rucksack auf die Schultern und ging zum Gate.

43.

Flucht – 2011

Als André geendet hatte, sahen alle auf ihn. Er hatte mit Entsetzen gerechnet, mit Ablehnung, aber sie war in keinem der Gesichter zu finden. Alles, was er sah, war Aufmerksamkeit und Ruhe. Alicia strich ihm über die fiebrige Stirn.

„Was sagt ihr jetzt?", fragte er.

„Was sollen wir sagen", erwiderte Will, „Es ist, wie es ist. Wir holen Dich hier raus, lassen Dich wieder zusammenflicken, und dann geht das Leben weiter."

„Warst Du denn glücklich in Deinem früheren Leben?", fragte Toshi.

„Nein", sagte André schwach, „Ganz im Gegenteil. Es hat mich fast in den Wahnsinn getrieben. Die dauernde Angst, irgendwann erwischt zu werden. Die Heimlichkeiten. Und die Leere, die immer größer wurde."

„Und was ist mit den Frauen", wollte Alicia wissen, „Hast Du mal an sie gedacht?"

„Ja, oft. Ich habe mir eingeredet, dass sie ja nichts davon gemerkt haben. Aber das ist natürlich Unsinn. Und selbst wenn nicht ... Ich weiß, dass ich nicht das Recht dazu hatte, das zu tun, was ich getan habe. Ich weiß es. Aber ich konnte nicht anders. Erst hier, nach meiner Flucht, habe ich es geschafft, ein neues Leben anzufangen. Und mit euch hatte ich zum ersten Mal so etwas wie Freunde. Aber ich verstehe auch, wenn ihr mich hier zurücklasst oder wenn ihr nichts mehr mit mir zu tun haben wollt."

„Unsinn", sagte James, „Jeder baut mal Mist. Manche weniger, manche vielleicht etwas mehr. Entscheidend ist, dass man irgendwann mal damit aufhört."

„Ich hätte nicht gedacht, dass es jemand so sieht.", sagte André sehr leise.

„Wenn Du damals kein Glück empfunden hast – was macht Dich denn glücklich, mein Freund?", fragte Toshi.

„Das habe ich nie herausfinden können. Ich wollte immer einfach nur frei sein, tun und lassen, was ich will. Keine Konsequenzen, kein schlechtes Gewissen, keine Angst. Aber ich habe mir genau das Gegenteil davon geschaffen."

„Warum, denkst Du, war das so?", fragte Toshi weiter.

„Warum ich das Gegenteil von dem tat, was ich eigentlich wollte? Wer weiß. Vielleicht hatte ich das Gefühl, nicht glücklich und frei sein zu dürfen. Vielleicht hatte ich sogar das Gefühl, ich wäre besser gar nicht hier. Auf dieser Welt."

„Jeder ist wichtig auf dieser Welt, mein Freund.", sagte Toshi. Die anderen stimmten ihm zu.

„Wir müssen weiter.", sagte Will.

An diesem Nachmittag spürte auch James die Erschöpfung sehr stark. Hitze, Anstrengung und Wassermangel hatten ihre von der Gefangenschaft ausgezehrten Körper an ihre Grenze gebracht. Er wusste, dass er selbst noch einige Tage durchhalten konnte. Die anderen konnten es nicht. Sie beklagten sich nicht, aber er sah es ihnen an. Nach den Pausen fiel es ihnen immer schwerer, aufzustehen. John war mehrfach fast eingeknickt, und auch Pablo und Alicia waren am Ende ihrer Kräfte. Mike, Toshi und Ignácio hätten es vielleicht noch etwas länger geschafft, wenn sie nicht die Trage schleppen müssten. So aber hatte es keinen Sinn mehr. Er musste denken und sich mit John beratschlagen. Es war an der Zeit für eine Pause. Kaum eine Minute später lagen alle auf ihren Rucksäcken.

„John?", sagte er.

„Ja?"

„Was machen wir mit denen?"

Will schaute sich um. Alle außer ihnen hatten die Augen geschlossen und schienen in einen ohnmachtsähnlichen Schlaf gefallen zu sein.

„Ich bin selbst in keinem besseren Zustand", sagte er, „Ich denke, es hilft nur eines."

„Durchmarschieren?", fragte James.

„Ja. Wenn wir vor der Nacht nochmal anhalten, steht niemand wieder auf. Vielleicht für immer."
„Daran habe ich auch schon gedacht."
„Na dann - Kräfte sammeln, und los. Bald wird die Erschöpfung zu groß sein, und sie werden uns nicht mehr gehorchen."
„Okay.", sagte James und stand auf.
„Alles aufstehen", sagte er laut, „Wir gehen weiter."
Niemand reagierte.
„Los, hoch mit euch!", sagte er und stieß Mike mit dem Stiefel an. Der hob schwach den Kopf und starrte ihn aus glasigen, blutroten Augen an.
„Na los doch. Wir müssen weiter.", sagte James.
„Leck mich am Arsch", sagte Mike, „Ich bin fertig. Ich kann nicht mehr. Nicht einen einzigen Schritt."
„Klar kannst Du. Komm schon, ich helfe Dir auf.", sagte James und reichte ihm die Hand. Widerwillig griff Mike zu und ließ sich von ihm hochziehen. James konnte Mikes Wut der Verzweiflung spüren, die sich jetzt auf ihn projizierte.
„Los, alle hoch! Du auch, Alicia! Ignácio, Pablo, Toshi! Aufstehen. Wir müssen weiter."
„Weiter, immer weiter", sagte Pablo, „Wohin denn noch weiter? Es hat doch keinen Zweck. Unser Wasser ist alle, wir haben fast nichts mehr zu essen und wir sind hoffnungslos in dieser Wildnis verloren. Es gibt keine Rettung, und es dauert noch Tage bis zur Straße. Wir sind ausgehungert, erschöpft, fertig."
„Und was willst Du jetzt tun", fragte Will und stand langsam auf, „Willst Du hier sitzen bleiben und auf den Tod warten? Nach all dem? Überleg mal, wie weit wir es geschafft haben! Mike! Willst Du Deine Tochter im Stich lassen? Ignácio! Willst Du nicht Isabella wiedersehen? Kommt schon, seht mich an! Ich bin ein alter Mann. Wenn ich es schaffe, schafft ihr es auch. Reißt euch zusammen. Noch ein paar Stunden bis zur Dunkelheit. Wir gehen langsamer, dafür aber ohne Pausen. Dann besorgt James uns irgendwas zu essen, und wir schlafen die Nacht durch. Nicht aufgeben! Gebt jetzt nicht auf!"
Will wusste, dass ab einem gewissen Punkt mit Worten

nichts mehr zu machen war. Dann halfen nur noch Drohungen, Tritte, Schläge, Gewalt. Aber soweit wollte er es nicht kommen lassen. Er war sich nicht sicher, ob James und er es schaffen würden. Er selbst würde laufen, bis sein Herz stehen blieb und er einfach umfiel. Sein Geist hatte die Macht, nicht sein Körper, das sagte er sich immer wieder. Langsam rappelte sich die Gruppe hoch, hob ihr Gepäck auf und folgte ihm und James weiter durch das Dickicht.

James ging weiter voran und hackte den Weg frei. Er überlegte, wie er etwas zu Essen besorgen konnte. Sicher, er konnte irgendein Wildtier schießen, vorausgesetzt, er fand eines. Aber das würde ihre Position auf Kilometer hinweg verraten. Und ein Feuer zum Zubereiten konnten sie auch nicht machen. Während er noch darüber nachdachte, was jetzt zu tun sein, roch er wieder Rauch. Diesmal war der Geruch sehr stark, und auch die anderen rochen es. Er spürte, dass sie wieder beobachtet wurden. James hielt nicht an, sondern ging geradewegs auf die Quelle des Geruchs zu. Alles oder nichts. Es war egal. Entweder, sie fanden jetzt Hilfe, oder sie waren sowieso tot. Nach wenigen hundert Metern tat sich vor ihnen eine Lichtung auf. Einige einfach Hütten standen darauf verteilt. Ohne zu zögern ging er darauf zu. Es war niemand zu sehen. James setzte seinen Rucksack ab, legte Machete und Gewehr auf den Boden und hob die Hände in die Luft.

„Wir brauchen Hilfe!", sagte er laut und deutlich auf Englisch, dann noch einmal auf Spanisch.

Auch die anderen legten Gepäck und Waffen auf den Boden und zeigten ihre Hände. Es dauerte eine Weile, bis schemenhafte Gestalten aus dem Dschungel erschienen. Rote Gesichter, spärlich bekleidete Körper, gespannte Bögen, auf sie gerichtete Pfeile. Langsam kamen die Gestalten näher. Einer löste sich aus der Gruppe und ging vorsichtig auf James zu.

„Wer seid ihr?", fragte er in gebrochenem Spanisch.

Sie wurden beinahe herzlich aufgenommen. Bis auf zwei junge Männer sprach niemand in dem Stamm irgendeine ihnen verständliche Sprache, aber sie wurden wortlos mit allem versorgt, was sie dringend brauchten. Wasser, Nahrung und einen Platz zum Schlafen. Sie versorgten auch Andrés Wunden mit Kräutern und Verbänden aus Pflanzenfasern. Ignácio schaute interessiert dabei zu. Sehr bald schon waren alle eingeschlafen. Anfänglich versuchte James noch, wach zu bleiben, fiel dann aber auch in einen traumlosen, tiefen Schlaf.

Als er erwachte, war es bereits Mittag des nächsten Tages. Er fühlte sich ausgeruht, spürte aber, dass sie noch nicht bereit waren, ihren Marsch fortzusetzen. Einer der jungen Männer erklärte ihnen, wo sie sich befanden. Es waren nur noch zwei Tagesmärsche bis zu einer Station der Umweltbehörde, die auch einen kleinen Flugplatz hatte. Manchmal kam von dort ein Arzt zu ihnen, ansonsten hielten sie sich fern und blieben für sich.

André hatte noch immer hohes Fieber und war mittlerweile nicht mehr ansprechbar. Zunächst schien es, als würde sich sein Zustand etwas bessern, nachdem seine Wunden mit der Medizin des Urwalds versorgt wurden. Dann aber gewann die Infektion wieder die Oberhand, und sein Zustand verschlechterte sich schnell.

„Wenn er nicht schnell in ein modernes Krankenhaus kommt, wird er sterben.", sagte Ignácio.

Trotzdem brauchten sie noch etwas Ruhe, um wieder marschbereit zu sein. Nach einem weiteren Tag waren sie soweit, dass sie aufbrechen konnten. Die Dorfbewohner schickten ihnen einige Männer mit, die Gepäck und Trage für sie trugen. So mussten sie nur noch laufen und den verschlungenen Pfaden folgen. Tatsächlich erreichten sie nach zwei Tagen die Rangerstation. Ein junger Mann in verschmutzter Uniform kam ihnen aus einem Blockhaus entgegen.

„Herr im Himmel", rief er, „Wo kommt ihr denn her?"
Pablo erklärte es ihm kurz.
„Meine Güte", sagte der Mann, „Ich hatte davon gehört. Wir wurden angewiesen, Augen und Ohren offen zu halten. Aber für eine Suchaktion fehlen uns die Leute. Es gibt immer wieder Aktivitäten irgendwelcher Terrorgruppen und Kartelle in der Gegend. Aber ihr seht ja – ich bin hier allein.

Immer eine Woche Dienst im Wechsel mit einer Woche frei. Offen gesagt bin ich froh, wenn ich niemandem von denen begegne. Aber jetzt müsst ihr erzählen, was genau passiert ist!"

„Ich verstehe", sagte Pablo, „Und das werden wir auch tun. Aber unser Freund braucht dringend einen Arzt."

Er zeigte auf André.

„Ja. Natürlich. Ich werde das Hauptquartier anfunken. Sie sollen einen Hubschrauber schicken. Am besten gleich zwei.", sagte der Ranger und verschwand in dem Blockhaus.

Die Ureinwohner nickten ihnen stumm zu und verschwanden wieder im Urwald. James bemerkte, wie John nachdenklich vor sich auf den Boden starrte.

„Danke.", hörte er ihn leise flüstern, „Es tut mir so leid."

„Was tut Dir leid?", fragte er.

Der alte Mann hob den Kopf und sah ihn direkt an. James entdeckte Tränen in seinen Augen.

„Alles.", sagte er, drehte sich um und ging zu der Hütte.

Es dauerte zwei Stunden, bis die Hubschrauber kamen. Der Ranger hatte auf die Dringlichkeit hingewiesen, aber die Ressourcen waren knapp und die Entfernungen groß. Die Fluggeräte waren praktisch im Dauereinsatz und mussten erst von ihren aktuellen Missionen abgezogen und neu betankt werden.

Durch das Flattern der Rotorblätter erwachte André.

„Haben wir es geschafft?", flüsterte er.

„Ja. Wir haben es geschafft, mein Freund.", sagte Toshi, der bei ihm saß.

André lächelte und schloss die Augen.

44.

Lima – 2011

Als André erneut erwachte, lag er auf einer Art weißem Bett. Seine Hände waren im Schoß gefaltet und er trug einen Anzug. Er sah zum ersten Mal das rasierte Gesicht von James, immer noch bärtig, aber gestutzt und ordentlicher. Daneben stand John. Sein unendlich altes Gesicht schien müde, aber seine Augen waren wach und klar. Alicia hatte Tränen in den Augen und hielt sich an Mikes Arm fest. Pablo hatte den Kopf gesenkt und stierte auf den Boden. Ignácio und Toshi standen in der zweiten Reihe und schwiegen. Sie alle waren sauber und ordentlich gekleidet, aber man sah ihnen die Strapazen der Gefangenschaft noch deutlich an. Er wollte sich bewegen, die Arme auf die Seite der Liege stützen und sich aufrichten, aber es ging nicht. Seine Gliedmaßen gehorchten ihm nicht, auch nicht sein Kopf, sein Mund, noch nicht mal seine Augenlider. Er sah sich selbst von oben, die anderen im Kreis um ihn herum in einem abgedunkelten, kühlen Raum. Kahle Betonwände, ein Kreuz an der Wand, einige Kerzen.

„Jemand sollte ein paar Worte sagen.", sagte Mike.

Niemand antwortete. Alle standen und schwiegen.

„Er war mutig.", sagte James schließlich, schaute sich um und räusperte sich, „Mutig. Es war mutig, was er für uns getan hat. Und es war mutig von ihm, uns seine Geschichte zu erzählen. Er war für uns da, als wir ihn gebraucht haben. In meiner Welt ist es das, was zählt. Und ich glaube, wir waren auch für ihn da. Vielleicht waren wir am Ende die Familie für ihn, die er nie hatte. Vielleicht auch nicht. Was er aber hatte, war seine Erkenntnis. Er hat die Augen vor sich selbst geöffnet und sich erkannt. Er hat seine Handlungen reflektiert und sich geändert. Er war ein guter Kerl. Jedenfalls war der Typ, den ich getroffen habe, ein guter Kerl. Jetzt ist er woanders."

Die anderen murmelten zustimmend. Pablo nuschelte ein 'Amen' und bekreuzigte sich.

André verstand nicht. Gegangen? Wer war gegangen? Er? Wohin? Und er sollte ein guter Kerl gewesen sein? Nach all dem, was er getan hatte?

Langsam begriff er, was das weiße Bett unter ihm war. Er fühlte keine Wut mehr, keine Einsamkeit, keine Angst, keine Reue. Alles war gut so, wie es war. Er sah, wie zwei Männer in den Raum kamen und einen Holzdeckel über seinen Körper legten. Jetzt hieß es Abschied nehmen. Er spürte Freude darüber, dass die Menschen, die um ihn herumstanden, Gutes über ihn dachten und ihn vermissen würden. Es war das erste Mal, dass ihn jemand vermisste.

Nachdem sie Abschied genommen hatten, verließen sie das Gebäude und traten hinaus in die Wärme und das Licht des Tages. Pablo hob die flache Hand an die Stirn, schaute nach oben und blinzelte.

„Schaut mal den Himmel an", sagte er, „Nicht eine einzige Wolke. Ich glaube, ich fahre heute mit Antonella ans Meer. Es ist ein guter Tag für das Meer. Und sie ist gern draußen. Was werdet ihr jetzt machen?"

„Ich weiß nicht, wie es euch geht", sagte James, „Ich jedenfalls habe eine Menge Scheiße erlebt, und eigentlich reicht es mir. Ich könnte irgendwo hingehen, irgendetwas Anderes tun. Aber das wäre nicht ich. Und wenn ich eines Tages abtreten muss, dann will ich wenigstens sagen können, dass ich es versucht habe. Ich kann nicht einfach nach Hause gehen, oder irgendwo an den Strand. Diese Irrsinnige ist noch da draußen, und sie wird weitermachen, bis jemand sie aufhält. Ich kann nicht garantieren, dass ich es schaffe, aber ich will es wenigstens versucht haben."

Die anderen schwiegen, bis sie sicher waren, dass James fertig war. Dann hörte man Mikes Stimme.

„Ich war kurz davor, mein Leben einfach wegzuwerfen. Was wir hier durchgemacht haben, war für mich der Ruf zurück. Ich habe gemerkt, dass ich doch leben will. Ich bin wieder da. Nicht als der Alte, sondern als der neue Mike. Ich habe keine Ahnung, was der neue Mike alles anstellen wird. Aber es wird nicht mehr das sein, was der Alte für wichtig hielt. Diese ganze Jagd nach Karriere und Geld – ich dachte immer, ich tue das alles für meine Familie. Und was hat es mir gebracht? Meine Frau und mein Sohn sind tot, und ich war nicht da. Ich habe mich noch nicht mal richtig von ihnen verabschiedet, weil ich glaubte, ein sinnloser Termin wäre wichtiger. Ich habe meine Arbeit über meine Familie gestellt, über alles in meinem Leben. Und warum? Wofür? Dieses Leben will ich nicht mehr führen."

Er schaute Alicia an.

„Vielleicht reisen wir einfach weiter, oder was meinst Du?", fragte er seine Tochter.

„Ja. Ich hätte Lust auf Kanada", sagte sie, „Wusstet ihr, dass ich noch nie in Kanada war? Von dort, wo ich wohne, ist es nur eine Stunde mit dem Auto und man ist über der Grenze. Und ich war noch nie dort."

Mike zuckte die Schultern.

„Warum nicht", sagte er, „Dort soll es schön sein."

„Haltet euch von Cracknutten und Red-Roof-Motels fern.", sagte James und grinste. Die anderen schauten etwas irritiert.

„Vergesst es", sagte James, „Das muss ich euch, wenn überhaupt, mal in Ruhe erzählen."

„Was ist mit Dir, Toshi?", wollte Alicia wissen, „Wirst Du weiter nach dem Glück suchen?"

Der große Japaner schaute nachdenklich durch seine runde Brille.

„Ich glaube, ich fliege nochmal nach Norwegen. Irgendwie hat es mir dort gefallen. Und man wird nicht entführt. Das Glück jedenfalls war dort sehr viel näher als hier. Ich glaube nicht, dass ich hier finde, was ich suche."

„Und in Norwegen schon?", fragte Alicia.

„Ja. Ich kann mir dort ein glückliches Leben vorstellen."

„Sag mal, Toshi", fragte Alicia weiter, „Was war eigentlich in dem Päckchen, dass Deine norwegische Freundin Dir mitgegeben hat? Wie hieß sie noch gleich?"

„Eva.", Toshi lächelte und schaute in die Weite.
„Ja genau, Eva. Also was war in dem Paket?"
Toshi griff in seinen Rucksack und holte einen Gegenstand heraus, der in ein Wachstuch gewickelt war. Langsam entfernte er das steife Stück Stoff und brachte eine etwa fünfzehn Zentimeter große Statue zum Vorschein. Die anderen traten näher und bestaunten das Kunstwerk. Es war ein perfekt abgeformter Toshi mit unglaublich fein herausgearbeiteten Details. Die widerspenstigen Haare, die breiten Augenbrauen, die runde Brille. Er drehte die Figur um und zog einen Zettel aus einem Hohlraum unter dem winzigen Sockel. Darauf stand in einer sehr feinen Handschrift etwas geschrieben.
„Was ist das für eine Sprache? Norwegisch?", fragte Alicia.
„Ja."
„Und was bedeutet es?"
„Es bedeutet: Ich kann Dir nicht geben, was Du Dir selbst verweigerst. Suche das Glück nicht in der Welt, Toshi, sondern in Dir."
Sie schwieg eine Weile nachdenklich.
„Und was machst Du jetzt damit?", wollte James wissen, „Ich meine mit dieser Aussage?"
„Ich denke, sie hat Recht. Glück ist kein äußerer Zustand, sondern eine Entscheidung. Es mag seltsam klingen, aber während unserer Zeit in diesem Dschungel war ich nicht unglücklich."
„Hä?", machte Mike und schaute ihn mit heruntergezogenen Augenbrauen an. Auch die anderen hatten mehr oder weniger verständnislose Gesichter aufgesetzt.
„Ja. Am Anfang hatte ich Angst und war verärgert über mich selbst. Ich habe mir die Schuld gegeben, dass ich in diesen Schlamassel geraten bin. Dann begann ich, nachzudenken. Diese ganze Sache hat auch ihr Gutes."
„Was war den bitte an dieser Sache gut?", fragte Mike.
„Zum Beispiel die Grenzerfahrung der Todesangst und ihre Überwindung. Diese irrsinnige Compañera hat mir einfach keine Angst mehr gemacht, nachdem ich mich dazu entschlossen hatte, keine Angst vor ihr zu haben."

James und Will nickten.

„Und ich habe euch getroffen. Und so gut kennengelernt, wie man manche Menschen in seinem ganzen Leben nicht kennenlernt, obwohl sie einen tagtäglich begleiten."

Wieder schwiegen sie, bis die Stille verdeutlichte, dass Toshi fertig war.

„Und Du, Herr Doktor?", fragte Will, „Wie geht es jetzt für Dich weiter?"

„Ich fliege morgen nach Buenos Aires", sagte Ignácio, „Ich kann es kaum abwarten, Isabella wiederzusehen. Ich werde weiter in der *Vila 31* in unserem kleinen Krankenhaus arbeiten und denen helfen, die sich keinen Arzt leisten können. Und ich werde alles über meinen sogenannten Vater herausfinden, was ich herausfinden kann. Ich werde seine Verbrechen an die Öffentlichkeit zerren und diesen Mann zur Strecke bringen. Er hat in dieser Welt nichts mehr zu suchen."

„Wenn ihr nichts dagegen habt", sagte Will, „Werde ich mich euch anschließen." Er sah Ignácio und James an. Beide nickten erfreut.

„Der gute Fernandes und unsere Compañera sollten nicht mehr länger als nötig frei herumlaufen."

„Ich möchte einen Vorschlag machen.", sagte Pablo leise. Alle schauten auf ihn.

„Ich würde euch alle gern wiedersehen und hören, wie es euch ergangen ist. Also treffen wir uns alle so bald wie möglich hier wieder. Ihr seid meine Gäste. Was haltet ihr davon?"

Alle nickten und murmelten zustimmend. Will war der Erste, der mit Pablo einschlug. Sie umarmten sich und nahmen Abschied.

45.

Epilog
Lima - Vier Monate später

Als Will ihr seine Entscheidung mitgeteilt hatte, war sie wieder abgereist.
„Es scheint, als wäre dieses Kapitel noch immer nicht zu Ende.", sagte sie.
„Nein. Leider nicht."
„Dann werde ich noch warten müssen."
„Ja. Es ist besser. Ich hatte mit ihm in Argentinien gerechnet. Aber dass er hier ist, in Lima, wo wir eigentlich unsere Reise beginnen wollten? Es ist zu gefährlich, Maria."
„Ich weiß", sagte sie und drückte ihm einen Kuss auf die Wange, „Lass von Dir hören, Liebster, ja?"
„Werde ich tun."
Sie umarmten sich.
„Autsch!", sagte sie und ihre Augen funkelten ihn leicht verärgert an, „Was soll denn das?"
„Entschuldige.", sagte er und strich ihr über das Haar. Sie küsste ihn, drehte sich um und war bald durch die Sicherheitskontrolle verschwunden. Er hatte auf das kleine Haarbüschel in seiner Hand gestarrt. Das war vor vier Monaten gewesen. Jetzt stand er wieder hier, an diesem Flughafen, und wartete darauf, dass ihr dunkler Haarschopf hinter der Schiebetür auftauchte. In seiner Tasche hatte er ein Papier, das sie überraschen würde.
Endlich war es soweit. Diesmal würde sie bleiben können. Sie stellte ihren Koffer ab und sie umarmten sich lang.
„Wie geht es daheim?", fragte Will.
„Ich soll Dich grüßen. Sie studieren beide fleißig."
„Das heißt, sie genießen das Leben in vollen Zügen?", fragte Will.

„Ja.", sagte sie und lachte.

„Gut. Bist Du soweit?"

Sie nickte. Er hob ihren Koffer auf und trug ihn nach draußen. Dort winkte er nach einem Taxi. Sie stiegen ein und Will gab dem Fahrer eine Adresse.

„English?", fragte Will. Der Fahrer zuckte die Schultern.

„Do you speak English?", fragte Will, diesmal lauter und deutlicher. Der Mann machte eine hilflose Geste.

„Okay gut", sagte er leise zu Maria, „Also können wir sprechen. Wir haben ihn."

„Du meinst Fe ..."

„Ja.", unterbrach Will sie, „Genau den. Keine Namen."

„Entschuldige."

„Schon gut."

„Was wird jetzt mit ihm?", fragte sie leise.

„Er sitzt in einem dunklen Loch unter der Erde, und er wird es nicht mehr verlassen."

Sie nickte stumm.

„Wirst Du mitkommen?", fragte Will.

Sie schaute ihm lange in die Augen, griff nach seinen Händen und zog sie auf ihren Schoß. Langsam senkte sie den Blick und schüttelte den Kopf.

„Ich habe versucht, zu vergessen, was in diesem Keller mit mir passiert ist. Und ich damit auch das, was dazu geführt hat. Ich konnte Dir vergeben. Ich dachte, wenn ich es kann, könntest Du es vielleicht auch."

„Es ist nicht mit Dir passiert, Maria. Er hat es getan. Ich habe aufgehört, die Dinge zu tun, die ich früher tat. Er tut es immer noch. Und Du hast es nicht vergessen, Du hast es nur verdrängt. Glaubst Du, ich bemerke nicht, wenn Du träumst?"

„Ja. Mag sein, Liebster. Aber glaubst Du, wenn Du das mit ihm machst, wird es anders?"

„Vielleicht."

Will sah sie an.

„Wird es nicht."

„Mag sein. Aber wenn schon sonst nichts, dann werden wir uns wenigstens wieder frei bewegen können."

„Dafür würde es sicher reichen, wenn er ins Gefängnis

käme."

„Da wäre ich nicht so sicher. Du weißt genau, wie es hier läuft."

„Es sind nicht mehr die Achtziger, Will. Die Dinge sind anders."

„Sind sie nicht."

„Ich will nicht streiten, Liebling. Ich sage Dir nur, Du wirst Dich noch immer schuldig fühlen."

„Was meinst Du?", fragte er.

„Glaubst Du, ich bemerke nicht, wenn Du träumst?"

Sie strich ihm mit dem Handrücken über die Wange.

„Ich habe eine Menge Dinge getan, die mir schlechte Träume bereiten. Eine Menge Menschen ... sind gestorben, die es nicht verdient hatten. Er hingegen ..."

„Ich sage nicht, dass er es nicht verdient hat. Ich sage nur, dass es nichts ändern wird", sagte sie, „Und ich werde in kein dunkles Kellerloch steigen, um mich zu rächen und ihm das Gleiche anzutun."

„Du meinst also, wir sollten ihn laufen lassen?"

„Das habe ich nicht gesagt."

„Was sagst Du dann, Maria?"

„Ich sage, dass Du tun musst, was Du eben tust. Ich bin nicht dafür gemacht. Ich könnte es vermutlich nicht. Vielleicht, wenn er die Kinder... Aber das ist hypothetisch. Du kannst es jedenfalls, William Colby. Und es ist gut, dass es Männer wie Dich gibt."

Er schnaubte und lachte bitter.

„Das sehen nicht viele so."

„Es ist egal. Ich sehe es so. Tu es, Will. Aber erwarte nicht, dass es hinterher anders sein wird. Ich kann nicht dabei sein."

„In Ordnung."

Er klopfte dem Taxifahrer auf die Schulter und sagte ihm eine neue Adresse. Der nickte, wechselte die Spur und bog ab.

„Wohin fahren wir?", fragte sie.

„Zu einem Freund."

Will, James und Ignácio standen in dem dunklen Kellerraum. Die Luft roch kühl und moderig. An der Wand war ein rostiges Eisenregal befestigt. Von der Decke gab eine schwache Lampe an einem Kabel etwas Licht in den Raum ab. Auf stabilen Eisenstühlen vor ihnen saßen zwei Gestalten, die ihnen den Rücken zukehrten. Dicke Kabelbinder fixierten ihre Hände hinter dem Rücken, und auch ihre Unterschenkel waren auf dieselbe Weise an den Stuhlbeinen befestigt. Es war still in dem Raum. Die schwere Stahltür öffnete sich langsam und gab ein Knirschen von Metall auf losem Zement von sich. Ein Mann trat hindurch, und die Tür schloss sich hinter ihm wieder. Der schwache Schein der Deckenlampe beleuchtete sein Gesicht.

„Na endlich", sagte Will, „Es wird langsam kühl hier unten."

„Du hast mein vollstes Mitgefühl, alter Mann.", sagte die Stimme aus dem Halbdunkel. James schätzte ihn etwas jünger als Will, vielleicht Mitte siebzig. Er wirkte straff und geradlinig in seinen Bewegungen. Seine Augen, seine Haltung, seine ganze Erscheinung strahlte Autorität aus.

„Ignácio und James, wenn ich mich richtig erinnere?", fragte er.

Die beiden nickten.

„Mein Freund John hier", er räusperte sich kurz, „Verzeihung, mein Freund William hier hat sich für euch verbürgt. So, wie ich es verstanden habe, seid ihr durch einen ungewöhnlichen Zufall in den Genuss eurer gegenseitigen Bekanntschaft bekommen. Ebenso zufälligerweise verbinden euch gewisse emotional aufgeladene Begebenheiten mit diesen beiden hier.", sagte er und deutete auf die zwei Gestalten auf den Stühlen.

„Damit haben wir etwas gemeinsam. Ich möchte trotzdem drei Dinge anmerken. Erstens: Sowohl William als auch ich sind im Ruhestand. Trotzdem haben wir aus unserer aktiven Zeit noch gewisse Verbindungen. Daher ist es unerlässlich, dass über das Geschehen hier und heute und alles, was damit in irgendeinem Zusammenhang steht, niemals ein einziges Wort nach außen dringt."

Er sah sie durchdringend an. James und Ignácio nickten.

„Zweitens: Diese Ereignisse, selbst wenn etwas davon nach außen dringen sollte, haben niemals stattgefunden."
Sie nickten wieder.
„Drittens: Es gibt kein Zurück. Die letzte Gelegenheit war vor einer halben Stunde, als ihr mir in diesen Kellerraum gefolgt seid. Es ist eine freundliche Geste von unseren Partnern in Peru, dass wir diesen Ort nutzen dürfen. Ein Ort, der übrigens ebenfalls nicht existiert, genauso wenig wie die Ereignisse, die sich hier abspielen. Eine Menge Leute schulden mir noch mindestens einen Gefallen, aber wir wollen ihre Gastfreundschaft auch nicht überstrapazieren."
Er ließ etwas Zeit verstreichen, in der aber niemand etwas sagte.
„Also gut. Unsere Partner und ich haben in den letzten zwei Wochen alles aus diesen beiden herausgeholt, was herauszuholen ist. Ignácio, ich habe viel Material für Deinen Freund Don Antonio gesammelt. Ich möchte, dass Du es ihm zukommen lässt. Und ich möchte, dass er niemals erfährt, wie es zustande gekommen ist. Er darf wissen, dass Fernandes tot ist. Mehr nicht. In seinem eigenen Interesse – erspare ihm die Details!"
„Ja", sagte Ignácio und nickte, „Sie haben Recht, Mr. Purkett."
„Also gut", sagte Purkett, „Möchte noch jemand einige Worte an die hier Anwesenden richten?"
Will ging langsam um die Stühle herum. Er blieb vor Fernandes stehen und schaute in das Gesicht mit dem zugeklebten Mund.
„Ich hab Dir gesagt, ich krieg Dich.", sagte er leise. Fernandes grunzte hinter dem Klebeband, gab aber schnell auf, als er merkte, dass man ihm keine Gelegenheit zum Sprechen geben wollte. Will ging wieder zurück an seinen Platz. Dann trat Ignácio vor.
„Weißt Du", sagte er zu Fernandes, „Ich habe mir oft ausgemalt, wie es wäre, Dich zu treffen. Nachdem ich Bescheid wusste. Und was ich Dich alles fragen wollte. Vielleicht bist Du mein Vater, wer weiß. Biologisch gesehen. Aber ich habe nichts von Dir. Nichts! Ich werde niemals so sein wie Du. Wenn es jemals einen Menschen gab, dem ich

den Tod wünschte, dann Dir. Ich will nichts mehr von Dir wissen, denn es wären sowieso nur Lügen. Ich bin fertig mit Dir!"

„Noch jemand?", fragte Purkett. Niemand rührte sich.

„Dann hätte ich noch eine Frage. Wie, zum Teufel, habt ihr die beiden gefunden?"

Will lächelte.

„Wir haben uns einfach nur ein bisschen reingehängt."

Purkett schüttelte den Kopf.

„Ein bisschen reingehängt? Ich selbst bin seit Jahren hinter diesen beiden her. Die Justiz in beinahe ganz Südamerika sucht nach ihnen. Und ihr findet sie in Lima, mitten am Tag, in einer konspirativen Wohnung?"

Sie hatten tatsächlich mehrere Monate mit Nachforschungen zugebracht. Ignácio war in Buenos Aires gemeinsam mit Don Antonio und Isabella in den Archiven verschwunden und hatte jeden Zettel mehrfach umgedreht. Sie hatten alte Freunde von Don Antonio befragt, andere Überlebende, und mit den Madres gesprochen. Langsam, ganz langsam, hatte sich ein Bild zusammengesetzt. Es war ein grässliches Bild von Menschenhandel, Folter und Mord. Und sein Vater, Contraalmirante Fernandes, steckte in allem drin. Er hatte sich über die Jahre ein erhebliches Vermögen zusammengeraubt, das er nun in Sicherheit bringen wollte. Die andauernde Schwäche des Pesos und der argentinischen Wirtschaft hatten ihn nachhaltig verunsichert. Er musste sein Geld außer Landes schaffen, um es zu retten, und dafür war ihm jedes Mittel recht. Als sie ihre Ermittlungen an die Staatsanwaltschaft übergaben, verschwand Almirante Fernandes von einem Tag auf den anderen spurlos. Die Spur verlor sich in seiner Wohnung in Buenos Aires. Die Nachbarn glaubten sich erinnern zu können, dass er nach Hause gekommen war. Aber niemand konnte sich daran erinnern, ihn seitdem wieder gesehen zu haben. Sie waren kurz davor, aufzugeben, als eine Nachricht von Will und James eintraf. Die beiden waren in Peru damit beschäftigt, die Compañera aufzuspüren. Ein Mann, der Fernandes zum Verwechseln ähnlich sah, war in Lima aufgetaucht. Sie beobachteten seit Wochen die kläglichen Reste des Sendero Luminoso und waren so auf die Compañera gestoßen, die regelmäßig mit ihrem alten Anführer im Gefängnis Kontakt aufnahm. Tagsüber hielt sie sich in einer heruntergekommenen Wohnung versteckt, die James und Will abwechselnd observierten. Es handelte sich tatsächlich um Fernandes. Die Compañera war eine seiner Schülerinnen gewesen, wie sich später herausstellte. Er hatte sein Wissen aus der Escuela de las Américas nicht nur erfolgreich in die Praxis umgesetzt, sondern auch an alle möglichen Guerillatruppen weitergegeben. Er hatte Mörderbanden ausgebildet, Folterknechte und grausame Fanatiker. Die Compañera lernte er in Argentinien kennen. Sie war geborene Chilenin, hatte mit ihren Eltern eine Weile in Buenos Aires gelebt und sich dann einer ultrarechten Miliz angeschlossen. Damals, noch unter ihrem richtigen Namen und blutjung, erwies sie sich sehr talentiert in Verhörtechniken und psychologischer Kriegsführung. Sie war eine ebenso fanatische Antikommunistin, wie sie später in Peru zur glühenden Verfechterin der kruden Theorien des Sendero Luminoso wurde. Eine Affäre mit Abimael Guzmán persönlich hatte in ihrem verwirrten Schädel ein noch größeres Chaos hinterlassen. Sie sah sich als legitime Nachfolgerin des ehemaligen Anführers und agierte entsprechend. Auch als sie für die maoistische Terrorgruppe und schließlich für die Kartelle arbeitete, hatte Fernandes mit ihr Kontakt gehalten. Es verband sie die Erinnerung an ihre gemeinsame Zeit in Buenos Aires, und eine kurze, aber heftige Affäre. Das war gewesen, bevor sie Abimael Guzmán getroffen hatte, und Fernandes war noch heute eifersüchtig. Er wusste, dass sie über die Kartelle Zugang zu Banken und anderen Einrichtungen hatte, die in großem Stil Geld waschen konnten. Und so hatte er sich auf den Weg gemacht, um die Einzelheiten mit ihr zu klären. Nachdem Will Fernandes zweifelsfrei identifizierte, hatte er Purkett kontaktiert. Der war sofort aus seinem Ruhesitz in Florida aufgebrochen und hatte mit seinen lokalen Kontakten eine inoffizielle Festnahme der beiden initiiert. Er hatte es sich nicht nehmen lassen, den beiden mit wenig subtilen Methoden alles zu entlocken, was sie wussten.

„Also gut. Wer möchte die Ehre haben?", fragte Purkett.
„Ich bin fertig damit, Menschen zu töten.", sagte James.
Will schüttelte nur den Kopf. Ignácio sagte nichts.

„Wie schön, dass ihr alle euren Frieden mit euch und eurer Moral gemacht habt.", sagte Purkett, „Ich für meinen Teil hatte niemals Moral und bin somit einfach nur froh, heute einmal mehr die Gelegenheit zu haben, die Welt von zwei Übeln zu befreien. Großen und einstmals notwendigen Übeln, die ich zumindest teilweise mit erschaffen habe. Aber die Zeiten sind anders, und wir brauchen neue Übel. Diese hier", er deutete mit dem Kopf auf die beiden Stühle vor sich, „sind nicht mehr notwendig."

Fernandes und auch die Compañera Guzmán begannen, mit Beinen und Armen an den Kabelbindern zu zerren, und warfen ihre Körper hin und her.

„Nun war es früher einmal Sitte, dass die Verurteilten das letzte Wort haben. Ich denke aber, wir sind uns alle einig, dass diese beiden hier genug geredet haben."

Zustimmendes Schweigen war die Antwort.

Purkett nahm zwei Plastiktüten aus dem Regal und ging auf Fernandes und die Compañera zu. Er stülpte jeweils eine über die zappelnden Köpfe, zog die Tüten am Hals zusammen und wickelte Klebeband darum. Schnaufen, Rascheln und Scharren war die Folge. Es hielt lange an, sehr lange. Die Compañera gab zuerst auf. Die Spannung wich aus ihrem Körper, ihr Kopf fiel auf die Brust und sie sackte in sich zusammen. Kurze Zeit später folgte Fernandes.

„Ich weiß, wie ihr euch fühlt.", sagte Purkett, „Es geht mir genauso. Würden wir irgendetwas Anderes empfinden, wären wir wie sie."

Er ging zur Tür und klopfte drei Mal. Ein maskierter Mann in einem grünen Overall trat ein, zog eine Pistole und blieb hinter den Stühlen stehen. Er schaute die Vier durch die Löcher in seiner Maske an.

„Sie sollten sich die Ohren zuhalten.", sagte er in kratzigem Englisch mit spanischem Akzent.

Sie folgten dem Ratschlag. Die beiden Schüsse erfolgten

aus nächster Nähe in die Hinterköpfe. Die schwarzen Plastiktüten ersparten ihnen den Anblick und die ansonsten unvermeidliche Schweinerei. Obwohl sie sich fest mit den Händen auf die Ohrmuscheln drückten, war der Druck der Schüsse in dem engen Keller deutlich zu spüren. Der Mann drehte sich ungerührt um und steckte die Pistole wieder ein.

„Bei diesen beiden ist es besser, auf Nummer sicher zu gehen.", sagte er trocken und ging hinaus. Draußen im Gang hörten sie ihn etwas auf Spanisch rufen, danach erklang das Geräusch von Stiefeln auf Zement. Zwei Männer in dunkeln Overalls erschienen vor der Tür.

Purkett nickte den Männern zu, und sie machten sich an die Arbeit. Will, James, Ignácio und Purkett gingen die schmale Treppe hinauf und traten in das Licht der hellen Mittagssonne. Oben warteten die anderen.

„Ist es vollbracht?", fragte Pablo.

Will nickte.

„Dann lasst uns hier verschwinden", sagte der alte Busfahrer, „Antonella hat gekocht. Es geht ihr besser." über sein Gesicht huschte ein Lächeln.

Später saßen sie um den großen Esstisch in Pablos Appartement verteilt und warteten auf Antonellas Köstlichkeiten, die aus der Küche dufteten.

„Sag mal, Will", fragte James unvermittelt, „Eine Sache würde ich aber doch gern wissen."

„Schieß los."

„Seit Du damals im Dschungel Deinen Zusammenbruch mit den Indios hattest, sind über dreißig Jahre vergangen. Was hast Du in der ganzen Zeit gemacht?"

Will zeigte den Anflug eines Lächelns, dann schaute er wieder ernst drein.

„Nunja. Viele Menschen hatten Unrecht, und das schließt mich selbst mit ein. Ich bin wohl doch dafür gemacht, sesshaft zu werden und Familienvater zu sein. Ein alter Vater zwar, aber eben doch ein Vater. Jetzt, wo Fernandes nicht mehr durch die Welt geistert, ist sie endlich wirklich frei."

„Wer?", fragte Mike, sichtlich verwirrt.

„Maria."
„Ich dachte, Maria ist ...?", stammelte Ignácio.
„Nein. Purkett hat sich doch noch ein bisschen angestrengt, damals in Buenos Aires. Er hat mir niemals gesagt, wie er es angestellt hat, aber er hat sie irgendwie rausgeholt. Vielleicht hat er Fernandes bezahlt, vielleicht hatte er irgendetwas gegen ihn in der Hand, wer weiß. Es war auf jeden Fall ein hoher Preis, und ich will die Details nicht wissen. Eine Auflage war jedenfalls, dass Maria nicht nur aus Argentinien, sondern aus Südamerika verschwindet. Keinen Kontakt zur Familie, keine Briefe, keine Anrufe, nichts. Es ist ihr sehr schwergefallen. Aber jetzt, wo Fernandes tot ist, gilt diese Regel nicht mehr."
„Du weißt also, wo sie ist?", fragte Ignácio.
„Natürlich weiß ich das. Es wäre schön, wenn ihr euch kennenlernt."
Der schaute ihn verdattert an. Will legte ihm die Hand auf die Schulter.
„Es ist jetzt wirklich an der Zeit, dass Du Deine Mutter triffst. Deinen richtigen Vater hast Du ja bereits getroffen."
„Du meinst ...", stammelte Ignácio.
„Komm schon. Du willst doch nicht wirklich, dass ich es sage, oder?"
Ignácio hatte einen dermaßen verwirrten Gesichtsausdruck aufgesetzt, dass Will unwillkürlich lachen musste. Er fasste sich sofort wieder, räusperte sich, packte Ignácio jetzt an beiden Schultern und sah ihn fest an.
„Tut mir leid. Ich habe selbst eine Weile gebraucht, bis ich es verstanden habe. Und noch länger, bis ich es glauben konnte. Ignácio Fernandes? Lass Dich drücken, mein Sohn."
Ignácios Gesichtsausdruck entgleiste komplett.
„Du meinst ... Du und Maria ... also ..."
„Ja. Vielleicht sollte ich Dir meine Geschichte erzählen. Euch allen, wenn ihr mögt. Aber zuerst – Pablo? Wärst Du so freundlich?"
Der stand auf und öffnete die Tür zu einem der Zimmer. Maria trat heraus und ging auf Ignácio zu.

Danksagungen

Jasmin
Schatz #1 & Der Spezialagent
Meine Eltern
Die Tante
Das erlauchte Lektorat
David @ NGRK